조선왕조 호적,
새로운 연구방법론을 위하여

조선왕조 호적,
새로운 연구방법론을 위하여

손병규 엮음

성균관대학교 대동문화연구원

『경상도단성현호적대장(慶尚道丹城縣戸籍大帳)』(성균관대학교 대동문화연구원)의 한글 데이터베이스를 학계에 보급했던 것이 2003년도 초였다. 성균관대학교 대동문화연구원의 호적연구팀이 연구자들에게 하루라도 빨리 호적 데이터베이스를 제공해야 한다는 급한 마음에서 취한 조치였다. 그해 말에 단성현호적대장에 대한 연구들을 모아 『단성호적대장연구』라는 책을 발간했다. 이 책자에 실린 논문들은 호적의 '자료적 성격'을 재고하는 데에 주력했다. 호적 데이터베이스를 활용하기 위한 길잡이 역할을 하거나, 그것을 활용한 초보적인 통계 분석이 중심을 이룬다. 또한 그 연구들은 호적전산화를 효율적으로 수행하기 위한 방편으로 제시된 것이기도 했다. 호적전산화 과정에서 데이터베이스의 구조에 대해 숱하게 많은 재조정을 겪었다. 호적전산화에는 호적의 '자료적 성격'을 이해하기 위한 연구가 병행되어야 한다는 생각이 공유되었던 것이다.

단성호적대장 데이터베이스를 활용한 연구들을 책으로 출간하고 십여 년이 더 된 시점에서 다시 그간의 호적연구 가운데 근래의 것들을 모아 편집하기에 이르렀다. 오랫동안 호적에 관한 연구들이 학술지에 개별적으로 발표되어 왔다. 2016년에는 그 가운데 '역사인구학'의 방법론을 사용하여 주로 해외 학술지에 실었던 논문들을 한국어로 바꾸어 『한국 역사인구학연구의 가능성』(성균관대학교출판부)이라는 책으로 출간하기도 했다. 그런데 호적연구를 이제 다시 모아 출간하는 데에는 성균관대학교에서의 호적전산화사업이 마무리되고, 그 성과인 호적 전산데이터베이스를 연구에 활용하기 바라는 절실한 마음이 작용했다. 대동문화연구원은 단성호적 전산화에 이어 그 다섯 배가 넘는 분량의 『경상도대구부호적대장(慶尙道大丘府戶籍大帳)』을 10년 넘게 전산화하여 2019년도 초에 대구호적 데이터베이스를 완성했다.

조선시대 호적대장 자료 가운데 가장 먼저 학술적 연구가 시도된 것이 대구부호적이다. 호적에 대한 본격적 통계분석은 이미 1930년대의 시카타 히로시[四方 博] 연구로부터 시작되었다. 경상도 대구부의 호적대장 일부 면리에 한정된 분석이기는 하지만, 호적 본문에 등재된 개별 호구의 인적사항을 일일이 집계한 결과물이라는 점에서 획기적이었다. 하지만 이후의 호적연구는 컴퓨터를 손쉽게 이용할 수 있는 시대에 이르기까지 특정 소재에 제한된 추적에 머물렀다. 행정구역을 단위로 모든 호구의 인적사항을 망라하여 분석할 수 없었기 때문에, 지역의 호구조사를 통한 정부의 호구정책에 대해 고려하기는 어려웠다.

시카타 히로시는 호적에 기록된 여러 호구정보의 집계가 현실을 그대로 반영한다는 전제하에서 논의를 전개했다. 주지하는 바와 같이 현존하는 모든 인구와 가족이 호구를 구성하여 호적에 등재되는 것은 아니다. 위의 호적 데이터베이스에 의거한 연구는 일차적으로 정부의 호구정책에 의거하여 할당된 지역별 호구총수(戶口摠數)에 따라 호구가 등재됨으로써 호구 자체가 선별된 개인과 가족으로 구성하여 편제된 결과물임을 밝혔다. 시카타는 호적자료에 대한 통계분석을 시도했음에도 불구하고 이러한 사실을 충분히 인지하지 못했던 것이다.

나아가 시카타는 관직이나 군역(軍役)을 위시한 '직역(職役)', 그리고 양인(良人) 및 노비(奴婢)의 양천신분을 사회적으로 통용되는 신분, 즉 '양반-상민-천민'으로 분류하여 그 양적 변화를 관찰했다. 특히 조선왕조의 전근대성을 견지하는 주도적 계층, '양반'이 18~19세기를 통해 높은 비율로 증가하고, 급격히 감소하던 노비가 19세기 중엽에 다시 증가하는 현상에 주목하여, 조선후기의 역사적 퇴행성을 주장하였다. 시카타가 양반과 노비의 증가로 한국사의 후진성을 증명하고 식민지정책의 정당성을 부여하게 된 것은 호적상의 직역과 신분 기재가 사회적 신분 현실을 그대로 반영한다는 전제에 의거한다.

후대의 연구자들은 호적 기록에 대한 시카타의 이러한 전제와 신분 분류방법을 거의 그대로 수용했다. 그러면서도 '양반'의 증가가 신분제의 해체를 의미하는 것으로 해석하거나 19세기 호적의 허구성을 주장하는 논리적 모순을 노정하기도 했다. 인구통계 분석에서도 호적에 많은 호구가 누락되었음을 인식하지만, 호적 등재나 누락이 무작위적으로 이루어진 것으로 이해하여 인위성에 의한 통계학적 오류를 소홀히 취급했다. 호구정책상의 필요에 규제된 선별된 호구에 대한 직역 및 신분 기재임을 인지하지 못했던 것이다. 호적 데이터베이스에 근거한 연구는 기존 연구의 이러한 인식에 대해 '자료적 성격'을 재고하도록 촉구하기에 충분한 근거를 제시했다.

호적 데이터베이스에 근거한 연구는 '3년마다 반복해서 호적이 작성되기까지 호구가 어떻게 출입하고 직역이 왜 변동하는지' 하는 등의 호구편제 원리와 호구정책='호정'의 목적을 가설적으로 제시해왔다. 실제와의 간극이 어떻게 존재하는지를 밝힘으로써 호적자료로부터 사회현실에 접근하기 위한 방안이 제안되기도 했다. 그러한 노력은 "호적이 인위적으로 작성되어 현실을 반영하지 않는다면, 연구자료로서 호적의 가치는 축소될 수밖에 없지 않은가" 하는 비판에 직면했기 때문이다. 그간의 호적 연구들은 호적등재의 의도성을 전제로 그것을 염두에 두고 재구성하거나 그 의도성을 벗어난 기록에 근거하여 진행되었다. 물론 이러한 무작위적인 자료로 재구성하고 무작위적인 기록을 찾아내어 분석하는 목적은 여전히 베일에 싸인 사회현실에 접근해가는 실마리를 찾고자 함이다.

본서의 Ⅰ편 "시대를 넘어선 호적의 존재와 그 의미"에서는 조선왕조로부터 시공간을 넘어 호적과 관련된 자료를 상호 대조하고 비교하는 연구들을 배치했다. 조선왕조에는 어떠한 목적에서 어떠한 방법으로 호구조사가 이루어졌는가에 대하여 더욱 심도 있는 관점을 발견하기 위해서이다. 특히 중국 고대의 호구정책과 그 이후의 변화를 포함한 비교사적 관찰에서 조선왕조의 호구조사가 갖는 특징을 더욱 명확하게 찾을 수 있을 것이다. 조선왕조의 호구정책에 반영된 정치이념과 통치의 목적 및 방법은 중국 고대의 정치이상과 이후의 수용과정에서 얻어진 역사적 경험에 의한다고 해도 과언이 아니다. 동시에 중국사회와 다른 역사적 배경으로부터 호구정책의 차이점도 발견된다. 본서 선두의 논문들은 동아시아 범위의 시야에서 한반도 호적이 차지하는 위상, 통치시스템과의 관련성에 대해 새로운 관점을 요구하고 있다.

조선왕조 호적이 중국 호적과 다른 첫 번째 특징은 토지와 분리된 상태로 호구조사가 이루어진다는 점이다. 호구파악에는 원칙적으로 호를 단위로 하는 경제력 조사가 병행되지만, 한국에서는 일찍부터 호구와 토지에 대한 조사가 각각 별도로 시행되어 왔다. 대한제국 시기의 소위 '신호적(新戶籍)'도 토지대장인 '양안(量案)'과 연계시키지 않을 뿐 아니라 여러 방법으로 호구를 편제하는 실상을 보여준다. 또한 실제의 거주와 호적상의 편제가 서로 괴리되는 현상이 어렵지 않게 발견된다. 이로부터 조선왕조 호적과 양안이 갖는 상호관련성과 호적작성의 전통적 성격을 반추함으로써, 조선왕조가 어떠한 원리와 원칙을 가지고 호구조사를 실시했는지를 포함하는 원론적 문제를 재고할 수 있을 것이다. 더불어서 대한제국에 이르는 조선왕조의 호구정책이 중앙집권화 경향과 병행되었음도 유추할 수 있다.

식민지시대 농촌지역의 사회변동을 관찰하기 위해 식민지호적이 활용되는 사례 연구는 전통적 지역사회의 운영이 지속됨을 밝히고자 한다. 그와 동시에 식민지호적이 그 이전까지의 호적과 완연히 다른 성격을 가짐을 보여준다. 조선왕조 및 대한제국의 호적은 3년, 혹은 1년에 한 번씩 일부 호구에 한정해 작성되어 그때마다 주소가 바뀐다. 그에 반해 식민지시대 호적은 고정된 주소로 입적된 이후 인적사항에 변동이 있을 때에 수시로 그 사항이 기록된다. 전통적 호적이 국가와 지역사회 사이의 일종의 합의에 의거하여 필요한 호구만이 수시로 등재되는 것이라면, 식민지호적은 총독부가 식민지 조선인들을 개별인신적으로 파악하고자 하는 의도가 엿보인다. 하지만 그런 면에서 농업경영을 가족 및 친족 관계로부터 관찰할 때에 식민지시대 당시의 관련 통계가 이전 시기의 분석을 위한 기준으로 제시될 수도 있다.

Ⅱ편 "신분의 계승과 변동을 추적하는 새로운 방법"에서는 호적상의 직역 및 신분 기재로부터 사회계층적 현실을 추정하는 연구들을 모았다. 대표적인 방법은 여러 시기의 호적에서 동일인을 연속적으로 관찰하여 가족이나 가계를 추적하는 것이다. 이러한 연구방법은 조선왕조 호적이 중국 호적과 다른 또 하나의 특징, 즉 송대(宋代) 이후의 중국과 달리 양천신분 및 직역이 지속적으로 기재되며 신분제적 파악을 위해 부모 양측의 계보, '사조(四祖)'가 기록된다는 점에서 가능했던 일이다.

여기서는 유학(幼學), 향역(鄕役), 무임(武任) 직역자를 비롯한 지역 주민들의 직역 기재와 변동을 장기에 걸쳐 추적한다. 그럼으로써 사족·양반층, 향리층, 무관층 등의 사회적 신분계층을 설정하거나 그 변동을 확인할 수 있을 것인지를 타진하는 것이다. 이러한 개별 호구의 계통적인 추적은 사회구조에 대한 기존의 연구방법과는 획을 긋는다. 시카타의 연구방법에서 연유하는 사회계층 분류는 호적에 기재된 특정 직역명을 특정 시기의 현실적인 사회계층으로 단정한다는 데에 문제가 있었다. '국가적 신분'이라 할 수 있는 직역은 관직 및 군역을 비롯한 조선왕조의 '국역체계'에 근거를 두는 반면, 양반-상민-천민과 같은 '사회적 신분'은 지역사회 주민들 사이에 상대화해서 인식되는 추상적 개념이다.

직역은 원칙적으로 공공업무수행과 관련하여 일률적으로 규정되고 각 호구에 개별적으로 부과된다. 관의 국역운영에 대한 기여도에 따라 동일 인물에게 호적작성 시기마다 직역 및 양천신분 기재가 달라진다거나 가족에게 그것이 계승되지 않는 경우도 빈번하게 발생한다. 호구정책의 실효를 위한 직역 부과와 사회적 위상 자체의 유동성으로 말미암아 그 양자의 관계도 다양하고 일시적일 수밖에 없다. 19세기에는 과거를 준비한다는 구실로 군역을 연기해주는 '유학' 직역을 확보하려는 시도가 모든 계층에 확대되었다. 동일한 '유학' 직역자라 하더라도 가족의 계보를 따라 장기적으로 추적한다면 상대화된 사회계층의 구분이 가능할 것이다. 어느 시점에서 어떠한 사정으로 그러한 직역을 획득할 수 있었는지가 하나의 구분점이 될 수 있다. 단지 직역과 사회계층을 혼용하지 말고 분명히 분리하여 이해하는 것으로부터 논의가 전개되어야 한다.

Ⅲ편 "지역과 친족네트워크, 그리고 역사인구학"에서는 호적자료를

이용하여 사회집단과 사회네트워크의 현실을 추적하고 혼인과 출산을 계기로 하는 인구학적 관찰방법을 제기한다. 사실 사회집단 혹은 사회조직과 사회네트워크는 학술개념으로 상호 모순된다. 사회조직은 집단적이고 폐쇄적·배타적이어서 고정적·안정적인 것을 추구하는 반면, 사회네트워크는 개별적 관계가 무한이 뻗어갈 수 있는 개방성과 유동성을 특징으로 한다. 호적은 지방행정구역으로 구획되어 개별 호구가 조직적 편제를 통해 집단화된 형태를 취한다. 전자의 사회조직 개념에 의거해서 작성되었다고 할 수 있다. 일차적으로 행정단위의 징수와 통치업무를 수행하기에 유효한, 그리고 주민이 그것에 효과적으로 부응하는 형태로 호구가 편제되었다는 가설도 가능하다.

하지만 군현-면리라는 행정구획이 주민의 사회활동을 위한 자발적인 '지역공동체' 형성에 기반하여 설정된 것인지는 여전히 보다 구체적인 검토가 필요한 듯하다. 느슨하게나마 '지역공동체'가 존재한다면 공동체 구성원을 지역단위로 묶는 유대감은 또한 어떻게 형성된 것인가? 향촌 주도세력의 하나로 성장했던 양반층은 통혼권내의 혼인네트워크와 친족네트워크의 유대를 강화하여, '반촌'을 중심으로 관의 통치에 대응하는 자치적 결집을 강조해왔다. 그것은 지방통치의 일부를 향촌사회의 자율적 운영에 위임함으로써 중앙집권적 통치시스템을 달성하고자 하는 조선왕조의 통치방법과도 부합한다. 평민들이 모여 사는 '민촌'에서도 '반촌'의 방법이 수용되었을 것이다. 단지 혈연적 유대관계는 호구의 잦은 이동이 지역공동체의 형성을 방해하는 것에 대한 방편으로 강조된 측면이 있다.

조선왕조에서 혼인과 출산을 매개로 하는 가족의 형성과 인구재생산은 가족을 넘어서서 혈연적 유대관계에 의지하는 바가 컸던 것으로 보인다. 국가에 의해서 주도되고 민간이 그것에 대응하여 진행되는 지역

공동체의 형성 및 결집에 기대하기보다는 '종법질서'에 의거한 혈연적 공동체의 형성을 통해 가족의 유지, 계승 전략이 성공하기를 기대한 것 같다. 19세기 후반의 사회적 격변과 20세기에 들어서의 식민지화를 경험하는 조선의 인민들에게 세대를 넘어 사회경제적 삶의 수준을 지속시키려는 치열한 노력은 가히 상상하기 어렵다.

현대 한국을 비롯한 동아시아사회에서 저출산-고령화의 급격한 진행이 인구문제의 특징으로 거론되고 있으며, 그러한 현상의 최대 원인은 아이러니하게도 급속한 경제발전에 있다고 지적되기도 한다. 또한 가장 유효한 해결방법은 사회복지정책의 과감한 시행과 시민 스스로의 자율적 협동에서 찾을 수 있지 않을까 한다. 그러한 가능성의 밑바탕에 장기적인 관점에서 보는 역사성이 축적되어 있을지도 모른다. 멀리 조선왕조 호적에서도 그러한 역사성의 단서를 발견할 수 있다.

2020년 2월, 편집을 겸한 저자대표 손병규

2부

신분의 계승과 변동을 추적하는 새로운 방법

3부 지역과 친족네트워크, 그리고 역사인구학

1부

—

시대를 넘어선
호적의 존재와 그 의미

秦·漢初 주변민족에 대한 호적제도의 운영
: 秦漢簡牘資料를 중심으로

김경호

1. 머리말

전국시대 제후국의 통치체제는 관료제도와 군현제도를 중심으로 운영되어 왔다. 특히 군주 중심의 통치체제는 전통적 향촌질서체제인 鄕·邑·聚 등의 씨족 질서를 붕괴하고 縣으로 재편하여[1] 그 하부 조직인 鄕·里와의 유기적인 연대속에서 戶를 단위로 다양한 稅와 役의 의무를 民에게 부과하였다. 따라서 고정적인 세역을 확보하기 위하여 戶에 대한 기초적이고 체계적인 정비가 요구되었다. 이러한 요구는 서주 시기 銘文 大盂鼎의 "受民受彊(疆)土"[2]의 내용이나『周禮』「秋官·司民」과「天官·宮伯」 등에 보이는 관련기사[3]와는 달리 엄격하고 전문

---

1) 『史記』권68,「商君列傳」, 中華書局, 1959, "集小都鄕邑聚爲縣.", 3232면.

2) 王輝,『商周金文』, 文物出版社, 2006, 66면.

3) 『周禮』「天官·宮伯」, "宮伯 掌王宮之士庶子凡在版者.",「秋官·司民」, "司民 掌登 萬民之數. 自生齒以上 皆書於版 辨其國中與都·鄙及·野 異其男女 歲登下其死 生."

적인 법령체계의 출현을 가능하게 하였다.[4] 따라서 秦國에서 호적제
도가 伍制와 결합하여 시행되었음을 의미하는 獻公 10年(B.C.375) "爲
戶籍相伍"[5]의 기사나 『商君書』「境內篇」과 「去强篇」의 출생과 사망을
기준으로 호적에 기입과 삭제를 한다는 기사[6]는 호적제도 운영의 원칙
을 제시한 것이다. 그러나 이러한 호적 관련 기준과 원칙이 등장한 것
은 전국시대 중엽 商鞅이 2차에 걸쳐 추진한 이른바 가족개혁법령(分
異令)에 기인한다.[7] 즉 가족개혁법령의 추진은 종래 씨족을 중심 단위
로 파악하여 국가가 호에 대한 직접적인 통치가 어려웠던 서주시기와
는 달리 '戶'를 단위로 한 국가권력의 지배 관철이 가능해졌음을 의미
한다.

이런 까닭에 종래 '戶' 또는 '家'의 성격에 대한 학계의 연구는 상앙의
'가족개혁법령'이 지향한 가족의 형태, 즉 '小家族形態'의 성격 규명과
국가권력과의 관계를 조명하는 데에 집중되었다.[8] 그러나 이러한 종래
의 연구들은 '이데올로기' 논리에 기초한 가족의 형태와 구조의 변화 요

---

4) 秦·漢律 가운데 戶口와 관련한 戶律의 내용은 이를 잘 보여주고 있다. 睡虎地雲夢
　秦簡整理小組, 『睡虎地秦墓竹簡』, 文物出版社, 1990; (이하 『睡虎地秦簡』으로 칭
　함); 張家山二四七號漢墓竹簡整理小組, 『張家山漢墓竹簡[二四七號墓]』(文物出版
　社, 2001; 이하 『張家山漢簡』으로 칭함) 등을 참조. 또한 본문 중의 석문은 이 자료와
　함께 彭浩·陳偉·工藤元男 主編, 『二年律令與奏讞書』, 上海古籍出版社, 2007; (이
　하 『奏讞書』라고 칭함)도 참고하였음을 밝혀둔다.

5) 『史記』 권6 「秦始皇本紀」, 289면.

6) 『商君書』「境內篇」, "四境之內 丈夫女子皆有名於上 生子著 死者削", 「去强篇」, "擧
　民衆口數 生子著 死者削."

7) 『史記』 卷68, 「商君列傳」, 3230면, "今民爲什伍…(中略)…民有二男以上不分異者, 倍
　其賦."; 3232면, "令民父子兄弟同室內息者爲禁."

8) 이에 대한 연구성과로는 다수의 논저가 있지만, 守屋美都雄, 『中國古代の家族と國
　家』, 東洋史硏究會 京都大文學部; 尾形 勇, 『中國古代の「家」と國家』, 岩波書店,
　1979; 堀敏 一, 『中國古代の家と集落』, 岩波書店, 1996 등에 소개된 내용을 참조.

인을 편향적인 정치 경제적 측면에서 구한다는 비판을 받아왔다.[9] 이러한 상황하에서 호적연구에 새로운 돌파구를 연 것이 출토간독자료의 발굴과 정리 공개이다. 『睡虎地秦簡』의 호적 관련 법령과 『張家山漢簡』「戶律」의 내용은 종래 호적제도의 운영과 그 실태에 대해서 상당히 진전된 연구를 가능하게 하였다. 더욱이 2002년 湖南省 湘西 土家族 苗族自治州 龍山縣 里耶鎭 古城 북측 웅덩이 한 곳 K11에서 출토된 戶籍木牘 51매와 이에 대한 정리 결과 10매의 완정간은 秦代 호적의 형태와 내용, 그리고 구조 등에 대한 새로운 연구 자료를 제공하였다.[10] 『里耶秦簡』에 연이어 공개된 安徽省 天長市 安樂鎭 紀庄村에서 발견된 戶口簿, 算簿 등의 목독,[11] 2006년 樂浪郡初元四年縣別戶口多少集簿 목간의 일부 내용의 공개와 이에 대한 專論 발표,[12] 그리고 湖北省 荊州市 荊州區 紀南鎭 松柏村에서 출토된 전한 무제시기로 추정되

---

9) 尹在碩, 「중국고대 가족사 연구의 현황과 전망」, 『中國史硏究』13, 2001, 283-285면.

10) 湖南省文物考古硏究所編著, 『里耶發掘報告』, 岳麓書社, 2006, 179-211면, 四. 簡牘. 里耶秦簡 관련 槪況에 대해서는 金慶浩, 「이천년 전 里耶鎭으로의 旅程과 『里耶秦簡』 簡介」, 『中國古中世史硏究』19, 2008 을 참조. 아울러 최근 출판된 湖南省文物考古硏究所 編著, 『里耶秦簡』(壹), 文物出版社, 2012 및 陳偉 主編, 『里耶秦簡牘校釋』第一卷, 武漢大學出版社, 2012 에서는 각각 도판과 석문 및 주석을 제공하여 참조할 만하다.(K11에서 출토된 戶籍簡牘은 수록되어 있지 않다.)

11) 天長市文物管理所 · 天長市博物館, 「安徽天長西漢墓發掘簡報」, 『文物』2006-11; (이하 「天長簡報」).

12) 이 자료의 사진은 북한사회과학원고고연구소, 『朝鮮考古硏究』149 (2008年 4期)의 표지 배면에 「락랑유적에서 나온 목간」이라는 설명이 붙은 흑백사진 1장이다. 관련 연구 성과는 권오중 · 윤재석 · 김경호 등 지음, 『낙랑군 호구부 연구』, 동북아역사재단, 2010; 孫永鐘, 「락랑군 남부지역(후의 대방군지역)의 위치 -락랑군 초원4년 현별 호구다소ㅁㅁ'통계자료를 중심으로」, 『역사과학』198, 2006, 30~33면 및 「료동지방 전한 군현들의 위치와 그 후의 변천(1)」, 『역사과학』199, 2006, 49~52면; 尹龍九, 「새로 발견된 樂浪木簡 -樂浪郡 初元四年 縣別戶口簿」, 『韓國古代史硏究』46, 2007, 241-263면; 高光儀, 「樂浪郡 初元 四年 戶口簿 재검토」, 『木簡과 文字』7, 한국목간학회, 2011 등을 참고.

는 35호 목독인 免老簿·新傳簿·罷隆簿, 47호·48호·53호 목독[13]과 「송백간보」에서 언급한 아직 공개되지 않은 南郡元年戶口簿 등 '鄕-縣-郡級'의 호적 관련 목독들이 연이어 출토되고 있는 실정이다.[14] 지속적으로 출토되고 있는 호적관련 간독들에 대한 연구는 현재까지 주로 『장가산한간』 「호률」의 호적제도 관련 조문에 대한 분석이나 『리야진간』의 내용을 중심으로 전개되었으며[15]과 동시에 松柏木牘의 내용을 통해 如淳이 언급한 '更有三品'의 구체적인 내용을 규명한 연구[16]나 호구자료에 기재된 男女의 性比와 연령구조의 통계수치는 賦役회피를 위한 문서 조작일 뿐만 아니라 이로 인한 제국 통치의 한계를 드러내고 있다

13) 荊州博物館, 「湖北荊州紀南松柏漢墓發掘簡報」, 『文物』 2008-4; (이하 「松柏簡報」); 彭浩, 「讀松柏出土的四枚西漢木牘」, 『簡帛』 4, 2009) 등을 참조.

14) 김경호, 「진한시기 호구문서와 변경지배 -기재양식을 중심으로」, 『낙랑군호구부연구』, 동북아역사재단, 2010, 112-128면; 胡平生, 「新出漢簡戶口簿籍硏究」, 『出土文獻硏究』 10, 2011 등을 참고.

15) 鷲尾 祐子, 「出土文字資料秦漢代戶籍制度 -湖北省里耶古城出土秦名籍江蘇省天長縣出土戶口簿·算簿」 東亞歷史文化硏究會 編, 『東亞文史論叢』, 2007; 邢義田, 「龍山里耶秦遷陵縣城遺址出土某鄕南陽里戶籍簡試探」, 武漢大學簡帛硏究中心 簡帛網 2007年11月1日; 黎明釗, 「里耶秦簡: 戶籍檔案的探討」, 『中國史硏究』 2009-2; 田旭東, 「里耶秦簡所見的秦代戶籍格式和相關問題」, 『四川文物』 2009-1; 劉敏, 「關于里耶秦"戶籍"檔案簡的幾点臆測」, 『歷史檔案』 2008-4; 鈴木直美, 「里耶秦簡にみえる秦の戶口把握 -同居·室人再考」, 『東洋學報』 89-4, 2008; 陳絜, 「里耶戶籍簡與戰國末期的基層社會」, 『歷史硏究』 2009-5; 楊光成, 「里耶秦簡"戶籍簡"硏究綜述」, 『黑龍江史志』 2010-13; 張榮强, 『漢唐籍帳制度硏究』, 商務印書館, 2010; 李成珪, 「里耶秦簡 南陽戶人 戶籍과 秦의 遷徙政策」, 『中國學報』 57, 2008; 윤재석, 「진한대 호구부와 그 운영」 및 김경호, 「진한시기 호구문서와 변경 지배 -기재 양식을 중심으로」, 권오중·윤재석·김경호 등 지음, 위의 책, 2010; 林炳德, 「里耶秦簡을 통해서 본 秦의 戶籍制度」, 『東洋史學硏究』 110, 2010.

16) 李成珪, 「前漢 更卒의 徵集과 服役方式 -松柏木牘 47호의 분석을 중심으로-」, 『東洋史學硏究』 109, 서울, 2009(a); 廣瀨熏雄, 『秦漢律令硏究』 제7장 「張家山漢簡『二年律令』史律硏究」, 汲古書院, 2010.

는 분석[17] 등 호적제도 외에 실로 다양한 방면에 걸쳐서 새로운 견해를 가능하게 했다.

호적제도와 관련한 일련의 출토간독자료의 공개에 따라 진한초 호적제도의 운영과 그 실체에 대한 상당 수준의 연구 성과를 거두었지만, 이러한 자료들이 邊郡지역에서 발견된 점을 고려한다면 이 지역에 원래 거주하고 있었던 주변민족 역시 변군민으로 편입이 되었을터인데 이에 대한 분석은 상대적으로 적은 듯하다. 더욱이 사서나 출토간독자료에 '秦漢人(=漢)'과 '非秦漢人(=胡)'을 구분하여 호적에 기재한 사실은 그들 역시 진한제국의 稅役 대상자임을 보여주는 것이다. 따라서 본고에서는 변군에 소속된 주변민족 즉 '非秦漢人'의 제국 편입과 호적제도를 통해 이들을 군현지배 질서에 편입시키는 과정을 검토하고자 한다.

2. 秦·漢初 호적제도의 시행: 『里耶秦簡』의 내용을 중심으로

전국 말기 이후, 각 제후국 내의 호적제도가 보편화된 결과 진한대의 호적제도는 전국시기 그것의 계승이었다.[18] 진한시기 호적의 편성을 중요시 한 것은 두말할 나위 없이 병역과 요역 등 필요한 노동력을

---

17) 李成珪, 「帳簿上의 帝國'과 '帝國의 現實': 前漢 前期 南郡의 編戶齊民 支配와 그 限界」,『中國古中世史硏究』22, 2009(b); 楊振紅, 「松柏西漢墓簿籍牘考釋」,『南都學壇』30-5, 2010.

18) 堀敏 一, 앞의 책(1996), 20~45면. 특히 씨는『管子』「禁藏」, "戶籍田結者, 所以知貧富之不費也"의 기사 중 "田結"이란 익숙하지 않은 어휘는 진한통일 이후의 현실을 반영한 것으로 전국시대 東方의 齊國 전통에 기초했을 것이라는 견해를 인용하여(池田溫,『中國古代籍帳硏究』(槪觀·錄文), 東京大學出版會, 1979, 18면), 전국말기에 호적과 '호적'이란 용어는 각지에 보급되었다고 추론하고 있다(앞의 책, 1996, 55면).

국가가 확보하기 위한 것이었다.[19] 특히 진한초에는 舊6國 지역의 民들을 제국 질서의 기초로 편입시키기 위해서 무엇보다도 호구의 편제가 중요하였다.[20] 秦의 경우, 처음으로 戶籍이란 표현이 보이는 시기는 전국시대 獻公 10년(B.C. 375) 상기한 "爲戶籍相伍"의 기사로서 戶籍制度와 什伍制가 결합되어 운영되었음을 알려준다.[21] 상앙의 제1차변법의 실시 내용이 십오제와 연관되어 分異하지 않을 경우 세금을 배로 부과한다는 내용은 이미 두 제도가 유기적으로 시행되고 있음을 의미하기 때문이다. 더욱이 상앙의 1,2차에 걸친 변법의 시행에서 호적과 관련한 언급이 보이지 않는 것은 이미 그 제도가 시행되고 있음을 반영하는 것이며 최근 공개된 里耶古城 K11에서 출토된 호적관련 목독 가운데 1호, 7호, 12호간 제5란의 "伍長"과 2호간의 "五長"이라고 명기된 것은[22] 십오제와 호적제의 운영이 매우 긴밀함을 보여주는 것이다.[23] 또한 『商君書』「境內篇」과 「去强篇」에 공통적으로 보이는 출생과 사망의 시점을 기준으로 호적에 등록과 삭제를 하며, 戶內

---

19) 徐幹, 『中論』「民數篇」, "夫治平在庶功興, 庶功興在事役均, 事役均在民數周, 民數周在國之本也."

20) 『奏讞書』「案例」2, 4, 5 의 기사는 漢이 楚와의 전쟁에서 승리한 뒤 楚民을 다시 漢民으로 編戶한 사례로서 제국 질서의 기초를 확립하기 위해서는 무엇보다도 호구의 편제가 우선임을 보여주는 대표적인 기사이다 (彭浩·陳偉·工藤元男 主編, 위의 책 (2007), 案例2, 337면, "媚曰: 故點婢, 楚時去亡, 降爲漢, 不書名數, 點得媚, 占數復婢媚, 賣祿所, 自當不當復受婢, 卽去亡, 它如祿"; 案例4, 341면, "符曰: 誠亡, 自以爲未有名數, 以令自占書名數, 爲大夫明妻, 明嫁符隱官解妻, 弗告亡"; 案例5, 343면, "今武曰: 故軍奴. 楚時去亡, 降漢, 書名數爲民, 不當爲軍奴. 視捕武, 誠格鬪, 以劍擊傷視, 它如池".

21) 尹在錫, 「秦·漢初의 戶籍制度」, 『中國古中世史研究』26, 2011, 64면.

22) 리야진간 호적간의 주요 서사 내용과 양식에 대해서는 김경호, 앞의 책, 2010, 114~117면을 참조.

23) 尹在錫, 앞의 논문(2011), 110면.

의 口數와 남녀의 성별을 기입한 내용 등은 호적제도 운영의 기본 원칙과 그 시행을 의미하는 것이다. 이러한 사례는 秦始皇 16년(B.C.231) 처음으로 남자에게 호적에 연령을 기재하라는 기사[24], 『睡虎地秦簡』「編年記」에서도 진시황 16년 民이 스스로 나이를 신고한 사실[25], 그리고 최근 공개된 『岳麓秦簡』「日志」의 내용 가운데 34년의 관련 내용인 "爽初書年十三 盡卅六年年卅三歲(0552)"[26] 등에서 확인할 수 있다. 특히 『岳麓秦簡』「日志」의 내용은 "爽"이란 인물이 13세가 되자 처음으로 국가 호적에 등재하여 진시황 26년에 나이가 23세가 되었다는 내용이다. 즉 진시황 16년 13세 때에 호적에 등재한 직접적인 증거인 셈이다.

「編年記」를 비롯한 관련 자료로부터 진의 호적제도 운영의 실체가 확인되었더라도 수호지진간에는 『二年律令』「戶律」과 같은 법령은 존재하지 않기 때문에 호적의 제작과 운영이 엄격하게 시행되지 않았다는 지적은 한편으로는 매우 설득력을 가지고 있다. 따라서 秦代 호적제도가 시행되었을지라도 그 철저함은 상대적으로 한대에 비하여 철저하지 못했을 것이며 편호지배 역시 강력하게 집행하기는 쉽지 않았을 것이라는 견해이다.[27] 필자 역시 이러한 주장에 동의한다. 왜냐하면 『수호지진간』과 『악록진간』, 그리고 『이년율령』에 공통적으로 보이는 율령인 「행서률」의 내용을 비교해 보아도 율령의 정교함과 완성도가 『수호지진간』과 『악록진간』보다는 『이년율령』의 그것이 훨씬 높기 때문이다.[28] 이와

---

24) 『史記』卷6「秦始皇本紀」, "十六年九月, …(중략)…初令男子書年", 232면.

25) 『睡虎地秦簡』, 「編年記」, "十六年, 七月丁巳, 公終, 自占年.", 7면.

26) 陳松長, 「岳麓書院所藏秦簡綜述」, 『文物』, 2009-3, 77면.

27) 尹在碩, 앞의 논문(2011), 64~74면.

28) 金慶浩, 「秦·漢初 行書律의 內容과 地方統治」, 『史叢』73, 2011.

같이 진한초 호적제도 시행의 차이는 존재할지언정 戶에 대한 定義,[29] 匿戶[30]와 戶籍의 이전[31]과 관련한 문답 등을 기록한『수호지진간』「법률답문」의 규정이나『이년율령』「호률」등의 기록은 진·한초 戶賦를 비롯한 다양한 세금과 力役이 戶를 대상으로 징수되었고, 戶籍은 그 기초자료였음은 자명하다.

진대 호적제도의 실행을 증명하는『里耶秦簡』의 관련 기사 내용을 검토하기 전에 문헌기사를 통해 里耶 지역의 성격을 검토해 보자. 왜냐하면『리야진간』에 보이는 戶籍관련 기사들의 주요 대상이 秦人과 이들에게 정복된 楚人, 즉 非秦人을 모두 그 대상으로 삼고 있기 때문이다. 『史記』권5「秦本紀」孝公 元年 기사의 六國의 영역 판도를 설명하는 내용 가운데, 楚의 영역을 漢中에서 남으로는 巴郡과 黔中郡에 이른다고 하여[32] 이들 지역이 楚의 서쪽 지역에 위치하고 있음을 알 수 있다. 그런데『史記』「秦本紀」昭襄王 시기의 기사 내용에 의하면 기원전 280년을 전후하여 진은 초지역을 공략하여 鄢과 鄧 일대를 점령하고 초의 도성인 郢을 함락시킨 후, 南郡과 黔中郡을 설치하고 있다. 관련 기사 내용을 摘記하면 다음과 같다.

---

29) 『睡虎地秦簡』,「法律答問」, 中華書局, 1959, "盜及者(諸)它罪, 同居所當坐.」 可(何)謂「同居」? ●戶爲「同居」, 坐隸, 隸不坐戶謂殹(也)" 98면;「法律答問」, "可(何)謂「室人」? 可(何)謂「同居」?「同居」, 獨戶母之謂殹(也). ●「室人」者, 一室, 盡當坐罪人之謂殹(也).", 141면.

30) 『睡虎地秦簡』,「法律答問」, "可(何)謂「匿戶」及「敖童弗傅」? 匿戶弗繇(徭), 使, 弗令出戶賦之謂殹(也).", 132면.

31) 『睡虎地秦簡』,「法律答問」, "甲徙居, 徙數謁吏, 吏環, 弗爲更籍, 今甲有耐, 貲罪, 問吏可(何)論? 耐以上, 當貲二甲", 127면;『張家山漢簡』「二年律令·戶律」, 328–330簡, "有移徙者, 輒移戶及年籍爵細徙所, 幷封. 留弗移, 移不幷封及實不徙數, 盈十日, 皆罰金四兩; 數在所正, 典弗告, 與同罪; 鄉部嗇夫, 吏主及案戶者弗得, 罰金各一兩."

32) 『史記』권5「秦本紀」, "楚自漢中, 南有巴·黔中.", 202면.

① 27년(B.C.280) "(左更) 錯이 楚를 침공하였다. 죄인을 사면하여 남양으로 이주시켰다. 백기가 趙를 공격하여 代의 光狼城을 정복하였다. 또한 사마착이 隴西에서 군사를 징발하여 蜀을 지나서 黔中을 공략하여 점령하였다[(左更) 錯攻楚 赦罪人遷之南陽 白起攻趙 取代光狼城 又使司馬錯拔隴西 因蜀攻黔中 拔 之]."

② 28년(B.C.279) "大良造 白起가 楚를 공격하여 鄢과 鄧지역을 빼앗고 죄 인을 사면하여 이주시켰다(大良造白起攻楚 取鄢鄧 赦罪人遷之)."

③ 29년(B.C.278) "大良造 白起가 초를 공격하여 郢을 빼앗고 남군을 설치하 였다(大良造白起攻楚 取郢爲南郡)."

④ 30년(B.C.277) "蜀의 守인 若이 초를 정벌하여 무군과 강남을 빼앗고 검 중군을 설치하였다(蜀守若伐楚 取巫郡 及江南爲黔中郡)."[33]

상기한 기사에 의하면 南郡, 巫郡, 黔中郡 등의 명칭만 보일 뿐이지 『里耶秦簡』에서 확인되는 洞庭郡과 蒼梧郡의 명칭은 보이지 않는다. 그러나 간문에 보이는 두 군의 지리적 위치가 黔中郡 지역 일대라면[34] 진의 군현지배가 시행되었다 해도 과언이 아니다. 더욱이 『리야진간』의 기사에는 "黔中郡"의 명칭은 보이지 않지만, 南郡의 명칭이 J1⑯5와 J1 ⑯6에 각각 "지금 동정군에서 병기를 內史·巴·南郡·蒼梧郡으로 보 낸다(今洞庭兵輸內史及巴, 南郡, 蒼梧)"[35]라고 郡名이 명기되어 있어 상기 인용한 기사 시기 이후에도 리야 고성 일대는 진의 영토에 편입되어 있

---

33) 이와 동일한 기사의 내용이 『史記』권40 「楚世家」頃襄王 22년(B.C. 277), "秦復拔我 巫 黔中郡"라 하여 초국의 입장에서 기술되어 있다.

34) 陳偉, 「秦蒼梧·洞庭二郡芻論」, 『歷史研究』2003-5; 『燕說集』, 商務印書館, 2011에 재수록.

35) 湖南省文物考古研究所, 『里耶發掘報告』, 岳麓書社, 2007; (이하 『里耶秦簡』으로 칭 함), 192~193면.

었을 것으로 보인다. 그러나 진시황 20년(B.C.227) 4월2일 南郡 郡守 騰이 本郡 소속의 각 縣·道에게 반포한 『睡虎地秦簡·語書』의 내용이나[36] 「編年記」 19년의 기사, "ㅁㅁㅁㅁ 南郡에 경계태세를 갖추다[ㅁㅁㅁㅁ 南郡備敬(警)]"[37] 등은 비록 진이 남군지방을 지배한지 50여 년이 되었어도 當地의 楚人勢力은 여전히 그 鄕俗을 견지하면서 상당한 영향력을 행사하고 있었으며, 동시에 楚國 역시 이 지역을 奪回하고자 함을 알 수 있다. 이와 같이 南郡지역은 反秦의 동향이 있었을지라도 秦昭襄王 28년 이후 통일시기까지 남방지역 통치의 중심 역할을 수행했을 것이다. 왜냐하면 江漢地域 일대에서 관중 지역의 封土堆와 墓道가 없는 秦墓양식을 띄고 있는 묘들이 다수 확인되며,[38] 湖北 襄樊市 부근의 鄧城 유지를 비롯한 餘崗·蔡坡·山灣·鄭家山 묘지에서도 전국시대 후기 秦 移民 유적을 확인할 수 있기 때문이다.[39] 남방지역에서의 秦墓의 확인 뿐만아니라 더욱이 진시황 24년(B.C.223) 王翦이 "초를 정벌하고 王인 負芻를 포로로 삼았다(破楚 虜其王負芻)"[40]다고 한 다음해 진시황 25년(B.C.222) 里耶秦簡의 紀年이 시작하고 있는 점은 더더욱 진의 남방지역 지배의 철저함을 잘 반영하고 있음을 알 수 있다.

습속과 문화가 이질적인 정복 지역에 대한 지배의 철저함은 무엇보다도 해당 居民의 장악일 것이다. 이런 측면에서 본다면 『리야진간』에서 확인되는 호구조사의 시행은 거민 장악을 반영하는 대표적인 사례

---

36) 『睡虎地秦簡』, 「語書」, "凡法律令者, 以教道(導)民, 去其淫避(僻), 除其惡俗, 而使之於爲善毆(也).", 15면.

37) 『睡虎地秦簡』, 「編年記」, 7면.

38) 陳平, 「淺談江漢地區戰國秦漢墓分期和秦墓的識別問題」, 『江漢考古』, 1983-3.

39) 黃尙明, 「湖北襄樊市區附近的秦移民遺存探討」, 『考古與文物』, 2006-1.

40) 『史記』 卷15 「六國年表」, "王翦·蒙武破楚, 虜其王負芻.", 756면.

이다. 『리야진간』의 호구조사와 관련한 내용을 시기별로 정리하면 다음과 같다.[41]

⑤卄七年遷陵貳春鄉積戶☑ / 亡者二人 俻(率)之 萬五千三戶而☑(8-927)

⑥卅二年遷陵積戶五萬五千五[百]卅四(8-552)

⑦卅四年遷陵鄉戶計廷校三(7-305)[42]

⑧卅五年遷陵貳春鄉積戶二萬一千三百☑ / 毋將陽闌亡乏戶☑(8-1716)

우선 주목되는 것은 ⑤의 기사에서 알 수 있듯이 진의 전국 통일 직후인 진시황 27년(B.C.220)부터 鄉을 기초로 하여 거의 매년 호구조사가 시행되고 있음을 추측할 수 있다. ⑤와 ⑧의 기사는 貳春鄉의 "積戶" 즉 總戶數를 상급기관인 遷陵縣에 보고한 내용이다. ⑥은 ⑤와 ⑧에서 알 수 있듯이 貳春鄉을 비롯한 천릉현 소속 향의 호수를 집계한 수치이다. ⑦은 鄉에서 上計한 호구 통계의 정확성을 위하여 향별 호구 통계 자료인 鄉戶計와의 대조작업일 것이다. 이러한 사실은 『리야발굴보고』의 공개 이후, 張春龍이 발표한 자료인 "戶曹計錄: 鄉戶計 繇(徭)計 器計 租質計 田提封計☑ /臶計☑ 鞫計☑ ・凡七計☑(8-489)"[43]에서 확인할 수 있다.

---

41) 陳偉, 앞의 책(2012)에서 인용.

42) 張春龍, 「里耶秦簡所見的戶籍和人口管理」(中國社會科學院考古研究所・中國社會科學院歷史研究所・湖南省文物考古研究所 編, 『里耶古城・秦簡與秦文化研究』, 科學出版社, 2009), 188면. 이 조문에 대해서는 향후 상세한 분석이 필요하겠지만 우선 "廷校三"의 "校"는 『睡虎地秦簡』「效律」, "計校相繆(謬)殹(也)"(회계 내용에 대한 대조 검토의 결과 착오가 발견되었는데), 125면의 "校"와 같은 의미로서 대조 또는 검사하다는 뜻으로 이해할 수 있을 것이다.

43) 張春龍, 위의 논문(2009) (→ 陳偉, 위의 책(2012), 167면, 8-488簡으로 정리).

그렇다면 호구조사는 언제 시행이 되었을까? 아래의 두 기사에 주목하여 보자.

⑨ 35년(212) 8월 貳春鄉의 (관리) 玆가 보고하기를, 酉陽縣 盈夷鄉의 戶隷計를 받았는데 大女子 1인이 있었다. (이에) 문서를 대조하여 처리하였음을 보고합니다(卅五年八月丁巳朔, 貳春鄉玆敢言之, 受酉陽盈夷鄉戶隷計大女子一人, 今上其校一牒, 謁以從事, 敢言之)[44]

⑩ ☑8월☐☐☑/☑春鄉의 戶計☑/☑郵로 전달했지만 보고되지 않았음을 아룁니다.(☑八月☐☐☑/☑春鄉戶計☑/☑以郵行, 不求報, 敢言之☑)[45]

⑨의 내용은 遷陵縣 소속의 貳春鄉과 酉陽縣 소속의 盈夷鄉 사이에서 호구 관련 문서인 戶隷計를 주고받은 시기가 8월임을 보여주는 기사이다. 더욱이 ⑩은 殘簡으로 인하여 자세한 내용은 알 수 없지만 貳春鄉에서 8월에 작성한 호구 통계임에 틀림없다. 『里耶秦簡』뿐만 아니라 『睡虎地秦簡』 「秦律18種」의 관련 기사에서도 확인할 수 있다.

⑪ 가까운 거리의 현에서는 발이 빠른 사람이 문서를 전달하고 거리가 멀리 떨어져 있는 현에서는 역참을 경유하여 문서를 전달하는데 모두 8월 말 이전까지는 전달을 완료해야 한다(近縣令輕足行其書, 遠縣令郵行之, 盡八月☐☐之, 「田律」 2-3簡)

⑫ 소예신첩이 8월에 대예신첩으로 등록하고 10월부터 식량을 증액하여 지급한다

---

44) 張春龍, 위의 논문(2009), p.194, ⑧1573簡(→ 陳偉, 위의 책(2012), 362면, 8-1565簡으로 정리).

45) 張春龍, 위의 논문(2009), p.189, ⑧733簡(→ 陳偉, 위의 책(2012), 211면에서는 8-731簡으로 정리).

(小隷臣妾以八月傅爲大隷臣妾, 以十月益食,「倉律」, 53簡)

⑬ (거주지 관할이 아닌 다른) 관청에서 노역을 하여 貲刑 · 贖刑 · 債務를 변제하게 되었는데 노역 장소와 관련 장부를 처리하는 관청이 멀리 떨어져 있는 경우, 8월 말에 노역 일수와 수려한 의복 수를 원래 장부를 처리한 관청에 각각 통보하여 9월 말 이전까지 장부가 모두 관청에 도착하도록 해야 한다(官作居貲贖責(債)而遠其計所官者, 盡八月各以其作日及衣數告其計所官, 毋過九月而觡(畢)到其官,「司空」, 139簡)

秦代 農田이나 人口와 관련한 통계는 모두 8월에 진행되었음을 확인할 수 있다.[46] 이와 함께『이년율령』「호률」의 관련 조항에 8월에 향부의 嗇夫 · 吏 · 令史로 하여금 공동으로 호적을 정비하고 호적의 부본은 縣廷에 보관하라는 내용은[47] 한초의 호구조사가 진대와 마찬가지로 매년 8월 향을 기초로 시행되었음을 알려준다.[48] 이러한『이년율령』「호률」의 규정은 漢 高祖4년(B.C.203) 기사인 "8월에 처음으로 산부를 징수하였다"[49] 또는『後漢書』의 "漢의 법령은 항상 8월에 산부를 징수한다"[50]와 일치한다.

그렇다면 문제의 관건은 호구 조사의 일차적인 대상은 진한인이었지만, 주변지역을 지배한 이후 해당지역의 거민들에 대한 호구조사 시

---

46) 李均明,「關於八月案比」,『出土文獻研究』六, 文物出版社, 2004, 131면.

47)『張家山漢簡』,「二年律令 · 戶律」, "恒以八月令鄉部嗇夫, 吏, 令史相襍案戶籍, 副臧其廷(328-330簡)", 177면.

48)『張家山漢簡』,「二年律令 · 戶律」, "至八月書戶. 留難先令, 弗爲券書, 罰金一兩(335簡)", 176면, "爲人妻者不得爲戶. 民欲別爲戶者, 皆以八月戶時, 非戶時勿許(345簡)", 179면.

49)『漢書』권1「高帝紀」, 中華書局, 1959, "八月, 初爲算賦.", 46면.

50)『後漢書』권10「皇后紀 · 上」, 中華書局, 1959, "漢法常因八月筭人.", 400면.

행 여부이다. 왜냐하면 상기한 『리야진간』이 발견된 지역은 원래 楚國이 지배하였던 지역으로 이 지역에서 시행된 호구조사란 두 가지의 가능성 즉, 토착민을 진한의 지배질서로 편입한 경우와 기존 진한의 지배질서하에 있던 군현민의 이주 가능성이 존재하기 때문이다. 토착민으로서 진한제국의 호적에 편입된 경우에 대해서는 다음 장에서 후술하기로 한다. 종래 이 문제와 관련해서는 주변민족에 대한 세역지배와 관련하여 설명하곤 했지만,[51] 최근 平壤市 貞柏洞 364號 고분에서 발견된 "樂浪郡初元四年縣別戶口多少集簿"라는 표제어가 쓰여져 있는 출토목간 호구부 사진의 공개와 이에 대한 분석에 의해 주변민족이 거주한 변군지역 역시 내군과 마찬가지로 호구조사가 시행되었음을 알 수 있다.[52] 이 호구부는 낙랑군에서 중앙정부에 上計하기 전, 지방의 최고 행정기구인 郡에서 작성된 문서로서 '縣─鄕'에서 수집 정리된 호구 관련 자료들에 기초하여 작성된 문서이다. 이러한 간독자료의 공개는 종래 문헌에 기록된 주변민족을 대상으로 한 호구 조사의 실제적인 시행을 확인한 것이다. 왜냐하면 『後漢書』「百官志·五」(p.3622)의 "속관, 모든 현·읍·도에 설치하는데 (규모가) 큰 곳에는 슈 1인을 두고, 녹봉은 1천석이다……가을과 겨울에 세금을 거두어 소속 군현에 보고한다(屬官, 每縣·邑·道, 大者置令一人, 千石……秋冬集課, 上計於所屬郡縣)"의 기사나 『後漢書』「禮儀志·中」(p.3124)의 "8월에 현과 도는 모두 戶에 근거하여 民數를 조사한다(秋之月, 縣道皆案戶比民)"의 기사 등처럼 주변 민족

---

51) 伊藤敏雄, 「中國古代における蠻夷支配の系譜 －稅役を中心として」, 『中國古代の國家と民衆』(堀敏一先生古稀記念), 汲古書院, 1995.

52) 尹龍九, 「平壤出土「樂浪郡初元四年縣別戶口簿」研究」, 『木簡과 文字』3, 韓國木簡學會, 2009-6. (관련 연구성과는 주12)를 참조.

들이 거주하는 공간인 道[53] 역시 호구 조사의 대상에 포함되었음을 입
증하기 때문이다.

『漢書』「地理志」의 관련 기사에 근거하면 주변민족들이 거주한 지역
에 군현이 설치된 경우는 대략 본래 흉노 지역이었던 武威以西지역,
南夷계통으로 秦에 의해 병합되어 郡이 설치된 巴·蜀·廣漢지역,
氐·羌이 잡거한 武都지역과 西南外夷인 犍爲·牂柯·越巂지역, 그
리고 朝鮮·濊貊·句麗蠻夷가 거주한 玄菟·樂浪지역에 해당한다.
따라서 상기한『後漢書』「百官志」와「禮儀志」에 보이는 "集課"와 "案戶
比民"의 실질적인 대상은 內郡지역은 물론이고 바로 위에 나열한 邊郡
이나 주변민족이 거주한 道 등의 지역들이다. "集課"란 胡廣의 인용기
사에 의하면 각 縣에서 戶口, 墾田, 錢穀의 출입, 도적의 다소 등을 소
속 郡國에 보고한 문서이며, 尹灣漢墓에서 출토된 중앙정부에 보고하
는 상계부인「集簿」는 이러한 내용을 기록한 실제 문서인 것이다.[54]

중앙정부가 縣과 道를 동등한 행정단위로 파악한 내용은 상기한『後
漢書』「百官志」와「禮儀志」의 관련 기사처럼『이년율령』에서도 縣道를
병행하여 기술한 내용을 확인할 수 있다. 필자의 조사에 의하면 27개의
律과 1개의 令으로 구성된『二年律令』가운데 53%에 해당하는 15개의
율령에서 '縣道'를 병칭하여 사용된 사례를 다음과 같이 확인할 수 있
다. (숫자는 표기회수)

---

53)『漢書』권19「百官公卿表·上」, "有蠻夷曰道", 742면;『後漢書』「百官志·五」, "凡縣
　　主蠻夷曰道", 3623면,「道」에 대해서는 久村 因,「秦の『道』について」(中國古代史硏
　　究會 編),『中國古代史硏究』, 吉川弘文館, 1960 참조.

54) 連雲港市博物館·中國社會科學院簡帛硏究中心·東海縣博物館·中國文物硏究
　　所,『尹灣漢墓簡牘』, 中華書局, 1997, 圖版(13면), 釋文(77면).

賊律1	盜律5	具律6	捕律2	置吏律5	傳食律2	田律1	行書律1
效律1	興律2	徭律6	秩律1	金布律1	史律1	津關令6	

반면에 『睡虎地秦簡·語書』의 "20년 4월2일 南郡 守 騰이 縣·道의 색부에게 이르기를(廿年四月丙戌朔丁亥, 南郡守騰謂縣·道嗇夫)"와 『里耶秦簡』 "☒ □ 縣道 □ ☒ Ⅱ(8-573簡)"[55]의 내용에서 알 수 있듯이 현재까지 秦簡에서는 縣道의 병칭 사례는 단지 두 사례만을 확인할 수 있다. 그렇다면 호구조사의 대상지역인 縣道와 관련한 秦·漢初의 사회적 차이는 어떻게 해석해야 하는가? 이와 관련하여 『二年律令·戶律』에는 縣道의 병칭 기사가 보이지 않는다. 단지 「戶律」의 호구조사와 관련한 기사는 "민은 모두 스스로 나이를 신고해야 한다(民皆自占年 325簡)"와 "매년 8월 鄕嗇夫·吏·令史에게 공동으로 호적을 작성하도록 하고 副本은 縣廷에 보관한다(恒以八月令鄕嗇夫·吏·令史相襍案戶籍, 副臧(藏) 其廷 328簡)" 뿐이기 때문에 이를 근거로 縣道의 병칭을 통한 주변지역에 대한 해석은 쉽지 않다. 더욱이 縣道에서의 호구조사와 관련한 기사들은 모두 漢代의 기록이기 때문에 秦代 주변민족에 대한 호구 파악에는 일정한 제한이 있다.

3. 胡·漢 호적기재의 차이

秦代 주변민족 호구파악 실태에 대한 제한에도 불구하고 최근 공개된 『리야진간』의 관련 기사들은 비교적 진대 주변민족에 대한 호구 파

---

55) 陳偉 主編, 앞의 책(2012), 181면.

악의 실상을 이해하는데 도움을 제공하고 있다. 왜냐하면 호구 조사와 관련한 두 가지 유형의 호구 문서양식이 발굴됐기 때문이다.

A) 「南陽戶人荊不更蠻强(제1란) | 妻曰嘯(제2란) | 子小上造□(제3란) | 子小女子(제4란) | 臣曰聚 伍長(제5란)」(K27)

B) 「陽里戶人□ ▨」(⑧126)
「陽里戶人司寇□ ▨」(⑧1957)

A)유형은 리야고성 K11에서 출토된 戶籍木牘 編號 K27簡으로 이 簡 외에도 이러한 유형의 簡이 현재 11개 있으며 B) 유형은 J1에서 출토된 호적 및 인구 관리 簡牘의 일부로서 역시 11개의 간독이 확인되고 있다. 이들 자료들은 모두 秦王政 25년(B.C.222)부터 二世皇帝 2년(B.C.208)까지의 동정군 천릉현 관할하의 호구조사 관련 내용을 반영하고 있다. 우선 리야고성 K11에서 출토되어 정리 복원된 戶籍木牘 24매(전체 51매) 가운데 상기한 K27 목독을 예시로 삼아 그 특징을 살펴보면 제1란의 기재 방식 순서가 '地名+戶人+爵位+姓名'의 순서로 작성되어 있다. 이러한 기재방식은 『居延漢簡』에서 확인되는 한대 수졸의 명적간 기재 방식인 이른바 '名縣爵里'라는 개인 신상 기재방식과 일치한다.[56] 그런데 K27 簡에서 그동안 논쟁이 되어 왔던 것은 '南陽'이 어떤 등급의 행정단위인가와 '荊不更'에서의 '荊'의 의미와 '爵位'에 대한 논쟁이었다. 南陽에 대해서는 郡, 鄕, 혹은 里에 해당한다는 견해들이 제출되었지만 南陽이 郡級의 地名이라면 郡이 주체가 되어 군내 거주하는 민들

---

56) 謝桂華·李均明·朱國炤, 『居延漢簡釋文合校』, 文物出版社, 1987; (이하 『居延漢 簡』), 「137·2」, "戍卒張掖郡居延昌里大夫趙宣年卅", 228면 등의 名籍簡에 郡縣里의 명칭과 爵位, 姓名, 年齡의 순서대로 기재되어 있는 것과 일치한다.

의 호적을 하나하나 작성한다는 것이 현실적으로 불가능하며, 鄕에 해당한다면 호적목독의 기재방식이 천장한묘목독 호구부의 "東鄕戶 千七百八十三 口七千七百九十五" 등과 같은 표현에서 확인할 수 있듯이 '鄕名+戶+戶數/口+口數'와 같은 형식으로 작성되어야 한다. 따라서 호적간의 기재방식에 근거해서 해석하면 南陽은 里의 명칭임이 타당하다. 더욱이 상기한 리야진간 J1에서 발굴된 ⑧126과 ⑧1957 등과 같이 里名이 명기되어 있는 호적간의 기재방식과도 일치함을 볼 때, 南陽은 里名임이 분명하다.

그렇다면 '荊不更'의 의미는 무엇인가? 기재방식이 동일한 두 형식의 호적간을 비교하여 보면 비교적 그 차이가 잘 드러난다. 최근 소개된 『里耶發掘報告』외에 張春龍의 논문과 『里耶秦簡校釋』에서 상기한 ⑧126과 ⑧1957 등과 같은 호적간을 발췌하면 다음과 같이 정리할 수 있다.

陽里戶人□☑ (8-126)

陽里戶人夫(大夫)刀卅五年☑ (8-834+8-1609)

南里小女子苗, 卅五年徙爲陽里戶人大女嬰隷 (8-863+8-1504)

陽里戶人司寇□ ☑ (8-1946)

南里戶人士五贅☑ / □大女子姤☑ (簡⑩587)

南里戶人大女子分☑ / 子小男子施☑ (8-237)

南里戶人大夫寡筇。☑ (8-1623)

南里戶☑ (8-2476)

高里戶人小上造社☑ / 弟小女子檢☑ (簡⑨2242)

高里戶人大女子杜衡☒(簡⑨43)

☒陵鄕成里戶人士五(伍)成隷☒(8-1813)

成里戶人司寇宜 / 下妻齒(8-1027)

興里戶人不更□☒(簡⑨1317)

東成戶人大夫印小臣遬, 卄六□☒(8-1765)

東成戶人夫(大夫)寡晏☒ / 子小女子女巳☒ / 子小女子不唯☒(簡⑨566)

東成戶人士五夫☒ / 妻大女子沙☒ / 子小女子澤若☒ / 子小女子傷☒(簡⑨2064)[57]

우선 상기한 호적간과 K11에서 출토된 호적간을 비교하여 보면 호인들의 작위명 앞에 "荊"자가 명기된 경우를 발견할 수 없다. 또한 K11의 호인에게 수여한 작위는 일률적으로 爵4級인 不更임에 반하여[58] 상기한 陽里, 南里, 高里, 成里, 興里, 東成(里) 등에 거주한 호인들의 작위는 大夫, 司寇, 士五, 不更, 小上造 등 비교적 신분이 낮은 다양한 작위임을 확인할 수 있다. "荊不更"의 의미에 대해『里耶發掘報告』에서는 "진이 초 지역을 점령한 후 居民에 대해서 登記할 때 원래의 작위를 기록한 것이다"라고 하여 楚爵位라고 언급한 이래 다양한 의견들이 제기되었지만, '荊'과 '不更'을 連讀하여 예전에 楚人이 楚國에서 받은 작

---

57) 층위⑨·⑩에서 발견된 簡은 張春龍,「里耶秦簡所見的戶籍和人口管理」, 191~194면에서 인용하였으며, 층위⑧에서 발견된 簡은 陳偉, 위의 책(2012)에서 인용하였다.

58)『里耶發掘報告』, "南陽戶人荊夫(大夫)", 206면, 이라고 명기된 17號簡(K18)만이 爵位가 大夫이다.

위로 이해[59]하거나 楚爵을 秦爵의 不更으로 바꾸어 표현 것이라고 해석하는 견해,[60] 그리고 '荊'은 '楚'의 의미가 확실하고 '不更'과 분리된 개념이며 단순한 '舊楚國'또는 '舊楚國人'이 아닌 문화적 종족적 개념으로 이해해야 한다는 견해가[61] 대표적인 내용이다. 그러나 J1에서 관련 간독 ⑨-1209簡의 "二人其一秦一人荊皆卒"[62]이 공개된 이후 병졸은 진인과 초인으로 구분되었음을 알 수 있다. 따라서 '荊不更'은 피정복지민을 표기한 내용으로 원래 진인과의 구별을 위하여 명기한 것이다. 이러한 구별은 호구 등기 때에 秦人과 原楚人이 엄격하게 구분되었다는 사실을 의미한다.

『리야진간』 K11에서 출토된 호적간에 보이는 "荊不更"의 호주가 楚人이라면 『리야진간』의 호적간은 상기한 秦人의 호적과 K11에서 출토확인된 秦에게 편입된 초인들을 대상으로 작성한 두 계통의 호적으로 구성되어 이 지역의 군현지배가 楚人들을 대상으로도 적용되었음을 반영한다. 이러한 목독의 내용들은 모두 洞廷郡 遷陵縣을 중심으로 시행된 행정조치이기 때문에 상기한 『漢書』 『後漢書』에 보이는 道에 소속된 주변민족 역시 호구 조사(編戶)의 대상에 편입되었을 것이다. 2004년 荊州 紀南 松柏漢墓에서 발굴된 南郡 및 관할하의 江陵縣 西鄕 등지를 포괄한 문서 가운데 이미 공개된 35호 목독 「南郡免老簿」・「南郡

---

59) 張春龍, 「里耶秦簡交券和戶籍簡」, 『中國簡帛學國際論壇』, 2006.11 → 李成珪, 앞의 논문(2008), 129면에서 재인용.

60) 鈴木直美, 「里耶秦簡にみる秦の戶口把握 －同居・室人再考－」, 『東洋學報』 89-4, 2008, 8면; 같은 맥락에서 邢義田은 秦이 楚人의 지지를 획득하기 위해 귀순자의 기존 권익을 보장한 정책으로서 전국 말기 韓의 上黨 17개 邑이 趙로 귀순하자 趙가 吏民에게 "益爵三級"한 사실을 제시하고 있다 (「龍山里耶秦遷陵縣城遺址 出土某鄕南陽里戶籍簡試探」武漢大學 簡帛網 簡帛文庫 秦簡專欄, 2007.11.3).

61) 李成珪, 앞의 논문(2008), 158면.

62) 張春龍, 앞의 논문(2009), 194면.

新傳簿」·「南郡罷隆簿」등을 비롯하여 47호와 53호 목독의 내용을 통해서 南郡 관할하의 13縣, 4侯國이 모두 율령에 의한 지배의 대상이었음은 이러한 상황을 잘 반영한다.[63] 紙面의 제약으로 35호, 47호, 53호 목독에 보이는 縣·道와 侯國의 명칭만을 35호 목독의 기재 순서에 따라 나열하면 다음과 같다(이에 대한 구체적인 서술은 다음 장을 참조). 13縣[巫, 秭歸, 夷道, 夷陵, 醴陽, 屖陵, 州陵, 沙羨, 安陸, 宜成, 臨沮, 顯陵, 江陵], 4侯國[襄平侯中廬,[64] 邔侯國, 便侯, 軑侯]으로 구성되어 있다.[65] 주지하듯이 47호 목독은 남군 속현(도)과 후국의 用卒 數量을 기록한 것으로 기본적인 기재양식은 현(도) 혹은 후국의 명칭 뒤에 용졸의 인수, 교대(更) 회수, 요역 동원 인원과 잔여 인원, 부족한 인수 혹은 다른 현으로 보내진 인수 등을 차례대로 기재하고 있다. 53호 목독은 각 현(도)와 후국내의 성별, 연령에 따른 인구 통계로서 호구부와 유사한 성격을 띠고 있다. 그리고 48호 목독 二年西鄕戶口簿를 통해서 호구의 증감과 향의 연령, 성비의 분포를 알 수 있다. 따라서 현재까지 공개된 송백목독의 전체 내용을 종합하면 남군 소속의 현별 호구 내역을 추측할 수 있는데, 주요 항목은 使大男, 大女, 小男, 小女, 免老, 新傳, 卒, 復, 罷隆에 해당하는 각각의 口數를 추론할 수 있다.[66]

그런데 송백목독 53호에는 13현 4후국 가운데 巫, 秭歸, 夷陵, 夷道,

---

63) 荊州博物館, 위의 논문(2008), 29~32면; 彭浩, 위의 논문(2009).

64) 송백목독 47호에는 '中廬'로 표기되어 있지만 53호에는 '襄平侯中廬'로 되어 있어 본고에서는 53호 기재내용을 따른다.

65) 반면에 47호 목독에 따르면 "夷陵—夷道", "江陵—臨沮—顯陵", "邔侯國—襄平侯中廬"의 순서로 기술되어 있어 차이를 보이고 있다. 『漢書』 권28 「地理志·上」, 1566면, "南郡 戶十二萬五千五百七十九, 口七十一萬八千五百四十. 縣十八. 江陵, 臨沮, 夷陵, 華宜, 容城, 邔, 邔, 當陽, 中廬, 枝江, 襄陽, 編, 秭歸, 夷道, 州陵, 若, 巫, 高成."이라고 명기하여 남군 관할 현과의 차이를 보이고 있다.

66) 이에 대해서는 주17)을 참고.

醴陽, 孱陵 6개현과 軑侯 1개 후국의 경우에는 免老, 新傳, 卒, 罷癃에 해당하는 人數의 집계만 보일 뿐 연령에 의한 使大男, 大女, 小男, 小女의 구분이라던지 세역면제를 의미하는 '復'에 해당하는 경우는 근본적으로 제외되고 있다. 예를 들면 [南郡免老簿] "夷道免老六十六人", [南郡新傳簿] "夷道新傳卅七人", [南郡罷癃簿] "夷道罷癃卅八人 其卅人可事" 등의 기사처럼 人數만을 명기하고 있다. 따라서 南郡 관할하의 속현과 후국들은 동등한 남군의 지배하에 놓인 듯하게 보이나 실제적으로는 연령의 大·小에 따른 구분과 요역이나 산부의 면제 (復)와 같은 우대받는 居民과 단지 국가에 요역을 제공하는 지역에 거주한 계층으로 구분되어 있다. 이러한 경우는 상기한 『리야진간』 두 종류의 호적에서도 쉽게 찾아볼 수 있다. 『리야진간』 K11에서 출토된 호적간에서는 어떠한 기준에 따른 남녀의 대소를 명기하고 있지 않음에 반하여 J1에서 출토된 일련의 호적간에서는 "大女子", "小女子"와 같은 기준에 의하여 분류되고 있는 차이를 발견할 수 있다. 이와같이 동일한 縣과 侯國에서 작성한 문서는 신장 또는 연령의 기재 유무와 같은 세역 과세 기준의 적용여부가 한인과 주변민족에 대한 호적을 작성할 때 발생한 것이다. 그렇다면 어떠한 방식으로 주변민족을 호적에 편입시켜 내지의 군현민과 동등하게 지배를 했는가?

4. '胡'에 대한 우대정책과 군현지배

『리야진간』 호구 목독의 "荊不更"의 명기 여부와 ⑨-1209簡의 "2인 가운데 1인은 秦人이고 1인은 楚人으로 모두 (신분은) 卒이다(二人其一秦一人荊皆卒)"의 내용은 秦의 楚지역 점령이후, 土着人 楚人과 秦人의 호적 작성 시, 그 차이가 있음을 반영한 것이다. 또한 송백목독의 호구

관련 내용 역시 使大男, 大女, 小男, 小女의 구분이라던지 세역면제를 의미하는 '復'의 기입 여부로서 한인과 주변민족에 대한 호적 편성시 차이를 두었음을 알 수 있다. 사실 이러한 주변민족에 대한 차별은 상기한 『리야진간』과 송백목독이 발견된 호북지역에서 뿐만 아니라 다른 변경지역에서도 확인할 수 있다. 한 무제시기 설치한 漢四郡과 河西四郡 지역의 경우를 검토해 보자.

연왕 노관이 반란을 일으켜 흉노에 투항하니 (조선왕) 滿이 망명하여 무리 천 여인을 이끌고 머리를 묶고 오랑캐 복장을 하고서 동쪽으로 가서 요새를 나와 패수를 건너 진나라의 옛 땅에 살면서 鄣을 오르내리며 점차로 진번과 조선의 만이와 옛 연과 제의 망명자들을 복속시켜 그들의 왕이 되었고 수도를 王險에 정하였다. …(중략)… (왕위가) 아들에게 전해지고 다시 손자 우거에게 이르니 꾀어들인 한의 亡人들이 점점 많아졌다(燕王盧綰反, 入匈奴, 滿亡命, 聚黨 千餘人, 魋結蠻夷服而東走出塞, 渡浿水, 居秦故空地上下鄣, 稍役屬真番‧朝鮮 蠻夷及故燕‧齊亡命者王之, 都王險…(중략)…傳子至孫右渠, 所誘漢亡人滋多).[67]

진승 등이 기병하여 천하가 진에 대해 반란을 일으키니 燕‧齊‧趙지역의 백성 수 만인이 조선으로 피하였다. 燕나라 사람 衛滿이 머리를 묶고 오랑캐 복장을 하고 조선에 와 왕이 되었다. 한 무제는 조선을 멸망시키고 그 지역을 4郡으로 나누었다. 이로부터 胡와 漢이 점차 구별되기 시작하였다(陳勝等起, 天下叛秦, 燕‧齊‧趙民避地朝鮮數萬口. 燕人衛滿, 魋結夷服, 復來王之. 漢武 帝伐滅朝鮮, 分其地為四郡. 自是之後, 胡‧漢稍別).[68]

---

67) 『史記』 권115, 「朝鮮列傳」, 2985~2986면.
68) 『三國志』 권30 「東夷傳」, 中華書局, 1959, 848면.

상기의 두 기사는 漢四郡이 설치된 이후 이 지역으로 유입된 內地 漢人의 상황을 설명할 때 자주 인용되는 기사이다. 이미 이에 대한 상세한 분석이 발표되었기 때문에[69] 본고에서 다시 언급할 필요는 느끼지 못하지만, "현도와 낙랑은 무제시기에 설치된 (郡으로 그 주민은) 모두 조선 · 예맥 · 구려 등 만이이다(玄菟 · 樂浪 武帝時置 皆朝鮮 · 濊貊 · 句麗蠻夷)"[70]의 기사처럼 한사군 지역은 본래 蠻夷들의 거주지역이다. 따라서 秦末 · 漢初 이 지역으로 한인들의 유입 또는 이주는 자연스럽게 한사군(특히 낙랑군)의 郡民으로 편입되었을 것이며 그 郡民은 당연히 현지인인 만이와 한인으로 구성되었을 것이다. 이러한 호구 구성은"동부도위가 관할한 7개 현 주민이 모두 濊였다(自嶺以東七縣 都尉主之 皆以濊爲民)"[71] 라는 한인 관리들이 통치한 대상이 蠻夷였음을 확인시켜주는 것이며 실질적인 주민 구성이 최근 소개된 「樂浪郡初元四年縣別戶口多少集簿」에 기재된 호구수일 것이다. 물론 이 자료를 통해서는 송백목독에서 확인할 수 있었던 것처럼 한인과 주변민족의 호적작성 때에 차별적 편입의 내용은 알 수가 없다. 그러나 사료⑫에서 알 수 있듯이 호적의 작성 및 편입 시에 "胡漢稍別"되었음은 분명하다.

胡 · 漢의 차별적 관리는 河西四郡 지역에서도 그 유사한 사례를 찾아볼 수 있다. 『敦煌懸泉置漢簡』의 내용 중에는 귀화한 이민족을 국가가 개별적으로 파악한 이른바 「歸義羌人名籍」이 있다.[72] 이 명적은 羌

---

69) 李成珪, 「中國 郡縣으로서의 樂浪」(『樂浪文化研究』, 동북아역사재단 연구총서20, 동북아역사재단, 2006), 20~36면에서는 이에 대한 상세한 기술을 하였다.

70) 『漢書』 卷28 「地理志 · 下」, 1658면.

71) 『三國志』, 「東夷傳」, 濊條, "自單單大山以西屬樂浪 自嶺以東七縣 都尉主之 皆以濊爲民.", 848면.

72) 張德芳 · 胡平生 編撰, 『敦煌懸泉漢簡釋粹』, 上海古籍出版社, 2001, 166면; 張德芳 · 郝樹聲, 『懸泉漢簡研究』, 甘肅文化出版社, 2009, 266면, 「漢敦煌歸義羌人名籍」

人이 한에게 귀의하자, 그 대상자의 인적사항들을 기록 · 작성한 문서로서 남자만이 그 대상이다. 관련 명적의 기재 내용을 보면 "歸義毣渠歸種羌男子奴葛(Ⅱ0114②:180)"과 같이 "歸依"한 사실을("歸義") 명기한 다음, 부족명, 성별(모두 남자임), 인명 순으로 작성하여 한의 군현지배에 편입시킨 것이다.[73] 이러한 기재 양식은 『거연한간』에서 확인하였듯이 한인으로 내지에서 이주된 자들의 명적인 "田卒淮陽新平常里上造柳道年卅二"[74]와 같은 '地名'+'戶人(戶主)'+'爵位'+'人名'+'年齡'의 순서와는 차이를 보이고 있다. 명적을 작성할 때에 보이는 가장 큰 차이는 歸附한 羌人들에게는 모두 명적간 앞에 "歸義", 즉 한에 복속한 주변민족이라는 표시를 하여 내지에서 온 이주민들의 명적과는 확연한 구별을 보이고 있다. 또한 주변민족인 경우 그들의 연령을 기입하지 않고 있다. 물론 출생시 해당관청에 신고하는 한인과는 차이를 보이고 있다. 그러나 명적간의 앞부분에 "歸義"라는 표기와 연령을 기재하지 않은 것은 상기한 『里耶秦簡』의 "荊不更"과 복속한 초인들의 연령기재가 없다는 사실과 일치한다.

<hr>

에서는 목간의 形制가 길이 23cm, 너비 1cm라고 하여 본 목간 문서 역시 한대 공문서의 표준인 漢1尺(23cm)의 규격을 준수하고 있다. 현재 공개된 歸義羌人名籍은 모두 9매이다.

73) 敦煌懸泉置漢簡에 보이는 羌人에 대한 군현지배와 관련한 내용, 즉 羌人의 驛置임무 담당, 羌人의 소송 분규처리, 羌人의 漢化 혹은 漢人의 羌人化 등의 내용에 대해서는 張德芳, 「懸泉漢簡羌族資料輯考」, 『簡帛研究(2001)』, 中國社會科學院簡帛硏究中心, 2001); 初世賓, 「懸泉漢簡羌人資料補述」, 『出土文獻硏究』 6, 上海古籍出版社, 2004 참조.

74) 謝桂華 · 李均明 · 朱國炤, 『居延漢簡釋文合校』, 文物出版社, 1987, 「11 · 2」簡, 18면. 아울러 필자의 조사에 의하면 『居延漢簡』에 보이는 田 · 戍卒은 135명이고, 이들은 명적에 보이는 卒數 189명의 2/3를 차지하며 이들 가운데 상당수는 關東지역 출신으로서 河西지역에 복무하고 있었음을 알 수 있다(拙稿, 「漢代 변경지역의 인구 유입과 사회 변화」『동아시아의 지역과 인간』, 지식산업사, 2005, 287면 및 308~309면, 〈표〉 참조).

호적 편입 및 작성에서 확인되는 胡·漢의 구별은 다른 법률이나 규정에서도 확인할 수 있다. 『張家山漢簡』『奏讞書』案例1에서 확인되는 蠻夷律의 존재이다. 조금 장황하지만 案例1의 기사를 소개하면 다음과 같다.

(漢 高祖) 11년 8월6일 吏道 縣令인 氵介와 縣丞인 嘉가 삼가 주언합니다. (11년) 6월 戊子일에 發弩인 九가 男子 毋憂를 데려와 알렸습니다. "都尉를 위하여 屯해야 하는데 이미 관련 문서를 받고 목적지에 이르지 않았는데 도망가 버렸습니다."•毋憂가 말하길, "蠻夷의 大男子는 해마다 56錢을 납부하여 이를 徭賦로 대신하지 屯으로 충당하지 않습니다. 都尉인 窰가 毋憂를 보내어 屯하게 했으나 도착하기 전에 도망가 버렸습니다. 다른 것은 九가 말한 것과 같습니다."•窰가 말하길, "南郡尉가 屯을 징발한 것은 슈이 있기 때문이지만 蠻夷律에는 슈으로 屯한다는 언급이 없기 때문에 그를 보낸 것이고 도망한 까닭은 알지 못하며 다른 것은 毋憂가 말한 것과 같습니다."毋憂를 힐문했는데 "律에는 蠻夷 男子가 해마다 實錢을 납부하므로서 徭賦를 부담하는데 슈에 屯하지 말라는 언급이 없다고 했다. 아울러 비록 屯에 해당하지 않더라도 窰가 (屯으로) 보내어 毋憂는 屯卒이 되었는데 이미 도망가버렸다면 어떻게 해결해야 합니까?"毋憂가 말하길, "君長이 있고 해마다 實錢을 납부하여 요역을 면제받았습니다. 吏에게 문의했지만 해결하지 못했습니다."•추가적인 질문(問), 기록된 내용과 같습니다. •鞫(심리 내용의 종합) "毋憂는 蠻夷이 大男子이고 해마다 實錢을 납부하여 요역을 부담했습니다. (그런데) 窰가 (毋憂를) 屯으로 보냈는데 도망가다가 붙잡혔습니다. 심리를 마쳤습니다. •毋憂가 죄가 있는지 의문이 들고 다른 것은 縣에서 논하기를 삼가 아룁니다." 아뢰어 보고 드립니다. 獄史인 曹가 서명하고 발송합니다. •吏의 의견(吏當) "毋憂를 腰斬하는 것이 마땅하다고 하기도 하고 論罪하지 말아야 한다고도 한다." •廷尉

가 보고하기를(廷報) "腰斬해야 한다."(十一年八月甲申朔己丑, 夷道 ? 介丞嘉敢
讞之. 六月戊子發弩九詣男子毋憂告, 爲都尉屯, 已受致書, 行未到, 去亡. •毋憂
曰..蠻夷大男子. 歲出五十六錢以當繇賦, 不當爲屯, 尉窰遣毋憂爲屯, 行未到, 去
亡, 它如九. •窰曰..南郡尉發屯有令, 蠻夷律不曰勿令爲屯, 卽遣之, 不知亡故, 它
如毋憂. 詰毋憂, 律蠻夷男子歲出賨錢, 以當繇賦, 非曰勿令爲屯也. 及雖不當爲
屯, 窰已遣, 毋憂卽屯卒, 已去亡, 何解? 毋憂曰..有君長, 歲出賨錢, 以當繇賦, 卽
復也, 存吏, 毋解. •問, 如辭. •鞫之..毋憂蠻夷大男子, 歲出賨錢, 以當繇賦, 窰遣
爲屯, 去亡, 得, 皆審. •疑毋憂罪, 它縣論, 敢讞之, 謁報, 署獄史曹發. •吏當..毋
憂當腰斬, 或曰不當論. •廷報..當腰斬).[75]

이 내용은 전한 고조11년(기원전 196년) 8월 6일에 南郡 夷道의 관리인
? 介와 丞인 喜가 屯에 징발되어 도중에 도망한 蠻夷 毋憂에 대한 罪
狀 적용에 대해서 廷尉에게 奏讞한 안건이다. 본고의 내용과 관련하여
안례1의 내용은 몇 가지 시사점을 알려주고 있다. 첫째, 秦制를 답습
한 前漢初期에 蠻夷律이 존재한다는 사실이다. 둘째, 蠻夷는 매년 賨
錢 56錢을 납입하여 요역을 면제받는다. 셋째, 賨錢은 만이의 君長이
거두어 납입한다는 사실이다. 이러한 사실은 賨錢을 납입하지 않으면
요역의 대상자가 되는 것을 의미하며, 이것은 군장의 통제를 받는 것이
아니라 군현의 통제를 받는다는 점이다. 안례1의 기사를 통하여 蠻夷
역시 군현의 徭役 대상자이긴 하지만 蠻夷律에 근거하여 별도로 관리
하고 있음을 알 수 있는 것이다. 특히 漢初에 蠻夷를 대상으로 한 蠻夷
律이 제정되었다는 사실은 秦代에 이미 이들에 대한 정책이 시행되었
음을 의미한다. 진은 통일과정에서 영토의 확장 뿐만아니라 舊 6國 民

---

75) 『二年律令與奏讞書』, 2006, 332면.

이나 주변민족을 다수 통치의 대상으로 포함하였을 것이다. 그렇다면 문제는 진이 통일과정에서 이들을 어떻게 編戶시킬 수 있었냐는 것이다. 『睡虎地秦簡』의 이민족정책에 대한 규정을 명기한 「屬邦律」과 「法律答問」의 내용 가운데 관련 있는 기사를 통해서 추측할 수 있다.

먼저 「屬邦律」의 조항은 "각 도관에서 예신첩 혹은 체포된 사람을 이송함에 반드시 이들이 식량을 수령한 年月日, 의복 수령 여부, 처가 있는지의 여부를 반드시 기록해 두어야 한다. 만일 식량과 의복을 수령한 자라면 법률규정에 따라 의복과 식량을 계속하여 지급하도록 한다. 속방(道官相輸隷臣妾·收人, 必署其已稟年日月, 受衣未受, 有妻毋(無)有. 受者以律續食衣之. 屬邦)"이다. 整理小組의 주석에 의하면 "屬邦"은 소수민족을 관리하는 기관으로 진대 명기에도 보이며 한대 劉邦의 이름을 避諱하여 "屬國" 또는 "典屬國"이며, "道"는 소수민족이 모여 사는 縣이라고 注釋을 하였다.[76] 특히 "道"는 상기 인용한 『漢書』·『後漢書』의 관련 기사에 의하면 이민족이 거주하는 현을 지칭하는 것으로 이에 대한 비교적 상세한 규정을 살펴보면 다음과 같이 정리 할 수 있다.

내군에는 縣을 두었다. 삼변에는 道를 설치하여 皇后·太子·公主의 식읍을 제공케 하였다(內郡爲縣 三邊爲道 皇后·太子·公主所食爲邑).[77]

고조가 천하를 차지하였으나 삼변에서는 반란이 일어났다(高祖有天下, 三邊外畔).[78]

---

76) 『睡虎地秦簡』, 1990, 65면.

77) [淸]孫星衍 等輯, 周天游 點校, 『漢官六種』, 中華書局, 1990, 『漢舊儀·下』, 82면.

78) 『史記』 권25 「律書」, 1242면.

"三邊"이란 『史記會注考證』에 인용된 沈家本의 주석에 의하면 南越, 匈奴, 朝鮮을 의미하며,[79] 『漢書』「地理地·下」 "동이는 천성이 유순하여 삼방 지역과는 다르다(東夷天性柔順, 異於三方之外)"의 注에 인용된 顔師古의 "三方, 謂南·西·北也"(p.1658)와 같이 內郡과는 대립되는 지역임을 알 수 있다. 『睡虎地秦簡』에 보이는 "屬邦"이나 "道"와 유사한 개념이 「法律答問」에서 확인되는 "臣邦"이다. "臣"이란 秦에 臣屬한 邦 또는 國을 의미하는 것으로[80] 「法律答問」의 관련 법률을 검토하여 보면 臣邦지역의 秦 주민 구성을 확인할 수 있다.

신하의 위치로서 예속되어 있는 나라의 순수한 소수민족 혈통을 지닌 君長, 上造 이상에 상당하는 작위를 가진 자는 죄가 있어도 贖免할 수 있고 만약 群盜가 되었을 경우 贖鬼薪鋈足으로 판결한다(臣邦眞戎君長, 爵當上造以上, 有罪當贖者, 其爲群盜, 令贖鬼薪鋈足; 113簡).

(진률에)"신하의 위치로서 예속되어 있는 소수 민족의 사람이 자신의 수장에게 불만을 품고 夏를 떠나고 싶어 하더라고 이를 허락해서는 안된다" 무엇을"夏"라고 하는가? 진에 소속된 국경에서 떠나고자 하는 것을"夏"라고 한다(「臣邦人不安其主長而欲去夏者, 勿許.」 可(何)謂「夏」? 欲去秦屬是謂「夏」; 176簡).

(진률에) "眞臣邦君公(진에 신하의 위치에 예속되어 있는 나라의 순수한 소수민족 혈통의 군주)이 죄를 지었을 경우, 그 죄가 耐刑이상의 처벌을 받아야 하는데도 贖罪로 처벌하게 한다"라고 한다. 무엇을 "眞"이라 하는가? 진나라에 신

---

79) 龍川九太郞, 『史記會注考證』 권25, 宏業書局, 1974, 「律書」, "沈家本曰三邊以下文推之 謂南北東也. 其文云, 南越, 朝鮮…(중략)…今匈奴內侵…", 437면.

80) 工藤元男, 『睡虎地秦簡よりみた秦代の國家と社會』, 創文社, 1998, 102면.

하의 위치로 예속되어 있는 소수민족의 부모가 낳은 자식 및 다른 나라에서 출생한 경우를 "眞"이라 부른다. ●무엇을 "夏子"라고 하는가? ●아버지가 진나라에 신하의 위치로 예속되어 있는 소수민족이고 어머니가 진나라 사람일 경우 그 자식을 "夏子"라 부른다(「眞臣邦君公有罪, 致耐罪以上, 令贖.」 可(何)謂「眞」? 臣邦父母產子及產它邦而是謂「眞」. ●可(何)謂「夏子」? ●臣邦父·秦母謂殹(也).; 177-178簡).

우선 秦은 지배영역을 秦, 臣邦, 戎의 세 지역으로 구분한 후, 이에 거주하는 사람들을 혈통에 의거하여 "眞"과 "夏"로 구분한다. "夏子"는 秦母와 臣邦의 父에서 출생한 자이며, "眞"은 臣邦의 부모에서 출생한 경우와 它邦의 부모사이에서 출생한 경우이다. 그리고 秦의 부모 사이에서 태어난 秦人과 臣邦지역의 "眞戎君長"에서 추측할 수 있듯이 부모가 모두 戎일 경우도 상정할 수 있다.[81] 확대된 통치지역의 居民에 대한 "眞"과 "夏"의 구분은 진의 신분형성을 반영하는 것이며, 「法律問答」177-178簡에서 알 수 있듯이 주변민족과 진인의 혼인을 통한 진으로의 귀속 등을 알 수 있다. 이와 같은 혼인을 통한 주변민족과의 융합은 변군지역에서는 일반적인 현상이다. 비록 南郡지역에서 출토된 「法律問答」 내용과는 지역적 차이가 존재하고 시기적으로도 후대의 기사이지만, 後漢 桓帝時期 馬騰의 父 子碩이 羌族의 여자를 아내로 삼아 馬騰을 낳았다는 기사[82]나 鄯善王 尤還이 漢人의 外孫이라는 사실은 진대 내방에서 시행된 주변민족과의 통혼 전통이 한대에도 커다란 차이없이 시행되었음을 알 수 있다. 이와같은 상호 문화와 습속이 다른

---

81) 工藤元男, 위의 책(1998), 100~110면.

82) 『三國志』 권36, 「馬超傳」, 注引..「典略」, 945면.

민족이 진한의 통합적 질서에 편입되면서 진대의 屬邦과 같은 관직이 한대에 "屬國" 또는 "典屬國"으로 변모하였을 것이다.

『史記』권111 「霍去病傳」(p.2934)의 "얼마 후, 투항한 흉노인들은 변경 지방의 5개 郡 즉 옛 새외지역에 나누어 이주시켰다. (이들은) 모두 河南지역에 거주하면서 그들의 옛 풍속을 유지하면서 한나라의 屬國이 되었다(居頃之, 乃分徙降者邊五郡故塞外, 而皆在河南, 因其故俗, 為屬國)"의 기사 내용처럼 항복한 주변민족들을 塞外에 거주시켜 한인과의 공간적 차이를 설정하였다. 이러한 거주 공간의 분리는 상기한 수호지진간의 관련기사 가운데 臣邦과 대비되는 "外臣邦"이라는 공간의 존재에서도 확인된다.[83] 이와같은 하나의 제국질서 내에서의 거주 공간의 분리와 속국을 중심으로 한 통치는 주변민족의 차별성을 강조한 간접적인 지배의 성격이 농후하다. 예를 들면 해당 주변민족 원래의 풍속에 따라 통치하고 賦稅를 면해야 한다는 조치,[84] 군현을 폐지하고 屬國都尉나 部都尉를 설치하여 이민족에 대한 과세를 경감해야 한다는 기사[85]와 출토자료의 내용에서도 확인되는 『奏讞書』案例1에 보이는 蠻夷律[86]이나 『睡虎地秦簡ㆍ法律答問』의 내용 가운데 이민족들이 거주하는 곳에서의 만이가 군장을 벗어나 자의적으로 한인 사회에 편입되

---

83) 『睡虎地秦簡』「法律答問」, "使者(諸)侯, 外臣邦, 其邦徒及僞吏不來, 弗坐.」可(何) 謂邦徒, 「僞使」?", 136면.

84) 『漢書』권24, 「食貨志ㆍ下」, "漢連出兵三歲 誅羌 滅兩粵 番禺以西至蜀南者置初郡 十七 且以其故俗治 無賦稅", 1174면; 『後漢書』권76, 「衛颯傳」, "武帝平之 內屬桂陽 民居深山 瀕溪谷 習其風土 不出田租", 2459면.

85) 權五重, 「漢代 邊郡의 部都尉」, 『東洋史學研究』88, 2004 에서는 부도위의 성격을 잘 설명하고 있다.

86) 『奏讞書』, "蠻夷律不曰勿令爲屯, 卽遣之, 不知亡故, 它如毋憂. 詰毋憂, 律蠻夷男子歲出賨錢, 以當繇賦, 非曰勿令爲屯也, 及雖不當爲屯, 窯已遣, 毋憂卽屯卒, 已去亡, 何解?", 332면.

는 것을 불허하는 내용[87] 등이 그 대표적이다. 그러나 제국 통치 질서의 근간이 민을 기초로 한 세금과 부역의 징수라면 결코 이민족 지역에 설치된 군현 역시 제국 운영에서 예외일 수는 없었을 것이다. 즉 군현제도는 단순한 지방행정제도와 관료제도의 성립이 아니라 戶 단위로 등록한 민이 縣의 하부 조직인 鄕과 里에 편제되어 각종 세금과 요역의 1차 대상자로서 자리매김할 때 비로소 정상적인 제국 질서의 운영이 가능한 통치 시스템이었기 때문이다.

이런 까닭에 『里耶秦簡』 戶籍簡에 "荊不更"이란 표현이나 『敦煌懸泉置漢簡』의 「歸義羌人名籍」의 내용은 진한시기 編戶과정에서 秦·漢人과 이민족의 구별이 있었음을 반영하는 것이지 이들을 군현질서지배가 미치지 않는 공간에 두고 지배하려고 했다는 의미는 아니다.[88] 이러한 구별은 『奏讞書』 案例2에서 노비 媚가 楚 시기에 도망했는데 漢人이 되었음에도 불구하고(降爲漢) 다시 媚를 팔아버린 사건이나 案例5에서 軍이란 사람의 노비였던 武가 楚 시기에 도망하여 漢에 항복한 뒤(降漢), 한의 호적에 등록한 경우처럼 진·한인이 아닌 피정복자들은 공통적으로 '降(爲)漢'한 다음,[89] 한의 호적에 편입여부가 결정됨을 알 수

87) 『睡虎地秦簡』, 「法律答問」, "臣邦人不安其主長而欲去夏者 勿許.", 135면.

88) 金秉駿, 「中國古代 簡牘資料를 통해 본 낙랑군의 군현지배」, 『歷史學報』189, 2006, 154면.

89) 『奏讞書』 안례4와 안례5에 보이는 "降(爲)漢"의 시기는 아마도 항우가 사망하는 고조 5년 12월에 2대 臨江王 共尉 역시 漢의 장군 靳歙에 의하여 생포되어 洛陽으로 압송되었고『史記』 권16 「秦楚之際月表」, "(고조 5년) 十二. 誅籍. 索隱漢誅項籍在四年 十二月", 796면; "(고조 5년 12월)十七 漢虜驩." 共威는 낙양으로 압송된 이후에도 반란을 일으켰다가 처형되었다. 『史記』 권8 「高祖本紀」, "天下大定. 高祖都雒陽, 諸侯皆臣屬. 故臨江王驩為項羽叛漢, 令盧綰, 劉賈圍之, 不下. 數月而降, 殺之雒陽", 380면] 그 다음 달인 정월에 강릉지역은 南郡에 편입되었다[『史記』 권51 「荊燕世家」, "漢五年, 漢王追項籍至固陵, 使劉賈南渡淮圍壽春. 還至, 使人開招楚大司馬周殷. 周殷反楚, 佐劉賈擧九江, 迎武王黥布兵, 皆會垓下, 共擊項籍. 漢王因使劉賈將九

있다. 아마도 이 과정에서 秦・漢人과 이민족의 구별이 발생하였을 것이다.『奏讞書』안례18에서도 유사한 예를 확인할 수 있다. 안례117까지가 한 고조 초기를 시간적 대상으로 하고 있음에 반하여 안례18은 秦始皇 2728년에 발생한 사례로서 蒼梧郡 利鄕에서 반란이 일어나 관리가 民들은 징발하여 진압하려 했으나 진압나간 民이 도망한 사건이다. 蒼梧郡은 오늘날 호남성 동남부 일대에 해당한 지역으로 漢의 長沙郡으로 이어지는 곳이라고 한다.[90] 특히 蒼梧지역에'王'이 존재하고 있었음을 고려한다면[91] 안례18에 이 지역민을 '新黔首'라고 지칭하고 있는 것은 이미 이 지역민들이 진에게 투항하여 편호로 구성되어 있음을 의미한다. 따라서 반란을 진압하기 위해 동원된 민은 바로 '新黔首' 즉 秦에게 새로이 편입된 '新民'이다. 비록 안례4과 안례5에서는 안례18의 '新黔首'와 같은 '新民'을 의미하는 용어는 보이지 않지만 이들 모두는 진・한인과 구별되는 호적에 편입시킨 것이다. 이런 까닭에『三國志』권30「東夷傳」의 "漢武帝伐滅朝鮮, 分其地爲四郡. 自是之後, 胡・漢稍別"이라는 기사의'胡・漢稍別'이란 단순한 종족적・문화적 구별과 이에 기인한 지배의 차이를 언급한 것이기도 하지만 보다 구체적인 의미는 일원화된 군현지배 질서하에서 한인의 명적 기입과 이민족의 歸義 명적 기입의 차이에 근거한 차별된 호적의 구별이라는 해석도 가능

江兵, 與太尉盧綰西南擊臨江王共尉. 共尉已死, 以臨江爲南郡", 1993~1994면;『史記』권16「秦楚之際月表」, "(고조 5년 정월) 屬漢, 爲南郡", 796면.] 따라서『奏讞書』안례4나 안례5에서 降漢, 또는 降爲漢이라고 한 것은 바로 南郡으로 편입되었음을 가리키는 것이다(이에 대해서는 任仲爀,「漢初의 律令 制定과 田宅制度」,『中國古中世史硏究』25, 2011, 143~146면).

90) 陳偉,「秦蒼梧, 洞庭二郡芻論」,『歷史硏究』2003-5.

91)『史記』권20「建元以來侯者年表」, "以南越蒼梧王聞漢兵至降侯", 1050면.

할 것이다.[92]

호한의 명적 기입 차이에 근거하여 상기한 송백목독 35호, 47호, 53호의 내용에 대한 상세한 고증과 분석은 이미 이성규와 양진홍에 의해서 진행이 되었기 때문에 본문에서는 재론할 필요가 없다.[93] 그러나 남군 호구 관련의 내용을 밝혀주고 있는 상기 송백목독 35호, 47호, 53호의 내용의 가장 두드러진 내용은 연령기준에 의한 구분 여부와 세역 부담의 의무를 면제하는"復"의 기입여부이다. 다시 말하자면 진한인의 호적이라면 진시황 16년 이래로 적어도 남자는 연령을 기입해야 한다. 따라서 7縣 3侯國[江陵, 宜成, 臨沮, 安陸, 沙羨, 州陵, 顯陵+便侯國, 邔侯國, 襄平侯中廬]은 진한인의 호구 기사라고 판단해도 무리가 없을 것이다. 이에 반해 6縣 1侯國[巫, 秭歸, 夷道, 夷陵, 醴陽, 孱陵+軑侯國]은 연령 구분에 의한 기재가 전무할 뿐만아니라 "復"과 관련한 통계수치조차 확인할 수 없다. 물론 7현3후국 가운데 강릉현, 임저현, 현릉현 등도 "復"의 수치가 보이지 않는다. 그러나 이들 縣의 정황은 6현1후국과는 다르다. 먼저 顯陵縣의 경우는 호구 통계의 마지막 글자가 "復"으로 끝나기 때문에 전체 인구 1,608인 다음에 면제 대상자의 수치가 누락되었을 것이며, 臨沮縣은 통계의 마지막이 "凡"으로 되어 있기

---

92) '胡漢稍別'에 대해서 金秉駿은 "낙랑지역에 대한 임시적 세역의 우면조치를 시행하기 위해 호적에 기입한 것이다.…(중략)…곧 '호한초별'이 종족적 구별이 아니라 점령자와 피점령자를 구별했던 것이었음을 잘 알려준다"고 해석하였다.(「樂浪郡 初期의 編戶過程과 '胡漢稍別' ―「樂浪郡初元四年縣別戶口多少□□」木簡을 단서로」,『木簡과 文字』1, 2008). 그러나 「樂浪郡初元四年縣別戶口多少□□」木簡사진이 공개된 후에 자신의 견해를 다음과 같이 수정하였다. "'胡漢稍別'이란 원칙적으로 종족적인 구별에 기초한 것이지만 보다 중요한 것은 점령자와 피점령자를 律令원칙에 따라서 구별하려 한 결과 발생한 산물이다"(「樂浪郡初期の編戶過程 ―樂浪郡初元四年 戶口統計木簡を端緒として」,『古代文化』61-2, 2009, 74면).

93) 주17)을 참조.

때문에 다음 부분은 아마도 '口+전체口數+其+해당수치+復'의 순서로서 기입되어 있었을 것이다. 그렇다면 강릉현의 경우, 현재로서는 의미가 불분명한 "延", "外越" 등의 대상까지도 기입되어 있는 것으로 보아 "復" 대상자 역시 기재되어 있었을 것이다.

이와 같이 6현 1후국의 통계수자는 연령 구분에 의한 男女의 大小, 復이 기재되지 않았기 때문에 7현 3후국과는 달리 주변민족을 파악하기 위한 호구 문서였을 것이다. 南郡의 戸口簿가 아직 공개되지 않은 상태에서 남군의 호구 편제가 한인과 주변민족으로 구분하였다고 언급하기에는 매우 조심스럽지만, 그 가능성은 매우 높다. 이런 까닭에 남군 역시 두 지역에 대한 차이를 두되 일원적 군현지배 질서하에 편입시키고자 하였음은 분명하다. 남군의 6현 1후국이 "復"과 관련한 내용이 기재 되어 있지 않은 까닭은 이 지역에 남만이 거주하였기 때문이다. 왜냐하면 상기한『張家山漢簡』『奏讞書』案例1 내용의 蠻夷律에 의하면 蠻夷 男子는 1년에 實錢 56錢을 君長에게 납부하면 徭役을 면제받을 수 있었다. 따라서 남군의 이 지역에 거주하는 만이들은 實錢 56전을 납부하고 요역을 면제받기 때문에 관리들은 이들을 대상으로 굳이 호구 문서에 기재할 필요성을 느끼지 못하였을 것이다. 그러나 "復"이 기록된 7현 3후국의 요역부담자와 면제자(復)의 비율을 조사하여 보면 그 편차가 매우 심할 뿐만 아니라 郡에서 조작하였을 가능성이 크다는 지적은[94] 만이로부터 종전을 수납하였어도 군장을 통한 대납방식이었기 때문에 인신적 파악이 용이하지 않았을 것이다. 또한 연령의 대소를 파악하기 어려운 만이에게는 人頭에 기초한 요역과 산부의 면제보다는 種族別 復除가 훨씬 수월했기 때문에 해당 현도의 復 해당자를 파악할

---

94) 이성규, 앞의 논문(2009(b)), 264~278면.

필요성이 없었던 것이다. 바꾸어 말하면 蠻夷들은 안례1에 보이는 毋憂처럼 贖錢을 납부하고도 요역에 복역해야 하는 경우가 발생하여 이중으로 세역을 납부해야 하는 상황이 발생할 가능성이 높았다고 할 수 있다.

반면에 "可事"는 기재 대상에서 누락되어 있지 않은 점이 매우 흥미롭다. 6현 1후국과 같은 주변민족에 대해서도 새로운 세역납부 대상자의 명단인 「新傅簿」와 요역 면제 대상자인 「免老簿」가 작성되고 심지어 「罷癃簿」에 "可事"의 人數나 47호 목독에서 6현 1후국에도 更卒의 數가 명기되고 있는 점은 결국 세역을 비롯한 다양한 의무를 주변민족들에게 부과한 것이다. "事"란 『睡虎地秦簡 · 法律答問』에 "무엇을 「逋事」及「乏繇(徭)」라고 하는가?(可(何)謂「逋事」及「乏繇(徭)」?)"[95] 나 「封診式 · 覆」의 "도망한 날수와 요역을 기피한 날수가 각각 며칠씩인지(亡及逋事, 各幾何日 594簡)"[96]에서 알 수 있듯이 요역을 의미한다.[97] 따라서 주변지역에 郡을 처음으로 설치하여 제국의 질서로 편입시키는 과정에서의 부세 경감이나 면제 등은 습속과 문화가 다른 주변민족들을 군현질서에 편입시키기 위한 잠정적인 위무책에 불과하였다. 왜냐하면 『奏讞書』 안례1에서 毋憂가 贖錢을 납부하여 요역에 종사하는 것이 부당하다고 이의를 제기하였지만, 결국 "當腰斬"이라는 판결을 받고 있기 때문이다. 또한 안례2는 세역관계의 내용은 아니지만, 楚나라 때에는 노

---

95) 『睡虎地秦簡』, 「法律答問」, 132면.

96) 『睡虎地秦簡』, 「封診式」, 150면.

97) 山田勝芳, 「秦漢代の復除」, 『秦漢財政收入の研究』, 汲古書院, 1993, 604~606면에서는 "事"가 관청용어 및 법률용어로서 광범위하게 사용되어 작업, 직무, 신분의 의미를 가지고 있다고도 하였다. 그렇지만 復의 의미와 연관지어 요역의 의미로 사용되고 있음을 밝히고 있다. 또한 이성규, 앞의 논문, 2009(b), 268면에서도 "事"란 徭役, 算賦, 산부와 요역을 포함한 개념으로 파악하고 있다.

비의 신분였던 媚가 도망하여 '爲降漢' 하였지만 호적에 등록하지 않고 있다가 點이란 사람에게 붙잡히어 다시 노비가 되어 大夫인 祿에게 팔려가다가 도망친 사건이다. 江陵縣 吏들은 媚를 "黥媚顏額" 혹은 "當爲庶人"으로 판결을 하고 있다.[98]

진말 한초시기 제국 질서의 확대에 따라 초기에는 해당지역의 '故俗'에 의한 통치를 시행했음을 알 수 있다. 『睡虎地秦簡・爲吏之道』의 내용 가운데 "民의 습속을 바꾸는(變民習俗)"행위를 관리가 경계해야 할 항목이었으며"백성과 더불어 하는 일은 기일을 정해서 해야하며 마차가 천천히 가듯이 백성을 인도하며 백성으로 하여금 두려움을 갖도록해서는 안된다(與民有期 安趨而步 毋使民瞿)"등의 내용은 일방적인 법령에 의한 통치보다는 전통적 질서인 향속의 존중을 통한 주변지역을 통치하고자 하는 의지를 엿 볼 수 있다. 이러한 향속의 존중은 馬王堆漢墓 3호에서 출토된 老子乙本卷前古佚書 帛書「經法」의 기사인 "1년동안 향속을 쫓으면 민의 준칙을 알게된다(一年從俗, 則知民則)", "습속을 따르는 것은 민심을 거스리지 않는 것이다(從俗者, 順民心也)"에서도 알 수 있다.[99] 그렇지만 『睡虎地秦簡・ 語書』에서는 오히려 법령의 준수를 강조하고 있듯이[100] 진말 한초시기의 주변민족의 통치란 해당지역의 전통적 질서와 통일제국의 군현질서의 마찰이 발생했음을 알 수 있다. 그러나 주언서의 판결에서도 알 수 있듯이 주변민족들은 곧 직접적인 율령의 지배 대상으로 전화되어 군현 지배질서에 편입된 것이다.

---

98) 『奏讞書』, 案例2, 337면.

99) 唐蘭, 「馬王堆出土〈老子〉乙本卷前古佚書的研究」, 『考古學報』 1975-1.

100) 『睡虎地秦簡』「語書」, "凡法律令者, 以敎導民, 去其淫僻, 除其惡俗, 而使之之於爲善也", 15면.

5. 맺음말

『奏讞書』案例1에서 확인할 수 있듯이 蠻夷律의 존재는 만이에게 해당 법률이 원칙적으로는 적용되었음을 의미한다. 그러나 한편으로는 법률의 적용과 해석이 한인 관리에 의해서 恣意的으로 해석되고 있다고도 느껴진다. 왜냐하면 實錢 56錢을 君長에게 납부한 蠻夷 毋憂는 법령의 해석에 근거하면 둔졸의 의무를 수행해야 할 의무가 없기 때문이다. 그러나 판결은 "腰斬刑"이 내려진 것이다. 案例1의 기사를 통해서 한초 주변민족에 대한 한의 상반된 조치를 확인할 수 있다. 하나는 實錢의 납부라는 우대적 조치와 君長을 통한 간접적 지배라는 점과 또 다른 하나는 율령을 통한 한인 관리의 직접적 지배가 관철되고 있다는 점이다. 전자의 경우는 案例1의 기사외에도 漢 高祖가 漢王이 된 이후, 이 지역 大姓인 渠帥 7姓에게 요역을 면제하고 租賦를 거두지 않았으며 그 밖의 사람들에게는 매년 實錢 40錢을 납입케 한 사실에서도 확인할 수 있다.[101] 이와 같은 조치는 무제가 연속적인 출병을 통해 羌과 兩越을 멸하고 나서 그 습속에 따라 통치하며 조세를 거두지 않은 番禺以西에서 蜀南에 이르기까지 설치한 17개의 初郡에서 시행되었음은 틀림없다.[102]

그러나 이러한 조세 경감과 같은 우대 조치는 漢 武帝가 邊郡을 개척할 시기까지 시행된 듯하다. 왜냐하면 무제시기 이후에는 주변민족에 대한 조세 우대 조치보다는 불공평한 조세 징수에 불만을 품고 반

---

101) 『後漢書』卷86「南蠻西南夷列傳」, "至高祖爲漢王, 發夷人環伐三秦, 秦地既定乃遣環巴中, 復其渠帥羅・朴・督・鄂・度・夕・龔七姓, 不輸租賦, 餘戶乃歲入實錢口四十", 2842면.

102) 『漢書』卷24,「食貨志・下」, "漢連出兵三歲, 誅羌 滅兩越, 番禺以西至蜀南者, 置初郡十七, 且以其古俗治, 無賦稅", 1174면.

란을 일으킨 기사가 빈번히 보이기 때문이다. 비록 후한대의 기사인
『後漢書』卷86「南蠻西南夷列傳」의 주요 관련 기사를 정리하면 다음
과 같다.

① 安帝 원초2년(115) 澧中蠻은 군현에서 요역과 세금을 공평하게 부과하
지 않자 (이에) 원한을 품고 마침내 允中 등 여러 종족 2천 여명을 결속하여
城을 공격하고 長吏를 살해하였다…(중략)…順帝 永和元年(136) 무릉태수
가 上書하여 만이를 다스리기 위해서 한인에 비하여 租賦를 증가해야 한다
고 하였다. (이를) 논의한 사람들은 모두 찬성하였다…(중략)…그 해 겨울 澧
中·漊中蠻이 貢布가 옛 규약과 다르자 항의하였다가 마침내 향리를 살해
하고 종족들이 반란을 일으켰다. 다음 해 봄, 蠻夷 2만 명이 充城을 둘러싸
고 8천 여명이 吏道에서 노략질하자 무릉태수 이진을 파견하여 이들을 진압
하였다(安帝元初二年, 澧中蠻以郡縣徭稅失平, 懷怨恨, 遂結充中諸種二千餘
人, 攻城殺長吏…(중략)…順帝永和元年, 武陵太守上書, 以蠻夷率服; 可比
漢人, 增其租賦. 議者皆以爲可…(중략)…其冬澧中·漊中蠻果爭貢布非舊
約, 遂殺鄕吏, 擧種反叛. 明年春, 蠻二萬人圍充城, 八千人寇夷道. 遣武
陵太守李進討破之; p.2833).
② 和帝 영원13년(101) 巫縣지역 蠻夷 許聖 등은 郡에서 세금을 공평
하게 거두지 않자 원한을 품고 마침내 마을에 진을 치고 반란을 일으켰다(和
帝永元十三年, 巫蠻許聖等巫縣·屬南郡, 以郡收稅不均, 懷怨恨, 遂屯聚反叛;
p.2841).

①의 주요 내용은 安帝 元初2年(115) 군현이 종래처럼 공평하게 세역
징수를 하지 않자 이에 불만을 품은 澧中蠻이 이천 여 인의 만이들을
결집시켜 현성을 공격하고 장리를 살해한 사건이다. 또한 順帝 永和元

年(136) 무릉태수가 만이에게 징수하는 租賦를 증가해야 한다는 상소의 내용에 대해 찬성하였다는 점과 만이들이 납부하는 貢布가 예전의 규약과 다르자 鄕吏를 살해하고 반란을 일으킨 내용이다. 이와 같이 한초에는 蠻夷에 대해 慰撫 혹은 優待的인 '차별'적 대우를 취하였지만 후한시기에는 만이들이 불만을 품고 관리를 살해하거나 반란을 일으킬 정도로 상반된 상황이 전개된 까닭은 무엇인가?

案例1에서 확인한 蠻夷에 대한 두 종류의 조치 가운데 律令의 직접적 지배의 관철에 주목하고자 한다. 왜냐하면 후한시대 만이들이 거주한 지역에 한초와 마찬가지로 거의 동일한 법령의 실시를 확인할 수 있기 때문이다. 湖南省 張家界市 근처 古人堤遺蹟에서 발견된 후한시대 簡牘의 내용에서 그 단서를 찾을 수 있다.[103] 발견된 간독은 총 90片으로 간독의 文字 가운데에는 後漢의 "永元"·"永初"의 연호가 보인다. 바로 이 시기는 상기한『後漢書』卷86「南蠻西南夷列傳」의 南蠻 반란 시기와도 일치하는 시기이다. 또한 간독 내용 중 주목을 끄는 것은 漢律과 漢律 목록이 발견되었다는 것이다. 보고에 의하면 14簡 正面에 보이는「賊律」조문의 일부 내용과 29簡 正面에 기록되어 있는「盜律」과「賊律」의 목록이다.[104] 특히「賊律」목록에 보이는 법률명은『張家山漢簡』「二年律令」의 율령과 동일한 내용으로 이를 정리하면 다음과 같다.

---

103) 古人堤遺蹟 및 簡牘에 대한 개괄적 내용과 석문은 湖南省文物考古硏究所·中國文物硏究所,「湖南張家界古人堤遺址與出土簡牘槪述」,『中國歷史文物』2003-2.

104) 湖南省文物考古硏究所·中國文物硏究所,「湖南張家界古人堤簡牘釋文與簡注」,『中國歷史文物』2003-2, 76, 79면.

<표 2> 古人堤簡牘「賊律」목록 법률명과 『張家山漢簡』「二年律令 · 賊律」조문 비교

古人堤簡牘 「賊律」法律名	「二年律令 · 賊律」條文	古人堤簡牘 「賊律」法律名	「二年律令 · 賊律」條文
盜出故(?)物		奴婢賊殺	婢賊殺傷主, 主父母妻子, 皆梟其首市
揄(踰)封		父母毆笞子	父母毆笞子及奴婢, 子及奴婢以毆笞辜死, 令贖死
毀封	毀封, 以它完封印印之, 耐爲隷臣妾	毆決□□	鬪而以釰及金鐵銳, 錘, 椎傷人, 皆完爲城 旦舂. 其非用此物而(眇)人, 折枳, 齒, 指, 胅 体, 斷決鼻, 耳者,
賊殺人		賊燔燒宮	賊燔城, 官府及縣官積取(聚), 棄市. (賊)燔 寺舍, 民室屋廬舍, 積取(聚), 黥爲城旦舂. 其失火延燔之, 罰金四兩
鬪殺人	賊殺人, 鬪而殺人, 棄市	失火	有不從令而亡, 有敗, 失火, 官吏有重罪
鬪殺以刀		賊殺傷人	賊傷人, 及自賊傷以避事者, 皆黥爲城旦舂
戲殺人	其過失及戲而殺人, 贖死	犬殺傷人	
謀殺人	謀賊殺, 傷人, 未殺, 黥爲 城旦舂	船人□人	船人渡人而流殺人, 耐之
懷子而		奴婢射人	
蠱	有挾毒矢若謹(菫)毒, 蠱, 及和爲謹(菫)毒者, 皆棄市	諸坐傷人	
父母告子	父母告子不孝, 皆棄市		

　간독에 보이는 율령이 시행된 시기가 呂后2年 (B.C.184) 이라 추정되는 「이년율령」과 "永元" · "永初"라는 후한의 연호가 확인된 古人堤簡牘의 법률 집행의 시간적 차이는 무려 300여 년 정도이다. 이 기간 동안 동일한 내용의 법령을 확인할 수 있다는 것은 법령에 의한 군현지배질서가 만이지역에도 관철되고 있음을 알 수 있다. 더욱이 군현지배의 관철은 고인제한간의 인근 지역에서 발견된 『里耶秦簡』의 내용을 통해서도 확인할 수 있다. 이러한 사실은 秦이 楚지역을 점령한 이후, 곧바로

습속과 문화가 다른 지역에 대해서 一元的 제국 질서를 강제한 것임을 알 수 있다. 이와같은 조치는 비단 南蠻지역에서만 진행한 것이 아니라 四夷지역을 모두 동일한 방식의 군현질서로 실시했을 것이다.

천하 질서의 일부분을 차지하고 있는 주변민족을 현실적으로 부정할 수 없다면 이들로 하여금 '內郡'과의 일치됨을 강요하여 통일된 秦漢제 국을 건설할 수 있었다. 즉 진말·한초시기 주변민족과의 통합은 '一統' 을 향한 제국의 강렬한 의지로서 이는 邊郡의 설치로 완성되었다. 주변 민족의 거주지역에 대한 변군의 설치는 곧 '중국'을 확장함과 동시에 궁 극적으로는 주변민족의 '漢化'를 의미한다.[105] 상이한 문화적 특성을 지 닌 주변민족을 한의 지배영역으로 편입시키려 한 것은 內郡의 존립과 안정된 천하질서를 위해서 두 지역이 결코 분리된 지역이 아닌 '하나'의 존재라는 인식에서 기인한 것이다. 이러한 내용은 『鹽鐵論』 卷8 「誅秦」 의 기사 중 '중국'과 변경을 사람의 팔다리와 몸통에 비유하여 변경이 없 으면 國內가 해를 당한다는 내용에서 확인할 수 있다.[106] 『鹽鐵論』의 기 사 내용은 일단 '중국'과 주변민족의 대등하면서도 긴밀한 관계를 전제 하고 있는 듯 보인다. 그렇지만 『사기』와 『한서』 「무제기」 기사의 상당 부분을 차지하는 주변민족에 대한 침입 기사는 주변민족은 정복과 통 합의 대상이었지 결코 대등한 공존적 관계를 기술한 것은 아니다. 따라 서 주변민족에 대한 회유적·우대적인 차별적 조치는 통일 제국을 안 정시키기 위한 일차적인 수단과 조치였지 제국의 '불변'한 통치방식이 될 수는 없었을 것이다. 통일 제국의 군현지배질서 체제는 문화와 습속

---

105) 『史記』 권112 「主父偃傳」, "廣中國 滅胡之本也", 2961면.

106) 『鹽鐵論校注(定本)』, 中華書局, 1992, (이하 『鹽鐵論』) 권8 「誅秦」, "中國與邊境 猶 支體與腹心也. 夫肌膚寒於外 腹腸疾於內 內外之相勞 非相爲助也. …(中略)… 故無 手足則支體廢 無邊境則內國害", 488면.

이 상이한 주변민족을 '차별적' 정책으로 그 지배하에 두면서 점차 이들
에 대한 일원적 지배를 도모하고자 했음을 의미한다.

[원문출처: 『중국사연구』 81, 2012]

13-14세기 한·중 호구문서 등재사항의 비교연구
: 高麗와 元明의 戶口文書[1]

주매

1. 머리말

한국은 한자문화권의 중요한 나라로서 역사에서 중국문명의 영향을 받아왔다. 고대 한반도는 통치이념에 있어서 "普天之下, 莫非王土 ; 率土之濱, 莫非王臣"이라는 왕토사상을 받아들여, 왕권이 이르는 데 編戶齊民을 실시하였다. 통일신라 시기에 호구등재제도는 당나라의 영향을 받았는데, 현존의 신라촌락문서는 바로 이 점을 반영하였다.[2]

10세기 초에 고려왕조가 한반도를 통일했을 무렵, 당나라는 멸망했지만 당의 제도와 문화는 고려 각종 제도의 중요한 근거가 되었다. 고

---

1) 2020년도 한국학중앙연구원 해외한국학지원사업의 지원에 의하여 수행되었음 (AKS-2020-R40)

2) 尹善泰 : 「신라촌락문서의 計煙과 孔煙: 中國·日本의 戶等制, 年齡等級制와의 비교검토를 중심으로」, 『한국고대사연구』 21집, 2001 ; 同氏 : 「〈新羅村落文書〉의 記載 樣式과 用途——以中國·日本籍帳文書的比較檢討為中心」, 『한국고대중세고문서연구』(하), 서울대학교출판사, 2001, 163~209면.

려 초기에는 당나라 제도를 모방할 전범으로 삼았다.[3] 기존의 호구문서에 관한 비교연구는 당송의 호적제도가 고려에 미치는 영향을 고찰해 왔는데, 주로 당과 송나라 초기의 호구관련 문서를 비교대상으로 삼았다.[4] 그런데 현존하는 고려시기의 호구문서는 모두 고려후기, 즉 13-14세기에 집중되어 있다. 이 시기의 중국은 당나라가 멸망한 이후 원나라 및 명나라로 넘어갔으며, 고려나 중국의 사회경제적 구조에서 많은 변화가 일어났다. 이는 호구문서에서 특히 현저히 나타났다.

현재 학계에 소개된 고려시기의 호구문서 실물은 모두 24건으로, 작성 연대가 가장 이른 것이 1237년, 가장 늦은 것은 1391년으로 모두 고려후기의 것이다. "和寧府 호적"은 유일하게 장적의 원래형태를 보존한 호적원본이고, 기타 23건은 단편적인 호구문서로 족보에 전록되거나 전사본으로 보존되어 있다.[5]

두 나라 호구문서의 장기간 변천과정을 이해하기 위하여 동시기의 호구문서를 비교의 범주에 넣을 필요가 있다. 최근 중국 黑城문서 가운데 元代 호적관련 사료의 출토,[6] 그리고 종이 뒷면(紙背)의 공문서 자료

---

3) 『고려사』에서는 고려가 당나라제도를 모방해야 하는 것을 여러 곳에서 보인다. 예컨대, 『志』 권27 「選擧一」에서 아래와 같은 문구가 보인다 "高麗太祖, 首建學校, 而科擧取士, 未遑焉. 光宗, 用雙冀言, 以科擧選士, 自此文風始興. 大抵其法, 頗用唐制." (아시아문화사, 1990, 중, 589면); 또한 『志』 권33 「食貨一」에서 "高麗田制, 大抵仿唐制"와 같은 문구도 보인다 (같은 책, 중, 705면).

4) 金英夏・許興植, 「韓國中世의 戶籍에 미친 唐宋 戶籍制度의 影響」, 『한국사연구』 19집, 1978; 盧明鎬, 「高麗時代 戶籍記載樣式의 성립과 그 사회적 의미」, 『진단학보』 79집, 1995.

5) 고려시대 호구문서가 족보에 전재되면서 기재양식의 변화에 대해서, 아래와 같은 논문을 참조할 수 있다. 朱玫, 「高麗後期戶口文書淺議」, 『域外漢籍硏究集刊』 15輯, (中國)中華書局, 2017.5.

6) 劉曉, 「從黑城文書看元代的戶籍制度」, (中國)『江西財經大學學報』 第6期, 2000.

가운데 원대 湖州路 호적의 발견,[7] 명대 戶帖과 黃冊 등 실물의 보존 등이 모두 비교연구에 조건을 제공하였다. 본 논문은 고려 말 화령부호적 원본과 원대 호주로 호적책, 명초 徽州府 祁門縣 汪寄佛 호첩을 비교대상으로 선택하여, 고려후기와 원대, 명초 호구문서의 변천과정을 비교해 보고자 한다.

2. 고려와 동시기 원명의 호구문서

1) 고려후기 화령부 호적

"화령부호적"은 조선왕조 첫 번째의 왕인 이성계(1335-1408)의 명으로 이성계의 본향 화령부(현재 조선 함경남도 영흥 일대)에서 만든 호적이다.[8]

"화령부호적"은 8폭의 호적 단현으로 구성되며, 3폭 이후는 사목에 의해서 작성한 구체적인 호적내용이다.[9] 문서에 40호가 실려있는데, 이를 호주의 신분으로 나누면 15호는 노비호이고, 25호는 양인호이다. 노비호는 제3폭에 기재되어 있고, 양인호는 4-8폭에 기재되어 있으며 양천호가 따로 기재되어 있다. 아래는 제3폭 이후의 서로 다른 신분의 호를 통해서 고려후기 호적의 기재 양식과 내용을 살펴본다.

---

7) 王曉欣・鄭旭東, 「元湖州路戶籍冊初探──宋刊元印本〈增修互注禮部韻略〉第一冊 紙背公文紙資料整理與研究」, (中國)『文史』第1期, 2015.

8) 연구자는 호적의 구체적인 내용을 근거하여 이 호적이 공양왕3년(1391)에 개성부를 중심으로 편성된 호적으로 추정한다. 許興植, 「國寶戶籍으로 본 高麗末의 社會構造」, 『韓國史研究』16집, 1977.

9) 이 자료의 보존경위, 판독, 작성연대, 각 폭에 기대내용에 대해서 허흥식선생이 위 논문에서 상세히 설명이 있다.

寧川郡夫人申氏戶奴直金戶(3幅15戶)

戶：寧川郡夫人申氏戶奴直金, 年參拾參；妻, 同戶婢延德, 年參拾七；

並產, 元文；同戶奴金連, 年伍拾肆；妻□□婢召史, 年伍拾九. 印[10]

이 호는 노비호이다. 호주는 영천군 부인 신씨의 호노이고 이름은 직금이다. 직금의 처도 같은 호의 노비이고 이름은 연덕이며 나이는 37세이다. "병산원문"이라는 문구를 통해서 그들에게 아들 원문이 있는 것을 알 수 있다. 같은 호안에 노비 금련이 있는데, 나이는 54세, 그의 처 소사는 59세이다. 마지막에 "인"이라는 글씨는 여기서 원래 호적책의 인장을 찍힌 것을 알 수 있다.

前左右衛保勝郎將朴彥戶(4幅2戶)

戶：前左右衛保勝郎將朴彥, 年伍拾柒, 本龍津；父, 檢校郎將朴亮, 故；

祖, 散員同正朴長金, 故；曾祖, 戶長朴奇, 故；母, 小斤伊, 本同村；外祖,

戶長朴蒙吾金, 故；

戶妻, 栗伊, 年伍拾捌, 本平江；父, 學生蔡連；祖, 兵正仇水金；曾祖,

都領郎將其仁；母, 虧加伊(故), 本寧遠；外祖□□, 金台, 故；

並產, 壹男, 朴興順, 年參拾；壹女, 春月, 年貳拾陸, 貳女, 春屯, 年貳拾.

印

右員矣前年九月付火次戶口作文等乙燒亡口申以施行

---

10) 「高麗末和寧府戶籍 斷片」, 『한국고대중세고문서연구』 (하), 서울대학교출판사, 2001, 255~269면. 원문의 호내 각 사항 사이에 연서된 형태이다. 세계 등 내용을 잘 구별하기 위하여, 필자는 원문을 바탕으로 표점, 뛰어쓰기, 줄 바꾸기 등을 가공하였다. 그리고 결문한 곳에서 글씨가 보이는 데 □를 사용하고, 글자수를 확인할 수 없는 곳에는 □□를 사용한다. 이하 같음.

이 호는 양인호이다. 호주는 전좌우위 보승랑장 박언이고, 57세이다. 본적은 용진이다. 뒤이어 부, 조, 증조, 모, 외조의 이름, 신분과 나이, 생존 상황을 기록하고 있다. 부계 쪽을 먼저 적고, 그 다음에 외계를 기록한다. 호주의 처는 율이이고, 58세이다. 본적은 평강이다. 호처에 대해서도 부, 조, 증조, 모, 외조의 정보를 기재하였다. 역시 부계 쪽을 먼저 적고, 그 다음에 외계를 기록한다. 이 호는 1남 2녀를 두고 있으며 장남은 30세이다. 원래의 호구작문은 전해 9월의 화재로 인하여 태워버렸기 때문에 이 호적은 구두로 신고하는 방식으로 호적을 이루었다.

前左右衛保勝郎將崔得守戶(6幅1戶)

戶：前左右衛保勝郎將崔得守, 年五十六, 本豐山縣；父, 散員崔衝, 故；祖, 檢校軍器監崔輔, 故；曾祖, 丞仕郎良醞令同正崔守；母, 召史, 本龍潭縣；外祖, 令同正廉有卿.

戶妻, 召史, 年伍拾肆, 本龍潭；父, 別將同正廉士卿；祖, 散員同正廉生；曾祖, 別將同正廉重奇；母, 召史, 本同村；外祖, 戶長廉呂.

並產, 壹男, 崔貴, 年參拾捌；妻, 內隱揚, 年參拾陸, 本寧仁鎮；貳男, 崔澗, 年參拾參；妻, 亐斤伊, 年參拾貳, 本登州；參男, 崔永起, 年貳拾柒；妻, 參玭, 年貳拾伍, 本龍潭；壹女, 召史德氏, 年參拾；夫, 學生金乙貴, 年參拾壹, 本金州；貳女, 德壯, 年貳拾肆；夫, 忠勇右衛尉丈李乙奉, 本文州；三女, 召史崔壯, 年貳拾；夫, 學生金呂奉, 本文州；肆男, 崔順, 年拾捌；肆女, 召祿伊, 年拾陸；伍女, 勝伊, 年玖；伍男, 巴只, 年參. 印

戶祖崔輔矣妻, 召史, 本口口縣；父, 散員同正樸洪；祖, 伍尉樸能好；曾祖, 良醞令同正樸祥仲；母, 召史, 本同村；外祖, 令同正樸口口.

戶曾祖, 崔守；父, 尙乘副內承旨同正崔文；祖, 制述業進士崔有衝；曾

祖, 備巡衛精勇保勝攝郎將崔炎；母, 召史, 本同村；外祖, 制述業進士崔玉.

戶曾祖妻父, 戶長同正行戶長中尹崔琪, 本同村；父, 郎將行首戶長崔得成；祖, 戶長中尹崔引才；曾祖, 戶長同正崔永仁；母, 召史, 本同村；外祖, 戶長李公世.

戶外祖, 廉有卿；父, 令同正廉臣祐；祖, 令同正廉得龍；曾祖, 禮賓丞同正廉順；母, 召史, 本長城郡；外祖, 令同正徐永仁.

戶外祖妻父, 令同正全長佑, 本天安部；父, 令同正全喜善；祖, 令同正龍甫；曾祖, 令同正全德元；母, 召史, 本龍宮；外祖, 令同正全有龍.

戶妻父, 別同正廉士卿, 本龍潭；祖, 散員同正廉生；曾祖, 別將同正廉重器；母, 召史, 本同村；外祖, 散員同正廉元守.

戶妻矣外祖, 廉□□

戶妻矣外祖妻父, 散員同正高世, 本同村；父, 檢校別將廉生；祖, 別將同正廉松；曾祖, 仁惠；母, 召史, 本同村；外祖, 戶長□□

戶父母同生, 長妹, 故；夫, 池元故, 本長平；次妹, 故；夫, 判事金大器, 本寧仁鎮；次弟, 司醞司正崔得雨；次, 司醞司同正崔得之；次, 司醞司同正崔得海；次, 司醞司同正崔安發；次弟妹, 故；夫, 前中正書雲正徐連, 本雙阜縣.

戶父邊傳來奴金三, 年伍拾；所生婢金德, 年貳拾參. 印

祖邊大德十年十一月日丙午年京戶口 父母現付宣光八年七月日龍潭縣令陳省以准

이 또한 양인의 호적이다. 호주, 호처, 자녀 외에, 며느리, 사위, 호주의 조, 증조, 외조 등 친족, 솔하노비 등의 내용을 포함하고 있다.

이상 "화령부호적"의 3개 호를 통해서 당시 호적의 격식을 알 수 있

다. 호 마다의 기록을 새로 시작하며, 호와 호는 이어서 기록하는 것이
아니었다. 호 앞에 굵은 글씨의 "호"로 한 줄을 높여서 시작하여 호주를
표시한다. 호 내의 모든 내용을 이어서 작성하고, 호처 등 기타 호주의
친족구성원은 "호"자를 역시 굵은 글씨로 구별한다. 한 호의 기록이 끝
나면 "印"자로 끝난다. 서식에 있어서 양천호는 기본적으로 같고 다만
양인호는 호의 마지막에 소주를 참가하여 호적편찬이 근거한 자료를
설명한다.

노비호의 구성은 상대적으로 간단한데, 호주부부, 호내구성원으로
구성된다. 호내 구성원은 소산의 자식, 가끔 동거하는 노비부부도 호적
에 기재한다. 노비호의 호주(戶主) 부부에 관하여 대칭적으로 기재하는
데 현 상전의 정보, 예컨대 신분, 이름, 나이를 기재한다. 만약에 호내
구성원과 호주의 상전이 같을 경우, "동"자로 쓰고, 서로 다를 경우 해
당 상전의 정보를 기재한다. "화령부호적"에서 보이는 노비는 모두 사
노비이다.[11] 이러한 노비는 증여, 상속, 매매, 차대를 할 수 있어서 상
전의 재산으로 간주된다.[12] 노비의 경우에는 소유관계를 명확히 표시한
것이 중요하다.

양인호는 호주부부, 世系, 호내구성원 세 부분으로 구성된다. 1)호주
부부. 호주와 호처의 정보는 대칭적으로 기재한다. 기재내용은 직역,
이름, 나이, 본관, 세계이다. 양인은 국가의 공민으로서 성년이 된 후,

---

11) 공노비와 사노비에 관해서 『고려사』의 『志』 권39 「刑法二」에서 아래와 같은 설명이 보
   인다 "昔, 箕子封朝鮮, 設禁八條, 相盜者, 沒入爲其家奴婢, 東國奴婢, 蓋始於此.
   士族之家, 世傳而使者, 曰私奴婢, 官衙, 州郡所使者, 曰公奴婢", 아시아문화사,
   1990, 중, 876면.

12) 丘秉朔 : 「고려시대 노비제도의 법리(1)」, 『법학행정논집』14집, 1976년; 洪承基, 「고려
   시대 사노비의 법제상 지위」, 『한국학보』4집, 1978; 同氏 : 「고려시대 공노비의 성격」,
   『역사학보』80집, 1978.

국가에 대한 복역의 의무를 가지고 있으며 직역은 그 身役의 유형을 나타낸 것이다. 양인은 가족에 종속하지만, 태어난 이후에 부계의 "성"과 출신지의 "본관"을 얻게 된다. 성관체제 자체도 신분적인 속성을 가지고 있다.[13] 2)세계. 세계에서 기재된 조상은 대부분 追尋한 것이며 대부분 이미 사망하여 생존하는 호구가 아니다. 세계에서의 부계조상은 직역과 이름만 기재하고, 모와 같은 비부계구성원은 성과 본관을 기재한다. 호주부부 세계의 追尋 범위는 보통 사조(부, 조, 증조, 외조)와 모에 이르며 이러한 세계의 기재양식은 일반적으로 '사조호구식'이라고 부른다. 여기서 전좌우위 보승랑장 최득수 호는 세계를 호주의 조처, 증조, 증조처부, 외조, 외조처부, 호처의 부, 외조, 외조처 등에 追尋하였다. 이러한 세계기재양식은 '팔조호구식'에 더 가깝다.[14] 25개 양인호 가운데 4호의 세계기록은 '팔조호구식'의 특징을 가지고 있다. 3) 호내구성원. 호내구성원은 보통 소산 자녀, 형제자매, 솔거노비 등을 포함한다. 호내구성원이 결혼했을 경우, 처와 남편의 관련정보도 같이 등재한다. 최득수 호의 소산자녀들은 기혼, 미혼의 순서대로 선남후녀와 출생순위로 나열된다. 솔거노비 앞에 "부변전래", "모변전래", "처변전래" 등의 내용을 표기한다.[15] 솔거노비에게 자녀가 있을 경우, 소산 자녀도 일

---

13) 성관체제의 형성과정 및 신분과의 관계에 대해서 아래 책을 참조할 수 있다. 李樹健, 『한국의 성씨와 족보』, 서울대학교출판사, 2003.

14) 『세종실록』 권69에서 팔조호구에 대한 설명이 보인다. "己巳朔, 禮曹啓:'謹稽高麗士大夫戶口式, 只錄四祖者, 謂之四祖戶口, 其祖父母, 曾祖父母, 外祖父母, 妻父母之四祖具錄者, 謂之八祖戶口" 한국국사편찬위원회 영인본 3책, 639면.

15) 허흥식 선생은 이러한 기재양식은 고려시대 노비의 상속제도와 관련이 있다고 본다. 처변전래의 재산이 결혼이후에 법제적으로 남편의 재산과 구별된다. 이는 남편이 죽은 후 재가하거나 후사가 없을 경우, 이 재산이 다시 처에게나 생가에 소유하게 된다. 자식의 세대에 넘어서도 이러한 소유권의 효력이 사라지지 않는다. 그래서 "母邊傳來"와 같은 표시가 보이는 것이다. 許興植, 「國寶戶籍으로 본 高麗末의 社會構造」.

일이 기재된다.

2) 원대의 湖州路 호적책

원대의 호주로는 오늘의 절강성 호주시라고 부르며 원대 江浙行省에 속한다. 근년에 일부학자들이 원대에 출간된 서적의 뒷면(紙背)에 비교적 완전한 13세기말의 호주로 호적을 발견하여, 원대 강남지역의 호적 등재상황을 이해하는데 아주 소중한 자료이다.

이하 원대 호주로 호적 1책에 기재된 왕만사 호와 이십사 호를 선택하여 살펴보기로 한다. 흑성의 원대호적이 많이 결손된 것과 비교하여, 원대 호주로의 호적은 일정한 규모를 가지고 있으며 기재 양식과 내용이 구체적이고 완전하다. 현재 1책의 자료는 이미 정리되어 공개되었다. 원대 호주로의 호구 事産 등기 자료는 지원 26년(1289) 江南籍戶와 관련된 登記冊이나 登記草冊으로 추정된다.[16]

元至元二十六年(1289)湖州路王萬四戶戶籍[17]

一戶:王萬四, 元系湖州路安吉縣浮玉鄉六管施村人氏, 亡宋時為漆匠戶, 至元十二年十二月歸附.

計家:親屬陸口

　　男子:叁口

---

16) 王曉欣·鄭旭東, 『元湖州路戶籍冊初探──宋刊元印本〈增修互注禮部韻略〉第一冊紙背公文紙資料整理與研究』.

17) 『增修互注禮部韻略』冊一(上平聲第一)紙背錄文(葉十一上下), 王曉欣·鄭旭東, 『元湖州路戶籍冊初探──宋刊元印本〈增修互注禮部韻略〉第一冊紙背公文紙資料整理與研究』.

成丁：貳口

男王萬十, 年肆拾貳歲。弟王十三, 年叄拾伍[歲].

不成丁：壹口, 本身, 年陸拾玖歲.

婦人：叄口

妻徐一娘, 年柒拾歲。男婦葉三娘, 年叄.

孫女王娜娘, 年玖歲.

事產：

田土：貳拾柒畝玖分伍釐

水田：貳畝壹分伍釐　　陸地：捌分.

山：貳拾伍畝.

房舍：瓦屋貳間.

孳畜：黃牛壹[頭].

營生：漆匠.

元至元二十六年(1289)湖州路李十四戶戶籍[18]

一戶：李十四, 元系湖州路安吉縣移風鄉一管人氏, 亡宋作瓦匠, 至元十二

年十二月內歸附.

計家：肆口

親屬：肆口

男子：叄口

成丁：壹口

弟多兒, 年肆拾伍歲

---

18) 『增修互注禮部韻略』冊一(上平聲第一)紙背錄文(葉二十八下, 葉二十九上), 王曉
欣・鄭旭東, 『元湖州路戶籍冊初探——宋刊元印本〈增修互注禮部韻略〉第一冊紙背
公文紙資料整理與研究』.

不成丁：貳口

本身, 年陸拾玖歲

男歸兒, 年陸歲

婦人：壹口

妻王二娘, 年伍拾玖歲

驅口：無

典雇身人：無

事産：

田土：壹拾畝伍釐

水田：壹畝

陸地：貳畝伍釐

山：柒畝

房舍：

瓦屋參間

孳畜：無

營生：

瓦匠為活

　원대 호주로의 호적은 각호의 기재사항을 이어서 쓰는 것이 아니라 열서한다. 첫 째 줄에 몇 호, 호주의 이름, 거주지, 송나라가 망할 때 어떤 유형의 호였는지, 귀복된 시간을 표시한다.

　친속과 비친속 구성원을 포함한다. 혈연부분은 다시 남자와 부인으로 구성되는데, 남자는 '成丁'과 '不成丁'으로 나누고, 부녀는 구별되지 않는다. 원대 호주로의 호적은 각 호내 혈연구성원에 관해서 호주와의 관계, 이름, 나이를 기재할 뿐만 아니라 구수, 예컨대 가구수, 남녀

구수, 성정과 불성정 구수도 포함한다. 나이의 기록은 구체적인 나이만 기록하고 등급을 나누지 않는다. 이십사 호의 친속 사항 아래에는 '驅口' 혹인 '典雇身人'과 같은 사항도 나타나며 有나 無로 표시한다. 사산 부분은 호구부분 뒤에 기재하고 내용이 상세하다. 사산 부분은 보통 토지(水田, 陸地, 산 등)와 집(瓦屋 등)으로 나누며 종류와 규모를 각각 기재한다. 가축이 있으면 가축의 유형과 규모도 기재한다. 마지막은 '營生'의 사항인데 각호의 원대의 戶計 유형을 등재한다.[19] 책1에서 영생은 民戶와 匠戶가 있는데, 민호의 경우 '養種'으로 표기하고, 장인호의 경우 漆匠, 泥水匠, 木匠, 裁縫匠, 紙匠 등 열 가지가 넘는 구체적인 호계로 나눌 수 있다.

3) 명 홍무4년 휘주부 戶帖

홍무 3년(1370) 주원장이 호부에게 천하의 호구를 조사하여 호적을 올리고 각호에게 호첩을 발급하라고 명하였다. 호적은 호부에 보관하지만, 호첩은 민이 가진다.[20] 현재 남아있는 휘주문서 가운데 홍무 4년에 작성한 호첩을 통해서 명초의 호구등록상황을 알 수 있다.[21] 명초 호첩

---

19) 원대는 전국 배성을 직업(민족 또는 기타 기준)에 따라 각종 호를 나누는데, 제색호계(諸色戶計)라고 부른다. 주로 軍, 站, 民, 匠, 儒, 鹽, 僧, 道 등이 있다. 이 가운데 민호가 대부분을 차지한다. 陳高華, 「元代役法簡論」, 『元史研究論稿』, (中國)中華書局, 1991, 26면.

20) 『명태조실록』 권58, 홍무 3년11월「辛亥」조, (台北)中硏院歷史語言硏究所校注本, 1962~1968, 1143면.

21) 홍무14년의 황책과 호첩은 일정한 계승관계를 가지고 있다. 梁方仲, 「明代的戶帖」, 『梁方仲經濟史論文集』, (中國)中華書局, 1989, 219~228면 (원문은 『人文科學學報』 第二卷 第1期, 1943 에 수록됨) ; 欒成顯, 「明代黃冊硏究」(增訂本), (中國)中國社會科學出版社, 1998, 21~26면.

의 실물 가운데 중국사회과학원 역사연구소에 소장된 호첩의 보존상태
가 양호하며 연구자에게 널리 소개되었다.

明 洪武 4年(1371)휘주부 기문현 汪寄佛 호첩[22]

(戶部洪武三年十一月二十六日欽奉全文略)

一戶汪寄佛, 徽州府祈[祁]門縣十西都住民, 應當民差, 計家伍口.

男子叄口:

成丁貳口:

本身, 年叄拾陸歲.

兄滿, 年肆拾歲.

不成丁壹口:

男祖壽, 年四歲.

婦女貳口:

妻阿李, 年叄拾叄歲.

娫[嫂]阿王, 年叄拾叄歲.

事產:

田地:無。

房屋:瓦屋三間. 孳畜:無.

右戶帖付汪寄佛收執. 准此.

洪武四年　　月　　日

□字伍伯拾號(半字)　　(押)

部　(押)

---

22) 王鈺欣, 周紹泉主編:『徽州千年契約文書』(宋元明編) 第1卷, (中國)花山文藝出版
社, 1991, 25면.

이 호첩은 전형적인 관문서 양식을 가지고 있다. 호첩 머리말은 홍무 3년 11월 26일에 호부에서 卒旨를 받은 전문이다. 왼쪽 상부에서 흑색 먹으로 半印勘合 자호가 적혀 있다. 호첩 말미에는 호첩의 수신자, 호첩 발급시간 등이 있으며 왼쪽 밑에 관리의 서명 및 인문이 있다.

명초 호첩에 호내 등재사항은 역시 列书이고, 첫째 줄에는 호주가 몇 호인지, 호주의 이름, 거주지, 어떤 역을 지고 있는지,[23] 계가의 구수를 표시한다.

호첩의 주체 부분은 호구, 사산으로 구성된다. 호구 사산부분의 내용은 원대 호주로의 호적과 거의 일치한다. 호구는 남자와 부녀, 남자는 또한 成丁과 不成丁으로 나뉜다. 개별로 호주와의 관계, 이름, 나이를 등재하고, 그리고 각 항목의 구수 등을 통계한다. 사산부분은 호구의 뒤에 이어서 토지, 집, 가축 등의 유형과 규모를 기재한다.

3. 고려와 원명 호구문서 등재사항의 차이점 및 배경

이상과 같은 소개를 통해서 고려시기와 동시대 중국 강남지역의 원대 및 명대초기를 비교할 때, 호구문서의 차이는 주로 "사산"과 "신분"이라는 기재사항에 나타난다. 고려시대의 호구통계는 人丁과 신분을 더 주목하고, 부계와 모계의 친속을 모두 기재할 뿐만 아니라, 노비의 가정상황도 상세히 기록한다. 이는 순수한 "戶口冊"의 형태로 나타난다. 이에 비해 중국 원명시대의 호구문서는 인정의 변화를 기록할 뿐

---

23) 명나라 각색 인정은 반드시 호를 세우고 적에 편입, 즉 立戶收籍(軍, 民, 匠, 灶 등)해야 한다. 서로 다른 유형의 호적을 가진 인호(人戶)가 부담하는 차역(當差)은 호역(戶役)이라 한다. 호역은 각종 인호가 조정(朝廷)에 대해서 지는 차역이다. 王毓銓, 「納糧也是當差」, (中國)『史學史研究』第1期, 1989.

만 아니라, 사산항목도 포함되며 "賦役冊"의 성격을 더 강하게 띠고 있다.

당나라 호구문서에 기원한 고려시대 호구문서와 중국 원명의 호구문서는 모두 4백년의 발전을 걸치면서 이미 많이 달라졌다. 특히 등재사항의 차이는 당대 이후 한중 호구문서의 발전 단계와 맥락을 드러내고 있다.

1) "사산"등재의 차이 및 배경

고려후기의 호구문서는 호구만 등재하고, 토지 등 사산의 기록이 보이지 않아, 순수한 戶口籍의 형태이다. 이에 비해 원과 명의 호구문서는 다른 면모를 띠고 있는데, 즉 원명시기의 호구문서는 호구사산을 등재하고 있다. 사산의 등재내용은 주로 토지로 나타나고 있으며 집, 가축, 车船 등 기타 내용도 들어간다.

중국 호구사산의 등재양식은 호구, 토지의 부역징수에서의 지위변화와 깊은 관련이 있다. 양방중이 중국 역대 호적, 地籍의 관계 및 변천 추이에 대해서 정리한 바가 있다. 송나라 이전의 호적은 기본적인 장적이며, 토지의 상황을 호적에 부속적인 기재항목으로 등재하고 있으며 그때의 호적은 지적과 稅冊의 역할도 하고 있다. 당대 중엽 이후 균전제가 점차 폐지되면서, 특히 송나라 이후 사유토지가 날로 발달하고 토지 분배의 불균등 현상이 심해지면서 토지가 戶等의 고하를 정하는데 더 중요한 역할을 가지게 된다. 지적은 호적으로부터 독립되어서 호적과 평행하는 지위를 가지게 되었다. 砧基簿, 魚鱗冊 등 각종 독립적인 지적이 설립하기 시작하였고, 기존의 호적이 현실적 상황과 많이 멀어지고 戶帖, 丁口簿, 鼠尾冊 등 새로운 형태의 호적이 나타나기 시작하였다.[24] 이 논문에서 선택했던 원대 호적과 명초의 호첩은 이러한 변천 추이에서 나타난 새로운 형태의 호적이라고 할 수 있다. 이 시기의 부역징수 원칙은 인정 중심에서 자산(특히 토지) 중심으로 전환하는 과도단계에 있다. 원대는 至元 元年(1264)에 사산의 다과에 따라 호등을 나누는 호등제를 시행하였다.[25] 명초는 인정다소와 사산다과를 동시에 고려하면서 호등을 정하고 호등에 따라 역을 편제하였다.[26]

고려 이전에는 토지 등 사산의 상황도 부속적인 사항으로 호적에 등재되었다. 통일신라시기에 작성된 "신라촌락문서"에는 위와 같이 인정과 牛馬, 田畓, 麻田, 桑柏木 등 사산 내용을 등재하였다.[27] 고려 후기의 호적은 순수한 호구적의 형식으로 나타났다. 고려 전기의 호적과 지적은 실물의 결여와 관련 사료기록의 부족으로 인하여 변천 과정에 대해서 아직 체계적으로 정리된 바가 없다. 그럼에도 불구하고 몇 가지 단서를 통해서 아래와 같이 추론해보고자 한다.

첫째, 신라촌락문서와 고려 후기 호구문서의 나이에 대한 기록을 비교해보면, 신라촌락문서는 모든 남녀촌민을 나이별로 몇 개 등급으로 나누고 있다. 丁, 丁女를 중심으로 위로는 "老-", "除-", 아래로는 "助-", "追-", "小-"등이 있다. 고려 후기의 호구문서에서 나이 등급제의 기록이 이미 사라지고, 구체적인 나이만 기록하였다. 고려시기 국역의 담당주체는 정(남정)이고, 남정 이외의 인구가 더 이상 국가 노동력의 징발 대상이 아니라는 변화를 보면 고려후기 국가부역이 직접적으로 의존하는 노동력의 정도는 전대보다 다소 감소된 것이다.

---

24) 梁方仲, 『中國歷代戶口, 田地, 田賦統計 總序』, (中國)中華書局, 2008, 11~24면.

25) 陳高華, 「元代戶等制略論」, 『元史研究論稿』, (中國)中華書局, 1991, 113~126면.

26) 王毓銓, 「明朝繇役審編與土地」, (中國)『歷史研究』第1期, 1988.

27) 「新羅村落文書 斷片」, 『한국고대중세고문서연구』(상), 315~319면.

다음으로 고려 전기에는 전시과를 비롯한 토지 분급제를 실시한다. 이러한 체제에서 왕족, 문무양반, 군인, 향리, 모든 지배층 그리고 왕실 및 중앙각사, 지방 기구 등의 모든 통지기구는 일정한 수조지를 부여받는다. 국가는 토지를 매개로 지배층과 통치기구를 직역체제에 편입하였다. 이러한 체제는 10세기에 완성되어 12세기 초에 흔들리며 무신정권에 들어가서 거의 무너졌다.[28] 수전제의 붕괴는 지적과 호적이 분리되는 계기가 되었을 가능성이 있다.[29]

마지막으로 고려시대의 완전한 양안(지적) 실물이 보존되지 않지만 , 사찰문서에 전재된 양안 잔편이 남아 있다. 김용섭에 의하면 고려시기 양전과 양안(量田帳簿, 量田都帳, 田籍, 導行帳) 작성에 관한 규정이 나타났다.[30] 이는 지적이 이미 호적으로부터 독립된 것을 의미한다.

이상 몇 가지 단서를 종합적으로 보면 통일신라에서 고려 후기까지의 전반적인 추이는 송 이후의 변천추이와 거의 일치하다. 그런데 지적과 호적이 점차 분리되는 추세 아래에서 고려후기는 호구사산의 기재양식이 나타나지 않았다. 이러한 차이는 아마도 농업발전 수순, 국가통치구조 등 많은 이유로 생산된 결과이다. 농업발전의 수준으로 보면 고려 후기는 통일신라시기에 비하여 토지생산력이 높아지지만, 동시대 중국강남지역에 비해서 고려 후기의 토지생산력은 여전히 상대적으로 낮은 수준에 있다.[31] 순수 호구적의 기재양식은 신역, 호역이 토지다과 간의 직접적인 연계성을 드러나지 않고 있다. 다시 말하자면, 국가는

---

28) 「고려후기의 정치와 사회」, 『(신편)한국사』 19, 국사편찬위원회, 1996, 225~234면.

29) 金英夏 · 許興植, 『韓國中世의 戶籍에 미친 唐宋 戶籍制度의 影響』.

30) 金容燮, 「高麗時期의 量田制」, 『동방학지』 16집, 1975.

31) 미야지마 히로시는 동아시아소농사회의 형성에 대한 개관할 때, 한중 농업발전단계의 차이에 관해 언급한 적이 있다. 미야지마 히로시, 「동아시아 소농사회의 형성」, 『인문과학연구』 5집, 1999.

인구, 토지에 대해서 독립적인 등재체제를 취하고 있으며 이러한 등재체제는 조선왕조가 이어받는다.

2) "선조"와 "모계"에 관해서

고려후기 호구문서에서 각호의 등재내용 가운데 사산기록의 결여와 뚜렷하게 대조된 특징은 호구에 관한 상세한 기록이다. 특히 세계의 기록이 호구 등재부분의 큰 비중을 차지한다. 세계의 범위는 사조에 이르는 것이 일반적이고, 양반 등 상층은 팔조에 이르기도 한다. 고려 후기의 호구문서는 "사조호구"와 "팔조호구"의 특정양식을 형성하기도 한다.[32] 이에 비해 동시기 중국의 호구문서는 부계만 기록하고, "承故父某某"와 같은 문구가 가끔 보이지만 조상까지 追尋하지 않는다. 이러한 차이는 고려사회에 부계와 모계가 동시에 중요시되는 쌍계적인 친속구조와 관련된다.

고려왕조는 광종 9년(958)에 과거제도를 도입하였지만,[33] 음서제가 계속 병존하였고 관리를 생산하는 중요한 경로였다.[34] 고려사회는 귀족사회와 관료사회의 이중적인 특징을 가지고 있면 신분지위의 유동성이 강한 계승적인 특징이 존재한다. 호구문서에서의 이러한 세계기록은

---

32) 盧明鎬,「高麗時代 戶籍記載樣式의 성립과 그 사회적 의미」; 李鐘書,「고려팔조호구식의 성립시기과 성립원인」,『한국중세사연구』25집, 2008.

33)『고려사』『志』권27『選擧一』에서 아래와 같은 문구가 보인다. "光宗九年(958)五月, 雙冀獻議, 始設科擧. 試以詩, 賦, 頌及時務策, 取進士, 兼取明經, 醫, 卜等業", 589면.

34) 金龍善,「고려사회의 기본성격」,『한국사시민강좌』40, 일조각, 2007년, 92~108면; 同氏,「과거와 음서──고려귀족사회의 두 가지 등용의 길」,『한국사시민강좌』46, 일조각, 2010, 40~56면.

계승권을 증명하는 중요한 증거이다. 이에 비해서 중국에서 과거는 송대 이후 관리를 생산하는 중요가 경로가 되었는데, 이는 정치사회지위의 계승적인 측면을 약화시키려는 것이 그 본질이다. 원, 명시기의 호구문서에서 세계와 관한 기록이 보이지 않은 것은 이와 관련된다.

주목할 만한 것은 고려후기 호구문서에서의 호주부부는 대칭적으로 기재되고 그들의 세계가 모두 追尋이 가능하다는 것이다. 따라서 세계에서 부친 쪽의 조상이 포함할 뿐만 아니라, 모친, 처 쪽의 조상도 포함한다. 고려후기 호구문서에서 부계, 모계 친족이 똑같이 중요시되는 세계의 등재 특징은 고려사회의 쌍계적인 친속 구조 특징에서 연유된다.[35] 신분변동에 있어서 부계조상이 결정적인 영향을 미칠 뿐만 아니라, 모족, 처족의 조상도 일정한 영향력을 가지고 있다. 이는 과거,[36] 입사,[37] 한직[38], 음서[39] 등 선거와 관리임용제도에 특히 뚜렷이 나타났다.

---

35) 盧明鎬, 『고려사회의 양측적 친속조직연구』, 박사학위논문, 국립서울대학교, 1988.

36) 예컨대, 과거응시자는 권수에 이름, 본관, 사조를 적어야 한다. 『고려사』「志」 권28 「選舉二」, "元宗十四年(1273)十月, 參知政事金丘知貢舉. 舊制, 二府知貢舉卿監同知貢舉. 其赴試諸生, 卷首寫姓名, 本貫及四祖, 糊封, 試前數日, 呈試院", 613면.

37) 예컨대, 대소공친 사이의 소산자는 입사를 금지한다. 『고려사』「志」 권29 「選舉三」, "十二年(1134)十二月判, '嫁大小功親所産, 曾限七品, 今後, 仕路一禁", 642면. 또한 팔조 중에 노비 등 천류의 혈통에 간여되면 입사를 금지한다. 『고려사』「志」 권39 「刑法二」, "二十六年(1300)十月, 闊里吉思欲革本國奴婢之法, 王上表, 略曰, '昔我始祖, 垂誡於後嗣子孫雲, '凡此賤類, 其種有別, 愼勿使斯類從良. 若許從良, 後必通仕, 漸求要職, 謀亂國家, 若違此誡, 社稷危矣.' 由是, 小邦之法, 於其八世戶籍, 不乾賤類, 然後, 乃得筮仕", 878면.

38) 예컨대, 잡류사로인의 자손의 가로한직은 사조의 범위에 따른다. 『고려사』「志」 권29 「選舉三」, "十年(1056)十二月判, '雜路人子孫, 從父祖曾祖出身仕路, 外孫許屬南班. 若祖母之父系雜路者, 許敍東班", 641면.

39) 음서는 기본적으로 팔조 범위에서 실시한다. 대부분 부, 조, 증조, 외조, 가끔 외고조, 외고보주, 오대조로부터 음서를 받는다. 白承鐘, 「고려후기의 '팔조호구'」, 『진단학보』 34집, 1984.

3) 양인직역과 천민신분에 관해서

고려시기에는 병농일체의 직역제도를 실시한다. "國制, 民年十六為丁, 始服國役, 六十為老, 而免役. 州郡, 每歲計口籍民, 貢於戶部, 凡徵兵調役, 以戶籍抄定".[40] 고려시기의 성년 양인 남자는 국역을 지는 의무가 있으면 호적은 병사를 징발하고 직역을 조달하는데 중요한 기능을 한다. 고려 후기의 호구문서는 성인 양인 남자의 이름 앞에 각종 직역명을 기록하고 있으면 국가가 필요한 공공복무의 유형은 호적에서의 직역 체제를 통해서 징발한 것이다. 성년 남자 이름 앞에 기재된 군역, 관직, 향역 등 구체적인 직역명은 국역의 유형이다. 직역에서 가장 대표적인 것이 군역이고, 광의적으로는 향역, 관직, 학생 등도 직역의 범주에 속한다. 군역은 서민의 주체가 담당하며 수시로 병사로 징발될 수 있다. 비상시에는 학생도 징발될 수 있다. 고려시기 병농일체의 직역체제 아래, 대부분의 서민은 군역과 직접적인 관계를 가지고 있다.

고려와 달리, 원대 호주로의 호적책에는 "營生" 항목, 명초 호첩에는 "應當何差"의 항목으로 各色 인정을 군, 민, 장 등 각종 戶計나 戶役으로 나누고 각 유형의 人戶는 해당하는 역을 부담한다. 원대는 군호제를 실시하는데 군역은 군호로 하여금 부담하도록 한다. 군호는 호계나 호역의 한 유형으로서 전문적으로 출군하는 인호를 가리킨다. 민호나 장인호 등 비군호의 인정은 군역과 무관하다.[41]

천민층 주체로서의 노비도 호적에 편입되었다. 노비는 호내 구성원으로서 상전의 호에 등재될 수 있고 호주부부로부터 스스로도 호를 이

---

40) 『고려사』 『志』 권33 「食貨二」, 732면.

41) 陳高華, 「論元代的軍戶」, 『元史研究論稿』, (中國)中華書局, 1991, 127~155면; 王毓銓, 「明代的軍戶——明代配戶當差之一例」, 『萊蕪集』, (中國)中華書局, 1983, 342~261면.

룰 수 있다. 고려후기 "화령부호적"의 호구문서에서 등재된 40개 호 가운데 15호가 노비호로 그 비중이 높은 편이다. 양천 신분의 기재양식은 엄격히 구별된다. 양인의 성년남자는 이름 앞에 직역명을 기록하지만, 노비는 이름 앞에 상전의 정보, 노나 비와 같은 신분을 표시한다. 노비의 신분은 "일천즉천"을 실시하여, 부모 중에 한 쪽이 천민일 경우 자녀도 천민이다.[42] 부모의 신분은 노비 신분을 판단하는 중요한 근거이다. 노비의 소산자녀도 일일이 기록한다. 고려 후기에 양인을 천인으로 삼고, 노비관계가 불명한 것이 쟁송의 초점 중 하나가 되었고 호적은 신분을 판명하는 근거이다.[43]

이에 비해서 원대 호주로 호적에는 개별적인 "驅口"의 기록이 있지만 원명의 호구문서에 양천구분이 존재하지 않는다. 원대 호주로의 호적에는 개별 재력가의 "친속" 항 아래 "구구"의 사항이 나타나는데 아주 개별적인 현상이다(책1의 46, 75, 76, 88, 89, 92, 129호). 구구는 원대 호주로의 호적책에는 주호의 호내구성원으로 존재하고, 고려 후기의 호구문서처럼 호주로 등장하지 않으며, 등재정보도 유무 정도로 아주 간략하다. 원대 호주로 호적책의 책1의 구구는 뒤에 모두 "무"로 표시하는데, 이러한 기재양식은 아마도 원대 북방호적의 등재양식에서 영향을 받은

---

42) 『고려사』『志』권39「刑法二」, "二十六年(1300)十月, 闊里吉思欲革本國奴婢之法, 王上表, 略曰, '……凡為賤類, 若父若母, 一賤則賤, 縱其本主, 放許為良, 於其所生子孫, 卻還為賤. 又其本主, 絶其繼嗣, 亦屬同宗, 所以然者, 不欲使終良也……'", 878면.

43) 『고려사』『志』권33「食貨二」, "恭讓王二年(1390)七月都堂啓 :'舊制, 兩班戶口, 必於三年一成籍, 一件, 納於官, 一件, 藏於家. 各於戶籍內, 戶主世系, 及同居子息, 兄弟, 侄婿之族派, 至於奴婢, 所傳宗派, 所生名歲, 奴妻婢夫之良賤, 一皆備錄, 易以考閱. 近年以來, 戶籍法廢, 不唯兩班世系之難尋, 或壓良為賤, 或以賤從良, 遂致訟獄盈庭。案牘紛紜。願自今, 仿舊制施行, 其無戶籍者, 不許出告身立朝, 且戶籍不付奴婢, 一皆屬公.'王納之, 然竟未能行", 733면.

것으로 추정된다.[44]

4. 맺음말

고려후기 호구문서와 동시대 강남지역의 호구문서는 서로 다른 기재 양식을 나타내고 있다. 송 이후에 토지가 부세징수에서 점차 중요해짐에 따라 원대 호주로의 호적과 명초 휘주지역의 호첩이 모두 호구사산 병록의 양식이 드러나고 있다. 이와 대조적으로 고려후기의 호구문서는 순수한 호구적의 형태로 나타난다. 호적, 지적의 관계 및 변천과정에 대한 정리를 통해서 필자는 두 사회의 전반적인 변천추이는 일치하다고 생각한다. 두 나라의 호구문서에서 왜 호구사산의 등재방식의 차이가 나타나는가. 이 배후의 원인은 아주 복잡한데, 토지의 생산력, 국가의 통치구조 등에서의 차이는 모두 그 이유가 될 수 있다.

원명호구문서에 비해서 고려의 호구총계는 인정과 신분, 부계와 모계친속을 모두 기록하고 노비의 가정상황을 상세히 기록한다. 이러한 등재사항의 차이는 관편(官編) 호적의 기능에서의 차이를 말해주고 있다. 고려 후기의 호적은 일반적인 부세징수의 기능 외에, 신분질서를 유지하는 기능도 가지고 있다.

중국고대는 왕권이 이르는 데 "편호제민"을 하고자 하는 통치이념이 주변지역에도 영향을 미친다. 고려 후기 호구문서의 고찰을 통해서 고려 후기에 이미 호를 단위로 각종 신분을 호적에 편입하는 통치방법을 확립한 것을 알 수 있다. 호구문서의 구체적인 등재형식에 있어서 고

---

44) 王曉欣 · 鄭旭東, 『元湖州路戶籍冊初探——宋刊元印本〈增修互注禮部韻略〉第一冊 紙背公文紙資料整理與研究』.

려는 중국 호구문서의 형태를 그대로 채택하기보다 자기의 사회현실에 맞는 호구등재양식을 채택한 것이다.

[원문출처: 「13-14世紀中韓戶口文書登載事項的對比研究─以高麗與元明 的戶口文書為中心」, (中国)『明史研究』 16, 黃山書社, 2018]

대한제국 호적과 양안의 상호 관련성

김건태

1. 머리말

19세기 후반 조선은 내우외환의 위기를 맞았다. 1894년 봉기한 동학 농민군들은 부세문제를 해결해 달라는 요구에서 한발 더 나아가 '대원 군에게 나라를 맡기자'라고 외쳤다. 서구열강들은 내·외정에 간섭하면 서 각종 경제적 이권을 차지하려고 호시탐탐 노리고 있었다.

정부는 누란의 위기에 처한 국가를 구하기 위해서 각종 세제개편에 착수했다. 그 일환으로 1897년 신호적법을 반포하고, 1900년 양전을 시 행했다. 그동안 신호적과 관련된 연구는 일찍부터 진행되었는데, 대부 분의 연구는 신호적은 조선시대 호적을 계승한 것으로 평가했다. 즉 신 호적과 그 이전 호적을 비교해 보면 외형은 약간의 변화가 있으나 내 용, 즉 호구 파악의 성격은 동일하다는 것이다.[1]

---

1) 신호적의 성격을 살핀 대표적인 성과를 소개하면 다음과 같다. 趙錫坤, 「光武年間의 戶 政運營體系에 관한 小考」, 『대한제국기의 토지제도』(金鴻植 외), 민음사, 1990; 이세영, 「대한제국기의 호구변동과 계급구조」 『역사와 현실』 7, 1992; 손병규, 「대한제국기의 호

광무양안 또한 일찍부터 연구자들의 주목을 받았다. 그런데 광무양안의 성격에 대한 이해는 연구자에 따라 크게 다르다. 田形을 그림으로 나타내고, 전답 면적을 기록하고, 양안을 근거로 관계를 발급한 점 등을 들어 광무양전은 근대적 토지조사사업과 그 성격이 유사하다는 견해가 일찍부터 제기되었고,[2] 다수의 연구자들이 이에 동의하고 있다.[3] 한편 광무양전 때 시주의 대록, 분록, 합록 현상이 있었던 사실을 근거로 광무양안은 현실을 제대로 담지 못한 '虛簿'에 가깝다고 주장하는 연구도 제출되었다.[4] 즉 광무양전과 근대 토지조사사업의 성격은 판이하게 다르다는 것이다.

이들 연구는 광무양안에서 양전의 성격을 해명하기보다 근대성을 찾는데 급급했다고 할 수 있다. 그에 비해 광무양안의 성격 해명에 초점을 맞춘 연구도 제출되었다. 미야지마 히로시(宮嶋博史)는 양안의 개별 필지를 토지대장에서 찾아낸 다음 면적, 등급, 대토지를 소유한 이들의 이름을 서로 비교하는 방식을 통해 양안의 성격을 밝히고자 하였다.[5] 양안과 토지대장을 비교 분석한 김소라는 광무양안과 토지대장의 성격

구정책」「대동문화연구」 49, 2005; 이유진, 「광무호적의 호구변동 사례 연구」「역사민속학」 51, 2016.

2) 金容燮, 「量案의 研究」, 「史學研究」 7·8, 1960; 金容燮, 「續·量案의 研究」, 「史學研究」 1617, 1963·64; 金容燮, 「光武年間의 量田事業에 關한 一研究」, 「亞細亞研究」 11(3), 1968.

3) 한국역사연구회 토지대장연구반, 「대한제국의 토지조사사업」, 민음사, 1995; 한국역사연구회 토지대장연구반, 「대한제국의 토지제도와 근대」, 혜안, 2010; 왕현종, 「대한제국의 토지조사와 토지법제」, 혜안, 2017.

4) 李榮薰, 「광무양전에 있어서 〈時主〉 파악의 실상」「대한제국기의 토지제도」(金鴻植 외), 민음사, 1990; 李榮薰, 「量案 上의 主 規定과 主名 記載方式의 推移〉, 「조선토지조사사업사의 연구」(金鴻植 외), 민음사, 1997.

5) 宮嶋博史, 「光武量案과 土地臺帳의 比較研究」, 앞의 「조선토지조사사업의 연구」 민음사, 1997.

을 다양성과 획일성이라는 개념으로 대비시켰다.[6] 김건태는 8개 마을의 양안과 토지대장을 비교 분석하여 광무양전의 실상을 구체적으로 밝혔다.[7] 그리고 황제국에 걸맞은 양안을 광무양전 때 제작하려 했다고 보았다.

이렇듯 광무양전에 대한 논쟁은 현재 진행형이라고 할 수 있다. 그런데 필자는 동시기에 제작된 호적과 양안의 성격이 그렇게 다를 수 있을까 하는 의문이 든다. 그래서 본 글에서는 대한제국기에 작성된 충청남도 연기군 동일면 양안과 호적을 비교 검토해 보고자 한다.

2. 인구 조사

1904년에 작성된 호적과 1900년에 만들어진 양안을 통해 대한제국기 충청남도 燕岐郡 東一面 인구와 토지 조사 실상을 살펴볼 수 있다. 광무양전 당시 연기군 동일면은 동남으로 문의군, 동북으로 청주군과 경계를 접하고 있었다. 면 내와 그 주변에 높은 산이 없어 비교적 평탄한 지형을 이루고 있었다.(〈그림 1〉 참조)

그림에서 용호리, 합강리, 명학리, 응암리, 갈산리 일대가 20세기 초 동일면 지역이다. 농사에 활용할 수 있는 물도 비교적 풍부한 편이었다. 남쪽에 금강, 서쪽에 미호천, 동쪽에 비교적 큰 시내가 흐르고 있다. 그리고 여러 개의 작은 개울이 동쪽 북두산(281.4m), 서쪽 노적산

---

6) 김소라, 「광무양안과 토지대장 비교연구」, 『조선후기 재정제도의 지속과 변동』, 한국역사연구회/성균관대학교 동아시아학술원 공동주최 학술회의, 2013년 4월 20일; 김소라, 「광무양안과 토지대장을 통해 본 광무양전의 성격-忠南 韓山郡 昌外里와 慶北 慶州郡 九政洞 사례 중심으로」, 서울대학교 석사학위논문, 2014.

7) 김건태, 『대한제국의 양전』, 경인문화사, 2018.

<그림 1> 20세기 초 동일면 전경

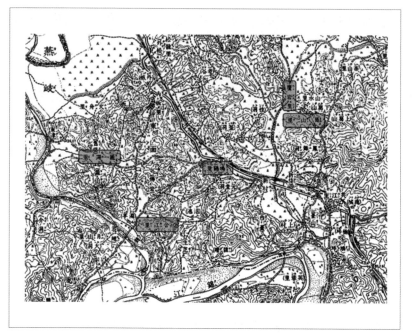

자료: 《近世韓國五萬分之一地形圖》, 1914~18년 측량.

(153.6m), 남쪽 황우산(193.8m), 북서쪽 출동산(148.9m)에서 발원하여 면 내 들판을 지났다. 지형이 평탄하고, 작은 시내가 곳곳에 흘렀지만 관 개시설이 제대로 갖추어지지 않은 관계로 동일면에는 답보다 전이 더 많았다. 1912년에 작성된 토지대장[8]에 따르면 동일면 농지는 답 1,339 필지(전체의 42%) 필지, 전(坴 포함) 1,847필지(전체의 58%)였다.

사람들은 면 내 곳곳에 마을을 이루고 농사를 지으며 살아갔다. 1904년 동일면 호적[9] 작성 때 조사된 인구는 316호 1,436명 (남자 716명,

---

8) 동일면은 1914년 행정구역 개편 때 연기군 동면 용호리, 합강리, 명학리, 응암리, 갈산 리로 편제되었다.

9) 본서에서 활용한 대한제국기 호적은 한국학중앙연구원 국학진흥사업 성과 포털에 올라있는 자료다. http://waks.aks.ac.kr/dir/achieveItem.aspx?secType=고서·고문

<〈그림 2〉 1904년 동일면 호적 인구의 연령분포>

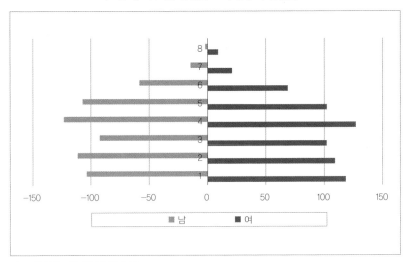

자료: 《충청남도 연기군 동일면 호적》

여자 720명)인데, 이는 당시 인구의 일부였다. 그러한 사실은 1909년 民籍調查 때 동일면 인구가 551호 2,566명(남자 1,348명, 여자 1,218명)[10]으로 파악된 데서 드러난다. 인구가 20세기 초에 가파르게 증가했던 사실을 감안하더라도 1904년 호적에 적지 않은 戶口가 누락되었음을 알 수 있다. 호적에 등재된 인구의 연령분포도 또한 호적에 등재되지 않은 인구가 적지 않았음을 보여 준다.(〈그림 2〉 참조) 호적에서 연령이 확인되는 인구는 호주 및 동거 친속 1,275명인데, 그 중 31~40세(4구간)가 19.7%로 가장 많다. 한편 10세 이하(1구간)는 17.5%, 11~20세(2구간)는 17.3%에 지나지 않는다. 호적이 당시 인구를 제대로 파악했다면 가장 높은 비중을 차지하는 구간이 10세 이하가 되고, 그 다음은 11~20세가 되어야 한다.

서&dirCate=&sType=&sWord=&fq=통합과제ID_ext:AKS-2009-JB-2001_T.
10) 이헌창, 『民籍統計表의 해설과 이용방법』, 고려대민족문화연구소, 1997.

동일면 호적은 신호적법이 제대로 지켜지지 않았음을 보여준다. 신호적법은 1896년 9월 1일 閣議에서 고종이 '全國內戶數人口의 編籍과 作統規則에 關한 請議書'를 재가함으로써 그 시행이 결정되었다. 동 청의서에는 7개 항으로 구성된 戶口調査規則도 포함되어 있었는데, 인구 파악과 관련된 주요 내용을 소개하면 다음과 같다.

第一條 全國內戶數와 人口를 詳細히 編籍ᄒ야 人民으로 ᄒ야금 國家에 保護ᄒᄂ 利益을 均霑케 홈
第四條 人民中에 原戶를 隱匿ᄒ야 漏籍ᄒ거나 原籍內에 人口를 故意漏脫ᄒᄂ 者ᄂ 人民의 權利를 許有치 아니홀 ᄲᅮᆫ아니라 法律에 照ᄒ야 懲罰홈[11]

규칙에 따르면 전국의 호수와 인구를 상세히 편적하되, 원호를 은닉하여 호적에서 빠지거나 원적 안의 인구를 고의로 누탈하는 자는 인민의 권리를 가지지 못하도록 할 뿐 아니라 징벌도 하도록 되어있다. 하지만 대한제국 때 漏戶·漏口로 인해 죄를 받은 사람은 없었다.

신호적법은 그 이전의 5가작통법도 수정하였다. 호구조사규칙과 1896년 9월 3일에 반포된 戶口調査細則은 作統에 대해 다음과 같이 규정하고 있다.

(호구조사규칙) 第二條 十戶를 聯合ᄒ야 一統을 作ᄒ고 該統內에 文算이 有ᄒ고 行爲端正혼 人으로 統首를 定ᄒ야 一統內人民을 領率홈[12]
(호구조사세칙) 第十三條 作統ᄒ다가 零戶가 有ᄒ야 五戶에 未滿ᄒ거든

---

11) 『官報』, 「勅令」, 1896년 9월 4일.

12) 위 자료.

本里 某統中에 附屬 고 五戶以上은 未成統이라 稱 야 本里最近 統首의 指揮를 承케 홈. 但 本條零戶 該里에 家戶增築 믈 待 야 十數에 滿 거든 一統을 作홈[13]

신호적법은 10호로 한 통을 만들고 통수가 통 내의 인민을 영솔하도록 하고(2조), 개별 통은 같은 마을[里]의 호로 조직하도록 하였다.(13조) 연기군은 동일면 호적을 작성할 때 10호를 1통으로 하였다. 1904년 호적은 29개 洞에 산재한 316호를 싣고 있는데, 이들 호는 10호로 구성된 통 31개와 6호로 구성된 통 1개[32통]로 편제되었다.

29개 동 규모는 아래에서 보듯이 최고 26호부터 최하 4호까지 매우 다양하다.

龍淵洞(26호), 鳳舜洞(26호), 內台洞(24호), 鳴鶴洞(20호), 水坪洞(18호), 高亭洞(16호), 上洞(14호), 鷹巖洞(14호), 沼芝洞(10호), 合江洞(10호), 葛山洞(8호), 葛湖洞(8호), 泥峴洞(8호), 龍塘洞(8호), 龍湖洞(8호), 鳳巢洞(8호), 釜洞(8호), 生芝洞(8호), 性洞(8호), 水淸洞(8호), 薪洞(8호), 外台洞(8호), 元塘洞(8호), 遠村洞(8호), 龍溪洞(6호), 新村洞(6호), 下龍洞(6호), 竹洞(4호), 中龍洞(4호)

위에서 보듯이 10호가 되지 않은 동이 많았다. 작은 동이 많았기 때문에 연기군은 여러 동을 묶어 1통을 만들기도 했다. 예컨대 1통은 龍塘洞부터 시작되는데, 용당동은 8호에 불과했다. 그래서 10호를 채우기 위해서 4개 호로 구성된 竹洞에서 2개 호를 가지고 왔다. 동면 호적에는 한 통이 3개 동으로 이루어진 사례가 1개(전체의 3.1%), 2개 동으로

13) 『官報』, 「勅令」, 1896년 9월 8일.

구성된 경우가 21개(전체의 65.6%), 한 개 동으로 만들어진 사례가 10개 (전체의 31.3%)이다. 개별 통은 동일 리의 호로 만든다는 호구조사세칙이 제대로 준수되지 않았음을 알 수 있다. 한편 호구조사규칙은 통수가 통 내의 인민을 영솔하도록 하였는데, 동일면처럼 여러 동 사람을 묶어 한 통을 만들었을 때 과연 통수가 다른 마을 사람들을 영솔할 수 있었을 까? 호구조사규칙 또한 실효성이 없었음이 드러난다.

3. 토지 조사

동일면 양안 중초본[14]은 1900년 12월에 작성되었다. 여기서는 1914년 행정구역 개편 때 갈산리로 편제된 부분(葛山里, 葛湖里, 鳳舞洞 등을 갈산 리 편제함)의 양안과 1912년에 작성된 갈산리 토지대장을 비교한다. 갈산 리는 평탄한 지대에 자리 잡은 조그마한 마을로 토지조사사업 당시 그 곳 농지(垈 포함)는 27만평 정도였다. 20세기 초 이 마을은 각성바지가 모여 사는 평범한 民村이었다. 갈산리 토지대장[15]에 등재된 대지를 소 유한 마을 사람은 모두 26명인데, 그들은 박씨 8명, 권씨 6명, 김씨 5명, 이씨 2명, 홍씨 2명, 그리고 정씨, 조씨, 황씨 각 1명이다. 마을 북 · 동 · 남쪽에 자리 잡은 나지막한 야산을 제외하면 주변에 이렇다 할 높 은 산이 없고, 마을 서쪽에 금강에 합류하는 시내가 북에서 남으로 흐 르고, 주변 야산에서 발원한 여러 실개천이 서쪽으로 흐르는 까닭에 20 세기 초 이 마을 농지에서 답이 차지하는 비중이 58.1%로 높은 편이었 다.(〈표 1〉 참조)

---

14) 『忠淸南道燕岐郡量案』(奎 17662).

15) 세종특별시청 소장.

지목 \ 자료	양안		대장		
	필지	면적(척)	필지	면적(평)	(%)
답	205	473,558	196	154,473	(58.1)
전	121	38,619	185	92,479	(34.8)
대	174	265,519	61	19,035	(7.2)
소계	500	777,696	442	265,987	(100)
수용	1	58			
분묘지			1	401	
임야			4	11,657	
합계	501	777,754	447	278,045	

자료: 《충청남도 연기군 동일면 양안》, 《갈산리 토지대장》

갈산리 토지대장에 등재된 토지의 대략적인 위치는 동일면 양안에
서 비교적 쉽게 찾아진다. 동일면 양안에 葛山前坪, 葛山垈 등의 지명
이 나온다. 토지대장과 양안에 등재된 농지를 서로 연결해 본 결과 1914
년 행정구역 개편 때 동일면 양안에 등재된 토지 가운데 諸 1~猶 55번,
比 1~81번까지 도합 500필지가 갈산리로 편제되었다.[16] 여기서는 양
안과 토지대장에 올라와 있는 토지 가운데 전·답·대만 분석대상으로
삼는다.

양전 실무자들은 마을 남쪽으로 들어와 동선이 꼬이지 않게 이리저
리 다니면서 조사를 마치고 마을 북쪽으로 빠져나갔다.(〈그림 3〉 참조) 이
들은 마을 토지를 꼼꼼히 조사했다. 양안 토지는 모두 토지대장에서 확
인되고, 토지대장 토지도 거의 대부분 양안에서 찾아진다.

〈그림 3〉에서 검게 칠해진 부분이 양안에서 확인되지 않은 토지다.
그곳은 대부분 산기슭, 개울 주변, 마을 길 주변 등에 위치한다. 광무양

---

16) 동일면 양안 猶 56~ 子 82번까지 도합 141필지는 鷹巖里로 편제되었다.

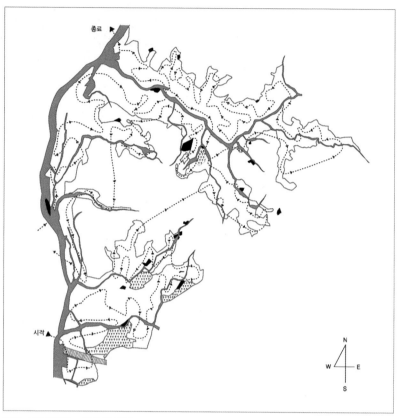

*비고: 검은색 부분 – 양안 미등재지

전 당시 미개간지였거나 熟田이 되지 못한 곳이었을 가능성이 높다. 토지대장 토지 가운데 양안에서 확인되지 않은 곳은 면적 기준으로 1.3%에 지나지 않는다. 특히 답은 0.3%에 불과하다.(〈표 2〉 참조)

양전 실무자들은 현지조사를 통해 전형을 판정했다. 그들이 결정한 전형은 아래에서 보듯이 비교적 단순했다.

전형: 直 315, 梯 147, 兩直 15, 方 9, 梯帶直 5, 圭 3, 直帶梯 3, 兩梯 2, 三角 1

(단위: 평)

현황 지목	전체		양안 미등재			
	필지(A)	면적(B)	필지(C)	C/A×100	면적(D)	B/D×100
답	188	145,471	3	(1.6)	391	(0.3)
전	177	87,637	15	(8.5)	2,417	(2.8)
대	60	18,976	4	(6.7)	422	(2.2)
합계	425	252,084	22	(5.2)	3,230	(1.3)

자료, 《충청남도 연기군 동일면 양안》, 《갈산리 토지대장》

갈산리 전답모양은 梯帶直(사다리꼴에 직사각형이 붙어 있는 모습)과 같은 혼합형을 포함하여 모두 9가지이다. 하지만 500필지 가운데 직사각형[直]이 315필지(전체의 63%)로 높은 비중을 차지한다. 토지조사사업 때 작성된 갈산리 지적도를 보면 전답모양이 직사각형인 곳은 전혀 없다고 해도 무방하다. 양전 실무자들이 면적 계산을 간편히 하기 위해 많은 전답을 직사각형으로 판단했음을 알 수 있다.

양전 때 파악한 면적의 정확성은 양안과 토지대장에 등재된 토지를 필지별로 비교해보면 좀 더 분명해진다. 실상을 살피기 전에 유의할 사항이 있다. 그것은 경부선 철도가 갈산리 남단을 지난다는 사실이다. 경부선 철도는 1901년 8월~1904년 12월에 걸쳐 건설되었기 때문에 철도부지는 양안에는 반영되지 않았고, 토지대장에는 반영되었다. 따라서 철도부지와 접하거나 철도부지에 편입된 양안의 20필지와 토지대장의 17필지를 계산에서 제외하였다.[17] 그리고 양안의 陳田 1필지[18]와 그곳과 연결된 토지대장 1필지도 계산에서 제외하였다. 그 결과 양안의

---

17) 해당 부분은 양안 諸 1~18번 20필지, 토지대장 152~169번 17필지다.

18) 伯 6번 필지.

(단위: 필지)

구간＼지목	답	전	대	합계	(%)
200% 이상	7	3		10	(1.9)
160~200%	14	6		20	(3.7)
120~140%	11	13	17	41	(7.6)
100~120%	47	23	15	85	(15.7)
80~100%	70	47	28	145	(26.9)
60~80%	49	55	26	130	(24.1)
40~60%	22	42	31	95	(17.6)
40% 미만	3	6	5	14	(2.6)
합계	223	195	122	540	(100)

자료: 《충청남도 연기군 동일면 양안》, 《갈산리 토지대장》

479필지와 대장의 407필지가 비교대상이 된다.

양안과 토지대장을 연결하는 과정에서 분석대상이 되는 필지가 증가했다. 그러한 현상은 양안과 토지대장의 필지가 1↔1로 연결되지 않은 경우 인위적으로 분필했기 때문에 발생했다. 예컨대, 양안 姑 22번 필지는 토지대장 194 · 195 · 197번 필지와 연결된다. 이 경우 양안 고 22번 필지를 3필지로 분필하였다. 분필 결과 비교대상 필지는 두 대장 모두 540필지가 되었다.

토지대장 면적 대비 양안 면적, 즉 면적 파악율은 필지별로 크게 차이 났다. 160%가 넘는 필지가 5% 이상이 되고, 60% 미만인 곳도 20%가 넘었다.(〈표 3〉 참조) 직사각형으로 파악한 필지가 많았던 것이 면적 파악율을 부정확하게 만든 요인 가운데 하나로 작용했음을 알 수 있다. 지목별 면적 파악율은 답에서 제일 높게 나타났다. 면적 파악율은 답 92.9%, 전 79.8%, 대 71.6%이고, 평균 86.8%이다.

대한제국이 막대한 비용을 들여 양전을 실시한 목적은 기존 양안에

(단위: 필지)

지목	전품 / 등급	2	3	4	5	6	합계
답	13				3	1	4
	14			4	8		12
	15			27	18	3	48
	16		1	19	35	7	62
	17		1	17	2	8	28
	18			4	5		9
	19			1	17	8	26
	20			8	11	2	21
	합계		2	80	99	29	210
전			8	1	6	4	11
	9			5	13	2	20
	10			5	19	12	36
	11			1	22	38	61
	12			1	8	27	36
	합계			13	68	83	164
대	7	36	12				48
	8	57	2				59
	합계	93	14				107

자료: 《충청남도 연기군 동일면 양안》, 《갈산리 토지대장》
비고: 양안과 대장의 지목이 다른 60필지는 계산에서 제외했음.

올라와 있는 전답은 그 결부를 새로 파악하고, 수세대상에서 빠져있던 곳은 양안에 등재하는 데 있었다. 개별 필지의 결부에 영향을 미치는 요소는 면적과 田品(비옥도)이다. 갈산리 양전 당시 전품 판정의 실상은 양안 전품과 토지대장 등급을 필지별로 대조해 보면 어느 정도 드러난다. 양안의 전품은 토지 비옥도를 비교적 잘 반영한 것으로 보인다. 답의 경우 양안 4등급은 토지대장에서 15등급, 양안 5등급은 토지대장에서 16등급을 가장 많이 받았다. 전의 경우 양안 5등급과 6등급은 토지대장에서 11등급을 가장 많이 받았다.(〈표 4 참조〉)

양전 실무자들은 토지 소유자도 새로 파악하였다. 소유자 파악 실상 또한 두 장부의 이름을 필지별로 대조해 보면 어느 정도 드러난다. 두 장부의 이름을 비교할 때 염두에 둘 사실이 하나 있다. 그것은 토지대장에는 일본인 지주가 적지 않게 등장한다는 사실이다. 일본인 소유지는 41필지로, 이를 제외한 499필지가 분석대상이 된다. 양안 시주는 179명이고, 토지대장에 등재된 한국인 지주는 130명인데, 그 중 성명이 같은 사람은 11명[19]에 불과하다. 필지 기준으로 살펴보아도 두 장부에서 이름이 같은 사례는 그다지 많지 않다. 성명이 같은 필지 23곳(전체의 4.6%), 시주 강문보와 지주 강준형처럼 성이 같고 이름이 다른 필지 201곳(전체의 40.3%), 시주 박공필과 지주 강대습처럼 성명이 다른 필지 275곳(전체의 55.1%)이다.

4. 호적과 양안 비교

1904년 호적은 29개 동에서 제출한 호적표를 연기군 色吏들이 한 권의 책으로 묶었을 것으로 추정된다. 즉 색리들이 직접 동리를 방문하여 현장에서 호적표를 작성하지는 않았을 것이다. 색리와 달리 양전 실무자들은 현장조사를 통해 양안을 작성하였다. 양전 실무자들은 두 팀으로 나누어 동일면 양전을 진행했다. 동일면 양안 1·2책은 위원 金怡鉉과 學員 5인(金永雨, 洪正裕, 朴魯泰, 李容南, 李承雨)이 양전한 내용을 담

---

19) 권성율, 권청여, 권청일, 권춘서, 김상문, 신군백, 전원서, 정익현, 조순보, 최성보, 최용보.

고 있고, 3책은 위원 宋遠燮과 학원 6인(柳根應, 李周鵬, 成樂順, 申庠澈, 徐慶淳, 李東柱)이 조사한 사실을 싣고 있다.

호적과 양안은 어떤 관련성이 있는지 살펴보기로 하자. 색리들은 1904년 호적을 작성할 때 1900년에 만든 양안을 참조하였을까? 주지하듯이 양전 실무자들은 현장조사를 할 때 동선이 꼬이지 않도록 옮겨 다녔다. 그렇기 때문에 호적을 작성할 때 양안의 가대[리, 동] 순서로 마을 차례를 정하게 되면 이웃 마을끼리 연접하게 된다. 1904년 호적을 작성할 때 색리들이 그렇게 하였을까? 결론부터 말하면 아니다. 실상을 좀 더 자세히 살피기 위해 호적의 마을 名과 가대가 속한 양안의 들판 명을 연결해 보기로 하자. 호적의 마을 명과 관련이 있는 지명이 양안에서 다수 찾아진다. 호적의 마을 명이 양안에서 확인되지 않은 사례가 몇 개 있는데, 양안, 호적, 1918년 측량《韓國五萬分之一 地形圖》, 1913년 제작 지적도,《新舊對照 朝鮮全道府郡面里洞名稱 一覽》,[20]《한국지명총람》[21] 등을 활용하면 마을 명과 관련 있는 양안의 지명을 어렵지 않게 찾을 수 있다.[22]

---

20) 越智唯七,『新舊對照 朝鮮全道府郡面里洞名稱一覽』, 中央市場, 1917.

21) 한글학회,『한국지명총람』, 1966.

22) 〈표 5〉 (2) 竹洞↔文山垈: 대장에서 權壹鎬는 366·372·373번 필지 소유주로 등장하는데, 그의 거주지는 懷德郡 九則面 塔立里이다. 호적에서 權一鎬는 죽동 2통 1호의 子로 등장한다. 대장과 양안의 연결 상황을 보면 366↔叔 158(田, 시주 권수보), 372↔숙 145(垈, 시주 권희경), 373↔누락. 한편 광무양전 당시 문산대(文山垈)에는 8채의 초가집이 있었으나 토지조사사업 당시 그곳에는 집이 한 채도 없었다. 이는 대장 소유주 권일호가 부재지주인 사실과 부합한다. (5) 龍湖洞↔泥峴下坪: 강태구는 용호동 4통 10호 호주, 니현하평 益 21, 24번 시주로 등장한다. (11) 上洞↔讀亭前坪: 안기열은 상동 14통 6호 호주, 독정전평 樂 66번 대주로 등장한다. (13) 鳳舞洞↔冶谷垈: 박연희는 봉무동 17통 2호 호주, 야곡대 姑 50번 時主로 등장한다. (14) 龍淵洞↔舊垈坪: 임경희는 용연동 19통 10호 호주, 구대평 存 17번 대주로 등장한다. (15) 鳳巢洞↔上龍洞: 봉소동 호주 8인은 강씨 6인, 임씨와 안씨 각 1인이다. 상룡동 대주는 강씨와 임씨가 많다. (23) 葛湖洞↔九龍垈: 갈호동은 1914년 행정구역 개편 때 갈산리로 편입

양안과 호적의 마을 순서는 따로 논다고 해도 과언이 아니다.(〈표 5〉, 〈그림 4〉 참조) 양안의 동선(실선)은 꼬이지 않으나 호적의 편제순서(점선)은 마치 실타래처럼 얽혀있다. 그러다 보니 멀리 떨어진 마을의 호가 같은 통에 속하기도 했다. 예컨대 5통은 龍湖洞과 高亭洞의 호로 구성되었는데, 두 마을을 오가려면 양전경로를 따라가지 않고, 당시 사람이 다니던 길[직선에 가까운 길]로 간다고 하더라도 산 넘고 물 건너서 한참 가야 한다. 그리고 16통은 合江洞과 鳳舞洞에 속한 호로 구성되었는데, 두 마을 또한 멀리 떨어져 있다. 한 마을로 한 통[10호]을 채우지 못할 경우 인근 마을 호와 묶어 한 통을 만들면 여러모로 효율적일 것이다. 그런데 연기군 색리들은 그렇게 하지 않았다. 예컨대 鳳巢洞은 8호여서 단독으로 한 통을 만들 수 없다. 이 경우 행정의 효율성을 생각하면 이웃 中龍洞에서 두 호를 가지고 오면 된다. 그런데 무슨 이유에서인지 연기군 색리들은 멀리 떨어진 外台洞에 속한 호를 가지고 왔다.

이러한 사실은 조선시대에는 마을의 공간적 외연[경계]이 없었거나, 있었다 하더라도 실생활에 거의 영향을 미치지 못한 것을 알 수 있다. 그렇기 때문에 조선후기에 分洞이 쉽게 이루어질 수 있었다고 할 수 있다.[23] 20세기 들어서는 合洞이 활발히 진행되었다. 예컨대 동일면에는 1904년까지 29개 동이 있었으나 이 마을들은 그 이후 어느 때 18개[24]

되었다. 갈산리로 편입된 지역 가운데 양전 당시 집터가 존재하고, 호적의 다른 동과 매칭되지 않은 곳이 九龍垈이다. (27) 龍溪洞→德峴坪: 용계동은 1914년 행정구역 개편 때 용호리로 편입되었다. 용계동 호주는 대부분 홍씨이고, 용호리에 위치한 덕현평 대주 가운데 홍씨가 있다. (28) 新村洞↔北玄坪:『한국지명총람』, 한글학회, 1966에서 명학리 북현평이 신촌동임을 확인할 수 있다.

23) 심재우, 「조선후기 단성현 법물야면 유학호의 분포와 성격」, 『역사와 현실』, 41, 2001.

24) 泥峴里, 龍湖里, 龍溪里, 龍淵里, 合江里, 沼池里, 生芝里, 龍塘里, 鳴鶴里, 新村

<表 5> 동일면 호적의 마을 이름과 관련 있는 양안의 들판 명

호적					양안	
순서	마을	호수	시작 통호	종료 통호	순서	들판
1	龍塘洞	8	1-1	1-8	12	龍塘坪
2	竹洞	4	1-9	2-2	26	文山垈
3	沼芝洞	10	2-3	3-2	10	沼芝坪
4	鷹巖洞	14	3-3	4-6	28	鷹巖垈
5	龍湖洞	8	4-7	5-4	7	泥峴下坪
6	高亭洞	16	5-5	6-10	29	高亭里
7	內台洞	24	7-1	9-4	14	內台前坪
8	生芝洞	8	9-5	10-2	11	生芝洞坪
9	鳴鶴洞	20	10-3	12-2	17	鳴鶴洞坪
10	水坪洞	18	12-3	13-10	19	水坪洞
11	上洞	14	14-1	15-4	8	讀亭前坪
12	合江洞	10	15-5	16-4	9	合江坪
13	鳳舜洞	26	16-5	18-10	22	冶谷垈
14	龍淵洞	26	19-1	21-6	4	舊垈坪
15	鳳巢洞	8	21-7	22-4	1	上龍洞
16	外台洞	8	22-5	23-2	13	外台坪
17	元塘洞	8	23-3	23-10	16	元塘北坪
18	薪洞	8	24-1	24-8	21	薪洞垈
19	水淸洞	8	24-9	25-6	18	水淸前坪
20	性洞	8	25-7	26-4	27	性洞垈
21	釜洞	8	26-5	27-2	20	釜洞坪
22	葛山洞	8	27-3	27-10	25	葛山垈
23	葛湖洞	8	28-1	28-8	23	九龍垈
24	遠村洞	8	28-9	29-6	24	元村垈
25	泥峴洞	8	29-7	30-4	6	泥峴前坪
26	下龍洞	6	30-5	30-10	3	中下龍坪
27	龍溪洞	6	31-1	31-6	5	德峴坪
28	新村洞	6	31-7	32-2	15	北玄坪
29	中龍洞	4	32-3	32-6	2	中下龍坪

자료: 〈충청남도 연기군 동일면 호적〉, 〈갈산리 토지대장〉

리로 개편되고, 1914년 행정구역 개편 때 5개 리(용호리, 합강리, 명학리, 갈산리, 응암리)로 재편되었다.

집과 관련된 내용 또한 두 장부의 내용이 상당히 다르다. 호적은 316호를 싣고 있고, 양안은 550家를 파악하고 있다. 양전 실무자들이 빈집까지 철저히 조사한[25] 사실로 미루어 볼 때 양안의 집수는 양전 당시의 실상과 거의 부합한다고 여겨진다. 즉 연기군 색리들은 호구조사세칙을 무시했던 것이다. 아래에서 보듯이 신호적법에는 현실의 가[자연가]

里, 內臺里, 釜洞里, 性洞里, 鷹岩里, 高亭里, 鳳舞洞, 葛山里, 葛湖里.
25) 『忠淸南道燕岐郡量案』 12책 (奎 17662), 釜洞坪, 入 72, 垈主 김복경, 家主 空.

하나를 호적 호 하나로 파악하라고 되어있다.

　　第三條 戶主의 父母兄弟子孫이라도 各戶에 分居ᄒ야 戶籍이 別有ᄒ 時
ᄂ 該籍內에 塡入지 아니ᄒ야 人口가 疊載치 아니케 ᄒ며 一戶主가 原戶ᄂ
成籍ᄒ엿ᄂ딕 他戶에 別居ᄒ야 別居ᄒᄂ 戶籍을 新成ᄒᄂ 時ᄂ 該籍內에
原籍 某地方을 欄外另行에 註明ᄒ야 考閱에 便易케 홈[26]

　　따로 살고 있는 호주의 부모 형제 자손은 각기 호적을 만들도록 했던
것이다.

　　양안과 호적은 집 종류와 규모[間]를 적고 있다. 양안은 동일면 내 모
든 집을 草家로 파악했고, 호적은 기와집 두 채가 있다고 기재했다. 집
종류와 관련된 두 장부의 내용이 약간 상이한 현상은 양전 실무자와 호
적표를 작성한 사람의 시각이 달랐기 때문에 발생한 것 같다. 기와집과
초가가 이웃하고 있을 경우 양안은 초가 위주로, 호적은 있는 그대로
파악했던 것으로 보인다. 합강동 15통 7호의 호주 安升烈은 호적에서
기와집 5칸과 초가 12칸을 소유하고 있다. 그런데 양안에 따르면 그는
합강평에 소재한 집 3채를 사용하고 있었는데, 모두 초가였다.[27] 갈산동
27통 5호의 호주 정균화 역시 호적에서 기와집 5칸과 초가 3칸을 소유
하고 있었다. 하지만 그는 양안에서 확인되지 않는다.

　　두 장부에 기재된 집 규모와 관련된 정보는 비교적 정확한 것으로 보
인다.(〈표 6〉 참조) 5·7·9·17칸 집은 호적이 양안보다 약간 더 많이 기
재하고 있다. 이러한 현상이 발생한 원인으로 다음 두 가지를 상정해

---

26) 『官報』, 「勅令」, 1896년 9월 8일.

27) 『忠淸南道燕岐郡量案』 11책 (奎 17662), 合江坪 殊 8번, 合江坪 殊 59번, 合江坪 殊
　　60번.

(단위: 호)

칸수＼자료	양안	(%)	호적	(%)
17			1	(0.3)
10	1	(0.2)		
9			1	(0.3)
8	5	(0.9)	5	(1.6)
7	4	(0.7)	11	(3.5)
6	8	(1.5)	8	(2.5)
5	40	(7.3)	73	(23.1)
4	85	(15.5)	36	(11.4)
3	318	(57.8)	175	(55.4)
2	86	(15.6)	4	(1.3)
1	3	(0.5)		
불명			2	(0.6)
합계	550	(100)	316	(100)

자료: 《충청남도 연기군 동일면 양안》 《충청남도 연기군 동일면 호적》

볼 수 있다. 첫째, 앞에서 본 안승열 사례와 같이 양안은 한 사람 소유라도 가대 지번이 다르면 지번별로 칸수를 계산하고, 호적은 합산해서 파악했을 가능성이 있다. 실제로 양안은 대지 소유자가 동일하더라도 家主가 다르면 각각 독립된 가옥으로 파악했다. 둘째, 호적은 본채와 하민들이 살고 있던 행랑채를 합해서 파악하고, 양안은 별도로 파악했을 가능성이 있다. 대체로 양안의 垈 여러 필지는 토지대장에서 한 필지로 파악되었다.

광무양전 당시 동면 주민 대부분은 매우 협소한 집에서 생활했다. 가난의 상징인 3칸 이하 집이 전체의 73.9%에 이른다. 사실 1·2칸 짜리는 집이라기보다 幕에 가까웠을 것이다. 20세기 초까지만 하더라도

〈표 7〉 양안 시주 명과 호적 인명 비교

〈표 7〉 양안 시주 명과 호적 인명 비교

(단위: 명)

양안 시주(A)	호적		인명 동일(C)				C/A (%)	C/B (%)
	호(B)	남성	戸主	子	弟	합계		
1,023	316	569	27	12	2	41(C)	(4.0)	(13.0)

자료: 《충청남도 연기군 동일면 양안》 《충청남도 연기군 동일면 호적》
비고: 호적에서 동명이인을 1로 계산함

살던 곳을 떠날 때면 세간살이 몇 가지를 지게에 올리고 움직이면 되는 가난한 사람이 많았기 때문에 인구이동이 비교적 활발했다. 갈산리로 편제된 지역에서는 광무양전 이후 마을이 사라지기도 하였다. 광무양전 당시 文山坨에는 8채의 초가집이 있었으나 토지조사사업 당시 그곳에는 집이 한 채도 없었다.[28] 인구이동이 활발했음을 알 수 있다. 신호적에서도 활발한 인구이동 현상은 확인된다. 예컨대, 평안북도 정주군 해산면 1899년 호적에 등재된 1,624명 중 1,346명만이 1900년 호적에도 등재되었다. 즉 1년간의 口 존속률은 82.8%에 불과하다.[29] 통상 호적에서 한 번 사라지면 그 이후 호적에 본인 및 후손이 거의 나타나지 않는다.[30] 따라서 호적에 사라진 사람들은 사망 혹은 이사했다고 볼 수 있다.

---

28) 양안 叔 145번(3칸)↔토지대장 372번 田, 叔 153번(5칸)↔토지대장 371번 전, 叔 154번 (3칸)↔토지대장 371번 전, 叔 156번(2칸)↔토지대장 371번 전, 猶 1번(4칸)↔토지대장 368번 전, 猶 2-1번(3칸)↔토지대장 363번 전, 猶 2-2번(3칸)↔토지대장 363번 전, 猶 7번(3칸)↔토지대장 359번 전.

29) 이유진, 「광무호적의 호구변동 사례 연구」, 『역사민속학』 51, 2016.

30) 이영훈·조영준, 「18-19세기 농가의 가계계승의 추이」, 『경제사학』 39, 2005; 이유진, 「18세기 대구 호적을 통하여 본 도시지역의 특징」, 『한국사론』 57, 2011; 김건태, 「조선후기 호구정책과 문중형성의 관계 – 제주도 대정현 하모리 사례 –」, 『한국문화』 67, 2014; 김건태, 「19세기 공노비 후손들의 삶 – 제주도 대정현 사례」, 『민족문화연구』 69, 2015.

연기군 양전 실무자들은 시주명을 기재할 때 호적을 거의 활용하지 않았다. 양안과 호적에 기재된 인명(한글 발음)이 동일한 사례가 별로 없다.(〈표 7〉 참조) 시주명의 4%가 호적에서 확인된다. 그리고 시주명과 동일한 인명을 포함하고 있는 호 또한 13%에 지나지 않는다. 양안 시주명에 호명이 많기 때문에 호적에서 거의 찾아지지 않는 것으로 보인다.[31] 연기군 동면 양안 시주와 달리 경자양안 기주(起主)는 동 시기 호적에서 상당수 찾아진다. 1720년에 작성된 대구부 租岩面 양안에 등재된 기주 795명 가운데 비슷한 시기에 작성된 조암면 호적에서 271명(전체의 34.1%), 그 주변 面 호적에서 247명(전체의 31.4%)이 확인된다.[32] 그리고 1714년 조암면 호적에 등재된 186호 가운데 150호(전체의 80.6%) 구성원이 양안에서 확인된다.[33] 따라서 조선후기 양안에 등재된 人名은 실명[경자양안]에서 호명[광무양안]으로 변화했다고 할 수 있다. 이상에서 보았듯이 광무양전 실무자들은 양안을 작성할 때 호적을 활용하지 않았다. 즉 광무양안과 신호적은 연관성이 없었다.

5. 맺음말

1904년에 작성된 연기군 호적은 조선시대 호적처럼 많은 인구를 누락하고 있다. 그리고 1900년에 작성된 연기군 양안에는 조선시대 부세정책의 특징이 잘 반영되어 있었다. 광무양안이 전통을 충실히 계승한 문서라는 사실은 신호적 연구에서 어느 정도 예측할 수 있었다. 즉 동 시기에 이루어진 인구조사와 토지조사 가운데 하나는 전통적이고, 다른

---

31) 김건태, 『대한제국의 양전』, 경인문화사, 2018.

32) 金容燮, 「朝鮮後期 身分構成의 變動과 農地所有」, 『東方學志』 82, 1993.

33) 정진영, 「18세기 호적대장 '호'와 그 경제적 기반」, 『역사와 현실』 39, 2001.

하나는 근대적이기는 매우 어렵다.

연기군 호적과 양안의 비교검토를 통해 대한제국기 사람들의 생각을 엿볼 수 있다. 그들은 호적과 양안을 굳이 연계시킬 필요가 없다고 생각했다. 호적과 양안의 연계성은 1720년대보다 대한제국기에 오히려 더 낮아졌다. 왜 이런 현상이 일어났을까? 주자학이 영향을 끼쳤다고 생각한다. 아래에 소개된 주자의 말을 보도록 하자.

물었다 : 태극은 천지가 생기기 이전의 뒤섞인 어떤 것이 아니라 천지 만물의 理를 총괄하는 명칭이 아닙니까? 대답하였다 : 태극은 다만 천지만물의 리일 뿐이다. 천지로 말하면 천지 가운데 태극이 있고, 만물로 말하면 만물 가운데 각기 태극이 있다. 천지가 생기기 이전에 틀림 없이 리가 먼저 있었다. 움직여서 陽의 기를 낳는 것도 리일 뿐이며 고요하여 陰의 기를 낳는 것도 리일 뿐이다.[34]

위에서 보듯이 주자는 천지만물은 각기 고유한 理를 가지고 있다고 보았는데, 이는 천지만물의 독자성을 강조한 것이라고 볼 수 있다. 주자학에 흠뻑 젖어 있던 대한제국기 관료들은 호적과 양안에는 각기 고유한 리가 있기 때문에 서로 연계시키지 않는 것이 오히려 자연스럽다고 생각했을 수 있다. 그렇다고 해서 주자학 때문에 두 장부를 연계시키지 않았다는 것은 아니다. 즉 조선시대 사람들은 호적과 양안을 반드시 연계시켜야 한다고 생각하지는 않았다. 1720년대에도 호적과 양안을

---

34) 『朱子語類』, 「理氣上」, 太極天地上, "問, 太極不是未有天地之先有箇渾成之物, 是天地萬物之理總名否? 曰, 太極只是天地萬物之理. 在天地言, 則天地中有太極, 在萬物言, 則萬物中各有太極. 未有天地之先, 畢竟是先有此理. 動而生陽, 亦只是理; 靜而生陰, 亦只是理.".

완벽히 연계시키지는 않았다.

[원문출처: 『한국사론』 64, 2018]

대한제국기 호구 변동의 의미
: 평안북도 정주군 해산면 호적대장과 목장양안 비교 분석

이유진

1. 머리말

조선 왕조는 모든 군현에 지방관을 파견하여 나라를 다스리는 중앙 집권적인 지방 통치 시스템을 구축하였다. 각 군현에서는 정기적으로 지방관의 지휘 하에 관할 내의 백성을 파악하여 호적대장을 작성하고 이를 중앙 정부에 상납할 의무가 있었다. 호적은 이념적으로 중앙의 통치가 각 지방에 미치는 상징적인 증거이면서 동시에 실질적으로 각 지역에서 제반 행정을 처리하는 데 필요한 기초적인 문서였다. 이러한 중요성 때문에 호적은 조선왕조는 물론 대한제국 시기에 이르기까지 그 명맥을 유지할 수 있었다.

잘 알려져 있듯이 대한제국기의 호적은 1896년(건양 원년) 〈호구조사규칙〉과 〈호구조사세칙〉이 발표된 이래 새로운 형태로 변모하였다. 기존에 3년에 한 번씩 군현별로 편찬하던 것을 1년에 한 번씩 제작하게 되었으며, 중앙 정부에서 호적표의 형식을 정하여 백성들이 각 항목에 해당하는 내용을 기록하여 관할 관청에 제출하도록 하였다.

그 중 家屋, 移住와 관련된 내용은 이전 시기 호적에서는 찾아볼 수 없는 것이었다. 각 호가 소유하거나 빌린 집의 종류와 칸수, 이전에 거주했던 지역과 이사한 날짜 등을 호적에 기록하게 되었다. 뿐만 아니라 국가에서는 〈규칙〉과 〈세칙〉을 발표하면서 호구를 누락하지 말라고 강하게 주문하였다. 이 때 천명된 호구 파악의 원칙을 문자 그대로 이해한다면 호적의 戶는 거주 단위가 되는 집 = 개별 세대,[1] 口는 세대원이며, 호적은 지역 내에 거주하는 모든 사람들을 기록한 문서여야 할 것이다.

여러 연구에 따르면, 원칙과는 달리 대한제국기 호적에는 지역 내 거주하던 모든 사람들이 등재되지 않았다. 1906년 관세관관제가 실시된 이후부터 각 지역별로 호구 파악률이 급상승하기 때문에, 역으로 그 이전에 작성된 호적에서 사실상 지역 내의 모든 호구를 파악하여 등재하지 않았다고 유추할 수 있다.[2] 아울러 호적에 지역 내 존재하는 모든 집이 기록되지 않았다는 것도 밝혀졌다. 동일 지역을 대상으로 작성된 호

---

1) 본고에서 개별 세대는 한 집에 함께 거주하며 생활을 영위하는 단위를 의미한다.

2) 조석곤의 연구(조석곤, 「광무연간의 호정운영체계에 관한 소고」, 『대한제국기의 토지제도』, 민음사, 1990) 이래 대한제국기 호적을 이용한 사례 연구 중 상당수가 1907년 한국호구표, 1910년 민적통계표 등과 호구수를 비교하고 있다. 관세관관제가 실시된 이후에는 침식의 용도로 쓰이는 한 호에서 독립의 생계를 유지하는 경우 戶稅를 부과하며 異炊하더라도 호주에게서 비용을 분급 받는 경우는 독립호가 아닌 것으로 간주하였다고 한다(조석곤, 위의 논문, 155면 참고). 관세관관제가 실시된 이후 이전보다 파악되는 호구수가 2배 이상으로 급증하며, 성별, 연령별 인구분포도가 자연 상태인 피라미드에 가까워지고 있었다. 현전하는 대한제국기 호적(1896~1908)이 모든 인구를 등재하지 않기 때문에 성별 · 연령별 인구 구조가 자연적이지 않다는 것은 이정주의 논문을 참고할 것(이정주, 「구한말 호적에 나타난 성별 · 연령별 인구 구조의 특징」, 『한국학연구』 46, 인하대학교한국학연구소, 2017). 관세관관제 실시 이후 호적 자료에서 성별 · 연령별 인구 구조가 피라미드 형태로 자연스러워지고, 집이 호로 파악되기 시작했다는 것은 임학성의 연구에서 밝혀진 바 있다(임학성, 「20세기 초 경남 초계군 주민의 거주 양상-광무 11년(1907) 초계군 초책면 · 백암면 호적 자료의 분석 사례-」, 『한국학연구』 46, 인하대학교한국학연구소, 2017).

적과 양안을 비교했을 때 호적에 등재된 호수와 양안에서 파악하고 있는 집의 수가 다르기 때문이다.[3] 즉, 1906년 이전 호적상 호구 기록은 모든 집과 사람을 파악한 자료가 아닐 가능성이 크다.

이러한 문제의식 하에서 본고에서는 이 시기 호적이 개별 세대의 실제 거주 상황과 변화를 얼마나 제대로 반영하고 있는지를 확인해보려 한다. 이를 위하여 크게 두 가지 항목을 고찰할 것이다. 첫째, 호적상 한 호의 구성원들이 실생활에서도 같은 집에서 함께 거주했는지 살펴보고, 호가 집을 단위로 한 개별 세대였는지 검증한다. 둘째, 두 시기에 동일 지역에서 편찬된 호적을 비교하여 호적에서 호에 발생한 변화가 실제로 일어난 사건을 반영한 것인지를 따져볼 것이다. 시간이 지남에 따라 호가 속한 행정 단위가 바뀌었을 때, 혹은 호가 호적에서 아예 사라지거나 새로 등장했을 때 실제로 개별 세대가 이주한 것인지 알아본다.[4] 이러한 과정을 통하여 호적의 호가 의미하는 바, 나아가 지역 단위

---

3) 이영훈은 충청남도 연기군 동일면의 광무양안과 호적표를 비교하면서 양안의 家垈 524호, 호적상 호 316호로, 호적상 호의 숫자가 더 적은 것을 밝혔다(이영훈, 「광무양전에 있어서 〈시주〉 파악의 실상」, 『대한제국기의 토지제도』, 민음사, 1990). 오성은 경기도 광주부 북방면의 광무양안과 호적표를 비교하면서 양안의 가대수 422호, 호적의 호수 227호이며, 경제적 자립도가 떨어지는 사람들이 호적에 누락되었을 것이라고 주장하였다(오성, 「戶籍으로 본 韓末 농촌지역의 戶의 구성─京畿道 廣州府 北方面을 중심으로─」, 『한국근현대사연구』 18, 한국근현대사학회, 2001). 손병규는 경상남도 단성군 배양면의 호적표, 가사표, 가호안을 분석하여 각 자료에 기록된 가옥 현황이 서로 달랐으며, 호적표의 내용을 근간으로 하여 가호안의 내용이 인위적으로 조정되었을 가능성을 주장한 바 있다(손병규, 「대한제국기의 호구정책─단성 배양리와 제주 덕수리의 사례」, 『대동문화연구』 49, 성균관대학교 동아시아학술원, 2005).

4) 대한제국기 호적은 제작된 시기가 1896년부터 1908년까지로 짧으며, 대개 한 행정구역(면) 당 단 1년분이 남아있는 경우가 많아 호적에서 호구 변동의 사례에 대하여 연구할 수 있는 경우가 매우 제한적이다. 현전하는 호적의 지역 범위는 임학성, 앞의 논문 〈부표 2〉를 참고할 것. 이 시기 호적의 호구 변동을 분석한 것은 정주군 해산면의 사례 정도이다(이유진, 「광무호적의 호구변동 사례 연구─광무 3, 4년 평안북도 정주군 해산면 호적을 중심으로」, 『역사민속학』 51, 한국역사민속학회, 2016).

에서 호적을 작성하는 메커니즘의 일면을 알아볼 수 있을 것으로 기대한다.

본고에서 분석에 활용하려는 자료는 크게 두 가지이다. 첫 번째는 광무 3년(1899)과 광무 4년(1900) 평안북도 정주군 해산면 호적대장이다.[5] 호적에서는 호적에서 호구가 탈락하거나 새로 등장할 때 그 사유가 거의 기록되지 않기 때문에, 호구의 변동을 포착하기 위해서는 두해 분의 자료에서 동일한 호구를 직접 찾아내어 분석해야 한다. 해산면 호적대장의 경우 광무 3년과 광무 4년의 기록이 '연속적으로' 이어지기 때문에 호구의 구성뿐만 아니라 변동까지도 확인할 수 있는 장점이 있다.

호적상 호구 변동의 실제 모습을 확인하기 위해서는 호적이 아닌 다른 자료와의 비교가 필수적이다. 앞서 언급한 양안은 이미 여러 연구에서 호적과 함께 분석되었다. 다만 정주군 해산면에는 현전하는 광무양안이 없기 때문에[6] 특수한 자료를 활용하려 한다. 서울대학교 규장각에 해산면 소재 牧場量案이 두 종류 소장되어 있다. 하나는 광무 3년(1899) 8월에 제작된 『定州郡所在海山二里牧場土量案』(奎 19634, 이하 광무 3년 목장양안)이다. 다른 하나는 광무 6년(1902) 7월에 만들어진 『平安北道定州郡

---

5) 『平安北道定州郡戶籍表案第九海山』, 1899(일본 學習院大學校 도서관 소장, 인하대학교 근대호적 연구실 전산데이터베이스); 『平安北道定州郡戶籍表案第九海山』, 1900(일본 學習院大學校 도서관 소장, 인하대학교 근대호적 연구실 전산데이터베이스). 이미 공개된 인하대학교 근대호적 연구실 전산데이터베이스를 연구에 적합한 형태로 가공하여 사용하였다.

6) 광무양전에 관한 기존 연구에 따르면 광무 시기의 양지아문양전과 지계아문양전 모두 평안도와 함경도에서는 실시되지 않았다. 이영학, 「광무 양전사업 연구의 동향과 과제」, 한국역사연구회 토지대장연구반 『대한제국의 토지제도와 근대』, 혜안, 2010, 522~523면 참고.

海山面二里牧場土田畓尺量成冊』(奎 22200, 이하 광무 6년 목장양안)이다.[7] 목장양안에 기재된 여러 요소 중 작인, 토지, 가옥 관련 기록을 호적의 호구 기록과 비교하면서, 호적상 호구 변동이 의미하는 바를 조금이나마 규명하고자 한다.

2. 자료 소개

평안북도 정주군 해산면은 조선후기까지도 定州牧 西面의 일부에 속하여 있다가, 19세기 중반 이후 독립하여 만들어진 행정구역이다. 광무 3년(1899)과 광무 4년(1900)의 호적대장에 따르면[8] 해산면은 1리, 2리, 장도리로 구성되어 있었다. 1910년대에 제작된 근대 지형도(〈그림1〉)에서 알 수 있듯이 삼면이 바다인 반도 지형이며, 산지와 평지가 어우러져있어, 농업과 어업 등이 발달한 것으로 보인다.

---

7) 규장각 도서 목록을 확인해보면 이 자료는 경리원 역둔토 성책(『經理院驛屯土成冊』 奎 21894)에 들어있는 『平安北道定州郡海山面二里牧場土田畓改尺量成冊』(光武6年)과 동일한 자료로 보인다. 경리원 역둔토 성책은 서로 다른 지역에 대하여 제작된 연관성 없는 자료들을 한 데 묶어서 책으로 만든 것으로, 해산면 목장양안은 어색하게도 경상도 지역의 역둔토 자료와 합철되어있다(경리원 역둔토 성책의 문서분류체계가 무너진 데에 대해서는 박성준, 「經理院의 驛屯土 문서 분류와 분류 체계의 변형」, 『규장각』 32, 2008을 참고). 현재 역둔토 성책에 합철된 광무 6년 해산면 목장양안은 목록에는 존재하나 규장각에서 원본을 확인할 수 없는 상태이다. 이 글에서는 『平安北道定州郡海山面二里牧場土田畓尺量成冊』(奎 22200)을 이용했으며, 『各司謄錄』 40 平安道篇 12(국사편찬위원회 영인본, 1990)에 영인되어있다. 자료 말미에 조사 담당관(사검위원)과 정주군수의 이름이 기록되지 않았다. 상부에 보고하기 위하여 특정한 원본으로부터 등사된 자료로 보인다.

8) 평안북도 정주군 해산면에 대한 지역 개관과 호적대장 분석 내용은 이유진, 앞의 논문을 참고.

〈그림 1〉 평안북도 정주군 해산면의 행정구역[9]

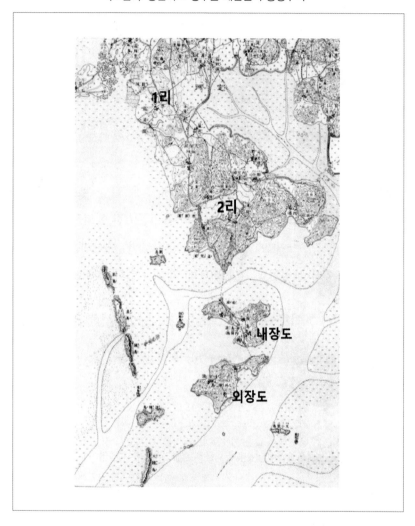

　　해산면 2리에 해당하는 지역은 조선 전기부터 정주 都致串 牧場의
소재지였다. 『성종실록』에 따르면 도치곶 목장은 평안도에 있는 4개

9) 朝鮮總督府 朝鮮臨時土地調査局 編, 『近世韓國五萬分之一地形圖』, 1918. 이미지 활
　용은 국토지리정보원 웹사이트(http://ngii.go.kr)를 참고하였다.

의 목장 중 하나였다.[10] 광무 3년(1899)에 제작된『定州邑誌』[11]에 따르면 도치곶은 州(정주 읍치)에서 서남쪽으로 50리 정도 떨어져 있었다고 한다.[12]『증보문헌비고』에도 廢牧場 목록 중 평안도 도치곶(정주)을 찾을 수 있으며, '평안도의 네 목장이 병란에 치폐되었는데 백성을 모아 밭을 일구어 세입을 거두어 말먹이에 보탤 것'이라고 기록되어있다.[13] 늦어도 조선후기부터 목장토를 백성에게 분급하여 경작하게 하고 그 대가로 도조를 거두어 들였음을 알 수 있다.

조선후기에 제작된 여러 고지도에서도 도치곶 목장을 찾을 수 있다. 19세기 초반에 제작된 것으로 추정되는『廣興圖』중 定州牧地圖,[14] 1861년 제작된 金正浩의『大東輿地圖』[15] 등에서 정주 도치곶 목장의 존재를 쉽게 확인할 수 있다. 지도 하단부, 바다에 인접한 육지에서 '牧場', 혹은 '牧' 등의 표식을 찾을 수 있다.

광무 3년(1899)의 목장양안은 전국의 내장원 세원과 賭租을 파악하려 한 光武査檢(1899~1900) 때 제작된 것으로, 자료 말미에 당시 평안도 일

---

10) 평안도의 네 목장은 철산의 대곶, 가도, 선천의 신미도, 정주의 도치곶에 있었다.『성종실록』권 성종 1년(1470) 1월 4일 기사 참고.

11)『定州邑誌』의 제작 시기는 전국적으로 읍지상송령이 내려졌던 광무 3년(1899)으로 알려져 있다. 官案 牧使條에 기록된 마지막 군수는 홍순욱(洪淳旭, 재임 1895~1897,『승정원일기』고종 32년 11월 15일, 고종 34년 11월 15일 기사 참고)이다. 다만 坊里條에 해산면이라는 지명이 아예 없고, 官員條에서는 행정단위의 수장을 郡守가 아닌 牧使로 칭하고 있어, 이전에 편찬된 읍지를 바탕으로 하면서 최신 내용을 일부 추가한 것으로 보인다.

12)『定州邑誌』山川條, "都致串在州西南五十里 有牧場連陸"(이태진,『朝鮮時代私撰邑誌』(이상찬 편), 韓國人文科學院, 1990).

13)『增補文獻備考』125 兵考 17 附 廢牧場條.

14)『廣興圖』(奎古4790-58, 서울대학교 규장각 소장).

15) 김정호,『大東輿地圖』(奎10333, 서울대학교 규장각 소장).

대에 파견된 궁내부 사검위원 朱學炳의 성명이 적혀있다.[16] 필지별로 논밭의 등급(上−中−下), 斗落(논) 혹은 日耕(밭),[17] 작인 성명만 간단하게 기록되었다.

광무 6년(1902) 목장양안의 경우 부분적으로 다른 지역의 광무양안과 비슷한 형식을 띠고 있다. 논에 대해서는 양전 방향, 두락과 작인 성명만 기록되어있다. 반면에 밭에 대해서는 양전방향, 田形,[18] 長廣尺數, 일경, 작인 성명, 四標 등 다양한 정보를 기록하였다.

해산면 호적과 2리 목장양안은 모두 비슷한 시기 같은 지역을 대상으로 작성된 자료라는 공통점이 있다. 다만 각각의 자료가 제작된 목적과 파악하려 하는 대상이 다르다는 점을 고려하면서 각 자료에 등장하는 사람들의 성격을 맥락에 맞게 이해할 필요가 있다.

---

16) 전국의 목장토는 갑오승총(1894) 이후 궁내부, 탁지부, 군부 등으로 이속되었다가, 이후 일괄적으로 궁내부 내장원 관할이 되었다(배영순, 「韓末 驛屯土調査에 있어서의 所有權紛爭−光武査檢期의 紛爭事例에 대한 分析을 중심으로」, 『한국사연구』 25, 한국사연구회, 1979). 광무사검 때 파견된 사검위원 명단은 박진태, 「대한제국 초기의 국유지 조사−1899, 1900년의 査檢을 중심으로」, 『대한제국의 토지조사사업』, 민음사, 1995, 454면 〈표1〉 참고.

17) 해산면 목장양안에서 논(畓)의 단위는 석락(石落)−두락(斗落)−승락(升落)−홉락(合落)이며, 1석은 15두, 1두는 10승, 1승은 10홉과 같다. 밭(田)의 단위는 일경(日耕)−시경(時耕)−소(小)이며, 1일경은 6시경, 1시경은 소10과 같다. 정조실록의 기사에 따르면 평전(平田) 3,070일 3시경과 산전(山田) 3,394일 3시경의 합을 6,465일경(日耕)으로 정리하고 있어, 1일경=6시경임을 알 수 있다(『정조실록』 권41, 정조 18년(1794) 11월 19일 기사). 한편 최원규는 광무양안을 토대로 1일경 = 4시경 = 32각경으로 정의하였는데(「대한제국기 양전과 관계발급사업」, 『대한제국의 토지조사사업』, 민음사, 1995, 265쪽), 이 지역 사례에는 들어맞지 않는다.

18) 광무 6년 목장양안에 기재된 전형의 종류는 직전(直田), 방전(方田), 규전(圭田), 제전(梯田), 구고전(勾股田), 사전(梭田), 원전(圓田), 호전(弧田), 삼광전(三廣田) 등이며, 그 중 직전이 84%를 차지한다.

〈그림 2〉 평안북도 정주군 해산면 2리 지명[19)]

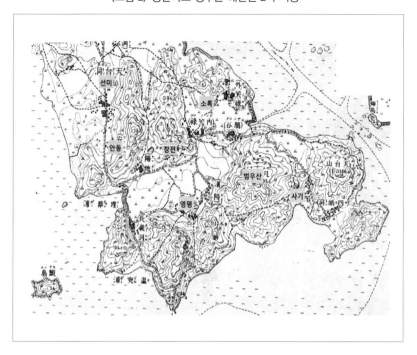

해산면 호적은 광무 3년(1899), 4년(1900) 정주군 해산면의 戶口 목록이
다. 호적에 파악된 사람들은 기본적으로 해산면에 거주하는 사람들이
지만, 이 시기에는 각 지역별로 호적에 올라간 戶數만큼 戶稅를 납부하
기 때문에[20)] 해산면에 거주한 모든 사람들이 호적에 등재된 것은 아니
었다. 즉 해산면 호적에 파악된 사람들은 해산면에 거주하면서 당시 관

---

19) 朝鮮總督府 朝鮮臨時土地調査局 編, 『近世韓國五萬分之一地形圖』, 1918에서 호적
(해산면 2리 동명)과 목장양안에 등장하는 지명을 지도에서 찾아 표시한 것이다. 이미
지 활용은 앞의 〈그림 1〉과 마찬가지로 국토지리정보원 웹사이트(http://ngii.go.kr)를
참고하였다.

20) 이세영, 「대한제국기의 호구변동과 계급구조」, 『역사와현실』 7, 한국역사연구회, 1992.
군 전체의 호총에 매호 3냥씩 부과한 호전(戶錢)을 각 면리에 배정하였으며, 마을 단
위에서 호별로 차등적으로 혹은 균등하게 수세하였다고 한다.

에서 고려했던 특정한 기준에 따라 호적에 등재된 자들이다.

해산면 목장양안은 해산면 2리 소재의 목장토에 대하여 목장(→ 내장원)에 賭租를 부담하는 작인들을 등재하였다.[21] 작인은 목장토를 借耕하는 사람일 수도 있지만, 목장토를 실질적으로 소유한 사람일 수도 있다.[22] 목장양안에 기재된 땅이 해산면 2리의 모든 농토를 다 포괄한 것인지는 이 자료만을 통해서 알 수 없기 때문에, 목장양안의 작인은 이 지역에 최소한의 경제적 기반을 가지고 있는 자들 정도로 정의해 본다.

두 자료에 등장하는 지명이 같아서 비교가 더욱 용이한 장점도 있다. 호적에는 2리에 소록동 → 사기동 → 영평동 → 창전동 → 안동 → 선미동의 순으로 洞名이 기재되어 있다. 목장양안의 경우 광무 3년에는 선미원(員) → 안동원 → 창전원 → 영평원 → 소록원 → 사기원의 순으로, 광무 6년에는 員이 생략된 채 창전 → 영평 → 범우 → 소록 → 사기 → 안동 → 선미의 순으로 지역 이름이 기재되어 있다. 일반적으로 양안은 행정 단위인 里나 洞이 아니라 들판명인 '員' 단위로 작성된다.[23] 즉 호적의 洞과 양안의 員은 엄밀히 말하면 다른 범주의 개념이다. 그럼에도 불구하고 광무 6년 양안의 '범우'라는 지명을 제외하면 호적의 동명과 목장양안의 員名이 정확하게 일치하는 것을 확인할 수 있다.

---

21) 광무 3년 목장양안 이상조에 따르면 목장(→ 내장원)에 매 석락(石落 = 15斗落) 당 5냥 8전씩 도조(賭租)가 책정되어 있었다. 1두락으로 환산하면 약 3전 9푼 정도이다. 참고로 이 시기 양남(兩南) 이외 지역의 역둔목토에는 논 1두락 당 2냥, 밭 1두락 당 4전을 납부하며 밭 1일경이 논 7두락으로 환산되었다고 한다(배영순, 앞의 논문 참고).

22) 계(契), 리(里) 등의 단체가 목장토의 작인으로 기재된 경우가 있는데, 이는 목장토를 다시 소작지로 분급할 수 있었던 예 중 하나이다. 해산면 목장토가 민전화된 양상을 보여주는 사례로 보인다.

23) 김건태, 「조선후기 마을위상과 전세량의 관계」, '조선시대 사회 조직과 공동체의 운영원리－호혜의 협동의 사례 탐구'(한국학중앙연구원 2018.10.26) 발표문 1장 참고.

자료\지명	호적				목장양안			
	광무 3년(1899)		광무 4년(1900)		광무 3년(1899)		광무 6년(1902)	
	戶數	口數	戶數	口數	필지수	작인수	필지수	작인수
선미	37	118	37	111	117	70	134	80
안동	20	106	20	99	308	112	359	138
창전	20	79	20	92	224	91	266	98
영평	20	113	20	114	134	57	129	60
소록	30	179	30	167	438	145	311	98
사기	30	129	30	128	336	95	453	101
범우	0	0	0	0	0	0	199	96
합계	157	724	157	711	1,557	570	1,851	671

* 표에서 목장양안 작인수의 합계는 마을별로 등재된 작인 수를 단순 합산한 연인원으로, 한 사람이 여러 마을에 등재된 경우 중복 집계된다.

위의 〈표 1〉은 광무 3년과 4년 해산면 2리 호적대장에 기재된 호구수, 광무 3년과 6년의 목장양안에 기재된 필지와 작인수를 지명별로 나누어 작성한 것이다. 광무 3년과 4년 2리 호적에는 총 157호가 속해 있었다. 구수는 해마다 약간씩 차이가 나지만, 호수의 경우 2리 전체 호수는 물론 동별로도 호수가 일치하고 있는 점을 눈여겨 볼 필요가 있다. 목장양안의 경우 광무 3년에 총 415명, 광무 6년에 총 483명의 작인이 기재되어 있었다. 작인은 대부분 남성이며, 여성은 광무 3년 양안과 광무 6년 양안에 각각 9명씩 기재되어 있다.[24] 學界, 가문계(金門契, 朴門

---

24) 광무 3년과 6년 목장양안에서 여성의 성명은 모두 '성(姓)+소사(召史)'의 형식으로 기재되었다. 같은 성을 쓰는 소사가 한 자료 내에서 여러 번 등장할 경우에는 이들이 동일인인지 판단할만한 근거가 부족하기 때문에, 모두 다른 사람으로 간주하였다. 참고로 광무 3, 4의 해산면 호적에서는 혼인한 모든 여성의 성명을 '성(姓)+씨(氏)'의 형식으로 기재하고 있어 차이가 있다.

契 등), 소록리[25]와 같이 작인이 단체인 경우도 각각 12건, 7건을 찾을 수 있었다.

해산면 호적과 목장양안의 제작 순서를 정리하면 다음과 같다. 해산면 호적이 광무 3년(1899) 1월에 만들어졌고, 같은 해 8월에 목장양안이 만들어졌다.[26] 이듬해인 광무 4년(1900)에 1월에 호적이 만들어졌고, 2년 뒤인 광무 6년(1902) 다시 목장양안이 제작되었다. 즉 제작 시기에 따라 광무 3년 호적 → 광무 3년 목장양안 → 광무 4년 호적 → 광무 6년 목장양안의 순서로 자료를 배치하여, 시간 경과에 따른 '변동'의 관점에서 분석할 수 있다.

3. 호적에 등재된 戶口의 성격

해산면 호적과 2리 목장양안은 비슷한 시기 같은 지역의 사람들을 기재한 문서이기 때문에 두 자료에 나타나는 사람 중 동일 인물을 찾아 연결하여 분석할 수 있다.[27] 2장에서 언급한 자료의 성격을 고려해 볼 때, 두 자료에 모두 등장하는 사람들은 해산면에 거주하면서 戶錢에 대

---

25) 호적에는 2리 소록'洞'이라는 지명이 있는데, 양안의 작인명에 소록'리(里)'로 기재되었다. 여기서 '里'는 마을을 뜻하는 汎稱인 듯하다.

26) 광무 3년 호적의 정주군수는 李晳鎬이며, 광무 3년 양안의 정주군수는 趙昌均이다. 이석호는 1897년 정주군수에 임명되었고(『승정원일기』, 고종 34년(1897) 11월 15일), 조창균은 1899년에 정주군수로 임명되었다(『승정원일기』, 고종 36년(1899) 6월 25일). 조창균은 광무 3년 목장양안에 정주군수로 이름을 올리고 있다.

27) 호적과 광무양안을 연결하여 비교한 선행연구에서는(조석곤, 「광무연간의 호정운영체계에 관한 소고」, 『대한제국기의 토지제도』, 민음사, 1990; 이영훈, 앞의 논문; 김건태, 「대한제국 호적과 양안의 상호 관련성」, 『한국사론』 64, 서울대학교, 2018) 이 시기 양안에는 호명(戶名)이 빈번하게 쓰이고 있어서 호적과 연결이 어렵다고 한다. 목장양안에서 일반적으로 호명을 쓰는지는 알 수 없지만, 해산면 목장양안에도 '姓+馬石', '姓+未力' 등 호명으로 보이는 이름이 일부 존재한다.

(단위: 명(%))

	광무 3년 양안			광무 6년 양안		
	확인	미확인	합계	확인	미확인	합계
광무 3년 호적	122 (29)	293 (71)	415 (100)	134 (28)	349 (72)	483 (100)
광무 4년 호적	117 (28)	298 (72)	415 (100)	130 (27)	353 (73)	483 (100)

하여 최종적인 책임을 짐과 동시에 목장토에 대한 도조를 납부하는 자들일 것이다.

〈표 2〉에 드러나듯이, 자료의 제작 시기에 관계없이 목장양안의 작인 중 30% 미만의 사람만 호적에서 찾을 수 있었다. 호적에서 확인되는 목장양안 작인 중 약 90% 정도가 해산면 2리에 등재되어 있었고, 1리와 장도리에 기재된 경우는 소수였다. 목장양안에 등재된 작인들이 반드시 해산면에 거주할 필요는 없지만, 호적에서 확인되지 않는 70%의 작인을 모두 부재지주로 간주하기에는 그 숫자가 너무 많은 것으로 보인다. 여러 연구에서 지적한 것과 비슷한 맥락에서, 실제 이 지역 거주자에 비해 호적에서 파악하고 있는 사람이 더 적다는 것을 간접적으로 유추할 수 있다.

주지하다시피 이 시기 호적에서는 가옥의 종류와 기유/차유 여부, 집의 칸수까지 파악하게 되어있었다. 호적표 양식의 家宅欄에는 각 호가 소유(己有)하거나 빌린(借有) 집의 종류(瓦家 혹은 草家)와 칸수를 기재하였다. 前居地欄에는 해당 지역 호적에 편입되기 이전에 등재되었던 곳의 지명을, 移居月日欄에는 이주가 이루어졌던 시기를 기록하였다. 아울러 〈호구조사규칙〉과 〈호구조사세칙〉에서도 집에 대하여 철저히 파악할 것을 요구하고 있다. 〈규칙〉 제 4조에는 호구를 은닉할 때 법률에 의하여 징벌할 것을 명시하였으며, 〈세칙〉 1관 9조에는 가옥의 신축,

증축 등 가옥과 관련하여 변경 사항이 발생했을 때 관할 관청에 반드시 보고하도록 되어있다. 즉, 이 시기 호적은 집에 대해 철저히 파악할 것을 원칙으로 하고 있으며, 이 원칙을 잘 준수했다면 해당 지역 내의 모든 집이 호적에 호로 올라야 할 것이다.

〈표 3〉 광무 6년 목장양안의 가주가 호적에 등재되었는지 여부

등재여부 \ 지명	선미	안동	창전	영평	소록	사기	범우	합계
호적 등재		12		5	6	6	2	31
호적 미등재	3	29	7	4	17	9	5	74
합계	3	41	7	9	23	15	7	105

목장양안의 파악 대상 토지는 도조를 거둬들일 목장토로, 같은 시기 광무양안에서처럼 해당 지역 내의 家垈를 일일이 필지로 파악하지는 않았다. 다만 광무 6년 목장양안에는 밭 필지의 四標 중에 '성명+家'로 기재된 경우가 있어 해당 지역에 있었던 집의 존재를 일부 확인할 수 있다. 이 家主에 대하여 최소한으로 의미를 부여하면, 2리에 집을 가지고 있거나 집을 빌려서 거주하고 있었던 사람들, 즉 원칙적으로 해산면 호적에 호주로 등재되었어야 하는 사람들일 것이다. 그런데 위의 〈표 3〉을 보면 양안의 가주 중 약 30% 정도만 광무 3, 4년 호적에 기재되었다. 2, 3년간 일어날법한 타 지역으로의 이주 등을 고려해도 호적의 가옥 파악률이 높은 편이라고는 볼 수 없다. 즉, 이 시기 해산면 호적은 해당 지역에 있는 모든 집을 호로 파악하지 않았다는 알 수 있다.

구체적인 예를 들자면 다음과 같다. 광무 3년과 6년의 목장양안에 따르면 김처화는 창전의 작인이었으며, 광무 6년 목장양안에 따르면 창전에 집도 있었다. 그의 아들 김용려 역시 두 시기의 양안에서 모두 창전

의 작인으로 기록되어 있다. 하지만 김처화는 호적에는 口로 파악되지 않고, 아들 김용려의 父 성명으로만 기록되어있다.[28] 정황상 父子가 모두 창전 지역에 거주하고 있었겠으나, 양안에 집주인이라고 명시된 김처화는 호적에 개인(口)으로 기재되지 않았고, 오히려 그의 아들만 호주로 등재되었다.

호적의 호가 개별 세대라면 한 호에 등재된 사람들은 같은 거주 공간에서 생활을 함께하고 있어야 한다. 당시 호적표 양식에 따르면 개별 세대에서 호주와 동거하는 가족 구성원을 모두 '同居親屬'란에 기재하게 되어있다. 〈호구조사세칙〉 제 1관 3조에 따르면 호주의 부모 형제 자손이라도 따로 살면(分居) 호적을 각자 가질 수 있으며, 1관 4조에 따르면 집이 없고 의지할 곳이 없는 경우에 친지의 寄口로 등록될 수 있다. 즉, 원칙적으로 호적에 등재되는 호는 하나의 집에서 함께 거주하는 사람들이며, 경제적으로 자립할 수 없는 특수한 경우에만 동거친속란에 기록되지 않는 예외성이 인정된다.

〈표 4-1〉 호적에서 확인되는 광무 3년 목장양안 작인의 호적상 호내위상

연도 \ 호내위상	호주	자	제	손자	사위	숙부	질자	종제	부	생부	조부	합계
광무 3년	88	15	6	3	1	2	1	1	3	1	1	122
광무 4년	85	11	8	3		2	1	1	4	1	1	117

* 부, 생부, 조부는 호적 상 사조(四祖) 성명으로, 특히 조부는 생존 여부를 알 수 없다.

---

28) 광무 3년 해산면 호적 2리 창전동 10통 8호 호주 김용려 30세, 광무 4년 해산면 호적 2리 창전동 10통 3호 호주 김용려 31세

<표 4-2> 호적에서 확인되는 광무 6년 목장양안 작인의 호적상 호내위상

연도 \ 호내위상	호주	자	제	손자	사위	숙부	질자	종제	부	생부	조부	합계
광무 3년	96	16	8	4	1	2	1	1	3	1	1	134
광무 4년	93	14	9	3		2	1	1	5	1	1	130

* 부, 생부, 조부는 호적 상 사조(四祖) 성명으로, 특히 조부는 생존 여부를 알 수 없다.

사실 목장양안에 기재된 내용을 바탕으로 각 집의 정확한 위치나 가족 간의 동거 여부를 유추하기는 어렵다. 다만 목장양안의 작인을 해산면 호적에서 찾을 수 있는 경우, 약 72%는 호적에서 戶主로 기재되어 있지만, 호주의 직계인 子나 孫子, 혹은 방계인 弟, 叔父, 姪子, 從弟 등으로 등재된 경우도 있었다.

<표 5> 호적상 한 호 내의 목장양안 작인 수

호당구수 \ 자료	3년 호적 -3년 목장양안	3년 호적 -6년 목장양안	4년 호적 -3년 목장양안	4년 호적 -6년 목장양안
1명	90	96	86	90
2명	12	12	11	12
3명	1	3	1	3
합계	103	111	98	105

* 호적 상 호주와 그의 사조(四祖)가 동시에 양안에 작인으로 기재된 경우는 통계에 포함하지 않음

한 호에 2명 이상의 목장양안 작인이 함께 등재되어 있다면, 각자 최소한의 경제적 기반을 가지고 있는 호주와 그의 아들, 호주와 동생, 호주와 조카 등이 한 호에 편성되어있다는 것이다. 앞서 언급한 立戶의 원칙에도 들어맞지 않을뿐더러, 실질적으로도 호주가 자신의 가족을 물론 독립된 경제적 기반을 가지고 있는 동생의 가족, 조카의 가족과 굳이 함께 거주할 이유가 없다. 실제로는 각각 독립된 자연가를 이루고

살았을 가능성이 높지 않았을까.

구체적인 사례를 살펴보자. 한치정과 한치경은 광무 3년, 4년 해산면 호적에서 같은 호(두 해 모두 2리 영평동 7통 10호)에 호주와 동생(弟) 사이로 기록되었으며 각자 처자식도 거느리고 있었다. 이들은 광무 6년 목장양안에 작인으로 기재되어 각자의 경제적 기반을 가지고 있었던 데다가, 각각 집주인으로도 기록되어 있다. 마찬가지로 각자 목장양안의 작인이면서 집주인이기도 한 양상천과 양정수는 호적에서 호주와 숙부 사이로 기록되어 있다(광무 3년 소록동 3통 10호, 광무 4년 소록동 2통 6호). 이는 실제로 따로 거주하고 있던 둘, 혹은 그 이상의 개별 세대가 합쳐져서 하나의 호로 등재되었을 가능성을 보여주는 것이다.

대한제국기 호적은 호당 구수, 성비, 동거친속 등 기재 내용이 지역별로 편차가 크다. 즉, 군현 이하의 단위에서 나름대로의 운영 원리를 토대로 호적에 등재할 호구를 차정하고 있었다고 볼 수 있다. 위의 분석 결과를 참고하면 최소한 이 지역에서는 호적의 호가 가옥이나 개별 세대를 기초로 하여 만들어진 단위가 아니었음을 확인할 수 있다.

4. 호구 변동에 드러난 호정 운영의 일면

일반적으로 대한제국기 호적에서는 다시 기록되지 못하는 호와 사람에 대해서, 혹은 새로 등장하는 호와 사람에 대해서 친절하게 기록을 남기지 않았다.[29] 대신에 시간 순으로 이어지는 복수의 호적대장을 호구 단위로 연결하면 호구 변동의 양상을 포착할 수 있다.

---

29) 호적표 형식에 전거지란(전에 살던 지역 기록)과 이거월일란(해당 지역으로 이주해 온 날짜 기록)이 있었지만, 실제로는 수도인 한성부 호적에만 관련 정보들이 상세히 기록되어 있다.

이 장에서는 호구 변동을 호의 移住로 해석할 수 있는지에 대해서 분석해 볼 것이다. 이러한 관점에서 호구 변동을 크게 두 종류로 분류할 수 있다. 첫째로 면 단위의 호적대장에서 특정한 기간 동안 호구가 그대로 남아있는지(존속), 호구 기록이 없어지는지(탈락), 호구 기록이 새로 생성되는지(신입) 살펴보는 것이다. 호구 기록이 없어졌다면 해당 면에서 거주하던 호가 그곳을 떠난 것으로, 새로 호구가 등장하는 경우 타 지역으로부터 해당 면으로 이주해 온 것으로 이해할 여지가 있다. 둘째로 호적대장에서 호구가 등록된 지역이 변동되었는지 확인하는 것이다. 이 시기 호적대장은 面－里－洞의 체계로 편성되어 있으며, 해산면 호적대장의 경우 리는 물론 동까지 철저히 기록하였다. 호적대장에서 호구가 존속하더라도 이전과 다른 동에 등록되었다면 그곳으로 삶의 근거지를 옮긴 것으로 해석할 수도 있다.

첫 번째 경우를 살펴보자. 광무 3년(1899) 해산면 호적과 광무 4년(1900) 해산면 호적의 호구 기록을 비교했을 때, 광무 3년 호적에 등재된 1,624명 중 1,346명이 광무 4년 호적에도 존속하였고, 278명이 탈락하였으며, 331명이 새로 등장하였다. 호의 경우 전체 387호 중 37호가 탈락하고 37호가 새로 등장하였다(이 중 한 호는 기존의 호에서 분호한 것이므로 실제로는 36호가 새로 등장한 것이다).[30] 전체 중 10%의 호, 17%의 사람이 다음 해의 호적에 다시 등장하지 못했다는 것인데, 그렇다면 이들은 1년 만에 해산면을 떠나 다른 지역으로 옮겨간 것일까?

호구 변동이 이주의 결과물인지는 호적 분석만으로는 확인하기 어렵다. '광무 3년 호적(1월) → 광무 3년 목장양안(8월) → 광무 4년 호적(1월) → 광무 6년 목장양안(7월)'이라는 해산면 호적과 목장양안의 제작 순서

---

30) 이유진, 앞의 논문 〈표7〉, 〈표8〉 참고

를 고려하면서, 광무 3년~4년 사이의 호구변동과 광무 3, 6년 목장양안의 작인 기록을 상호 비교해 볼 필요가 있다.

〈표 6〉 광무 3~4년 해산면 2리 호적 광무 6년 목장양안 작인의 변동 현황

존속여부	사람	광무 3년 호적의 양안 작인	광무 4년 호적의 양안 작인
존속		96	
탈락		12	
신입			8

목장토의 소재지인 해산면 2리로 범위를 한정해보자. 광무 6년 양안의 작인 중 광무 3년 해산면 2리 호적에 기재된 작인은 총 108명이었는데, 그 중 12명이 탈락하였다. 이들은 이 시기 2리 호적에서 탈락한 호 19호 중 9호의 호주이기도 하다. 즉, 탈락한 호 중 약 절반이 3년 뒤에도 이 지역에 여전히 최소한의 경제적 기반을 가지고 있었다는 것을 알 수 있다.

단적인 예가 장용원의 경우이다. 그의 호는 광무 3년 호적에서 사기동 5통 3호에 등재되어 있었으나 광무 4년 호적에서는 흔적을 찾을 수가 없다. 그런데 장용원은 광무 3년 양안은 물론 광무 6년 양안에도 사기 지역의 작인 중 한 사람이며, 광무 6년 양안에는 사기 지역의 집주인으로도 기록되어있다. 즉 호적에서 사라진 호구 중 일부는 여전히 해당 지역에 거주하면서 생활을 영위해 나갔을 가능성이 있다고 할 수 있다.

반면 광무 3년 호적에는 기록이 없다가 광무 4년 호적에 새로 등장한 사람들은 총 8명이며, 이들은 2리의 신입호 19호 중 7호의 호주이다. 이들 중 7명은 5개월 전에 만들어진 광무 3년 목장양안에서도 기록을 찾을 수 있다. 또한 이들은 대부분 광무 3년 호적에 등재된 사람들과 삼촌지간, 사촌지간 등 혈연적으로 연결되어 있다는 점도 참고할만하다. 몇

몇 사람들은 원래 이 지역에 친지들과 함께 거주하며 생활하고 있다가 광무 4년 호적에 비로소 등장한 것일 수도 있지 않을까.

이번에는 호구 변동의 두 번째 경우, 즉 호가 존속하면서도 등재되는 지역이 변경되는 경우를 살펴보자. 광무 3~4년 해산면 호적에서 2리와 1리 혹은 2리와 장도리 간의 호구 이동은 없고, 다만 동이 변경된 사례를 찾을 수 있다.

해산면 2리 호적에서 등재 지역을 옮긴 호는 해산면 호적에서 아예 탈락한 호(D) 19호와 광무 3년~4년 호적에서 존속했더라도 다른 동으로 전출한 호(A) 12호를 합쳐 총 31호가 된다. 2리 총 157호 중 약 20%가 1년 전의 근거지로부터 이주하였다는 결론인데, 결코 적지 않은 숫자이다. 나아가 두 해 동안 동별로까지 총 호수가 똑같이 유지되었다는 점도 눈여겨 볼 만 하다. 한 동 내에서 호의 총 감소분(A+D)과 총 증가분(B+E)는 같은 숫자에 음양을 바꾼 값이며, 2리 내에서 이동한 호의 소계(C)와 해산면 호적 전체에서 탈락하거나 새로 등장한 호의 소계(F)를 더하면 정확히 0이 된다.

⟨표 7⟩ 광무 3~4년 2리 호적에서 동별 호 변동 현황

(단위: 호)

| 동명 | 광무 3년 동별 호수 | 광무 3년~4년 호 변동 현황 | | | | | | 광무 4년 동별 호수 |
| | | 2리 내 이동 | | | 해산면 외 이동 | | | |
		다른 동으로 전출(A)	다른 동에서 전입(B)	소계 (C)	호적 탈락 (D)	호적 신입 (E)	소계 (F)	
선미동	37	−2	1	−1	−4	5	1	37
안동	20	−1	1	0	−2	2	0	20
창전동	20	−3	2	−1	−4	5	1	20
영평동	20	0	2	2	−3	1	−2	20
소록동	30	−3	5	2	−5	3	−2	30
사기동	30	−3	1	−2	−1	3	2	30
총호수	157	−12	12	0	−19	19	0	157

<表 8> 광무 2년~광무 4년 호적에서 연속적으로 동명(洞名)이 확인되는 사례

순번	호주 성명	광무 2년 호적	광무 3년 호적	광무 4년 호적	광무 3년 양안	광무 6년 양안	비고(家)
1	박지현	창전	소록동	창전동	소록	소록	
2	이영	西面[31]	소록동	영평동			
3	양상천	사기	소록동	소록동	소록, 사기	소록, 사기, 범우	범우
4	박종수	**소록**	**사기동**	**소록동**	소록, 사기	소록, 사기, 범우	
5	이상규	안동	창전동	창전동			
6	김길갑	선미	안동	안동	안동	안동	
7	임호경	선미	안동	안동			
8	김성권	선미	. 안동	안동			
9	김희순	안동	선미동	선미동	안동[32]	안동	
10	승윤택	안동	선미동	선미동	안동	창전, 안동	안동
11	박영걸	소록	선미동	소록동			
12	김상준	창전	선미동	창전동			

호적에서 동이 바뀌는 것은 어떠한 의미였을까. 호적에서 동명이 변경되는 경우를 여러 해의 기록을 토대로 살펴보자. <표8>은 호적에서 광무 2년부터 광무 4년까지, 즉 3년 간 소속된 洞 이름이 변한 것을 연속적으로 확인할 수 있는 사례를 나열하고, 이를 목장양안의 기록과 비교한 것이다. 광무 2년의 동명은 광무 3년 호적에서 前居地 란을 통해 확인할 수 있었다.[33]

---

31) 서면(西面)은 정주군의 한 면으로 해산면 북서쪽에 인접해있다.

32) 광무 3년 양안에는 호적상 손자인 김문행만 작인으로 기재되었고, 광무 6년 양안에는 호적상 호주인 김희순, 손자인 김문행이 작인으로 기재되었다.

33) 광무 3년 호적에는 2리에 속한 호에만 전거지가 17건 적혀있는데, 지명 두 글자만 있을 뿐 통호수나 이거월일은 기재되지 않았다. 호적이 매년 작성되었던 당시 상황에서는 전거지란과 이거월일란의 기재가 호적이 작성되기 직전 1년간의 이주 기록이어야 한다. 그러나 전거지와 이거월일 기록이 비교적 잘 남아있는 한성부 호적의 분석 사례

위의 사례를 크게 두 가지 유형으로 분류할 수 있다. 첫 번째는 3년 동안 동명이 A동 → B동 → A동으로 변하는 경우이다(1, 4, 11, 12번 사례). 이것이 실제 이주 상황을 반영한 것이라면, 이들은 A동에 거주하다가 1년 뒤 B동으로 이사한 후 1년 뒤 다시 A동으로 돌아왔다는 것인데, 너무 번거로운 일이 아니었을까.

두 번째는, 3년 동안 동명이 A동 → B동 → B동의 형식으로 변하여 A동에서 B동으로 이주한 것처럼 보이는 경우이다(3, 5, 6, 7, 8, 9, 10번 사례). 게다가 3번과 10번의 경우 광무 6년 목장양안에서 집주인으로 기록되어 집의 소재지를 파악할 수 있어 참고할만하다. 10번 승윤택의 경우 호적에 의하면 광무 2년 이후 안동에서 선미동으로 이동하였는데, 목장양안에 의하면 집이 선미동이 아닌 안동에 있었다고 한다. 3번 양상천은 광무 2년 이후 소록동에서 사기동으로 이동하였는데, 광무 6년 목장양안에서 그의 집이 범우에 있었던 것으로 확인된다. 범우는 대체로 소록동에 수렴하는 듯하며(아래의 〈표 9〉참고), 〈그림 2〉해산면 2리 지도를 보면 소록과 사기 사이에 있는 지명임을 알 수 있다.

〈표 8〉에 등장한 지명을 앞서 제시한 〈그림 2〉해산면 2리 지도에서 확인하면, 거의 모든 경우에 인접한 동 사이에 호적 소재지 이동이 일어나고 있음을 확인할 수 있다. 그중 선미동-안동 간의 이동이 12건 중 5건이나 된다(6, 7, 8, 9, 10번 사례).[34]

를 보면 실제로 1년보다 훨씬 이전의 기록, 심지어는 10여 년 전의 이주 기록이 남아 있기도 하다(金泳謨, 『韓國社會階層硏究』, 일조각, 1982, 168쪽 〈表 2-23〉 참고). 이 글에서는 당시 호적 작성 주기의 원칙에 따라 1년 전인 광무 2년의 거주지로 기록하였다.

34) 참고로 광무 3년부터 4년까지 2년간 동 변경 사례에서는 소록동-사기동 간의 이동이 12건 중 4건으로 가장 많다.

지명		목장양안						
		선미	안동	창전	영평	소록	사기	범우
호적	선미		10					
	안동		1					
	창전							
	영평				5			
	소록					5		2
	사기						6	
	기타		1		1			

3장에서 목장양안의 집주인이 호적에 얼마나 등재되었는지를 분석한 바 있다. 이번에는 호적에 등재된 목장양안의 집주인을 대상으로, 목장양안에 기록된 집의 소재지와 그들의 호적상 등재 동을 비교해 보았다. 〈표 9〉에 드러나듯, 총 31건의 사례 중 목장양안의 집 소재지와 호적에 등재된 동명이 일치하는 경우는 17건(54%)이다. 목장양안과 호적의 동명이 일치하지 않는 경우는 14건(45%)인데, 이 중 소록에 대체로 수렴하는 범우의 사례를 제외하면 12건(39%)이다. 특히 호적상으로는 선미에 속해 있으면서 목장양안에는 집이 안동으로 기재된 경우가 가장 많은 것을 확인할 수 있다.

이러한 현상이 일어난 근본적인 원인은 洞의 개념이 선으로 구획할 수 있는 개념이 아니었기 때문이다. 이 시기 마을에는 공간적 외연(경계)가 없다.[35] 마을과 마을이 산·하천 등의 지형지물이나 도로 등으로 인하여 자연스럽게 구분될 수는 있지만, 마을 간의 경계선을 확정할 수는 없었다. 단적인 예로 조선총독부에서 편찬한 『近世韓國五萬分之一地

---

35) 김건태, 앞의 발표문.

形圖』의 지명 표기 방식을 보면, 面의 경우 점선으로나마 경계선을 그리고 있는 반면에, 里와 洞의 이름은 괄호 안에 넣어서 대략적인 위치만 표기하고 있을 뿐 어떤 종류의 경계선도 그리지 않았다. 즉, 이 시기에는 마을 간의 경계선을 명확하게 그릴 수 없었다.

호적이라는 자료의 성격도 한 몫을 하고 있다. 호적 작성은 세원을 파악하기 위한 부세 행정의 한 절차이다. 즉, 호적상의 洞은 행정상 편의를 위하여 고안된 행정 단위로, 이것이 당시 사람들이 거주하면서 자연스럽게 생겨난 마을 하나하나와 일치하는 것인지, 호적에 당시 그 지역 내에 존재하던 모든 마을이 다 파악된 것인지 알 수가 없다. 게다가 호적상의 동에도 외연적인 경계는 없었다.

국가에서는 원칙적으로 모든 집과 사람을 호적에 등재시킬 것을 강조하였다. 이것은 더 많은 세원 확보를 위한 것일 수도 있겠지만, 사실 대한제국을 포함한 전근대 한국의 모든 왕조에서 항상 천명하던 원칙이기도 하였다. 그러나 대한제국기 각 지역에는 군현별 총액이 정해져 있고, 그 이하의 행정 단위로 이를 적당히 분배하는 조선 후기 이래의 부세 운영 방식이 지속되어 왔다.[36] 특히 이 시기에 들어서 호수만큼 戶錢이 부과되었기 때문에 지역별로 총호수를 일정하게 유지시키는 것이 중요하였다.

정주군 해산면의 경우 특이하게도 1리와 2리가 별개로 운영되고 있었던 것 같다. 호적에서 1리의 경우 광무 3~4년간 동별로 호수가 달라지며, 통호수가 배정될 때 동별로 순차적으로 진행되는 것이 아니라 동

---

36) 이 시기 중앙정부에서는 되도록 호수를 늘리려고 노력하였지만, 여러 지역에서 반발에 부딪쳤다. 또한 각 군현에서 중앙정부에 보고하는 호구수와 실제 군현의 운영을 위해서 파악되는 호구수가 달랐던 사례가 있다. 이세영, 앞의 논문, 조석곤, 앞의 논문 참고.

과 동을 넘나드는 복잡한 양상을 보이고 있다. 반면에 2리의 경우 광무 3~4년간 통호수는 모두 변하지만 동과 동을 넘나들지 않고, 동별로 총 호수가 고정적이었다.[37] 또한 〈표 7〉에서 보듯이 2리에서는 다소 복잡한 매커니즘을 통하여 리의 총호수는 물론이고 동별로 총 호수를 유지하였다. 이를 위하여 지리적으로 고정되어 있는 특정 호를 어떤 해에는 A동에, 다음 해에는 B동에 편입시키기도 하였고, 어떤 해에는 호적에 등재시켰다가 다음 해에는 호적에서 탈락시키기도 하였다. 이것이 해산면 2리에서 나름대로 호정을 운영하던 방식의 일면이었다.

아울러 이러한 현상은 행정적으로 가장 기층 단위였던 동이 자연적으로 생겨난 마을을 있는 그대로 포괄하지 못함과 동시에 행정상 독립적으로 운영될 수 없었던 단계라는 것을 고스란히 드러내는 것이기도 하다. 동별로 총호수가 맞춰지고 있었다는 것은 그 상위 단계인 리에서 행정 단위로서의 동을 규정하고 있었다는 증거가 된다. 대한제국기에 동을 리 예하의 행정 체계로 편입시켰지만, 아직은 동이 행정적으로 자립하지는 못하였던 당시의 상황을 반영하고 있는 것이다.

5. 맺음말

지금까지 광무 3~4년 평안북도 정주군 해산면 호적에 개별 세대의 실제 거주 상황과 변화상이 파악되어 있었는지 확인하기 위하여 광무 3년, 광무 6년 해산면 목장 양안의 작인, 집 기록과 비교하여 분석해 보았다.

분석 결과 호적의 호구 기록이 개별 세대의 실제 거주 상황과 괴리된

---

37) 이유진, 앞의 논문 참고.

여러 사례를 발견할 수 있었다. 호는 집을 기준으로 한 개별 세대가 아니었다. 실제로 다른 집에 거주하고 있던 복수의 가족이 한 호로 파악되기도 하였다. 변화의 관점에서는 호적상 호의 탈락과 등장이 그 지역을 떠나거나 그 지역으로 전입해온 것과는 무관한 사례를 여러 건 찾을 수 있었다. 나아가 호가 속한 洞이 바뀌는 경우에도, 실제로 집은 한 곳에 고정되어 있으면서 호적에서 호의 동명만 바뀌었을 가능성을 엿볼 수 있었다.

이러한 현상은 각 지방 관청의 행정적 필요를 반영한 결과로 해석할 수 있다. 대한제국기에도 이전 시기의 관행에 따라 중앙정부에서 군현별로 파악된 호총에 근거하여 부세량을 결정하고, 각 군현에서는 이를 호수에 따라 각 행정 단위로 분배하였으며, 각 지역에서는 개별적으로 부세 관련 행정을 운용해 나가고 있었다. 그렇다면 호적은 각 지역이 처한 상황을 고려하여 호를 구성하거나 차정하는 원칙을 만들어서 행정에 이용한 결과물이 아닐까. 해산면 2리에서 다소 복잡한 매커니즘에 따라 리는 물론이고 동별로까지 호수를 철저하게 맞추고 있었던 것은 해당 지역의 호정 운영 방식을 특징적으로 보여주는 사례라고 해석할 수 있을 것이다.

[원문출처: 『한국학연구』 53, 2019]

20세기 전반 전통 농촌지역의 사회변동 양상
: 전남 나주군 다시면의 사례

정승진

1. 머리말

필자는 이전에 발표한 논문, 「1930년대 羅州 榮山江 유역의 농업변동」에서, 전통 농촌의 근대적 농업변동에 대한 두 가지 사실을 확인하였다.[1] 첫째, 영산강 중류의 영산강국부개수공사(1931~35)와 다시수리조합사업(1930~32)에 의해 나주군 다시면의 도작환경은 크게 개선되었다는 사실, 둘째, 1930~45년간 다시면의 수리조합지구에서는 미곡 생산성의 급상승과 식민지지주제의 강고한 존속이 동시병진하고 있다는 사실의 두 가지이다. 그리고 남겨진 과제로서, 근대전환기의 전통 농촌에 있어서 사회구성과 촌락질서의 변동의 해명이라는 사회변동의 문제를 지적해 두었다.

이 글은 최근의 장기사적 지역사 연구의 흐름을 타면서 나주군 다시

---

1) 拙稿, 같은 논문, 『大東文化研究』44, 2003. 이후 3부작 시리즈물로서 拙稿, 「羅州 草洞 洞契의 장기지속과 변화, 1601-2001」, 『大東文化研究』54, 2006 발표.

면이라는 전통 농촌사회를 중심으로 근대전환기의 경제변동과 사회변
동을 통일적으로 파악함으로써 〈한국 농촌사회의 근대적 변동과 전통
적 요소의 영향〉이라는 농촌사회사의 고전적인 주제의 일단에 접근하
고자 하는 것이다.

최근의 지역사연구는 기존의 사회경제사 연구가 인간의 사회적 존
재형태나 사회공간의 역사적 성격에 대한 이해로는 충분하지 않았다는
관점에서, 종합적인 지역사회사의 이해방식으로 연구 시각을 확대시
켜 왔다. 여기서는 장기사적 관점에서 한말 일제하 격동기의 이면을 흐
르는 한국 전통사회의 특질과 변동양상을 주로 근대적 사회경제의 변
동과 관련시켜 해명하고 있다.[2] 이하에서는 최근까지 진행된 농촌사회
사와 관련한 3개의 연구 성과를 검토하면서 이 글의 문제의식을 분명히
하고자 한다.

---

2) 주요한 사례연구로서 전남 무안군 망운지역의 사례(『全南 務安郡 望雲地域 農村社
會構造變動研究』, 전남대학교 호남문화연구소, 1988), 전남 화순군 동복면 일대의 사
례(洪性讚, 『韓國近代農村社會의 變動과 地主層―20세기 前半期 全南 和順郡 同福
面 일대의 事例―』지식산업사, 1992), 전남 구례군 토지면 오미동의 사례(이두순 박
석두, 『한말―일제하 양반 소지주가의 농업경영 연구―구례 류씨가의 사례를 중심으로
―』, 한국농촌경제연구원, 1993; 同, 『한말―일제하 양반 소지주가의 수지변화에 관한
연구―구례 류씨가의 사례―』, 한국농촌경제연구원, 1995; 박석두, 『한말―일제하 토
지소유와 지세제도의 변화에 관한 연구―전남 구례군 柳氏家의 사례를 중심으로―』,
한국농촌경제연구원, 1995; 박석두, 『한말―일제초 농촌사회구조와 사회조직에 관한
연구―전남 구례군 토지면 오미동 사례―』, 한국농촌경제연구원, 1996; 이해준, 「한말
~일제시기 '생활일기'를 통해 본 촌락사회상―求禮 柳氏家의『是言』과『紀語』를 중심
으로―」, 『정신문화연구』19-4, 1996; 李鍾範, 「19세기 후반 戶布法의 運營實態에 대
한 檢討―全羅道 求禮縣 事例―」, 『東方學志』77 · 78 · 79, 1993; 同, 「19世紀末 20世
紀初 鄕村社會構造와 租稅制度의 改編―求禮郡 土旨面 五美洞『柳氏家文書』分析
―」, 延世大 博士學位論文, 1994; 同, 「19세기 후반 賦稅制度의 운영과 社會構造」,
『東方學志』89 · 90, 1995), 경북 예천군 용문면 맛질의 사례(安秉直 李榮薰 編著, 『맛
질의 농민들―韓國近世村落社會史―』, 一潮閣, 2001), 전라도 영광군 일대의 사례
(拙著, 『韓國近世地域經濟史』, 景仁文化社, 2003) 등을 지적할 수 있다. 이에 대한 상
세한 연구사 정리는 拙著, 『韓國近世地域經濟史』序章 참조.

마을단위의 장기변동에 관한 최근 주목할만한 연구는 충남 당진군 대호지면 도이리의 사례, 경남 산청군 및 진양군 일대의 사례, 전남 영암군 구림마을의 사례연구를 꼽을 수 있다. 당진군 대호지면의 한 집성촌을 대상으로 한 공동연구에서는 장기사적 학제간 연구의 시각에서, 집성촌의 형성과정부터 20세기의 마을 내 사회관계의 변화, 그리고 근래의 경제활동, 마을조직, 가족생활, 종족조직과 최근의 지역사회의 변동에 대한 대응 등 다양한 주제들을 폭넓게 다루고 있다.[3] 여기서는 기존의 집성촌을 의미하는 '동족마을'이라는 용어와 관련해 일본과 상이한 한국 전통사회의 부계 중심적 혈연관계에 주목하여 '종족마을'이라는 개념어의 사용을 제안하고 있다. 특히 이 공동연구에서는 마을공동체를 생활공동체와 종족공동체로 구분하고, 전통적 종족마을공동체는 격동기의 사회변동 속에서 쇠퇴하고 없어진 것이 아니라 근대사회의 규율과 규범 속에서 다른 형식으로 살아 있다고 보았다.

경남 산청군 및 진양군 일대의 사례연구는 양반문화의 잔존양상에 대한 주요한 시사점을 던지고 있다.[4] 이 공동연구는 경남 산청의 단성

---

3) 김일철, 김필동, 문옥표, 송정기, 한도현, 한상복, 柿崎京一,「종족마을의 전통과 변화 ─忠淸南道 大湖芝面 桃李里의 事例─」, 백산서당, 1998. 연구는 다음과 같이 분담되었다. 김필동,「서론」; 김필동,「종족마을의 형성과 전개」; 한도현,「사회관계의 변화 : 신분과 계급」; 한도현,「경제활동」; 김필동,「마을조직과 사회집단」; 문옥표,「가족생활」; 문옥표,「가정의례 : 혼상제례를 중심으로」; 송정기,「조상숭배와 신앙생활」; 송정기,「교육과 문화」; 김필동,「종족조직의 변화」; 김일철,「마을 지역사회의 발전」; 柿崎京一 집필자 전원,「전통과 현대의 교차」.

4) 지승종 · 김준형 · 허권수 · 정진상 · 박재홍, 『근대사회변동과 양반』, 아세아문화사, 2000. 연구는 다음과 같이 분담되었다. 지승종,「甲午改革 以後 兩班身分의 動向」; 지승종 · 김준형,「社會變動과 兩班家門의 對應 : 山淸郡 丹城面 江樓里 安東權氏 家門의 경우」; 허권수 · 정진상,「兩班文化의 變遷과 現代의 樣相 : 山淸郡 新等面 法勿里 商山金氏家門의 경우」; 정진상,「해방직후 사회신분제 유제의 해체 : 경남 진양군 두 마을 사례연구」; 김준형 · 정진상,「兩班文化의 解體過程과 殘存樣相 : 丹城 지역 安東權氏 愚川公派와 星州李氏 桐谷公派를 중심으로」; 지승종 · 박재홍,「현대

등 내륙지방의 양반마을에 관한 사례연구, 한국전쟁기 마을단위의 신분적 갈등에 관한 진양군의 두 마을에 대한 사례연구를 포함하고 있는데, 20세기 촌락사회사 연구에 있어 전통문화의 변용에 대한 흥미로운 논점을 제기한다. 여기서는 지배계급으로서의 양반문화는 사라졌으나 가문문화로서의 양반문화와, 일상 생활양식으로서의 양반문화는 가문 의식과 의례 등의 모습으로 아직 그 잔영이 남아 있음을 주장하고 있다. 근현대사회에 들어서 양반문화가 가진 신분제적 성격은 탈각되었지만, 전통적 학문이나 사상의 형태로, 가문문화는 집단의 단결이라는 기능 때문에, 그리고 일상 생활문화는 의례적 심층성 때문에 잔존하는 경향이 있다는 것이다.

전남 영암군 구림마을에 관한 사례연구에서는 지역사회의 미시적 관점에서 장기구조사를 제안하고 있다.[5] 여기서는 역사지리적 맥락에서 농지형성과 마을형성, 그 이동의 역사, 정치제도적 측면에서 신분제의 변동양상, 大同契의 형성과 그 변동에 대한 역사, 사회문화적 차원에서 지역정체성의 형성과 변동이라는 문제를 학제간 연구를 통해 폭넓게 다루고 있다. 특히, 이 공동연구에서는 기존연구를 통해 널리 알려진 九林大同契의 문제[6]를 신분제 문제와 관련해 지역사회의 틀 속에서 조

사회의 양반문화에 관한 연구 : 양반 가문 의식을 중심으로」.

5) 정근식 · 홍성흡 · 김병인 · 박명희 · 전형택 · 표인주 · 추명희 · 김준, 『구림연구—마을 공동체의 구조와 변동—』, 경인문화사, 2003. 수록된 내용은 다음과 같다. 정근식, 「구림권의 장기구조사의 구상」; 박명희, 「문중문헌의 분석과 활용-함양박씨 오한공파 문헌을 중심으로-」; 김병인, 「기념비와 마을사」; 전형택, 「조선전기 재지사족의 재산형성과 분재-대동계 성립의 경제적 기초-」; 김병인, 「대동계의 형성과 변화-연구사적 검토-」; 박명희, 「김수항의 구림생활과 시문학」; 정근식, 「한국전쟁 경험과 공동체적 기억」; 김준, 「사회조직과 마을공간구조의 변동」; 표인주, 「의례와 민속놀이」; 홍성흡, 「정체성과 지역정치」; 김병인, 「왕인의 지역 영웅화」; 추명희, 「왕인문화축제와 이벤트 관광」; 추명희, 「문화마을 만들기, 현실과 전망」.

6) 최재율, 「한국농촌의 향약계연구-구림 대동계의 연구를 중심으로-」, 『전남대논문집』

감함으로써 근대전환기에 전통적 요소가 어떠한 자기변환을 통해 지역 정체성을 유지해나가는가를 보여주고 있다. 19세기 말 신분제의 공식적 해체라는 시대적 사실과는 대조적으로, 전통 동족마을에서는 구림대동계가 신분성이 탈각된 생활문화로서 지역의 단결과 정체성을 유지하며 강고하게 존속하고 있었다는 것이다.

이상의 세 연구는 연구 시각이나 방법론에 있어서 최근 지역사연구가 성취하고 있는 방향과 수준을 그대로 보여주는 것으로서 향후 지역사 연구에 커다란 시사점을 던지고 있다고 생각된다. 요컨대, 동족마을, 양반의식, 의례 등 전통문화는 근현대사회에 들어서도 유·무형의 모습으로 강하게 잔존하고 있는 전통적 생활양식임을 보여주고 있다. 전통이라는 것도 기실 현대의 사회적 수요에 의해 재생산되고 있음에 분명하다. 현재의 연구사 상황은 전통적 요소의 근대적 변동과정에 대한 추가적인 사례연구를 절실히 요청하고 있는 시점이라고 할 수 있다.

이 글은 최근의 '지역학운동'의 흐름을 타고 나주군 다시면에 소재하는 영동리와 회진리라는 전통마을을 중심으로 근대전환기의 사회변동 양상을 다각적으로 검토해보려는 것이다. 이 글에서는 경제사적 측면에서 전통 농촌의 근대적 변동과, 사회사적 측면에서 전통적 요소의 잔존과 영향력을 통일적으로 파악함으로써 근대이행기 전통적 요소의 재편과정, 전통 농촌마을의 변동양상이라는 문제에 접근하고자 한다. 특

19, 1973; 동, 「구림향약의 형성과 현존형태」, 『한일농어촌의 사회학적 이해』, 유풍출판사, 1991; 이종엽, 「조선조에 실시된 구림대동계의 성격 연구」, 원광대 석사학위논문, 1984; 김인걸, 「조선후기 향촌통제책의 위기 —동계의 성격변화를 중심으로—」, 『진단학보』 58, 1984; 동, 「조선후기 향촌사회변동에 관한 연구」, 서울대 박사학위논문, 1991; 이해준, 「조선후기 영암지방 동계의 성립배경과 성격」, 『전남사학』 2, 1988; 동, 「조선후기 동계·동약과 촌락공동체조직의 성격」, 『조선후기향약연구』, 민음사, 1990; 김경옥, 「조선후기 영암지방 사족활동과 서원건립」, 전남대 석사학위논문, 1989.

히, 후자의 연구에서는 지역에 소재하는 民籍簿와 村落文書(契文書) 등을 통해 마을 단위의 생생한 인간 삶의 과정과 특질을 미시적으로 복원해보려고 한다.[7]

2. 다시면의 경지조건

나주군의 서북쪽에 있는 다시면은 영산강 중류의 문평천(일명 백룡천)과의 합류 지점에 위치한다. 이 일대는 해발 40m 내외의 연안 평야지대로서 지리적 이점으로 인해 일찍부터 농업생산이 성하고 상업·유통이 활발한 곳이다. 다시면은 1914년 행정구역의 개편결과 구 수다면과 시랑면 그리고 죽포면을 통합하면서 수다면의 '다'와 시랑면의 '시'를 취해 행정명으로 사용되고 있다. 이 가운데 구 侍郞面(회진리)은 군내 金安面, 道林面(芽山里)과 함께 구 나주군의 3대 班村으로 알려져 있다. 군내에서는 촌락 형성의 시대가 가장 빠른 곳이다.[8]

이 글의 사례대상인 영동리와 회진리는 각각 구 수다면과 시랑면의 중심지이며, 이 가운데 영동리는 1914년 이후 개편된 다시면의 면사무소소재지이다.[9] 〈지도 1〉에서 제시한 바와 같이 鳥洞場(샛골장)이 소재하는 영동리는 광주─목포간 1등도로 및 호남선이 경유하는 이 지역의 중심지대이다. 영동리는 신용·중앙(1리), 흑암(2리), 영촌·초동(3리)의 행정리 3개리로 구성되어 있으며, 회진리는 동촌·사직(1리), 백하·정

---

7) 이 두 자료를 제공해준 나주시 다시면 최영진 민원팀장께 지면을 빌어 감사의 말씀을 드린다.

8) 全種漢,「村落의 空間的 擴大過程에 關한 硏究─20세기 이전의 羅州地方을 중심으로─」,『문화역사지리』5, 1993.

9) 다시면향토지편찬위원회,『나주 다시─多侍面鄕土誌─』, 향토지리연구소, 1997. 다시면의 면사무소는 1979년 10월 월태로 옮겨졌다.

촌(2리)의 자연부락 4개, 2개의 행정리로 편제되어 있다. 회진리는 1996년 3월 신풍리에서 현재의 이름으로 변경된 것이다.

다시면 일대는 구한말 일제 초에 걸쳐 별다른 변동이 없다가 1930년대 초 급격한 '개발붐'을 타게 되었다. 합방 초부터 철도(호남선) 및 도로(1번국도)의 건설, 시가지(영산포)의 조성 등 변화의 징후가 없었던 것은 아니지만, 1930년대 초부터 거의 동시에 시행된 영산강개수공사와 다시수리조합사업은 이 지역의 농업환경과 생활환경을 급격하게 변동시켰다. 다시면 수리조합지구에서는 토지개량과 농사개량 사업이 순조롭게 결합되면서 이른바 '多勞多肥的' 도작기술체계 즉, 단보당 4석 내외의 안정적안 고수확기조가 확립되었다.[10] 특히, 다시면의 중심지인 영동리 일대는 변화의 한복판에 있었다.

다음의 〈표 1〉은 지역에 소재하는 土地臺帳을 이용해 영동리의 경지실태를 구체적으로 살펴본 것이다. 1915년 현재 지목구성을 보면 답 144.2정보(74.6%), 전(대 포함) 41.3정보(21.4%)로서 하천변의 전형적인 도작지대임을 알 수 있다. 변화의 획기는 1930년대부터 확인되고 있는데, 1930년 현재 영동리의 경지면적 193.38정보 가운데 75%에 해당하는 145.7정보가 다시수리조합의 몽리구역으로 편입되고 있었다. 이 수치는 사실상 영동리의 전체 답 면적과 거의 일치하는 것이다. 전기와 달리 1930~45년간 답 구성비는 74.6%에서 83.4%로 두드러진 증가세를 보이고 있다. 대지는 당시의 인구증가를 반영해 분석 전기간을 통해 꾸준히 증가한 반면, 전의 감소가 대조적이다. 특히 이 기간에는 구거, 하천 등 농업기반시설의 증가와 도로, 철로 등 사회간접자본의 증가가 확인되

---

10) 졸고, 「1930년대 羅州 榮山江 유역의 농업변동—多侍水利組合區域을 중심으로—」, 『大東文化研究』 44, 2003. 일제하 수리조합지구에서 "다로다비적 도작기술체계"의 전개과정에 대해서는 松本武祝, 『植民地期朝鮮の水利組合事業』, 未來社, 1991.

〈표 1〉 다시면 영동리 지목변동 추이

(단위: 町步)

지목	1915년		1930년		1945년		1960년	
	필지수	면적	필지수	면적	필지수	면적	필지수	면적
답	504	144.20	543	144.31	734	162.11	723	160.50
전	192	31.94	191	30.54	66	7.40	63	6.68
대	128	9.40	133	9.15	173	11.19	180	12.19
구거			14	0.33	146	2.55	146	2.55
유지	1	0.05	2	0.24	3	0.16	6	0.44
하천			7	1.05	20	2.53	24	3.58
임야	27	7.69	27	7.69	29	7.26	29	7.26
도로			1	0.06	62	1.22	62	1.22
계	852	193.29	918	193.38	1,233	194.43	1,233	194.43

출전: 『羅州郡多侍面土地臺帳』

비고 : 1945년 및 1960년 "도로"에는 "철로" 3필지(0.51정보)가 포함되어 있음.

〈표 2〉 1915년 영동리 답의 地位等級

(단위: 町步, 石, %)

등급별	18~16급	15~13급	12~10급	9~7급	계
反當收量	0.9~1.8	1.8~2.7	2.7~3.6	3.6~4.2	
필지수	155	237	50	62	504
면적	38.62	73.36	13.67	18.56	144.20
동상%	26.8	50.9	9.5	12.9	100.0

출전: 『羅州郡多侍面土地臺帳』, 『朝鮮土地調査事業報告書』(1918).

고 있다. 전자는 당시 수리조합사업의 당연한 결과로 추정된다. 1945년 이후 1960년까지 변화의 여지는 없어 보인다.

영동리의 답은 영산강의 지류인 문평천의 중하류에 위치하는 하천변의 저지대로서 충적양토에 속한다. 지리적으로 수원이 풍부해 수해나 한해와 같은 자연재해가 없다면 상당히 양호한 도작조건을 갖고 있다고 볼 수 있다. 〈표 2〉를 통해 영동리 답의 평균등급을 보면, 단보당 수

확량 1.8석~2.7석대인 15~13등급이 50.9%를 점하고 있다. 당시 전남 평균 및 나주 평균 수확량이 단보당 1석 내외였음을 감안하면, 영동리의 답이 상당한 '우량답'이었음을 알 수 있다. 더구나 여기에는 단보당 3석 이상의 고수량지가 적지 않게 존재했다.

영동리의 이같은 호조건에도 불구하고 다시면의 도작환경은 규칙적인 한해나 불규칙적인 수해라는 대자연의 변덕 앞에서 대규모 치수·수리사업을 요청하고 있었다. 이는 하천변의 저지대라는 지리적 특성상, 평균수확량은 높지만 자연재해로 인해 미곡생산이 불안정했던 지역적 특질에 기인한다.[11]

1930년대 초에 시행된 다시수리조합사업은 이 지역의 도작환경을 크게 개선시켰다. 특히 동사업은 거의 같은 시기에 시행된 영산강개수공사와 동시병진함으로써 한해방지와 수해방지라는 양 측면에서 상당한 효과를 보이고 있었다. 여기서 주목해야 할 점은, 종래 자연재해에 취약했던 天水畓이 급속하게 水利安全畓으로 전환되었다는 사실이다. 사업의 결과 영동리 경지의 질적 상태는 크게 제고되어 안정적 고수확 기조를 확보하기 위한 기술적 조건을 제공하였다.

다시수조구역 내에서는 조합 공사가 끝난 1932년 이후 단보당 3~4석을 오르내리는 높은 증산실적을 실현하고 있었다. 사업 시행 전의 평균수확량이 단보당 1.6석이었던 것에 대해서 사업 완료 후인 1932~41년의 10개년간 동 수확량은 3.7석의 높은 증가세를 보이고 있다(증가율 231%). 이를 〈표 2〉의 지위등급으로 환산한다면, 기존의 12~10급 대

---

11) 『多侍水利組合設立認可書綴』(1930), 『多侍水利組合事業計劃書』(1930). 이와 유사한 사례를 전남 영광군에 소재하는 영광수리조합구역에서도 확인할 수 있다. 졸고, 「20세기전반 대규모 수리조합사업의 전개―영광수리조합의 사례분석―」, 『大東文化研究』 36, 2000(졸저, 『韓國近世地域經濟史』, 景仁文化社, 2003. 제7장 소수).

에서 9~7급 대로 급상승하고 있다고 할 수 있다. 이같은 상승 경향은 1930년대 후반으로 갈수록 선명하다. 일찍이 이이누마(飯沼二郎)는 수리조합지구 내에서의 이같은 생산성 상승 경향에 주목하면서 "조선에 있어서 일대 農業革命"이라고 평가한 바 있다.[12]

한편 구 시랑면의 중심지인 회진리는 영동리와 상이한 경지조건을 갖고 있었다. 그것은 다시 수리조합과의 관계에서 드러난다. 1930년 현재 영동리에서는 전체 경지면적의 193.38정보 가운데 75%에 해당하는 145.7정보가 수리조합의 몽리구역으로 편입되었던 반면, 회진리에서는 전체 답 면적 91.26정보 가운데 36%에 불과한 33.3정보만이 수리조합의 몽리구역이었다. 회진리는 영산강 천변의 작은 구릉지대로서 수조지구와 비수조지구의 중간 형태에 해당하는 일 특징을 반영하고 있다.

〈표 3〉을 통해 지목구성의 추이를 보면, 회진리의 전답구성은 52% 대 32%로 분석 전기간(1915~60)에 걸쳐 별다른 변동이 없었다. 반면 대지는 당시의 인구증가를 반영해 1% 포인트의 꾸준한 증가세가 엿보인다. 다만, 영동리에서와 마찬가지로 1930년대부터 구거·하천 및 도로·철로 부지 등 사회간접자본의 증가가 나타나고 있다. 근대화의 바람은 궁벽한 전통 농촌인 회진리에도 불고 있었던 모양이다.

이같은 전답구성과는 대조적으로 회진리의 경지상태는 영동리에 비해 오히려 좋은 편이었다. 〈표 4〉를 보면, 1915년 회진리 답의 지위등급은 15~13등급으로, 단보당 수확량으로 환산하면 1.8~2.7석대가 50%대를 점하고 있다. 그런데 12등급 이상의 상등지를 비교해보면 회진리의 답이 수조지구인 영동리의 경우보다 높다는 것을 알 수 있다(회진리 39.2% 〉 영동리 22.4%). 이같은 사실은 회진리의 답이 수조구역으로 편입

---

12) 飯沼二郎,「日帝下朝鮮における農業革命」,『朝鮮史叢』5·6, 1982 참조.

〈표 3〉 다시면 회진리 지목변동 추이

(단위: 町步)

지목	1915년		1930년		1945년		1960년	
	필지수	면적	필지수	면적	필지수	면적	필지수	면적
답	178	48.11	179	48.11	201	48.46	194	47.14
전	227	28.86	231	29.53	236	28.81	227	27.74
대	103	7.80	112	8.71	124	9.09	137	10.45
잡종지	10	3.88	6	2.76	6	2.76	6	2.76
구거					30	0.54	30	0.54
유지					1	0.02	1	0.02
하천					1	0.02	3	0.72
임야	9	1.64	10	2.08	11	2.20	12	2.52
분묘지	1	0.08	1	0.08	1	0.08	1	0.08
도로					71	0.80	71	0.80
계	528	90.36	539	91.26	682	92.75	682	92.75

〈표 4〉 1915년 회진리 답의 地位等級

(단위: 町步, 石, %)

등급별	19급	18~16급	15~13급	12~10급	계
反當收量	0.6~0.9	0.9~1.8	1.8~2.7	2.7~3.6	
필지수	1	25	93	59	178
면적	0.02	4.91	24.30	18.87	48.11
동상%	0.1	10.2	50.5	39.2	100.0

될 필요가 없는, 경지의 질적 상태가 비교적 양호한 수리안전답임을 시사하고 있다. 이 점은 회진리가 왜 나주의 3대 명촌 가운데 하나인가를, 경지조건이라는 측면에서도 보여주는 흥미로운 사실이다.

3. 토지소유관계의 변동

식민지 전기간을 통해 식민지지주제(지주적 토지소유)가 심화되었음
은 나주군 다시면에서도 예외가 아니었다. 호남의 여타 농촌과 마찬가
지로 다시면의 농민들도 지주제하에서 소작농 및 자소작농으로 광범
위하게 존재하고 있었다. 특히, 산미증식계획기(1920~34)와 소화공황기
(1930~34)를 경과하면서 다수의 조선인 소토지소유자들은 자신의 소유
지를 상실하고 소작농으로 전락하고 있었다. 다시면의 소유분화는 미
곡단작화를 강화한 식민지 농정체제 하에서 일본인 중심의 식민지지주
제가 심화되어간 저간의 사정을 여과없이 보여주고 있다.[13]

다음의 〈표 5〉는 1915~60년간 영동리의 소유분화 추이를 제시한 것
이다. 전체 경지면적이 190정보로 분석 전기간에 걸쳐 일정한 가운데,
1915년부터 1945년까지 10정보 이상 지주층의 소유면적은 20정보 대에
서 60정보대로 급증하고 있다. 3~10정보층의 감소를 감안하더라도(1945
년까지), 전체적으로 3정보 이상층의 지주적 토지소유는 식민지 전기간
에 걸쳐 심화되고 있었다. 특히 〈부표 1〉의 민족별 분화상황을 보면,
지주적 토지소유의 심화는 일본인 및 일인 소유 법인의 증가에 의해 견
인되고 있었다. 반면, 1930~45년간 1~3정보층과 0.5~1정보층의 소유

---

13) 식민지지주제의 심화론을 지지하는 대표적인 성과를 지적하면 다음과 같다. 장시
    원, 「일제하 대지주의 존재형태에 관한 연구」, 서울대 박사학위논문, 1989; 이종범,
    「1915~50년대 농지소유구조의 변동-광산군 하남면의 사례-」, 『이재룡박사환력기념
    한국사학논총』, 1990; 홍성찬, 『한국근대농촌사회의 변동과 지주층-20세기 전반기 전
    남 화순군 동복면 일대의 사례-』, 지식산업사, 1992; 蘇淳烈, 「植民地後期朝鮮地主
    制の硏究」, 京都大學博士學位論文, 1994(國譯: 『근대 지역농업사 연구』, 서울대학교
    출판부, 1996); 전강수, 「식민지조선의 미곡정책에 관한 연구-1930~1945년을 중심으
    로」, 서울대 박사학위논문, 1994; 정연태, 「일제의 한국 농지정책(1905-1945)」, 서울대
    박사학위논문, 1994. 식민지지주제의 심화론과 위기론에 관한 연구사 정리는 정승진,
    「일제시기 식민지지주제의 기본추이」, 『역사와 현실』 26, 1997 참조.

면적은 3정보 이상층과 달리 완연한 감소세를 보이고 있다. 단, 0.5정보 미만층이 증가하고 있는데, 이는 당시 영동리에서의 조선인 자소작농으로의 광범위한 퇴적을 말해주고 있다.

〈표 5〉 다시면 영동리 소유분화 추이

구간	1915년		1930년		1945년		1960년	
	인수	면적	인수	면적	인수	면적	인수	면적
10町~	2	20.76	4	45.14	4	60.85		
3~10町	14	86.54	9	62.28	9	52.49	2	12.78
1~3町	22	33.30	21	35.94	21	31.11	30	45.15
0.5~1町	35	24.56	32	21.93	24	15.03	73	51.13
~0.5町	131	28.13	144	28.09	194	34.95	409	85.37
계	204	193.29	210	193.38	252	194.43	514	194.43

출전: 『羅州郡多侍面土地臺帳』

1945년의 해방과 1950년의 농지개혁은 기존의 지주제 구조에 커다란 변화를 초래하고 있었다. 특히 농지개혁은 기존의 식민지지주제를 일거에 자작농체제로 전환시켜 버렸다.[14] 표에서 보는 바와 같이, 1945~60년간 3정보 이상층이 대부분 소멸하고 3정보 미만의 영세 자작농체제로 전환되고 있다. 〈그림 1〉을 보면 농지개혁을 전후한 해방 이후 1960년 사이에 소유집중도의 역전이 얼마나 격렬하게 나타나가를 확

---

14) 농지개혁에 대해서는 다음의 성과 참조. 장상환, 「농지개혁과정에 관한 실증적 연구」, 『경제사학』 9, 1985; 박석두, 「농지개혁과 식민지지주제의 해체」, 『경제사학』 11, 1987; 김성호 · 전경식 · 장상환 · 박석두, 『농지개혁사연구』, 한국농촌경제연구원, 1989; 장상환, 「한국의 농지문제와 농지정책에 관한 연구」, 연세대 박사학위논문, 1995; 장시원, 「지주제 해체와 자작농체제 성립의 역사적 의의」, 『광복 50주년 기념 학술회의-한국경제발전의 회고와 전망』, 한국경제학회 · 경제사학회, 1995; 홍성찬 편, 『농지개혁연구』, 연세대학교 출판부, 2001.

〈그림 1〉 다시면 영동리 계층별 소유집중도의 추이

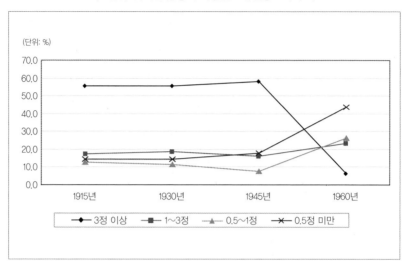

(단위: %)

〈표 6〉 1960년 현재 영동리 分配農地 현황

(단위: 町步)

지목별	전	답	대	잡종지	계
필지수	8	269	2	1	280
면적	0.99	68.63	0.25	0.02	69.89
비율	14.8%	42.8%	2.0%		35.9%

출전:『羅州郡多侍面土地臺帳』

비고 : "비율"은 각 지목별 총면적에 대한 당해 분배 지목의 구성비임.

인할 수 있다.

농지개혁에 의해 영세 농민에게 분배된 농지는 1960년 현재 영동리 총면적 194.43정보 가운데 35.9%에 이르는 69.89정보였다. 〈표 6〉에서 보는 바와 같이, 분배된 농지의 지목은 대부분 답이었다(98.2%). 분배 답 68.63정보는 영동리 전체 답면적 160.50정보의 42.8%에 달하고 있다. 결국 기존의 식민지지주제 하에 묶여 있던 소작답의 절반가량이 농지개혁이라는 정치적 과정을 통해 농민의 손으로 환원되고 있었던 것이다.

한편 경지조건이 상이한 회진리의 경우 어떠한 소유분화를 보이고 있는가. 다음의 〈표 7〉과 〈그림 2〉를 통해 살펴보기로 하자. 먼저 1915~45년간 3정보 이상 지주층의 소유집중도의 추이를 보면, 영동리가 50~60%대에서 유지되고 있는 반면, 회진리의 경우는 표본면적의 저위성 때문에 35~40% 대에서 유지되고 있음을 볼 수 있다. 회진리에서

〈표 7〉 다시면 회진리 소유분화 추이

구간	1915년		1930년		1945년		1960년	
	인수	면적	인수	면적	인수	면적	인수	면적
10町~	1	24.60	1	27.36	1	21.04		
3~10町	2	8.19	2	9.05	2	10.06	1	4.35
1~3町	23	35.86	19	28.78	12	23.60	19	27.35
0.5~1町	13	8.81	18	11.50	29	20.53	38	25.63
~0.5町	71	12.91	80	14.56	106	17.52	184	35.42
계	110	90.36	120	91.26	150	92.75	242	92.75

출전: 『羅州郡多侍面土地臺帳』

〈그림 2〉 다시면 회진리 계층별 소유집중도의 추이

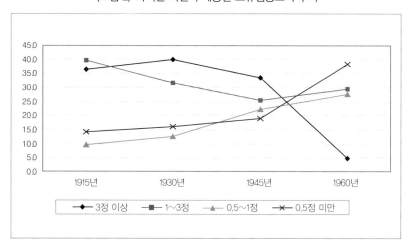

는 영동리와 달리 식민지후기(1930~45)에 3정보 이상층에서 소유면적의 감소가 인상적이다(단, 지주적 토지소유가 일본인 및 일인 소유 법인에 의해 주도되고 있음은 영동리의 경우와 마찬가지이다. 〈부표 2〉 참조). 회진리에서는 3정보 이상층의 면적 감소가 1정보 미만층의 조선인 영세 자소작농의 증가로 연결되고 있었다.[15]

1945년 이후 1950년 농지개혁을 경과하는 소유분화 양상은 회진리의 경우도 영동리와 크게 다르지 않았다. 농지개혁에 의해 3정보 이상의 지주층은 모두 분배 대상이 되었다. 3정보 미만층은 소유면적이 모두 확대되고 있는데, 영세 자소작농인 0.5미만층의 경우가 가장 현저하다. 영세 농민들이 염원하던 耕者有田 이데올로기는 지주층의 분배 절차가 완료됨에 따라 궁벽한 회진리 농촌에서도 거의 완벽하게 실현되고 있었다.

〈표 8〉 1960년 현재 회진리 分配農地 현황

(단위: 町步)

지목별	전	답	대	잡종지	계
필지수	52	83	1	1	137
면적	9.00	23.14	0.02	0.27	32.43
비율	32.4%	49.1%	0.2%	9.6%	35.0%

출전: 『羅州郡多侍面土地臺帳』
비고 : "비율"은 각 지목별 전체 면적에 대한 당해 분배 지목의 구성비임.

회진리는 영동리와 달리 전의 비중이 답에 비해 상대적으로 높은 지역이었기 때문에, 1950년 농지개혁에 의해 분배된 농지 가운데 밭은 이

---

15) 이와 관련한 전남 무안군의 유사 사례로서 이종범, 「1915~45년 농지소유구조의 변동」, 『전남 무안군 망운지역 농촌사회구조변동연구』, 전남대 호남문화연구소, 1988; 洪性讚, 『韓國近代農村社會의 變動과 地主層—20세기 前半期 全南 和順郡 同福面 일대의 事例—』 지식산업사, 1992 을 지적할 수 있다.

례적으로 적지 않은 비중을 차지하였다. 〈표 8〉에서 보는 바와 같이 전체 전 면적 32.4%가 농민에게 분배되고 있었던 것이다. 여기서는 회진리의 분배 비율이 전 32.4%, 답 49.1%로서 영동리의 경우(전 14.8%, 답 42.8%)보다 오히려 높다는 흥미로운 사실을 확인할 수 있다.

마지막으로 농지개혁을 전후한 시기에 영동리와 회진리 토지소유자의 성씨분포를 살펴본 것이 다음의 〈표 9〉와 〈표 10〉이다. 전술한 바와 같이, 3정보 이상 지주의 소유지는 농지개혁의 분배 대상이 되었다. 따라서 1960년 현재 초과소유 농지의 분배가 완료되지 않은 일부의 경우를 제외한다면, 기존의 지주제는 사실상 자작농체제로 재편되고 있었다고 할 수 있다.

농지개혁을 전후한 시기에 영동리의 지주(1정보 이상) 수는 33명에서 오히려 1명 감소하고 회진리에서는 15명에서 5명이나 증가하였다. 회진리의 경우가 농지개혁의 보다 전형적인 사례에 속한다고 볼 수 있다. 영동리의 성씨구성의 추이를 보면, 특히 "이씨" 성이 16인(48.5%)에서 19인(59.4%)으로 증가하고 있는 사실이 흥미롭다. 이같은 사실은 咸平李氏의 공동소유지에서 시사하는 그대로, 이들을 중심으로 집성촌이 강화되고 있었던 저간의 사정을 배경에 두고 있다.[16] 이같은 상황은 회진리에서 더욱 선명하다. 후술하겠지만 회진리의 유력 성씨인 "나주 임씨"는 1945년 6인(40.0%)에서 1960년 13인(65.0%)으로 더욱 증가하고 있었다. 이는 단순한 인적 구성에서의 증가뿐 아니라, 실제적인 토지소유를 동반하면서 집성촌이 강화되고 있는, 한국 농촌의 현대적 전개의 한 단면을 보여주고 있다.

---

16) 나주군 다시면 초동에 거주하던 나주 이씨가에 대한 다음의 농업사 연구는 주목할 만하다. 김용섭, 「나주 이씨가의 지주경영의 성장과 변동」, 『한국근현대농업사연구』, 일조각, 1992.

〈표 9〉 농지개혁 전후 다시면 1町步 이상 지주의 성씨구성의 변동

영동리				회진리			
1945년		1960년		1945년		1960년	
성명	면적	성명	면적	성명	면적	성명	면적
朝鮮信託	22.8	이동범	8.7	朝鮮信託	21.0	朝鮮信託	4.3
선일척산	16.8	흑주저태랑	4.1	박금서	6.2	임종홍	2.4
흑주저태랑	10.6	이의범	3.0	흑주저태랑	3.9	박승직	2.1
이의범	10.6	多侍水組	2.3	박승태	2.7	임인택	2.1
최양상	9.2	장진룡	2.2	임윤택	2.7	임윤택	1.8
전남상사	7.8	류중국	2.1	임인택	2.6	임희규	1.7
이동범	6.2	國	2.1	전전강길	2.2	정숙윤	1.6
협천가작	5.9	이영백	2.0	박찬영	2.2	임순택	1.6
이하범	5.7	함평이씨	1.9	산명삼치	2.1	임종길	1.4
전전강길	5.4	이하범	1.7	임종홍	1.8	박찬영	1.3
이민학	4.7	이민학	1.7	임병원	1.8	임종태	1.2
東拓	3.8	이계만	1.6	東拓	1.7	임종출	1.2
박금서	3.7	임종상	1.6	임천규	1.6	임래봉	1.2
임병원	2.8	류중갑	1.6	이연노	1.2	임영래	1.2
이국헌	2.4	이민렬	1.5	임경택	1.1	이연노	1.2
多侍水組	2.3	이휴서	1.5			박천표	1.1
이철서	2.1	이석현	1.4			임강규	1.1
함평이씨	1.9	이갑범	1.3			임길택	1.1
이휴서	1.8	최점임	1.2			박찬기	1.0
강구철	1.8	임월순	1.2			임창규	1.0
김상수	1.5	김분순	1.2				
이민형	1.3	이종렬	1.2				
대원대시정	1.2	윤대순	1.2				
이계속	1.2	장성수	1.2				
이돈주	1.2	이원서	1.1				
이원서	1.2	이계승	1.1				
이유일	1.1	장동길	1.1				
이석현	1.1	이두헌	1.1				
이종렬	1.1	이민수	1.1				
이민수	1.1	이영수	1.1				
郡農會	1.1	이철서	1.0				
청목예종	1.0	이용선	1.0				
서야칠삼랑	1.0						

비고 : 굵은 글자의 소유자는 집성촌 여부를 확인하기 위한 것임.

영동리			회진리	
성씨별	1945년	1960년	성씨별	1945년
김씨	23 (10.6)	53 (11.0)	김씨	7 (5.2)
류씨	11 (5.0)	18 (3.7)	박씨	14 (10.4)
이씨	69 (31.6)	162 (33.6)	임씨	80 (59.3)
임씨	10 (4.6)	22 (4.6)	기타	34 (25.2)
장씨	10 (4.6)	40 (8.3)		
최씨	10 (4.6)	19 (3.9)		
기타	85 (39.0)	168 (34.9)		
계	218 (100.0)	482 (100.0)	계	135 (100.0)

비고: 10명 이상 주요 성씨만을 대상으로 함. 1945년 소유자 성명에는 인식불명의 일본식 "창씨"가 있어 분석대상에서 제외함. 괄호 안은 구성비 %임.

농지개혁을 전후한 집성촌의 강화 현상은 1정보 미만층에서도 확인된다. 〈표 10〉을 보면, 영동리에서는 이씨 성이 1945년 31.6%에서 1960년 33.6%로 정체적인 가운데 여전히 동리내 최대 성씨의 지위를 점하고 있다. 회진리에서는 같은 기간에 나주 임씨가 60% 전후 수준으로 여타 성씨와는 상당한 차이로 1정보 이상 지주층의 성씨 구성과 유사한 상황을 재현하고 있다.

요컨대, 구래의 전통적 요소로 간주되었던 집성촌은 식민지지주제가 해체된 시점부터 오히려 강화되면서, 한국 현대 농촌의 새로운 생활문화로서 그 기초구조를 자리 잡아가고 있었다. 1950년의 농지개혁은 자작농의 성장을 배경으로 집성촌의 강화 현상에 중요한 계기로 작용하였다. 집성촌이라는 문제에 주목하는 한, 기실 전통이라는 것도 당대의 사회경제적 수요에 의해 재창조되고 있던 당시의 농촌 현실을 배경에 두고 있다고 할 수 있다.

4. 다시면의 사회구성

다시면이 군내에서 老安面(구 金安面, 伏岩面), 三道面(구 道林面)과 함께 이른바 나주의 3대 班村으로 알려진 이유는 면내 구 시랑면이 포함되어 있기 때문이다. 이른바 시랑골로 알려진 회진리는 나주군 내에서도 촌락의 형성연대가 가장 오래되었을 뿐 아니라, 이 지역의 토성집단인 나주 임씨는 고려시대 이래 나주 나씨, 금성 나씨, 나주 정씨, 반남 박씨 등과 함께 재지 유력양반층을 이루고 있었다. 또한 다시면 내 구 수다면은 문평천변에 위치하는 지리적 특성상 비교적 이른 시기부터 개간과정이 진전되었고 이후 촌락이 확대되면서 함평 이씨, 김해 김씨 등 신흥 유력 성씨들이 유입되고 있었다.[17]

구 시랑면의 회진리는 한말 일제하에 이르러서도 폐쇄적인 집성촌을 유지하고 있었다. 구 수다면의 영동리에서는 몇몇 유력 성씨들이 합종연행하며 촌락질서를 재건하고 있었다. 영동리에서는 후술하게 될 향약과 대동계가 이른 시기부터 기능하고 있었던 것이다. 이하에서는 지역에 소재하는 일제시대 除籍簿를 이용해 20세기 전반 다시면 영동리와 회진리의 사회구성을 재구성해보고자 한다.

다시면의 제적부는 1912년 조선민사령에 따라 작성된 民籍 가운데, 다시면에서 제적된 호주의 것을 연도순으로 모아놓은 것이다.[18] 분석대상 시기는 1916년부터 1960년까지이다. 이는 당해 호주의 제적 시점을 의미한다. 제적된 호주를 약 2세대에 걸쳐 추적하면 당시의 촌락구성 즉, 성씨구성에 대한 흥미로운 결과를 얻을 수 있다. 분석대상은 영동

---

17) 全種漢, 「村落의 空間的 擴大過程에 關한 硏究—20세기 이전의 羅州地方을 중심으로—」, 『문화역사지리』 5, 1993.

18) 일제시대 호적제도에 대해서는 이승우, 「호적제도의 연혁적 고찰과 입법론」, 『대동문화연구』 38, 2001 참조.

리(193戶 1665口), 회진리(116戶, 975口)의 2개리 총 309戶 2640口이다. 戶當 평균 口數는 8.5명으로 확인된다.

〈표 11〉 다시면 영동리, 회진리의 제적 실태

동리별	死亡	移居	婚姻	계
영동리	134	54	5	193
회진리	84	31	1	116
계 (%)	218 (70.6)	85 (27.5)	6 (1.9)	309 (100.0)

출전: 『羅州郡多侍面除籍簿』

〈표 11〉을 통해 호주의 제적 사유를 살펴보면, 사망, 이거, 혼인의 세 가지 유형으로 나누어진다. 사망 제적자(호주)의 경우, 평균 사망 연령은 62.5세이며, 호주가 되는 시점은 25.7세로 확인된다. 단, 사망 연령은 2~3세 가량 과대계상된 것으로 추정된다.[19] 이거 제적자의 경우 자연 분가와 취업이 그 사유인 듯 하다. 이거지는 나주군 내의 여타 면이 35호로 압도적으로 높으며 함평(10), 광주(9), 화순(7) 등으로 확인된다. 혼인으로 제적된 경우는 모두 여성 호주이다. 영동리의 여성 호주 12명 가운데 혼인을 통한 제적은 5명, 회진리의 경우 총 5명 가운데 1명이었다.

동리별 이거 상황을 볼 때 영동리와 회진리 간에 촌락 안정성 여부에는 유의할만한 차이는 없다(영동리 이거 비율 28.0%, 회진리 동 26.7%). 그런데 문제는 이거 비율이 전체 호수의 1/4 가량을 상회하는 높은 수준에 있다는 점이다. 제적부라는 자료의 제약 상 入籍 비율을 알 수 없지만,

---

19) 이는 호주의 실제 사망시점과 제적시점의 차이에 기인한다.

이같은 높은 제적 비율로 볼 때 당시 촌락 내 사람들의 유동성이 상당히 높았다는 점을 알 수 있다.

다음의 〈표 12〉와 〈표 13〉은 호주의 가족형태별, 출생형태별 유형을 구체적으로 살펴본 것이다. 양자간에는 통계적으로 유의할만한 상관관계가 없으므로 여기서는 별도의 표로 제시하였다. 먼저 〈표 12〉의 가족형태에서는 부부 중심의 단혼소가족을 소가족Ⅰ, 장남 부부가족(직계 자녀 포함)이 노모나 분가하지 않은 형제, 자매 등과 동거하고 있는 경우를 소가족Ⅱ(소가족 아류형), 祖-父-子 3대의 직계 대가족을 대가족Ⅰ, 형제 부부나 2남 이하 자식부부를 분가시키지 않은 경우를 대가족Ⅱ(복합대가족)으로 구분하였다. 여기서는 독립 호로 분가시킬 수 있는 별도의 가족이 소가족과 대가족 내에 각각 동거하고 있는 경우를 구분의 기준으로 삼았다. 이들 가족형태 간에는 통계적으로 유의할만한 가족수의 차이가 확인되고 있다.

〈표 12〉 가족형태별 유형

동리별	단신	소가족Ⅰ	소가족Ⅱ	대가족Ⅰ	대가족Ⅱ	계
영동리	16	70	28	39	40	193
회진리	6	53	16	12	29	116
계 (%)	22 (7.1)	123 (39.8)	44 (14.2)	51 (22.3)	69 (16.5)	309 (100.0)

출전: 『羅州郡多侍面除籍簿』

〈표 13〉 호주의 출생별 유형

출생별	장남	2남	3남 이하	장녀	2녀 이하	계
인수	209	62	21	15	2	309
구성비	67.6%	20.1%	6.8%	4.9%	0.6%	100.0%

출전: 『羅州郡多侍面除籍簿』

〈표 12〉를 보면, 소가족Ⅰ이 39.8%로 수위를 점하고 있으며 소가족Ⅱ까지 합한다면 소가족은 전체 유형의 54%에 이르고 있다. 대가족Ⅰ과 대가족Ⅱ을 합한 대가족 형태는 38.8%를 점하고 있다. 반면, 단신가족은 7.1%에 불과하다. 이 유형은 과부가 자매나 딸과 동거하는 경우, 홀아비가 노모를 모시고 있는 경우, 고아 형제 등 정상적인 가족 형태를 구성하지 못한 기타 유형을 포함하고 있다.

〈표 13〉을 통해 호주의 출생형태를 살펴보면, 장남이 67.6%로 다수를 점하고 있으며, 2남, 3남 이하 순이다. 여성 호주는 여전히 예외적인 존재로 극소수에 그치고 있다. 장남의 가족형태를 보면, 총 209명 가운데 소가족Ⅰ 76명, 소가족Ⅱ 38명, 대가족Ⅰ 33명, 대가족Ⅱ 53명, 단신 9명으로, 예상 밖으로 소가족 형태가 우세하다(114명 36.9%). 가령 장남은 대가족을, 2남 이하는 소가족을 형성함이 일반적인 것으로 생각하기 쉬우나, 분석 결과 출생형태와 가족형태 간에는 주목할만한 통계적 유의성이 없는 것으로 확인된다. 대가족의 발생 이유는 농업경영에 있어서의 유리함, 취업기회의 희소성에 따른 경제적 분가의 어려움 등을 지적할 수 있을 것이다.

1910년의 민적조사가 갖는 역사적 의의는 근대적인 호적제도를 도입해 호구수 파악의 진전을 본 것이며, 이 단계에서 전국적인 직업 조사가 이루어졌다는 것이다.[20] 특히, 후자의 사실은 20세기 초 사회적 분업 상황에 대한 귀중한 사실을 전해주고 있다. 다음의 〈표 14〉는 민적 상에 직업이 표기된 1940년대까지의 제적부를 정리한 것이다(총 호수 309호의 68.0%).

---

20) 이헌창, 『민적통계표의 해설과 이용방법』, 고려대학교 민족문화연구소, 1997 참조.

동리별	농업	주막업	기타	계
영동리 (%)	72 (58.5)	5 (4.1)	46 (37.4)	123 (100.0)
회진리 (%)	59 (67.8)		28 (32.2)	87 (100.0)
계 (%)	131 (62.4)	5 (2.4)	74 (35.2)	210 (100.0)

출전: 「羅州郡多侍面除籍簿」

비고 : 영동리 신호적 70, 회진리 29, 총 99개 제외.

다시면 제적부에서 직업이 명기되지 않는 이른바 '신호적' 양식은 1926년부터 등장하고 있으나 소수이며 1950년대부터 보편적으로 이용되고 있다.[21] 그러나 '신호적' 양식이 호적제도의 변경에 따른 양식 자체의 변동을 수반하고 있는 것은 아니다. 다시면 제적부에는 농업과 주막업 만이 등장하고 있다. 당시 민적이 직업을 11종으로 구분해 조사했음을 감안한다면, 이 표는 통계적 유의성이 그리 높지 않다는 점에 유의를 요한다. 영동리의 경우 농업호는 전제 호수의 58.5%에 불과하다. 회진리의 경우를 보면 67.8%로서 영동리보다 상대적으로 높지만 모든 농업호가 파악되었다고 보기에는 여전히 낮은 수준이다.

여기서는 1910년 현재 총독부 내무경무국에서 발표한 직업 통계를 참조해보았다. 〈표 15〉를 통해 영동리가 포함되어 있는 수다면과 회진리가 포함되어 있는 시랑면의 직업 실태를 확인할 수 있다. 그런데 여기에는 양반과 유생이라는 직업으로 보기 어려운 구래의 職役이 확인되고 있다. 이러한 표기방식은 1912년부터 폐지되고 있었다.

---

21) 여기서 말하는 '신호적' 양식은 1912년 이후 민적 상에 직업을 표기하지 않는 민적부를 가리킨다.

郡面	官吏	兩班	儒生	商業	農業	漁業	工業	鑛業	日稼	其他	無職	計
羅州 전체	49 (0.4)	223 (1.6)	146 (1.1)	471 (3.5)	11695 (86.2)	17 (0.1)	87 (0.6)		459 (3.4)	282 (2.1)	143 (1.0)	13572 (100.0)
羅州 평균	1.7	8.0	5.2	16.8	417.7	0.6	3.1		16.4	10.1	5.1	487.7
伏岩	1	11	3	4	272		2		21	15	8	337
金安	1	55		8	392		3		18	21	10	508
道林	1	68		27	528		7		35	23	25	714
侍郞	1	10	12	11	317		2		2	4	1	360
(%)	(0.3)	(2.8)	(3.3)	(3.1)	(88.1)		(0.6)		(0.6)	(1.1)	(0.3)	(100.0)
居平	1	9	20	7	537				2	2	2	360
水多	1			25	558		3		11	5	2	605
(%)	(0.2)			(4.1)	(91.8)		(0.5)		(1.8)	(0.8)	(0.3)	(100.0)
豆洞	1		10	15	478	3	5		7	2		521
公水	1		67	27	457		4		10	4		570

출전: 內務警務局,「民籍統計表」, 1910

〈표 15〉에서 나주군의 직업 총계 13,572인은 나주군 전체 호수와 정확히 일치한다. 이것은 모든 개별 호에 대해 직업조사가 이루어졌음을 의미한다. 나주군 전체를 보면 농업호가 86.2%로서 압도적 다수를 점하고 있다. 여타 상공업 및 일용노동직(日稼)은 5% 미만으로서 이 지역이 전통적인 도작지대라고 하더라도, 당시 사회적 분업의 수준은 낮은 수준에 그치고 있었음을 알 수 있다. 시랑면의 농업호는 88.1%, 수다면의 그것은 91.8%로 군 평균보다도 높은 수준이다. 가내 수공업은 여전히 겸·부업 수준에 그치고 있던 모양이다.

그런데 〈표 15〉를 통해 양반호와 유학호를 집계해 보면, 영동리가 포함된 수다면과 회진리가 포함된 시랑면 사이에 극단적인 대조가 나타나고 있음을 볼 수 있다. 나주군 전체 28개면 가운데 시랑면은 양반호

10호, 유학호 12호로서 양자가 전무한 수다면에 비해 압도적인 우세를 보이고 있다. 시랑면은 표에서 제시한 10호 이상의 유력 면들과 함께 이른바 반촌을 형성하고 있었던 것이다. 그렇다면 시랑면은 어떠한 성씨구성을 보이고 있었던 것일까. 동 면의 중심지인 회진리를 통해 살펴보기로 하자.

다음의 〈표 16〉은 영동리와 회진리의 호주 本貫을 집계한 것이다. 영동리의 경우를 보면, 총 호수 193인 가운데 함평 이씨 33인(17.1%), 김해 김씨 16인(8.3%), 고흥 류씨 10인(5.2%), 고성 이씨 10인(5.2%), 흥덕 장씨 10인(5.2%) 순으로 나타난다. 전술한 토지대장 분석에서와 같이, 인적 구성에서도 함평 이씨가 상대적 우위를 보이고 있다.[22] 후술하겠지만, 영동리의 대동계는 함평 이씨와 여타 성씨들의 연합에 의해 이루어지고 있었다.

1933년의 촌락조사에 의하면 다시면의 함평이씨는 나주임씨와 함께 1개면 내 100세대 이상의 동족이 거주하는 유력 성씨로 소개되고 있다.[23] 영동리에는 草洞(구 수다면의 면소재지)과 永洞이라는 저명한 이씨 집성촌이 존재하고 있었다. 회진리의 경우는 1930년 현재 총 호수 150호 가운데 130호가 나주임씨일 정도로, 里 자체가 나주임씨를 중심으로 한 저명한 집성촌으로 소개되고 있다.

표를 통해 회진리의 경우를 보면, 나주 임씨가 70인(60.3%)으로 압도적 우위를 보이고 있어서 영동리의 경우와 좋은 대조를 이루고 있다. 나주 임씨는 전술한 바와 같이 나주에 본관을 둔 土姓 양반으로 알려

---

22) 나주 이씨가의 지주경영에 대해서는 김용섭, 「나주 이씨가의 지주경영의 성장과 변동」, 『한국근현대농업사연구』, 일조각, 1992 참조.

23) 善生永助, 『朝鮮の聚落(後篇 同族部落)』, 朝鮮總督府, 1935, 471, 547, 551, 806면.

〈표 16〉 동리별 除籍 戸主 姓氏 실태

영동리		회진리	
성씨	本貫 내역	성씨	本貫 내역
강	진주 2	강	진주 2
고	장택 4	권	안동 1
곽	남원 1, 현풍 1	김	광산 3, 김해 1, 경주 1
권	안동 2	나	나주 1, 금성 1
기	행주 1	노	함평 1
김	김해 16, 광산 8, 선산 7 등	문	남평 1
나	나주 6	박	반남 10, 나주 1, 밀양 1
노	함평 1	백	수원 1
류	고흥 10, 문화 1	신	평산 2, 영산 1
문	남평 4	안	죽산 1
박	밀양 4, 함양 2, 반남 1	염	파주 2
배	대구 4	오	해주 3
손	나주 1, 밀양 1	윤	해평 1
송	여산 6	이	광산 1, 경주 2
신	평산 3	임	나주 70, 평택 1
오	금성 3	정	하동 1
이	함평 33, 고성 10, 광산 2 등	조	창녕 1
임	나주 1	최	경주 2, 전주 1
장	흥덕 10, 인동 3, 창녕 1	홍	풍산 1, 남양 1
정	금성 3, 진주 4, 광산 2 등		
조	한양 1		
주	능주 1		
최	탐진 8, 경주 2		
하	진주 1		
한	청주 2		
홍	풍산 2, 남양 2		
26성	193명	19성	116명

출전: 『羅州郡多侍面除籍簿』

져 있다.[24] 회진리는 나주 임씨를 중심으로 한 전통적인 집성촌의 모습을 보이고 있는데, 이같은 사실은 전장의 토지소유의 사실에서도 확인한 바 있다. 회진리는 유력 양반인 나주 임씨를 중심으로 인적구성으로나 토지소유구성에서 폐쇄적인 집성촌의 모습을 취하고 있었다.

5. 영동리의 草洞大同契

우리의 전통 농촌은 유력 성씨 중심의 '동족부락'과 여러 각성들이 함께 모여 사는 '혼성부락'으로 대별할 수 있다. 전통 농촌사회는 화합과 타협을 강조하는 유교적 이데올로기에도 불구하고 씨족간 혹은 씨족 내의 갈등과 대립이 발생하기도 하고, 다른 한편으로는 여러 성씨가 화합하여 미풍양속을 고양하며 마을의 고질적인 병폐를 극복해오고 있었다. 특히, 마을의 안정과 질서를 유지하려는 후자의 노력의 일환으로 전통 사회의 鄕約이나 洞契를 지적할 수 있을 것이다.

마을의 동리민이 대부분 나주 임씨였던 회진리에서는 族契·門契를 통해 촌락질서가 유지되었던 반면,[25] 영동리에서는 마을의 성씨 구성상 함평 이씨가 중심이 되어 여타 성씨와 연합해 大同契를 운영하고 있었다.

사례의 대상인 영동리의 草洞 大同契는 임난 직후인 1601년(宣祖34년)에 창계한 이후 400여년을 이어져온 이 지역의 동계이자 향약이다. 대동계의 講信所인 寶山精舍가 마을의 전통을 자랑하며 동계의 장구한

---

24) 회진리의 나주 임씨가에 대해서는 『古文書集成六十七—羅州會津 會津林氏 滄溪後孫家篇—』, 韓國精神文化硏究院, 2003 참조.

25) 『古文書集成六十七—羅州會津 會津林氏 滄溪後孫家篇—』, 韓國精神文化硏究院, 2003, 250~273면.

역사를 전하고 있다. 보산정사는 후술하는 나주 8대 명현의 뜻을 기려 강당을 건립하고 학동의 講學에 힘쓴 것이 기원이 되었다.

초동 대동계 고문서는 1980년대 초반 寶山精舍의 보수 과정에서 발굴되었다.[26] 발굴된 고문서는 총 13책이며, 향약안, 행록·기안류, 동원안·좌목류, 전여책 등 4개의 자료 군으로 대별된다.[27]

초동 대동계는 2001년부터 사용되어온 계의 명칭이며 종래는 莎洞 (일명 샛골) 十皓(洞)契로 알려져 있다.[28] 십호동계는 나주 샛골을 빛낸 8명의 선생을 현양하기 위해 후배 열 사람이 중심이 되어 만든 대동계이다. 다음의 〈표 17〉은 보산정사 8현과 사동 십호의 명단을 제시한 것이다. 초동 보산정사에 배향된 8先生은 조선조 명종과 선조 대에 걸쳐 과거에 급제해 이곳 샛골 마을을 빛낸 인물들이었다. 그 후 선조34년(1601) 사동 십호계가 조직되어 계의 講信과 학동의 講學이 시작되었다. 8현과 10호는 학문적 사숙과 혈족관계로 이어져 있었다.

초동 대동계는 재지 양반들의 동계로 운영되다가 1663년경 鄕約으로 발전하였다.[29] 이것이 기존에 알려진 守令鄕約 혹은 州縣鄕約이다.[30]

---

26) 문화재자료 제131호. 전남 나주시 다시면 영동리 662-1번지 소재. 대동계장 최병철 (영동리 거주) 소장.

27) 1.『洞中鄕約文』癸卯(1663년) 八月, 2.『鄕約案』연대 미상, 3.『八賢行錄』崇禎四 (1631), 4.『洞忌案』辛卯 1891년 추정, 5.『洞忌案(單)』己未 1919년 추정, 6.『洞中座目』 萬曆三十年(1602) 壬寅 六月 初三日, 7.『洞中座目』연대 미상, 8.『洞中隨行座目』연 대 미상, 9.『洞案』己卯 四月 연대 미상, 10.『洞員案』庚寅(1890년), 11.『洞禊傳與冊』 1846(丙午)~1865년, 12.『洞禊傳與冊』1931(辛未)~1940년, 13.『洞契(傳與冊)』草洞 1960(庚子)~2001년.

28) 『洞契(傳與冊)』草洞 1960~2001년. 契畓 秋收記, 用下記, 有司 명단 수록.

29) 『洞中鄕約文』癸卯(1663년), 洞中鄕約契 서문, 完議, 契員 座目 수록 ;『鄕約案』연대 미상, 내용은 전자와 같으며 나주목사의 手決이 있다. 좌목은 전자보다 후대의 것이 다.『錦坡遺稿』(금파 羅允照1853~1912)의 문집 참조.

30) 주현향약에 대해서는 향촌사회사연구회,『조선후기 향약 연구』, 민음사, 1990 참조.

<표 17> 寶山精舍 8賢 및 莎洞 10皓 先生

寶山精舍 八賢		莎洞 十皓		
성명	본관	성명	본관	관직
李惟謹(1523~1606)	咸平	鄭仁謙	光山	生員
張以吉(1529~1595)	興城(興德)	李惟誨	咸平	主簿
鄭詳(1533~1609)	羅州	裵景復	大邱	參奉
柳澍(1536~?)	高興	崔希說	隋城	佐郞
崔希說(1536~1603)	隋城	李遇春	固城	進士
李彦詳(1536~1580)	陽城(固城)	張以慶	興德	參奉
柳潊(1540~1590)	高興	金彦鵬	光山	參奉
崔四勿(1544~1587)	耽津	吳奉宗	錦城	僉樞
		田汝需	潭陽	
		鄭仁謹	光山	參奉

출전: 「八賢行錄」崇禎四(1631) ; 多侍草洞大同契,「寶山精舍와 草洞大同契」, 2004

향약의 내용은 남전 여씨향약을 표방해 마을의 풍속을 교화하고 상부
상조의 미풍양속을 진작하자는 것이다. 특히, 여기서는 향약의 기본취
지가 1601년 창계한 사동 십호계와 맞닿아 있음을 강조하고 있다. 完議
41개조는 사동 십호계의 계규로서, 촌락질서를 문란케하는 각종 악행,
패륜과 그 처벌 규정 등이 열거되어 있다. 매월 이를 점검하여 징치하
는 규정이 있었다. 사동 십호계는 사실상 洞約으로 기능하면서, 尊位,
公事員, 別有司, 上有司, 南花有司를 두고 계 운영의 만전을 기하고
있었다.

정조22년(1798)에는 보산정사 뒤에 8선생의 유덕을 추모하는 祠宇를
건립하였다. 사우 상량문은 나주 목사 任熿이 지었다.[31] 이듬해 보산정

---

31) 鄭勝模,「書院・祠宇 및 鄕校 組織과 地域社會體系」,「牧鄕」, 나주목향토문화연구회,

사가 중건되어 그 면모를 일신하였다. 19세기에 들어서는 1832년, 1870년 두 차례에 걸쳐 중수되었다.[32] 다음의 〈표 18〉은 1602년 이래 2004년까지 400년간의 대동계 계원의 추이를 살펴 본 것이다.

〈표 18〉草洞大同契 座目

성씨별	좌목1	좌목2	좌목3	좌목4	좌목5	좌목6	좌목7
奇	11		1	7	2		
金	49	4	6	9	2	1	
柳	1	41	10	14	14	5	4
裵	10		4		2	3	1
徐	1						
申			1				
沈	1						
吳	1		2	1			
李	81	68	24	51	104	54	36
張	24	7	5	11	9	13	8
田	10						
全	5		1	2	1		
鄭	6	5	5			4	4
崔	58	17	13	42	54	19	14
합계	258	142	72	137	188	99	67

출전: 『洞中座目』萬曆三十年(1602) 壬寅 六月 初三日 – 좌목1 ;『洞中座目』연대 미상 – 좌목2 ;『洞中隨行座目』연대 미상』– 좌목1, 좌목2, 좌목3 ;『洞中鄕約文』癸卯(1663년) 八月 ;『鄕約案』연대 미상 ;『洞案』己卯 四月 연대 미상 – 좌목4 ;『洞員案』庚寅(1890년) – 좌목5. 多侍草洞大同契,『寶山精舍와 草洞大同契』, 2004

비고: 좌목류(자료 6 · 7 · 8) · 동원안(9 · 10)은 『寶山精舍와 草洞大同契』(2004)에 실린 명단 표기 방식에 의해 분류하였다.

1990 참조.

32) 『洞禊傳與冊』1846(丙午)~1865년 : 契畓 秋收記, 用下記, 有司 명단 수록. 1862년 용하기에는 보산정사의 重建이 소개되고 있다.

계원 명단에서 좌목1은 1602년, 좌목5는 1890년, 좌목6과 좌목7은 극히 최근의 것으로 확인된다. 좌목2, 좌목3, 좌목4는 각각 1663년 향약의 시행, 1798년의 사우 건립과정, 19세기 말 동계의 중수 과정에서 작성된 것이라 추정된다. 현재의 대동계는 1960년대 이후인 좌목6 단계의 99명에서 좌목7 단계(현재)의 67명으로 축소된 것이다.

계원수의 추이에 주목하면 각 단계마다 대동계의 浮沈을 느낄 수 있다. 대동계가 창립한 17세기 초이래 18세기 전기간에 걸쳐 계원수는 258명에서 137명으로 크게 감소하였다. 이후 대동계를 중수한 19세기 말(좌목 5단계)에 이르러서야 계원은 188명으로 증가되어 대동계가 크게 재건되었음을 알 수 있다. 이후 일제시기까지 지속되다가 후술하는 1950년 농지개혁을 맞아 대동계는 일시 중단을 맞았다. 현재의 계원(좌목6, 좌목7 단계)은 1960년대 이후 대동계가 새로 중수된 것이다.

시기별 계원의 성씨 구성에 주목하면 이들은 대체로 十皓 선생의 후손임을 알 수 있다. 이것은 계원의 중요한 자격 조건이기도 하였다. 물론 향약으로 기능하는 과정에서 촌락 내 他姓의 입출이 빈번해 시기별로 성씨 비율이 일정하지 않지만, 대체로 咸平 李氏, 隋城 崔氏, 光山 金氏, 興德 張氏 순으로 계원이 구성되어 있음을 알 수 있다. 이들은 전장의 제적부 분석에 나타난 영동리의 유력 성씨들이다.

대동계 각 단계의 좌목은 특정 시점의 것은 아니며 전후 상당한 기간에 걸쳐 생존했던 인물들을 수록한 것이다. 다음의 〈표 19〉는 〈표 18〉상의 좌목5에서 庚寅(1890년)『洞員案』의 것만을 적출한 것이다. 양자의 계안은 계원이 28명 가량 차이가 있을 뿐 성씨 구성에는 별다른 변동이 없다. 이씨(56.9%), 최씨(26.3%), 류씨(8.7%), 장씨(5.0%) 순으로 분포되어 있다.

1890년 동원안에 등장하는 인물들은 상당히 긴 기간에 걸쳐 수록된

<표 19> 1890년 초동 대동계원 성씨별 명단

성씨별	기씨	김씨	류씨	이씨	장씨	전씨	최씨	계
인수	2	2	14	91	8	1	42	160
동상%	1.3	1.3	8.7	56.9	5.0	0.6	26.3	100.0

출전: 『洞員案』庚寅 (1890년)

비고: 위 자료는 "좌목5"의 원자료임.

<표 20> 草洞 大同契 有司 명단

연도별	성명	연도별	성명
1846	이형서, 이돈순, 장영규	1931	최기영, 이귀범, 류중인
1847	**이동한**, 이염서, 최병현	1932	이기범, 이종헌, 최붕휴
1848	**최택현**, 이우범, 최윤덕	1933	장현순, 이덕범, 최공휴
1849	**이관서**, 최상현, 이기범	1934	최윤홍, 장봉규, 이정범
1850	**이인서**, 이창서, 이경렬	1935	**최중현**, 이계택, 최윤봉
1851	**최의현**, 이돈하, 이기수	1936	이돈순, 이돈주, 최윤섭
1852	**배원기**, 장현순, **최윤원**	1937	최윤섭, 이기범, 최이현
1853	최기호, **류문환**, 이계복	1938	이계정, 이돈술, 최윤태
1854	이돈팔, 최양현, 이공서	1939	**최윤노**, 류중국, 이순범
1855	장현민, 최윤섭, 이민학	1940	**이돈근**, 이태서, 최양휴
1856	이염서, 류중보, 이계철		
1857	이계옥, 이영서, 최경현		
1858	이휴서, 최윤식, 이민학		
1859	이돈하, 이기종, 이돈석		
1860	류장환, 이명헌, 최창현		
1861	이돈술, 류중호, 이봉범		
1862	이계인, 최윤희, 이돈률		
1863	최병현, 이용범, 최윤구		
1864	이유만, 이돈형, 이맹범		
1865	이익서, 이돈식, 최윤오		

출전: 『洞楔傳與册』1846(丙午)~1865년, 『洞楔傳與册』1931(辛未)~1940년.

비고: 흐린 글자의 씨명은 『洞員案』庚寅 (1890년)에 등장하지 않는 인물임.

계원들이다. 동원안에서는 19세기 중반의 대동계 有司와 20세기 전반의 유사 명단이 대부분 확인되고 있다. 19세기 중반의 유사들은 동원안의 전반부에, 20세기 전반의 유사들은 후반부에 수록되어 있다. 다음의 〈표 20〉을 살펴보자.

위의 표에서 보는 바와 같이 초동 대동계는 매년 3명의 유사를 두고 대동계를 운영하고 있었다. 유사 명단을 보면, 흥덕 장씨, 고흥 류씨 등이 간헐적으로 등장하고 있으나, 대체로 "咸平 李氏" 2명, "隋城 崔氏" 1명의 비율로 계유사가 구성되고 있음이 일반적이었다. 이들은 영동리의 유력 성씨로서 대동계의 추진주체였던 것이다. 이같은 성씨 구성은 20세기에 들어서도 변동이 없다.

19세기 중반 대동계에서는 약 32두락의 契畓을 재원으로 마련해두고 있었다. 이 가운데 5두락 가량은 보산정사 庫直의 私內畓(사래답이라 읽는다)으로 일종의 관리인 보수이다. 사래답을 제한 27두락의 답에서 도조를 수취한 것이 약 220두 전후였다. 이것이 대동계 春秋講信과 講學, 契會, 계원의 상호부조, 신용공여의 재원이 되었다. 계답 추수기를 정리한 것이 다음의 〈표 21〉이다.

계답의 규모는 1861년까지 29두락을 기록하다가 1862년부터 22두락 가량으로 급격히 감소하였다. 이는 보산정사를 중건하기 위해 계답을 방매했던 저간의 사정을 반영하고 있다. 용하기 상의 物目에 주목하는 한, 중건공사는 몇 년간 지속되었던 것 같다.[33] 이후 식민지기까지 계답의 규모는 21~22두락 전후에서 고정되고 있었다.

그러나 이러한 상황도 1950년 농지개혁을 맞아 커다란 변화를 보았다. 1950년 농지개혁과 한국전쟁을 맞아 계답이 흩어지면서 계의 운영

---

33) 『洞禊傳與冊』 1846(丙午)~1865년.

(단위: 斗落, 斗)

연도	洞閣坪	江邊坪	童子坪	古老坪	계1	私內畓	계2	合租
1846	20(3)	3(2)	9		32	5	27	217
1847	20(3)	3(2)	9		32	5	27	225
1848	20(3)	3(2)	9		32	5	27	215
1849	20(3)	3(2)	9		32	5	27	215
1850	20(3)	3(2)	9		32	5	27	200
1851	20(3)	3(2)	9		32	5	27	215
1852	20(3)	3(2)	9		32	5	27	210
1853	20(3)	3(2)	9		32	5	27	250
1854	20(3)	3(2)	9		32	5	27	280
1855	20(3)	3(2)	9		32	5	27	285
1856	20(3)	3(2)	9	2	34	5	29	270
1857	22(5)	1	9	2	34	5	29	245
1858	22(5)	1	9	2	34	5	29	243
1859	22(5)	1	9	2	34	5	29	359
1860	22(5)	1	9	2	34	5	29	295
1861	22(5)	1	9	2	34	5	29	375
1862	22(5)			4	2	28	5	23	340
1863	20(4)		4	2	26	4	22	332
1864	20(4)		4	2	26	4	22	147
1865	20(4)		4	2	26	4	22	322
1931	20(4)		4	2	26	4	22	352
1932	22(2)		4		26	2	24	550
1933	20(2)		4		24	2	22	420
1934	20(3)		4		24	3	21	414
1935	20(3)		4		24	3	21	420
1936	20(3)		4		24	3	21	320
1937	20(3)		4		24	3	21	380
1938	20(3)		4		24	3	21	345
1939	20(3)		4		24	3	21	340
1940	20(3)		4		24	3	21	358

출전: 『洞禊傳與册』1846(丙午)~1865년, 『洞禊傳與册』1931(辛未)~1940년.

비고: ① 괄호 안의 수치는 私內畓 두락수임.

② 1석=20두의 全石임.

③ 1936년부터 米穀 단위는 大斗로 바뀜.

은 일시 중단되는 위기를 맞았다. 이후 1957년에 들어 동리의 유지들이 모여 계답을 마련하고 1960년 대동계를 중수하면서 초동 대동계는 새로운 모습으로 일신하였다.[34]

마지막으로 초동 대동계의 최근 동향을 살펴본 것이 〈표 22〉이다. 여기서는 2004년 1월 현재 초동 대동계의 임원 명단을 제시하였다. 현재의 대동계 임원 14명은 전술한 〈표 18〉 상의 좌목7 단계의 유사(임원)들이며 좌목6 단계에서도 계원으로 모두 수록되어 있다.

〈표 22〉草洞 大同契 任員 名單 (2004년 1월 현재)

직책	성명	주소
고문	李基彦	나주시 다시면 월태리 월천
고문	李斗憲	나주시 문평면 옥당리 통문
고문	李載喜	나주시 다시면 영동리 초동
고문	李啓萬	나주시 다시면 영동리 초동
고문	李基奉	나주시 다시면 월태리 대용
고문	李啓榮	나주시 다시면 동곡리 대곡
고문	李載鶴	나주시 다시면 영동리 초동
契長	崔炳喆	나주시 다시면 영동리 신용
副契長	張白奎	나주시 다시면 가흥리 정가
副契長	李啓鎭	나주시 다시면 동곡리 대곡
총무	崔乙休	나주시 다시면 가흥리 풍정
재무	李載德	나주시 다시면 동곡리 대곡
감사	張鎭翔	나주시 문평면 동원리
감사	李俊鎬	나주시 다시면 동곡리 횡산

출전: 多侍草洞大同契,『寶山精舍와 草洞大同契』, 2004

---

34) 『洞契(傳與冊)』草洞 1960(更子)~2001년 : 契畓 秋收記, 用下記, 有司 명단 수록.

현대화의 물결에도 불구하고 계원의 감소가 이전의 99명(좌목 6단계)에서 67명(7단계)으로 30여명에 불과한 것이 오히려 다행스러울 정도이다. 고문 7명은 모두 契長 출신이라고 한다. 모두 "咸平 李氏"인데, 현 계장 崔炳喆은 "隋城 崔氏"이다. 이들은 오랜 세월에 걸쳐 마을의 촌락질서를 주도한 영동리의 유력 성씨이다.

17세기 초 이래 400년간 이어져온 초동 대동계는 영동리 마을민들에게 있어서 일종의 공동체적 생존윤리의 산물이다.[35] 영동리의 유력 성씨인 함평 이씨와 수성 최씨는 샛골 사람들 간의 상부상조와 질서유지를 계 운영의 명분으로 내세우고 있었다. 이는 동계와 향약의 전형적 특질이다.

다수의 동리민들이 일정한 공간 내에서 일상적 대면성을 강화하고 있는 전통 촌락의 경우 개인의 이익관계를 넘어서는 공동의 이해 형성은 중요하다. 이는 무엇보다 마을민 공통의 관심사에 부응하는 것이어야 한다. 이 경우 마을 내에 이른바 콘센서스가 형성되고 계 운영의 현실적 동기가 부여된다. 함평 이씨, 수성 최씨 등 초동 대동계의 추진주체들은 마을의 화합과 공동이해라는 명분을 내세우며 마을의 촌락질서를 유지하고 있었다.

6. 맺음말

이 글은 최근 활발해진 지역학연구에 편승하여 전남 나주군 다시면이라는 전통 농촌지역을 사례대상으로 삼아 근대전환기의 경제변동과

---

35) 집단적 생존윤리에 대해서는 James C. Scott, *The Moral Economy of the Peasant ─ Rebellion and Subsistence in Southeast Asia─*, Yale University Press, 1976 (國譯: 김춘동 역, 『농민의 도덕경제』, 아카넷, 2004) 참조.

사회변동을 통일적으로 분석하려는 지역사회사 시론이다. 여기서는 집성촌이라는 하나의 전통적 요소를 실마리로 하여 전통 농촌사회의 근대적 변동양상을 미시적으로 살펴보았다. 이상 이 글에서 확인된 몇 가지 결과를 요약하는 것으로 맺음말에 대신하고자 한다.

사례의 대상인 다시면 영동리와 회진리는 영산강 중류의 문평천과의 합류 지점에 위치한다. 이 일대는 구한말 일제 초에 걸쳐 사회경제상에 별다른 변동이 없다가 1930년대 초 급격한 '개발붐'을 타기 되었다. 1930년대 초에 시행된 다시수리조합사업은 이 지역의 농업환경과 생활환경을 급격하게 변동시켰다. 특히 수리조합구역에 75%의 경지에 포함된 영동리에서는 기존의 천수답이 수리안전답으로 전환되고, 구거, 하천 등 농업기반시설과 도로, 철로 등 사회간접자본이 증가하고 있었다. 그러나 1940년대 초 전시기 이후 1960년까지 추가적인 변동의 여지는 없었던 것으로 보인다.

다시면의 경지조건이 비교적 양호했음에도 불구하고 다시면의 조선인 소토지소유자들은 산미증식계획기(1920~34)를 경과하면서 소유 면적의 감퇴를 경험하고 있었다. 다시면의 소유분화는 미곡단작화를 강화한 식민지 농정체제 하에서 일본인 중심의 식민지지주제가 심화되는 양상을 그대로 보여주고 있다. 특히 문제의 식기인 식민지후기(1930~45)에 10정보 혹은 3정보 이상의 지주층은 소유집중도가 감소하지 않고 있다. 이러한 경향은 영동리에서 확연하다. 반면, 1950년 농지개혁을 경과하면서 소유집중도는 드라스틱하게 역전되었다. 3정보 이상 지주층이 소멸하면서 1정보 내외의 영세 자작농이 토지소유의 주체로 부상하고 있었던 것이다. 조선인 토지소유자의 성씨 분포를 보면 영동리의 경우 함평 이씨를 필두로 여러 성씨가 혼재되어 있는 반면, 회진리에서는 나주 임씨가 압도적인 우위를 보이고 있다. 특히 회진리에서는 실질적인 토지소유를 동반하는 집성촌의 모습을 전형적으로 볼 수 있다. 이같은 양상은 1950년 농지개혁 이후 본격화하고 있었다.

다시면 제적부를 통해 영동리와 회진리의 사회구성을 살펴본 결과 다음과 같은 몇 가지 사실을 얻을 수 있다. 첫째, 양 동리의 분석 대상 309호의 호당 평균 口數는 8.5명, 사망 제적자의 평균 연령은 62.5세, 호주가 되는 시점은 25.7세였다. 둘째, 제적 사유 가운데 이거 비율이 27.5%에 이르고 있는 것으로 보아 거주민의 유동성은 높았던 것으로 판단된다. 셋째, 소가족 형태는 전체 가족 유형의 54%에 이르고 있는 것에 대해서, 대가족 형태는 38.8%를 점하고 있다. 넷째, 호주의 출생형태를 보면 장남이 67.6%로 다수를 점하고 있으며, 2남, 3남 이하 순이다. 장남의 가족형태는 소가족이 대가족보다 오히려 우세한데, 출생형태와 가족형태 간에는 유의할만한 통계적 상관관계는 없다. 다섯째, 동리별 성씨분포를 보면, 영동리의 경우 함평 이씨 33인(17.1%), 김해 김씨 16인(8.3%), 고흥 류씨 10인(5.2%), 고성 이씨 10인(5.2%), 흥덕 장씨 10인(5.2%) 순이며, 회진리의 경우 나주 임씨가 70인(60.3%)의 압도적 우위를 보이고 있어서 영동리의 경우와 좋은 대조를 이루고 있다. 회진리는 인적 구성에서나 토지소유구성에서나 폐쇄적인 전통 집성촌의 전형적인 사례를 보여주고 있다.

여러 성씨가 혼재된 영동리에서는 함평 이씨, 수성 최씨 등 유력 혈족들이 중심이 되어 대동계를 운영하고 있었다. 草洞 大同契는 1601년 창립한 이후 400여년을 이어져온 鄕約이자 洞契였다. 대동계의 講信所인 寶山精舍가 마을의 전통을 자랑하고 있다. 초동 대동계는 1663년경 鄕約으로 발전하고, 1798년에는 보산정사 뒤에 祠宇를 건립하였으며, 1832년, 1870년에는 보산정사의 重修가 이루어졌다. 대동계 계원의 추이를 보면, 17세기 초이래 계원수는 258명에서 100명 전후로 크게 감소하다가 19세기 말에 이르러 188명으로 회복되었다. 이후 일제시기까지 지속하다가 1950년 농지개혁을 맞아 대동계는 일시 중단되는 위기를 맞았지만, 1960년대에 계답을 확보하면서 중수되어 현재 67명 내외로 유지되고 있다. 계원의 성씨는 대체로 십호 선생의 후손들이며, 함평 이씨, 수성 최씨, 광산 김씨, 흥덕 장씨 순으로 구성되어 있다. 초동 대동계는 영동리 샛골 사람들 간의 상부상조와 질서유지를 계 운영의 명분으로 내세우고 있었다. 이는 향약·동약의 전형적 특질로서, 마을민들에게 있어서 일종의 집단적 생존윤리의 산물이다. 전통 촌락의 경우 개인의 이해관계를 넘어서는 공동체적 질서체계의 성립은 중요한 문제였던 것이다. 함평 이씨, 수성 최씨 등 초동 대동계의 추진주체들은 마을의 화합과 공동이해라는 명분을 내세우며 마을의 촌락질서를 유지하고 있었다.

[원문출처:『대동문화연구』48, 2004]

〈부표 1〉 多侍面 永洞里 民族別 所有分化 推移

(단위: 人, 町步)

面積別	1915年			1930年			1945年		
	朝鮮人	日本人	其他	朝鮮人	日本人	其他	朝鮮人	日本人	其他
10町 以上	1 10.33	1 10.44		2 23.96	1 10.79	1 10.38	1 10.61	1 10.61	2 39.63
3~10町	11 64.80	1 9.50	2 12.24	7 49.63		2 12.65	5 29.58	2 11.32	2 11.59
1~3町	19 28.52	3 4.78		15 24.54	4 6.91	2 4.50	16 23.59	2 2.25	3 5.26
0.5~1町	31 21.99	4 2.57		28 19.06	4 2.87		22 13.85	1 0.58	1 0.60
0.5町 未滿	126 26.71	4 1.28	1 0.14	136 25.99	7 1.81	1 0.29	182 31.99	7 1.59	5 1.36
計	188 152.35	13 28.57	3 12.38	188 143.18	16 22.38	6 27.83	226 109.62	13 26.36	13 58.45

출전: 『羅州郡多侍面土地臺帳』

비고: 표 안의 수치 가운데 상단은 인수, 하단은 면적임.

〈부표 2〉 多侍面 會津里 民族別 所有分化 推移

(단위: 人, 町步)

面積別	1915年			1930年			1945年		
	朝鮮人	日本人	其他	朝鮮人	日本人	其他	朝鮮人	日本人	其他
10町 以上		1 24.60			1 27.36				1 21.04
3~10町		2 8.19		1 5.21	1 3.84		1 6.18	1 3.88	
1~3町	15 23.07	7 11.08	1 1.71	13 20.21	4 5.61	2 2.97	9 17.60	2 4.29	1 1.71
0.5~1町	12 7.90	1 0.91		15 9.54	3 1.95		22 16.35	5 2.96	2 1.22
0.5町 未滿	67 12.11	3 0.75	1 0.05	73 13.39	7 1.17		91 14.40	12 2.36	3 0.76
計	94 43.07	14 45.53	2 1.76	102 48.36	16 39.93	2 2.97	123 54.53	20 13.49	7 24.73

출전: 『羅州郡多侍面土地臺帳』

비고: 표 안의 수치 가운데 상단은 인수, 하단은 면적임.

2부

—

신분의 계승과 변동을
추적하는 새로운 방법

19세기 조선 사회의 계층 이동 양상
: 유학호와 비유학호의 비교를 중심으로

1. 머리말

조선시대 호적 연구의 주요한 쟁점 가운데 하나는 호의 성격, 그리고 幼學 직역에 관한 문제이다. 호의 성격 규정은 호적의 작성 원리 규명은 물론 조선사회의 성격에 대한 이해로 연결되며 유학에 대한 분석은 국역 운영과 신분제 변동에 대한 이해로 이어진다.[1] 이 가운데 유학에 대한 분석은 주로 조선후기 양반층의 증가를 설명하기 위한 근거로 활용되었다. 양반층의 증가에 대해서는 조선사회의 정체와 문란의 표현이라는 초기 관점에서 신분제의 변동에 따른 중세적 질서의 해체라는 발전적 관점으로 전환하였다.[2]

---

1) 권내현, 「조선 후기 호적, 호구의 성격과 새로운 쟁점」, 『한국사연구』 135, 한국사연구회, 2006; 권내현, 「조선후기 호적에 대한 이해 −논쟁과 과제−」, 『한국사연구』 165, 한국사연구회, 2014.

2) 노영구, 「朝鮮後期 戸籍大帳 硏究現況과 電算化의 一例」, 『대동문화연구』 39, 성균관대 대동문화연구원, 2001; 심재우, 「조선후기 사회변동과 호적대장 연구의 과제」, 『역사화 현실』 62, 한국역사연구회, 2006; 權奇重, 「조선후기 호적 연구의 현재와 향후

19세기 조선 사회의 계층 이동 양상: 유학호와 비유학호의 비교를 중심으로 179

신분변동론은 여러 계층 또는 직역에 대한 구체적인 분석을 통해 논지를 강화하였으며, 그 핵심은 유학의 증가 양상을 밝히는데 있었다.[3] 그 과정에서 비유학 직역자나 그 후손이 유학으로 상승하는 양상도 구체적으로 확인되었다. 직역 변화를 신분 변동과 직결시켜 이해할 것인지에 대한 논란은 있지만 19세기에 대폭 증가하는 유학 직역에 원래 양반이 아니었던 인물이나 가계 구성원들이 포함된다는 사실은 더 이상 재론할 필요가 없게 되었다.

근래에는 유학의 증가를 신분변동론의 관점이 아닌 군역 운영 방식의 변화로 설명하려는 시도도 존재한다. 호적 말미의 통계를 근거로 총액제 방식의 군역 운영이 확산됨에 따라 정작 호적 본문에서는 군역자가 감소하고 유학이 증가해 나갔다는 것이다.[4] 직역 변화를 군역 운영과 연결해 파악하려는 이러한 시도는 신분 변동이라는 선험적 이해 이전에 국역 운영의 기초 자료로서 호적의 성격에 대한 규명이 우선되어야 한다는 인식이 반영된 것이다.

과제」, 『대동문화연구』 100, 성균관대 대동문화연구원, 2017.

3) 崔承熙, 「朝鮮後期 身分變動의 事例研究 -龍宮縣 大丘白氏家 古文書의 分析-」, 『邊太燮博士 華甲紀念史學論叢』, 동논총간행위원회, 1985; 崔承熙, 「朝鮮後期 幼學·學生의 身分史的 意味」, 『국사관논총』 1, 국사편찬위원회, 1989; 任敏赫, 「朝鮮後期의 幼學」, 『청계사학』 8, 청계사학회, 1991; 李俊九, 「朝鮮後期 身分職役變動研究」, 一潮閣, 1993; 林學成, 「平民家門의 職役變動相을 통해서 본 조선 후기사회의 身分制動搖 -17·18세기 丹城戶籍의 事例分析-」, 『인하사학』 4, 인하역사학회, 1996; 林學成, 「조선 후기 戶籍에 등재된 兩班職役者의 身分 -1786년도 丹城縣 縣內面의 사례 분석-」, 『조선시대사학보』 13, 조선시대사학회, 2000 등.

4) 손병규, 「호적대장의 職役記載 양상과 의미」, 『역사와 현실』 21, 한국역사연구회, 2001; 손병규, 「戶籍大帳 職役欄의 軍役 기재와 '都已上'의 통계」, 『大東文化研究』 39, 성균관대 대동문화연구원, 2001; 송양섭, 「18·19세기 丹城縣의 軍役 파악과 운영 -『丹城戶籍大帳』을 중심으로-」, 『대동문화연구』 40, 성균관대 대동문화연구원, 2002; 송양섭, 「19세기 幼學層의 증가양상 -『단성호적대장』을 중심으로-」, 『역사와 현실』 55, 한국역사연구회, 2005.

다양한 접근 방식에도 불구하고 유학 직역을 획득했던 인물들이 일정 시기까지 군역에서 면제되었다는 사실을 부정할 수는 없다.[5] 19세기 전 시기에 걸쳐 유학이 군역 면제라는 권리를 보장받았는지에 대해서는 더 많은 분석이 필요하지만 비유학 직역자의 유학 획득 동인은 오랫동안 존재했다고 할 수 있다. 유학의 증가는 군역 운영 방식 변화의 산물이거나 혹은 그 허점을 파고들면서 개인이나 집단의 사회적 지위를 향상시키고자 했던 노력의 산물일 수 있는 것이다.

이 연구 역시 19세기 유학의 증가에 주목하고 그 성격을 설명하기 위한 또 하나의 시도이다. 다만 분석 방법은 한 지역에 기록된 호구의 시계열적 직역 변동 추계를 구하는 기존의 방식이 아닌 특정 시기, 특정 지역에 기록된 전체 호구의 가계를 하나하나 역 추적하는 방식을 택하였다. 특정 시점에 유학이나 비유학호로 기재된 가계의 직역 변동 양상을 하나하나 파악하여 유학이라는 직역을 획득한 가계와 그렇지 못한 가계를 비교 분석해 보려는 것이다. 구체적인 분석 대상은 19세기 중엽에 해당하는 1846년 단성현 법물야면 호적상의 호들이다.

대상 지역의 많은 호구들은 군역 운영 방식에 편승하거나 또 다른 방법을 통해 유학 직역 획득을 위해 노력했던 것으로 보인다. 하지만 모든 가계가 유학 직역 획득이라는 결실을 거둔 것은 아니었다. 원래 유학을 칭할 수 있었던 가계, 후천적으로 유학을 획득한 가계, 끝내 비유학으로 남았던 가계에 대한 비교 분석은 조선사회의 계층 이동 양상을 설명하는 또 하나의 수단이 될 것이다. 이는 다시 기존의 신분변동론에

---

5) 김준형, 「몰락 양반층의 軍役侵奪에 대한 대응양상」, 『고문서연구』 25, 한국고문서학회, 2004; 김준형, 「19세기 진주의 신흥계층 '幼學'호의 성격」, 『조선시대사학보』 47, 조선시대사학회, 2008.

대한 재해석을 가능하게 할 것으로 기대한다.[6]

2. 분석 대상과 방법

1678년 경상도 단성현에 거주했던 노비 수봉은 아버지와 어머니는 물론 부인도 모두 노비였다. 그의 주인 심정량은 임진왜란에서 공을 세운 공신의 후손으로 어엿한 양반가의 일원이었다. 수봉은 자신 당대에 경제력을 활용하여 노비의 신분에서 벗어났고 그 후손들은 점차 평민에서 중간층으로, 다시 양반의 직역인 幼學을 획득할 만큼 성장하였다. 수봉이 노비였던 시점으로부터 2백 년 가까이 시간이 흐른 1858년 그의 6세손 김정흠은 완전한 유학 가계의 일원이 되었다. 같은 해 심정량의 7세손 심항래 역시 유학 가계의 일원으로 나타나 호적의 기록만으로는 두 사람의 신분 차이를 구분하기 어렵다.[7]

양반은 과거에 합격하여 관직자가 되면 유학이 아닌 새로운 직역을 갖게 되므로 양반들의 일반적인 꿈은 유학에서 벗어나는 것이었다. 반면 양반이 아닌 이들의 꿈은 관직자가 되는 것이 아니었다. 그들은 양반들이 벗어던지고자 했던 유학 직역을 획득하는데 무수한 시간과 노력을 기울였다. 여기에서 추론할 수 있는 두 가지 사실 가운데 하나는

---

6) 이와 관련하여 제주 지역 호구 문서를 분석한 연구에서는 하천민의 계층 이동에 한계가 있었으며, 특히 노비의 경우 신분 변동에도 불구하고 지역 내에서 장기간 차별을 받았음을 실증하였다. (김건태, 「조선후기 호구정책과 문중형성의 관계 −제주도 대정현 하모리 사례−」, 『한국문화』 67, 서울대 한국학연구원, 2014; 「19세기 공노비 후손들의 삶 −제주도 대정현 사례−」, 『민족문화연구』 69, 고려대 민족문화연구원, 2015) 이러한 연구들은 특정 시기의 직역 변동에 대한 현상적 이해를 넘어 가계에 대한 장기 추적을 통해 신분이나 계층 이동의 실상을 파악하는데 도움을 준다.

7) 권내현, 『노비에서 양반으로, 그 머나먼 여정 −어느 노비 가계 2백 년의 기록』, 역사비평사, 2014.

심정량의 후손처럼 관로 축소에 따른 양반층 내부의 유학 재생산이 있었다는 점이다. 또 다른 하나는 노비 수봉의 후손처럼 비유학자의 오랜 노력에 따른 유학 직역 획득자의 증가가 있었다는 점이다.

그런데 이 두 유형을 호적에서 구분하기란 쉽지 않다. 현존하는 호적의 수가 적고 누락된 호구가 광범위하게 존재했기 때문이다. 호적에 기재된 호구라고 하더라도 빈번한 인명이나 나이의 변경으로 인해 가계를 연결하기가 쉽지 않다. 이런 점을 고려해 이 연구에서는 경상도 단성현 법물야면 호적대장을 집중적으로 분석하였다. 법물야면을 선택한 것은 단성현 내 8개 면 가운데 19세기 호적이 가장 잘 남아 있고, 상산 김씨로 대표되는 반촌과 다양한 성관의 많은 민촌들이 혼재되어 있기 때문이다.[8]

가계 분석에 앞서 전체 호수와 상층 호수의 변화 추이를 확인해보도록 하자. 상층호란 유학이나 그의 부인 또는 생원이나 진사와 같은 소과 합격자, 관직자가 주호로 나타나는 호를 말한다. 현존하는 가장 빠른 시기의 단성현 호적대장은 1678년에 작성되었고 당시 법물야면의 총 호수는 318호였다. 이 시기 상층호는 31호로 전체의 9.7%에 불과했다.[9]

자연 증감과 국가의 정책, 군현의 호구 파악 강도에 따라 좌우되는 호수는 〈그림 1〉에서와 같이 18세기 368호에서 489호 사이에서 움직였

---

8) 법물야면의 촌락과 주민 구성에 대해서는 김석희 · 박용숙, 「18세기 農村의 社會構造 －慶尚道 丹城縣의 경우」, 『부대사학』 3, 부산대학교사학회, 1979; 金俊亨, 「조선 후기 丹城縣 法物面 지역 村落의 변화」, 『한국사론』 32, 국사편찬위원회, 2001; 심재우, 「조선후기 단성현 법물야면 유학호의 분포와 성격」, 『역사와 현실』 41, 한국역사연구회, 2001 참조.

9) 이 연구의 상층호는 심재우, 앞의 2001 논문의 유학호 수치보다 약간 많은데, 이는 유학호만이 아니라 유학 직역자 사망 후 그 부인이 일시적인 주호로 등장하는 호를 비롯해 상층 직역호 전체를 대상으로 했기 때문이다. 물론 그렇다고 하더라도 상층호의 절대 다수가 유학호란 사실은 변함이 없다.

〈그림 1〉 법물야면 총호수와 상층 호수 추이

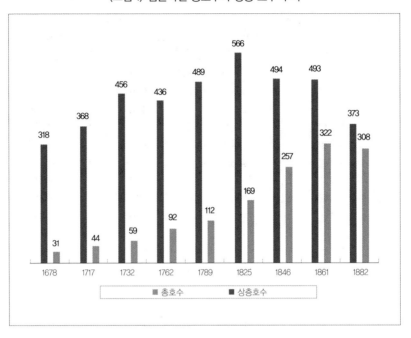

〈그림 2〉 법물야면 상층호 비율 추이

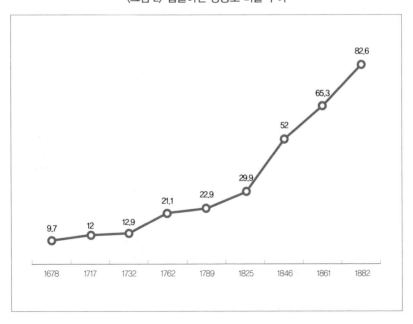

다. 이 시기 상층호는 44호에서 출발하여 112호로 지속적으로 증가해 나갔다. 따라서 상층호의 비율 역시 1717년 12%에서 1789년에는 22.9%로 두 배 가까이 늘어났다. 이러한 추세는 이후로도 변함이 없는데 주목해야 할 부분은 19세기, 특히 19세기 중후반의 상황이다.

19세기 법물야면의 호수는 566호를 정점으로 감소 추세로 접어들어 1882년에는 373호로 크게 줄어들었다. 반면 상층 호수는 1882년에 추세가 반전된 것을 제외하면 매 번 큰 폭으로 증가하였다. 〈그림 2〉의 상층호 비율을 보면 이를 바로 확인할 수 있는데 1825년 29.9%에서 1846년 52%로 뛰었고 1882년에는 82.6%에 이르렀다. 대부분이 유학인 19세기 상층호의 급증 현상은 단성현의 다른 지역은 물론 전국적으로 나타나는 일반적인 양상이었다. 물론 호적상의 호구는 실재했던 전체 호구의 절반 또는 그 이하의 수준에서 파악되었고 호적에서 누락된 호구는 부세 부담이 용이하지 않았던 하층민들이었다는 점을 감안하면[10] 실제 유학호의 비율은 호적상의 비율에 비해 절반 이하로 감소될 수밖에 없다.

1678년 9.7%였던 상층호는 절대 다수가 양반이나 그의 가족들이었다. 이 시기 호적에 기록된 호가 전체의 절반 수준이라면 실제 양반호는 5% 정도에 불과하다. 이는 조선의 실제 양반 인구를 5~10%로 추정하는 연구에 근접하는 수치이다.[11] 이를 근거로 18세기 이후 등장하는 상층호에는 원래 양반층의 일원이 아니었던 사람들이 지속적으로 포

---

10) 어떤 호가 호적에 들어가고 빠지는가는 호적 연구의 최대 난제 가운데 하나이다. 호적에서 빠지는 호 역시 호적 작성 과정에 들어가는 비용 일부를 지불하기도 하는데, 고의적 누락을 제외하면 누락호의 다수는 경제적으로 열악한 평천민들로 추정된다.

11) 김성우, 「조선후기의 신분제 : 해체국면 혹은 변화과정?」, 『역사와 현실』 48, 한국역사연구회, 2003.

함되고 있음을 알 수 있다. 19세기 호적에서 누락되는 호구는 크게 늘어 중간층의 50%, 평·천민의 90%가 기록되지 않았다고 보기도 한다.[12] 이를 수용한다면 19세기 중후반 50~80%대에 이르는 상층 유학호의 비율은 실제로는 그 1/3 이하로 떨어질 가능성이 있다.

누락호를 고려하면 호적상 상층호의 비율이 실제보다 과대평가되었다는 점은 분명하다. 그럼에도 불구하고 이 상층호에는 점차 많은 비양반층 가계가 편입되어 나갔고 여기에는 호구나 부세 정책 외에도 그들의 신분 상승 욕구가 반영되었다는 사실을 간과할 수 없다. 따라서 이제 규명되어야 할 사실은 19세기 누가 상층 유학호로 편입되거나 그렇지 못했는가, 그것을 좌우한 요인은 무엇이었는가, 그 과정에서 나타나는 계층이나 신분 변동의 특징은 무엇이었는가 하는 점이다.

이를 분석하기 위해 기준으로 삼은 호적은 1846년에 작성된 것이다. 1846년 법물야면 총 호수는 494호로 19세기 전반인 1825년보다는 적지만 19세기 중후반 가운데에서는 비교적 높은 수치를 보이고 있다. 더구나 이 시기 유학 중심의 상층 호수는 257호로 전체의 52%에 달해 30% 수준이었던 1825년보다 월등하게 높았다. 19세기 전반에 비해 유학호의 비중이 높고, 호적 운영의 혼란이 컸던 19세기 후반에 비해서는 상대적으로 안정적이었던 1846년을 분석 대상으로 택했다.

분석 방법은 1846년 주호의 직역을 유학호와 비유학호로 나누고 그들의 직계 조상을 단성 호적대장 전체에서 추적해 나가는 방식을 취하였다. 호적에 등장하는 인물들은 직역이나 이름 및 거주지 변동으로 인

---

12) 정진영, 「18~19세기 호적대장 '戶口'기록의 검토」, 『대동문화연구』 39, 성균관대 대동문화연구원, 2001. 이 연구에서 양반층은 18세기에 10% 정도가 호적에서 누락되었다고 보았다. 많은 자료를 통한 비교 분석이 이루어져야 하겠지만 양반층의 실제 비율을 감안하면 호적에서 누락된 이들의 절대 다수는 비양반층으로 간주할 수 있다.

〈그림 3〉 유학호의 직계 출현 시점

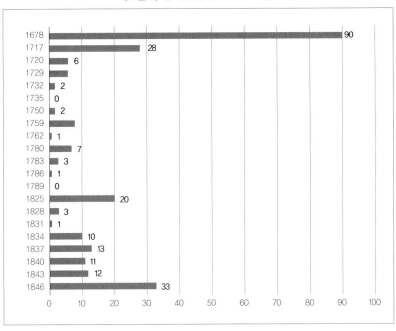

〈그림 4〉 비유학호의 직계 출현 시점

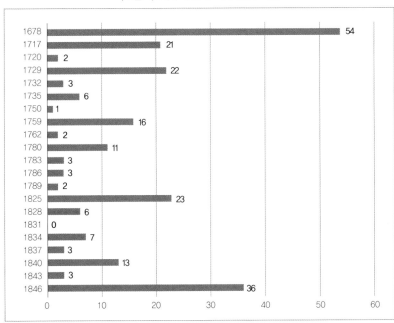

해 직계 조상을 추적하기가 쉽지 않다. 1846년부터 현존하는 가장 앞 시기인 1678년까지의 호적 내용을 최대한 검색하여 직계 조상을 찾아나갔다. 그 결과가 다음의 그래프이다.

1846년 유학인 상층 직역호는 257호, 비유학호는 237호였다.[13] 유학호 중에서는 전체의 35%인 90호가 1678년부터 그 직계 조상을 확인할 수 있었다. 1678년을 제외하면 유학호 가운데 직계 조상이 처음으로 확인되는 빈도가 비교적 높은 해는 1717년, 1825년, 1846년이었다. 1678년과 1717년을 합하면 전체의 절반에 가까운 45.9%인데, 1846년 당대 혹은 19세기에 처음 직계 조상이 등장하는 가계도 적지는 않았다.

비유학호 역시 전체의 22.8%인 54호가 1678년부터 직계 조상을 확인할 수 있으며 1717년으로 확대하면 그 비율은 31.6%로 늘어난다. 이 수치는 유학호에 비해서는 낮아 유학호의 지역 내 토착성이 비유학호보다 더 뿌리 깊다고 유추해볼 수 있다. 그럼에도 불구하고 1846년에 아직 유학으로 성장하지 못한 가계의 46%는 1678~1750년 사이의 어느 시점에서 직계 조상이 최초로 확인되었다.

비유학호는 유학호에 비해 다빈도로 확인되는 시기가 다양하게 퍼져 있는데 1846년을 비롯하여 19세기에 처음 등장하는 가계가 적지 않다는 점은 유학호와 유사하다. 19세기 들어 이 지역 호적에 최초로 등장하는 가계가 많다는 사실은 단지 호적제도의 혼란만으로 설명하기는 어렵다. 우선 19세기 이전부터 실제로 거주했으나 모든 식년의 호적이 남아 있지 않은데다 이름과 나이, 지역의 변동으로 추적이 어려운 사례들이 있을 것이다. 이 중에는 본관까지 바꾸면서 가계를 완전히 새롭게 윤색

---

13) 1846년 상층호 가운데 직역이 유학이 아닌 호는 4명의 과부 호밖에 없었다. 이들의 사망한 남편 직역을 확인한 결과 모두 유학이었다. 따라서 1846년 상층호로 구분한 호는 모두 유학호로 간주해도 무방하다.

한 경우도 포함된다.[14] 이는 자료의 제약에 따른 문제이다.

더불어 실제로 19세기 인구 변동이 다양한 방식으로 진행되었을 가능성도 충분하게 있다. 단성현 내부에서의 거주민 이동 및 타 군현으로부터의 이입 인구가 증가했을 수 있는 것이다. 법물야면 구성원들의 성씨 변동이 이를 뒷받침하는 사실이다.[15] 한편으로 호적에서 오랫동안 누락된 가계가 사회적 성장을 통해 새롭게 출현하는 경우도 상정해 볼 수 있다. 이는 호적 운영과 관련된 부분이다.[16]

일단 이 연구에서는 19세기 처음 등장하는 가계의 성격에 대한 탐구는 또 다른 연구 과제이므로 뒤로 미루도록 한다. 기준이 되는 1846년 호적에 주호로 등장하면서 이로부터 비교적 멀리 떨어져 있고 전체의 절반 수준을 점하는 1678~1750년에 처음 직계 조상이 확인되는 호들을 분석의 중심에 두었다. 가계의 장기 추적을 위해 1846년 호적에 주호로 등장하는 인물들의 직계 조상 가운데 1750년 이전부터 나타나는 인물들을 중심으로 그 직역 변동을 하나하나 확인하여 계층 이동 양상을 살펴보려는 것이다.

---

14) 앞에서 예를 든 수봉의 경우 김해김씨에서 그 후손들은 19세기 들어 안동김씨로 바꾸었다. 이런 사례는 흔하게 발견된다.

15) 심재우, 앞의 논문, 2001, 50~52면.

16) 송양섭은 앞의 2005 논문에서 19세기 새롭게 유학이 된 이들은 광범위하게 존재했던 籍外戶에서 배출되는 경우가 많았다고 보았다.

3. 계층 이동 유형

1. 유학호

1846년 유학호였던 가계의 계층 변동 양상은 다음의 5개 유형으로
분류하였다. (a) 유형은 호적에 최초로 나타나는 직계 조상이 유학이나
그 이상의 직역을 가진 상층이었고 그 자손들도 1846년까지 계속 유학
이나 그 이상의 직역으로 기재되는 경우를 말한다. (b)는 유학에서 중
간층으로 내려갔다 다시 유학으로 상승한 유형, (c)는 향리였다 유학으
로 상승한 유형, (d)는 평민에서 중간층을 거쳐 유학으로 상승한 유형,
(e)는 노비에서 평민, 다시 중간층을 거쳐 유학으로 상승한 유형을 말
한다.[17]

  (a) 유형 : 유학 또는 그 이상 → 유학

  (b) 유형 : 유학 → 중간층 → 유학

  (c) 유형 : 향리층 → 유학

  (d) 유형 : 평민층 → 중간층 → 유학

  (e) 유형 : 노비층 → 평민층 → 중간층 → 유학

이들 5개 유형의 사례수를 직계 조상이 처음 등장하는 시기별로 구분
하여 나타내면 다음과 같다.

---

17) 계층 분류는 李俊九, 앞의 책, 1993을 참조하였다.

<표 1> 1846년 유학호의 유형별 사례수와 비율

유형	1678 수	1678 %	1717 수	1717 %	1720 수	1720 %	1729 수	1729 %	1732 수	1732 %	1750 수	1750 %	합계 수	합계 %
(a)	64	71.1	4	14.3	3	50.0	2	33.3	1	50.0	2	100	76	56.7
(b)	5	5.6	4	14.3	0	0	1	16.7	1	50.0	0	0	11	8.2
(c)	2	2.2	0	0	0	0	0	0	0	0	0	0	2	1.5
(d)	18	20.0	14	50.0	3	50.0	3	50.0	0	0	0	0	38	28.4
(e)	1	1.1	6	21.4	0	0	0	0	0	0	0	0	7	5.2
합계	90	100	28	100	6	100	6	100	2	100	2	100	134	100

1846년 전체 257호의 유학호 가운데 1678~1750년 사이에 직계 조상이 처음으로 출현하는 경우는 전부 134호였다. 이 가운데 (a) 유형은 76사례로 56.7%에 달했다. 다시 말해 1846년 상층 유학호의 56.7%는 1750년 이전부터 줄곧 유학호였다는 의미이다. 이는 양반층의 재생산을 나타내는 것으로 76사례 가운데 압도적으로 많은 64사례가 가장 빠른 1678년부터 직계 조상이 호적에 등장하였다. 이미 지적했듯이 3년마다 작성된 모든 호적이 남아 있지는 않고 출생, 사망 등의 인구 변동으로 특정 시기의 호적에 직계 조상이 빠져 있을 수도 있으므로 1717~1750년 사이에 처음 나타나는 인물도 1678년으로 가계가 연결될 가능성은 얼마든지 있다.

(a)가 계층 이동 없이 줄곧 상층을 유지한 유형이라면 (b)는 원래 상층이었다가 일시적으로 중간층으로 떨어진 뒤 다시 상층으로 올라간 유형이다.[18] 주로 양반층의 서계가 여기에 해당한다. 양반 남성과 평민 첩

---

18) 일예로 1846년 유학 권우국의 직계는 유학으로 이어지다 1729년 5대조가 업유, 1717년 6대조가 다시 유학으로 나온다. 5대조는 6대조의 서자로 직역이 중간층으로 내려왔다가 고조대부터 유학을 회복하였다.

사이에서 태어난 서자는 교생이나 업유와 같은 중간층 직역을 부여받았다. 그들 당대에는 어려웠지만 18세기 들어 그 후손들이 유학을 칭하는 것은 합법화되었다.[19] 이러한 유형은 8.2%로 1846년 유학호는 양반이나 양반의 서계가 다수를 차지하고 있었던 것이다.

그런데 같은 단성현에 거주했던 안동 권씨 가계의 서계 구성원 비율은 전체의 30% 가량 되었고[20] 동래 정씨 족보 연구에서는 그 비율이 33~42%로 나타났다.[21] 이는 (a) (b) 유형의 비율을 조절할 필요가 있음을 보여주는 사실이다. (a) 유형이 한결같은 상층, 즉 양반 적자로 이어지는 가계만을 나타낸 것으로 보이지만 사실은 현존하지 않아 식년이 연결되지 않는 호적에 서계인 조상이 포함되었을 가능성이 있는 것이다. 다시 말해 (a) 유형의 일부는 실제로는 (b) 유형일 수 있다는 점을 고려해야 한다.

양반가에서 서계 구성원이 30% 이상이라는 연구를 근거로 (a) (b) 유형에서 서계인 (b) 유형을 30%로 간주해 보자. 그러면 (a) (b) 87사례 가운데 (a)는 61사례로 줄어들고 (b)는 늘어난다. 이때 전체 유형에서 (a) (b)가 차지하는 비율은 각각 45.5%, 19.4%로 바뀐다. 유학호 가운데 계층 변동 없이 계속 상층을 유지하는 비율은 45% 수준으로 떨어지는 것이다. 따라서 나머지 55%의 유학호는 그 직계에 양반의 서자가 포함되었거나 비양반층에서 출발하였다고 할 수 있다.

이들 중에는 향리 가계 구성원에서 유학으로 탈바꿈한 (c) 유형이 2사

19) 李俊九, 앞의 책, 1993, 30면.

20) 권내현, 「조선후기 동성촌락 구성원의 통혼 양상 –단성현 신등면 안동 권씨 사례」, 『한국사연구』 132, 한국사연구회, 2006.

21) 李鍾日, 「양반서얼의 통청운동」, 『한국사 34 – 조선후기의 사회』, 국사편찬위원회, 1995.

례 있었다.[22] 향리의 후손들은 다수가 향리직을 계승하고 이방이나 호장과 같은 상층 향리가 되기를 희망했지만 일부는 양반들의 삶을 모방하기도 했다.[23] (c) 유형이 그러한 예인데 이들의 선대는 원래 읍치가 있는 현내면에서 향리직을 역임했다. 그들은 18세기 후반 향리직 대신 업무와 같은 중간층 직역을 거쳤다가 19세기 유학으로 올라갔다. 이때 거주지도 번잡한 읍치를 벗어난 법물야면으로 바뀌었다.

주목할 것은 평민에서 유학으로 성장한 (d) 유형 28.4%와 노비에서 유학으로 성장한 (e) 유형 5.2%이다.[24] 1846년 분석 대상 유학호 가운데 33.6%는 평천민 출신이었던 것이다. 다만 매 식년 호적이 남아 있지 않아 직계 추적이 완전하지 않다는 점을 고려하면 (d) 유형 가운데에는 노비 가계가 포함될 가능성, 즉 사실상 (e) 유형인 경우가 섞여 있다고 할 수 있다. (d) 유형은 실제보다 과대평가되고 (e) 유형은 과소평가되었을 가능성이 있지만 이를 엄격하게 구분할 수 있는 방법은 없다. 노비 가계의 후손들은 자신들이 사회적으로 성장한 이후 조상의 이름, 직역을 모두 바꾸어 버리는 경우가 많기 때문이다. 3년마다 작성된 호적이 모두 남아 있다면 가계 복원의 가능성은 더 높아지지만 현재로서는 어렵다.

평천민에서 상층 유학으로 가는 구체적인 과정은 개별 호마다 차이가 있지만 주로 18세기 후반 중간층으로 성장했다가 19세기 상층으로

---

22) 1846년 유학 최상봉의 직계를 보면 증조부가 1729년 현내면의 서원, 고조부가 1717년 현내면의 서원, 5대조가 1678년 현내면의 기관으로 선대가 읍치에서 향리로 활동하였음을 알 수 있다.

23) 權奇重, 「단성호적에서 보는 향리가계의 호구등재」, 『대동문화연구』 52, 성균관대 대동문화연구원, 2005.

24) (d) 유형의 예로 1846년 유학 최명조의 직계는 유학−업유−업무−업무−납속통정대부−납속가선대부−정병으로 이어진다. (e) 유형인 유학 서상룡의 직계는 유학−유학−충의위−금위군−수군−사노로 이어진다.

이어지는 길을 걷고 있었다. 〈표 1〉에서 나타나듯이 평천민에서 유학으로 성장한 이들은 다수가 1678년과 1717년의 초창기 호적에서 그들의 직계 조상이 확인되었다. 단성현 내부에서 거주지 변동은 있었지만 이들은 장기간 단성현을 벗어나지 않고 경제력을 축적하면서 유학으로 올라갔다고 할 수 있다. 다만 19세기 들어 처음 호적에 등장하는 유학호 가운데는 단성현 바깥에서 이주해온 (d) (e) 유형도이 있을 것이다.

2. 비유학호

1846년 시점에서 유학이 아니었던 가계의 계층 변동 양상은 다음의 7개 유형으로 구분된다.

(a) 상층 → 중간층

(b) 중간층 → 중간층

(c) 중간층 → 평민층

(d) 평민층 → 중간층

(e) 평민층 → 평민층

(f) 노비층 → 중간층

(g) 노비층 → 평민층

계층이 하향 이동한 (a)와 (c) 유형은 단지 4건에 불과하여 전체적으로 큰 비중을 차지하지 않는다. 1750년 이전에 직계 조상이 확인되는 비유학호 가운데 계층의 하향 이동 사례가 이처럼 적다는 것은 적어도 19세기 호적에 등재되는 호들은 다수가 상향 또는 수평 이동 과정에 있었다

<표 2> 1846년 비유학호의 유형별 사례수와 비율

유형	1678		1717		1720		1729		1732		1735		1750		합계	
	수	%	수	%	수	%	수	%	수	%	수	%	수	%	수	%
(a)	1	1.9	0	0	0	0	0	0	0	0	0	0	0	0	1	0.9
(b)	4	7.4	0	0	0	0	1	4.5	0	0	0	0	0	0	5	4.6
(c)	0	0	2	9.5	0	0	1	4.5	0	0	0	0	0	0	3	2.8
(d)	10	18.5	3	14.3	2	100	5	22.7	0	0	1	16.7	0	0	21	19.2
(e)	9	16.7	5	23.8	0	0	12	54.6	0	0	5	83.3	1	100	32	29.4
(f)	5	9.3	7	33.3	0	0	1	4.5	1	33.3	0	0	0	0	14	12.8
(g)	25	46.3	4	19.1	0	0	2	9.1	2	66.6	0	0	0	0	33	30.3
합계	54	100.1	21	100	2	100	22	99.9	3	99.9	6	100	1	100	109	100

는 점을 보여준다. (c) 유형은 호적에 업무와 같은 중간층으로 처음 등장했다가 1846년 평민 군역자로 전락한 경우인데, 업무가 되기 이전 조상들은 평민 군역자였을 가능성이 높다. 엄밀히 말해 (c) 유형은 평민 → 중간층 → 평민으로 (e) 유형과 부분적으로 겹친다. 이들은 중간층으로의 성장에는 성공했으나 상층으로 도약하지 못하고 오히려 하층 평민으로 하락한 가계들이다.

(b)와 (e)는 호적에 처음 출현한 조상과 1846년 후손이 같은 직역군에 속해 계층 변동이 없는 유형이다. 중간층을 유지한 (b) 유형은 4.6%로 낮지만 평민층에 머문 (e) 유형은 29.4%로 상당히 높은 비율을 점하고 있다. (b)의 5사례 가운데 4사례는 향리에서 출발하여 향리나 다른 중간층에 머문 경우이다.[25] 유학호의 (c) 유형과는 달리 향리에서 유학으로

---

25) (b) 유형의 예로 1846년 공생 최몽성의 직계는 안일호장−안일호장−안일호장−율생−기관으로 줄곧 향리직을 유지하였다.

탈바꿈하지 못하고 그대로 남은 부류들이다.

(e) 유형에는 장기간 평민층으로 고정된 가계가 한 번 이상 중간층이나 그 이상으로 상승한 경험이 있는 가계 보다 두 배 가량 많다.[26] 군역 운영의 근간을 이루는 부류가 이들이다. 하지만 이는 다른 관점에서 보면 (e) 유형의 1/3 가량이 1846년 단계에서 최종적으로 실패하기는 했지만 평민층에서 벗어나 계층 상승을 이루기 위해 노력하고 있었다는 의미이기도 하다. 다음에 살펴볼 유형에서 분명해지겠지만 다수의 평천민들은 자신들의 사회적 지위를 상승시키기 위해 노력하였고, 그것은 호적상의 직역 변동으로 나타났다.

이제 계층 상승이 실현된 (d) (f) (g) 유형을 보자. 평민에서 중간층으로 상승한 (d) 유형은 19.2%, 노비에서 중간층이나 평민층으로 상승한 (f) (g) 유형은 각각 12.8%와 30.3%였다. 이들을 모두 합하면 62.3%로 1846년 단계에서 비유학호라고 할지라도 다수의 가계는 이미 계층 상승이 이루어진 상태라고 할 수 있다.[27] 그 가운데 노비층에서 상승한 (f) (g) 유형이 43.1%여서 노비층의 신분 해방과 성장이 다수를 점하고 있음을 알 수 있다.[28] 앞서 유학호 유형에서도 설명했지만 (d) (e) 유형에는 추적이 불가능할 뿐 노비인 직계 조상이 포함되었을 가능성이 있으므로 (f) (g) 유형은 실제로는 더 늘어날 것이다.

---

26) (e) 유형에는 1846년 역리 김정복의 직계인 역리-납속통정대부-역졸-정병, 1846년 어영군 최광록의 직계인 충의위-업유-납속절충장군-어영보 등 다양한 형태로 직역 변화가 나타난다. 뿐만 아니라 한 인물 당대에서 여러 차례 직역이 바뀌는 경우도 많다.

27) 이러한 측면에서 보면 호적에서 누락된 호들은 매우 열악한 사회경제적 위치에 있었다는 앞의 추론이 더 힘을 얻을 수 있다.

28) (f) 유형으로는 1846년 충의위 서대철의 직계처럼 충의위-금위군-양인-금위군-사노로 이어지는 가계, (g) 유형으로는 1846년 마병보 조봉상의 직계처럼 마병보-마병-어영군-채약군-양인-사노로 이어지는 가계를 예로 들 수 있다.

(f) 유형에서 평민을 거쳐 중간층으로 상승하는 시기는 18세기 후반보다 19세기가 더 많다. 노비 신분에서 벗어나 다시 중간층으로 올라가는데 많은 시간이 필요했기 때문이다. 이들보다 월등하게 많은 사례는 (g) 유형으로 노비 신분에서 해방되어 평민이 되었지만 1846년 단계에서도 여전히 평민으로 남아있는 이들이다. 하지만 (g) 유형의 가계를 살펴보면 구성원 가운데 한 번이라도 중간층으로 상승한 인물이 포함된 경우가 다수 있다.

이는 노비 가계라 하더라도 신분 해방으로 평민이 된 이후에는 다수가 다시 중간층으로 올라가기 위해 노력하고 있었다는 것을 의미한다. 그러면서도 그들의 노력은 성취와 실패가 반복되면서 중간층에 안착하기가 쉽지는 않았다는 사실도 보여준다. 중간층으로 성장한 (f) 유형을 보면 노비에서 해방된 뒤 평민에서 중간층으로 올라간 시기기 빠를수록, 院生이나 校生보다 원래 공신의 후손이 소속되었던 忠義衛와 같은 직역을 획득한 경우 안착이 더 용이하였다.[29] 따라서 평민이나 노비와 같은 평천민 가계에서 출발한 이들이 적어도 호적상에서는 다수가 계층 상승을 위해 노력하였다고 하더라도 개별 가계의 계층 이동 방향과 그 속도에서는 상당한 차이가 있었던 것이다.

---

29) 유사한 직역들 사이에도 사회적 위상의 차이가 존재했다고 할 때 평민 군역자가 중간층으로 올라가는 과정에서 어떠한 직역을 획득하는가는 중요한 문제이고 경제력 등의 요인이 영향을 주었다고 추론해 볼 수 있지만 호적 기록만으로 이를 확인하기는 어렵다.

4. 계층 이동 요인

1. 경제력과 계층 이동

이제 유학호와 비유학호를 아울러 원래 평민이나 노비였던 평천민 가계에 주목해 보도록 하자. 1750년 이전 직계 조상이 확인되는 1846년의 주호 가운데 평민에서 처음 출발한 호는 91호로 전체 243호의 37.4%에 해당한다. 이 중 유학으로 상승한 가계가 38, 중간층으로 상승한 가계가 21, 평민에 머문 가계가 32호로 전체의 2/3 정도는 중간층 이상으로 상승하였다. 이들의 성장 배경으로 우선 주목할 수 있는 것은 경제력이다.

호적에는 개별 가호의 경제력이 일일이 파악되어 있지는 않다. 다만 자연재해시 정부에 곡식을 납부하여 납속 품직을 받거나 노비 소유가 명시된 이들은 다른 평천민들에 비해 경제력이 월등했다고 추측할 수 있다.[30] 평민에서 유학으로 성장한 38사례 가운데 직계 조상이 한 번이라도 납속직을 획득하거나 노비를 소유한 적이 있는 경우는 31사례나 된다. 그것도 시기가 이른 18세기 전반에 이미 납속직을 얻거나 노비를 소유한 사례가 19건이었다. 즉 원래 평민으로 1846년에 유학이 된 가계의 절반은 이미 18세기 전반 곡식 보유나 노비 소유라는 경제력을 통해 계층 상승 과정에 있었던 것이다.

이와 비교할 수 있는 것이 평민에서 중간층 혹은 평민층에 그대로 머문 유형이다. 평민에서 중간층으로 상승한 21사례 중 납속직 획득이나 노비 소유 경험이 있는 경우는 17사례로 적지 않다. 다만 이들에게서는

---

30) 납속제도와 납속 품직자들의 사회경제적 위상에 대해서는 徐漢敎, 「朝鮮 顯宗·肅宗代의 納粟制度와 그 기능」, 『대구사학』 45, 대구사학회, 1993; 鄭勝謨, 「18·19世紀 農民層 分化와 '鄕村中人'」, 『대동문화연구』 52, 성균관대 대동문화연구원, 2005 참조.

시기별로 뚜렷하게 구분되는 특징은 보이지 않는다. 경제력 보유 시기가 18세기 전반에서 19세기 전반까지 고르게 퍼져 있는 것이다. 여기에서 19세기의 노비 소유는 그 실체가 불분명한데 사실이라기보다 형식화된 기록일 가능성이 있다.[31]

평민에 머문 유형은 33사례 가운데 납속직 획득이나 노비 소유 경험이 전혀 없는 경우가 14사례로 42%나 된다. 유학이나 중간층으로 상승한 이들에 비해 경제력이 열등하다는 사실을 이를 통해 확인할 수 있다. 이 유형에서 다음으로 많은 사례는 18세기 전반 납속이나 노비 소유를 성취한 10건이다. 평민에서 중간층 이상으로 올라가지 못하고 평민으로 남은 가계의 30%정도는 18세기 전반에 이미 일정한 경제력을 확보하고 있었던 것이다. 하지만 이들은 지속적으로 경제력을 유지하지 못하거나 중간층으로의 도약과 안착 노력이 좌절되면서 1846년 평민에 머문 것으로 보인다.

이를 정리하면 평민에서 유학으로 성장한 가계의 81.6%, 평민에서 중간층으로 성장한 가계의 81%, 평민에 머문 가계의 56.3%가 한 번이라도 납속직을 얻거나 노비를 소유한 경험이 있었다. 평민에 머문 경우와 달리 유학으로 성장한 가계와 중간층으로 성장한 가계 사이에는 큰 차이가 없어 보이지만 경제력 확보의 경험을 비교적 시기가 앞선 18세기 전반으로 한정하면 결과는 달라진다. 유학으로 성장한 가계는 50%, 중간층으로 성장한 가계는 23.8%가 18세기 전반에 납속직 획득이나 노비 소유 경험이 있어 그 시기가 빠를수록 계층 상승에 유리하게 작용했던 것이다. 결국 평민층의 결과를 보면 곡식이나 노비와 같은 경제력을

---

31) 19세기 허구의 노비 등재 양상에 대해서는 김건태, 「戸名을 통해 본 19세기 職役과 率下奴婢」, 『한국사연구』 144, 한국사연구회, 2009 참조.

확보했을 경우, 그리고 그 시기가 빠를수록 계층 상승의 효과가 높았다는 것이 입증된다.

다음으로 노비에서 평민 이상으로 성장한 사례들을 보자. 1750년 이전 직계 조상이 확인되는 1846년의 주호 가운데 노비에서 처음 출발한 호는 54호로 전체 243호의 22.2%였다. 이 중 유학으로 성장한 가계가 7, 중간층으로 성장한 가계가 14, 평민으로 성장하고 멈춘 가계가 33사례였다. 노비에서 해방은 되었으나 평민을 넘어서는 성장을 이루지는 못한 가계가 압도적으로 많았으며 유학으로까지 올라가기는 쉽지 않았던 것이다.

유학으로 성장한 7사례 가운데 5사례는 18세기 후반에 노비를 소유한 경험이 있었고 1사례는 18세기 전반 납속을, 또 1사례는 19세기 전반 노비 소유가 확인되었다. 평민에서 유학으로 상승한 가계의 다수가 18세기 전반에 납속직을 얻거나 노비를 소유할 만한 경제력을 가졌다면 노비에서 유학으로 간 가계는 이보다 늦은 18세기 후반에 경제적 성장이 이루어진 것이다. 이들 모두는 바로 18세기 후반에 충의위란 직역을 획득하여 중간층으로 올라갔고 19세기 전반에는 유학으로까지 상승하였다.[32]

중간층으로 올라간 14사례는 평민에서 중간층으로 상승한 유형과 마찬가지로 시기별로 뚜렷한 특성을 보이지는 않는다. 다만 납속이나 노비가 없는 가계는 2사례에 불과했다. 하지만 노비에서 평민으로 성장한 데에서 멈춘 33사례의 경우 무려 17사례가 납속이나 노비 소유 경험이 전무하였다. 그 다음으로 많은 9사례는 19세기에 처음 노비를 소유하여

---

32) 이들 다섯 사례는 모두 1717년 사노인 일이의 후손들이다. 특히 일이의 아들 가운데 세발의 후손들이 네 사례로 절대 다수를 차지한다. 1780년부터 그의 후손들은 충의위로 올라갔고, 1825~1843년 사이에 차례로 유학이 되었다.

그 시기가 늦고 실체도 의심스럽다.

결국 노비에서 유학으로 성장한 가계의 100%, 중간층으로 성장한 가계의 85.7%, 평민으로 성장한 가계의 48.5%가 납속직을 획득하거나 노비를 소유한 경험이 있었다. 노비 가계의 경우 경제력과 계층 이동의 상관관계가 매우 뚜렷하게 나타나는 것이다. 이와 더불어 노비 가계의 성장에는 노비에서 해방된 시점도 주요한 요소였다. 유학으로 성장한 가계의 85.7%, 중간층으로 성장한 가계의 71.4%, 평민으로 성장한 가계의 63.6%가 18세기 전반 이전에 이미 노비에서 해방되었다. 평민으로 성장한 가계 중에는 19세기에 들어 처음으로 노비에서 해방된 경우도 있었다. 이를 통해 노비에서 해방된 시점이 빠를수록 계층 상승에 유리했다고 판단할 수 있다.

2. 지속된 관념과 차별

경제력의 확보가 계층 상승에 유리했던 것은 납속이나 속량과 같은 합법적인 통로가 존재했기 때문이다. 때로는 호적 담당자와의 결탁을 통한 직역 변경이나 족보의 매입, 향안 투탁과 같은 비정상적인 방법을 통한 성장에도 경제력이 필요하였다. 더불어 경제력 확보의 시점이 빠를수록, 그리고 장기간 지속될수록 계층 상승에 분명 유리하였다. 평민에서 출발한 가계는 중간층을 거쳐 유학으로, 노비에서 출발한 가계는 평민으로의 신분 해방을 거쳐 중간층과 유학으로 이동하는데 많은 시간이 필요했기 때문이다.

그런데 국가 부세 운영의 원천이었던 평민 군역자에서 벗어나기란 쉬운 일이 아니었다. 설령 다양한 방식으로 군역에서 벗어났다고 하더라도 중앙 정부나 지방 관아의 군정 수괄 정책에 따라 다시 군역자로 하향 이동할 수 있었다. 일부는 유학으로 성장했다가 중간층이나 군역자로 떨어지기도 했다. 일예로 1840년에 호적 작성이 상대적으로 엄격해지면서 그 전 식년인 1837년에 비해 직역 하향이 발생한 주호가 다수 있었다.[33] 그들은 어떤 사람들이었을까?

직역 하향자 가운데 1846년 비유학호이면서 1750년 이전부터 직계가 호적에 등장하는 경우로 한정하면 모두 17사례가 확인된다. 여기에는 유학에서 중간층으로 이동하거나 중간층에서 군역자로 이동하는 사례가 모두 포함되어 있다. 이들 사이의 공통점을 찾기는 쉽지 않으나 가계 이력을 확인한 결과 직계에 노비 출신이 들어 있는 경우가 10사례였다.[34] 이외 수군이 3사례, 역리가 2사례 있었다.

이러한 사실은 노비 가계가 평민을 넘어 중간층이나 그 이상의 유학으로 성장했다고 하더라도 그러한 지위를 유지하는 데에는 어려움이 있었다는 사실을 보여준다. 직역에 대한 파악이 엄격해질 때 그들은 하향 이동을 감내해야 할 수도 있었다. 그것은 지역 사회 내부에서 한 가계의 이력에 대해 인지하고 있었고 이를 바탕으로 한 차별 의식이 오랫동안 잔존했던 것으로 이해할 수 있다.

수군이나 역리는 가장 고역으로 간주되었던 역종이었다.[35] 흔히 틸

---

33) 19세기의 1828, 1840, 1846년에 남성 직역과 여성 지칭의 하향 이동 현상이 가장 두드러졌다.(권내현·차재은, 「17-19세기 여성의 지칭어 변화 -『단성호적대장』을 중심으로-」, 『민족문화연구』 61, 고려대 민족문화연구원, 2013)

34) 예를 들어 노찬익은 1834, 1837년에는 유학이었으나 1840년 중간층인 교생으로 내려갔다. 그의 가계를 추적해 보니 아버지는 금위군에서 한량으로 올라갔고 조부는 병영 친병이란 군역자였는데 증조부가 법물야면에 인근한 신등면의 사노였던 것이다.

35) 수군과 역리에 대해서는 李載龒, 「朝鮮前期의 水軍 -軍役關係를 中心으로-」, 『한국사연구』 5, 한국사연구회, 1970; 宋基重, 「17~18세기 전반 水軍役制의 운영과 변화 -『兩南水軍變通節目』을 중심으로-」, 『대동문화연구』 76, 성균관대 대동문화연구원, 2011; 趙炳魯, 「朝鮮前期 驛吏에 대한 一考」, 『素軒南都泳博士華甲紀念 史學論叢』, 동논총간행위원회, 1984 등 참조.

隷·羅將·日守·漕軍·水軍·烽軍·驛保는 七般賤役이라 해서 평민들도 천대하였다. 조군·수군·봉군·역보는 그 가운데에서도 고역이어서 평민들은 여기에 속하는 것을 전통적으로 꺼렸다. 법물야면에서는 조군과 봉군은 거의 없지만 수군·수보 및 역리·역졸·역보와 같은 역 소속들은 많이 있었다. 그렇다면 이들 천역이 계층 상승에 어떠한 영향을 주었을까?

평민에서 유학으로 성장한 38가계 가운데 직계에 수군이 한 차례라도 포함된 경우는 28.9%인 11가계였다. 평민에서 중간층으로 이동한 21가계는 38.1%인 8가계, 평민에 머문 32가계는 53.1%인 17가계가 수군 직역자를 가지고 있었다. 평민에서 더 이상 계층 상승을 이루지 못한 유형의 수군 직역자 비율이 가장 높았던 것이다. 마찬가지로 직계에 역리가 포함된 비율은 평민에서 유학으로 성장한 가계는 10.5%, 중간층으로 성장한 가계는 19%, 평민에 머문 가계는 31.3%로 수군보다 전반적인 비율은 낮지만 경향성은 일치한다.

이는 가계의 사회적 지위가 낮을수록 수군이나 역리에 차정될 가능성이 높고, 수군이나 역리에 차정되면 계층 이동에 불리하게 작용할 가능성도 더불어 높아진다는 것을 의미한다. 노비 출신 가계에 대한 차별처럼 수군이나 역리 가계에 대한 사회적 차별이 존재했고, 이 때문에 수군, 역리에 대한 기피는 지속적으로 이루어졌다고 판단된다. 결국 기피하는 직역에 차정되지 않거나 차정되더라도 빨리 벗어나야 계층 상승에 유리했던 것이다.

노비 출신 가계는 평민 가계와 유사하면서도 다른 점이 있었다. 직계 조상 가운데 수군과 역리를 포함하는 비율은 노비에서 중간층으로 간 가계의 경우 28.6%였고 노비에서 평민으로 간 가계는 54.5%였다. 수군이나 역리를 많이 포함할수록 계층 상승이 원만하지 않았다는 점은 앞의 평민 출신과 다름없다.

　다만 예외적으로 노비에서 유학으로 성장한 유형의 7가계는 절반이 넘는 4사례가 수군을 포함하였다. 그런데 이들은 모두 1717년 사노였던 일이란 인물의 후손들이었다. 그의 아들 세발은 1720년 수군이었으며 손자 세창은 1759년 금위군, 증손자 원필은 1780년 충의위, 고손자 명규는 1825년 마침내 유학이 되었다. 사노에서 해방된 세발이 천역이었던 수군에 차정되었으나 그의 아들은 평민들이 일반적으로 속했던 중앙 군영의 군역자로 전환되었다. 중간층으로 상승한 다음 세대부터는 노비 소유가 확인되며[36], 19세기에는 유학으로까지 올라갈 수 있었다.
　4사례로 많아 보이지만 이들은 모두 같은 인물의 후손들이었던 것이다. 그렇다면 특정 성씨나 가계가 계층 상승을 주도했을 가능성이 있다. 이 점은 다음 부분에서 살펴보기로 한다.

3. 집단적 노력

　계층 상승을 위해 한 개인은 경제력을 확보하고 특정 직역을 획득하거나 혹은 특정 직역을 기피하여 그것으로부터 벗어나기 위해 노력해야 했다. 이러한 노력은 때로는 집단적일 때 더 효과를 발휘할 수 있었다. 특정 마을을 기반으로 친족 간의 결합을 강화하여 집단적인 성장을 시도하는 것도 그 일환이었다. 평민이나 노비에서 유학으로 성장한 이들의 거주지와 성관을 분석하면 이에 대한 실마리를 찾을 수 있다.
　1750년 이전에 직계 조상이 확인되는 1846년의 법물야면 유학 가운데 다수를 점하는 성씨는 경주최씨, 창원황씨, 초계정씨였다. 경주최씨는

---

36) 충의위 서원필은 1780~1789년 호적에 1명의 노비를 등재하고 있었다.

〈표 3〉 평천민에서 유학으로 성장한 이들의 성관과 거주지

평민 → 유학			노비 → 유학		
성관	호수	거주지	성관	호수	거주지
나주 → 경주최씨	8	상법	달성서씨	5	손항 이교
창원황씨	8	장천	함안조씨	1	손항
진주 → 초계정씨	7	상법	김해 → 의성김씨	1	장천
합천이씨	4	철수 상법 모례			
완산 → 경주최씨	3	서기			
밀양박씨	2	손항			
파평윤씨	2	손항			
김해 → 상산김씨	1	상법			
고령박씨	1	율현			
초계 → 밀양변씨	1	대로			
달성서씨	1	이교			

본관을 나주에서 경주로 바꾸었고, 초계정씨는 진주에서 초계로 바꾸었다. 〈표 3〉을 보면 평민이나 노비에서 유학으로 성장한 이들 가운데에는 이처럼 본관을 바꾸는 경우가 많았다. 유학으로 성장하는 과정에서 좀 더 영향력 있는 성관으로 변경을 시도하였던 것이다.

이들의 거주지는 주로 상법, 장천, 손항 등지였다. 이곳은 전통 양반세력이 미약했던 민촌들이었다. 법물야면의 대표적인 양반은 거동, 관이, 평지 등에 집거했던 상산김씨들이었다. 경주최씨 등은 상산김씨들의 집거지를 피해 민촌에서 친족 구성원들의 수를 늘려가며 족결합을 시도하고 집단적으로 본관을 바꾸는 일련의 시도를 통해 자신들의 사회적 위상을 높여 나갔던 것이다.

물론 경제력의 확보와 같은 개인적 노력이 계층 상승에 주요한 배경이었음은 부정할 수 없다. 때로는 같은 인물의 후손이라 하더라도 개인

의 노력과 경제력 차이에 따라 계층의 차이를 보이기도 한다. 하지만 호적에서 직역을 바꾸고 부세를 비롯한 다양한 사회 문제에 대응하기 위해서는 거주지를 같이하는 부계 친족의 공동 노력이 더 효율적일 수 있었던 것이다. 노비에서 유학으로 성장한 이들의 절대 다수가 달성서 씨라는 사실도 이를 입증한다.

달성서씨는 손항, 이교와 같은 민촌에 거주하였는데 중심 촌락은 이교였다. 이교의 달성서씨 호수 비율은 1678년 전체의 9.1%에 불과했으나 분석 대상 시기인 1846년에는 61.5%로 크게 늘었고 다시 1882년에는 호적상 100%에 달했다. 다른 성관들을 배제하면서 달성서씨 중심의 촌락으로 변화시켜 나갔던 것이다. 이와 함께 이들의 사회적 위상도 집단적인 상승 과정에 있었다.

노비와 평민으로 출발했던 달성서씨는 18세기 후반 중간층으로 대거 상승한 뒤 1825년에는 모두 다 중간층으로 올라갔다. 1837년부터 상층으로 이동하기 시작한 이들은 1861년 이후에는 호적상 구성원 전체가 완전하게 상층으로 성장하였다.[37] 모두에게 가능했던 것은 아니지만 달성서씨의 계층 이동 과정은 집단적 성장을 여실히 보여준다.

이와 대조적으로 평민에서 출발하여 평민에 머물거나 노비에서 평민 이상으로 성장하지 못한 이들은 어떠한 특징을 보이는지 살펴보도록 하자.

〈표 4〉를 보면 계층 상승이 지체되었던 이들 역시 민촌 거주자였다. 성관으로는 김해김씨의 수가 월등하게 많다. 이 지역 평천민들은 성씨나 본관의 사용 과정에서 주로 김해김씨를 선호하였다. 이들의 특징

---

37) 권내현, 「조선후기 평민 동성촌락의 성장」, 『민족문화연구』 52, 고려대 민족문화연구원, 2010, 22면.

<표 4> 평민에 머문 이들의 성관과 거주지

평민 → 평민			노비 → 평민		
성관	호수	거주지	성관	호수	거주지
김해김씨	8	손항 모례 장천 기술 상법	김해김씨	13	손항 장천 상법 율현
완산 → 경주최씨	6	서기	함안조씨	9	손항 상법 고모정
청주한씨	3	율현	풍천노씨	4	율현
고령박씨	2	율현	진주정씨	3	모례 율현
경주최씨	2	상법	경주이씨	2	율현
전주최씨	2	상법	회덕송씨	1	서기
진주강씨	1	율현	연일정씨	1	상법
현풍곽씨	1	대로			
상주김씨	1	상법			
김해 → 상산김씨	1	율현			
밀양박씨	1	손항			
달성서씨	1	율현			
이천서씨	1	율현			
칠원제씨	1	척지			
나주 → 경주최씨	1	상법			

은 한 촌락에 집거한 것이 아니라 다수의 촌락에 분산 거주하였다는 점에 있다. 이는 혈연적으로 연관성이 없는 여러 인물들이 김해김씨를 자신의 성관으로 획득하였기 때문에 나타난 현상이다. 〈표 3〉을 보면 유학으로 성장한 이들 중에는 원래 김해김씨에서 상산김씨나 의성김씨로 바꾼 이들이 있다.[38] 이는 평천민들의 성관에서 유력 성관으로의 변경이 사회적 성장과 연관되어 있었다는 점을 방증한다. 실제 평민에서

---

38) 1846년 법물야면 상법의 유학 김이신과 장촌의 유학 김종택이 그들이다. 김이신의 직계는 대대로 정병이나 수군 등의 군역자였고 본관은 1789년까지 김해였는데 1834년 이후 유학으로 성장하면서 본관을 상산으로 바꾸었다. 김종택의 선대는 원래 현내면의 사노비였으나 19세기 법물야면으로 이주하였다. 김종택이 한량으로 있던 1843년까지는 본관이 김해였으나 1846년 유학으로 성장하면서 본관을 의성으로 바꾸었다.

중간층으로 성장한 이들 중에도 김해김씨에서 상산김씨로 바꾼 이들이 여럿 있었다.

그런데 완산에서 경주로 본관을 바꾼 최씨들은 서기에 집거하였으면서도 일부만 유학으로 성장하고 다수는 여전히 평민에 머물렀다. 이는 경주최씨 가운데 나주에서 경주로 본관을 바꾸고 상법에 집거하였던 이들이 다수가 유학으로 성장하는데 성공하였던 사실과 대비된다. 1678년 상법에 거주했던 정병 최석룡의 세 아들은 1717년 모두 납속직을 얻고 본관을 나주에서 경주로 바꾸었다. 이 가운데 셋째 용학의 후손들이 번성하여 유학으로 성장하였고, 1846년 충의위에 머물렀던 이들도 이후 유학으로 올라갔다. 이교의 달성서씨 만큼 번창하지는 못했지만 최용학 가계를 중심으로 상법에서 나름 계층 상승이라는 성취를 이룬 것이다.

반면 서기에 정착했던 경주최씨들은 이들과 혈연적으로 연결되지 않으며 원래 신등면 고옹점의 역보였던 최일한의 후손들이었다. 그는 1720년부터 본관을 나주에서 경주로 바꾸었다. 하지만 별다른 성취를 이루지 못하고 1729년 법물야면으로 이주하였는데 수군역에 머물렀다. 그의 두 손자 가운데 첫째 봉삼 계열은 오랫동안 군역에서 벗어나지 못하였다. 둘째 맹삼에게는 세 아들이 있었는데 그 중 둘째 계열만 유학으로 성장하고 나머지는 역시 오랫동안 평민 군역자로 남았다.

서기의 경주최씨는 이교의 달성서씨는 물론 상법의 경주최씨에 비해 족세가 매우 약했고 유학으로의 성장도 미미했다. 자신의 거주지를 동성촌락으로 전환해나간 달성서씨의 집단적 노력이 가장 큰 성취를 거두었던 반면 서기의 경주최씨는 본관의 변경을 제외하면 특정 가계의 성장을 넘어서는 집단적 성취를 이루지는 못하였다. 여기에는 경제력과 부계 구성원의 양적 증가, 족결합의 정도 등이 영향을 미쳤을 것으로 보인다. 한 양반가 내에서도 특정 가계의 사회적 성취가 두드러지는 것처럼 평천민 가계 내부의 성취 수준에서 차이가 드러나는 현상은 새로운 자료를 통한 분석이 필요하다. 다만 친족 구성원들이 동시에 본관을 변경하고 촌락 내 집거와 영향력 확대를 추구하였다는 사실을 통해 평천민들의 사회적 성장에 집단적 노력이 유효했을 것으로 추정해 볼 수 있다.

5. 맺음말

지금까지 분석한 내용을 간략하게 요약하고 그 의미를 짚어보고자 한다. 1846년 단성현 법물야면 호적대장에 기재된 유학호는 전체의 52%였다. 하지만 호적에는 실제 호구의 1/3−1/2 정도만 기재되었다는 사실을 고려하면 실제 유학호는 15−26% 수준으로 떨어진다. 이들 유학호 가운데 전통 양반 가계 구성원은 45.5%이며, 호적 전체 호에서 차지하는 비율 26.1%였다. 호적에서 누락된 호를 감안하면 전통 양반층의 실제 비율은 8−13% 수준에 머물렀다.

19세기 호적에서 유학호는 대폭 증가했으며 전통 양반층의 확대 재생산도 여기에 영향을 주었다. 하지만 유학으로 기재된 인물 가운데에는 평민 가계에서 성장한 부류가 다수 포함되었고 일부는 노비 가계 출신이었다. 평천민에서 유학으로 성장한 주요 배경은 경제력의 확보, 기피 직역에서의 탈피, 부계 친족 구성원의 결집 등이었다. 유학으로 상승하지 못한 가계도 다수는 사회적 성장 과정에 있었다. 결국 19세기 호적은 전통 양반과 성장 과정에 있던 평민과 노비 가계를 주로 수록했다고 할 수 있다.

19세기 신분 변동이나 계층 상승의 중심 집단은 노비 가계라고 할 수 있을 정도로 비유학호에서 가장 높은 비율을 차지한 것은 노비에서 중간층이나 평민으로 성장한 이들이었다. 노비에서 해방된 부류가 평민에서 중간층이나 유학으로 상승한 집단의 빈자리를 메워나갔던 것이다. 하지만 노비 가계 출신에 대한 차별, 수군이나 역리 직역자에 대한 천대 등이 남아 평민이나 노비 가계의 계층 상승은 불안정하고 유동적인 측면이 상존하였다.

19세기 유학의 급증에도 불구하고 호적 전체에서 또는 누락호를 포함한 실제 호구에서 전통 양반층이 차지하는 비율은 크게 떨어진다. 비양반층에서 유학으로 성장한 많은 이들이 지역 내부에서 양반 대우를 받지 못했다는 점을 감안한다면 유학의 증가를 양반의 증가로 등치시켜 이해하는 신분 변동의 관점은 옳지 않다. 노비들의 신분 해방은 분명 확산 과정에 있었지만 더 상위 계층으로의 성장은 불안정하기도 하였다. 비양반층의 사회적 성장과 양반 지향에도 불구하고 그들에 대한 차별과 구분은 언제든 다양한 양상으로 나타날 수 있었다. 다만 19세기 중후반 호적상 호구수의 정체, 감소에도 불구하고 전통 양반층과 사회적 성장 과정에 있었던 이들이 주로 기재되어 신분이나 계층 상승으로 읽힐 여지가 커졌다는 점에 대해서는 더 다각적인 분석이 필요해 보인다.

[원문출처: 『대동문화연구』 103, 2018]

18~19세기 감영소재지의 인구구성과 향리층의 존재양상: 경상도 대구부를 중심으로

권기중

1. 머리말

이 글은 감영소재지의 인구구성이 시기에 따라 어떤 변화양상을 보이고 있는지 살펴보는 것이 목적이다. 지금까지 감영소재의 읍치지역을 비롯하여 일반 군현의 읍치지역에 대한 연구는 도시의 면모를 추출하는데 일차적인 관심을 두었다. 이러한 관심하에 도시 지역의 인구와 신분의 변동이라든가, 상공업적 발전에 따른 경제 도시로의 성장 등에 관해 많은 사실이 밝혀졌다.[1] 그럼에도 불구하고 읍치지역에 대해서는 미해명 된 부분들이 많다. 그것은 읍치지역이 갖는 행정 중심지로서의 성격에 주목하지 않았기 때문이다. 인구구성에 대한 연구는 이러한 행정 중심지로서의 변모를 살펴보기 위함이다.[2]

---

[1] 吳美一, 「조선후기 상품유통 연구현황」, 『한국중세사회 해체기의 제문제(하)』, 한울 아카데미, 1987, 165~169면.

[2] 일반 군현의 읍치지역 인구구성에 관해서는 권내현의 「朝鮮後期 邑治와 그 居住民 構成에 관한 一考察」(『韓國史學報』3·4합, 1998)이 참조된다.

조선시대는 전국을 8도로 구획하고, 각 도에 관찰사를 두어 1도를 총괄하게 하였다. 17세기 이전까지 관찰사는 한 지역에 머물지 않고 도내를 巡歷하였지만, 그 이후에는 감영에 소재한 지역에 머물며 모든 사무를 보았다. 경상도의 감영은 종래 경주·상주·성주 등에 설치되었다가 최종적으로 1601년에 대구에 설치되었다. 이후 경상도 감영은 조선시대가 끝날 때까지 대구에 존속하였다.[3] 이러한 대구에는 도 전체를 총괄하기 위하여 설치된 행정조직(=감영)과 대구부 자체를 관할하기 위한 행정조직(=府衙 혹은 本官) 그리고 군사행정을 위한 조직(=鎭營)이 있었다. 감영에는 중앙에서 파견한 양반신분의 관찰사·도사 각 1인과 함께 도내의 각 지역에서 파견된 영리, 대구부 출신의 영리 및 순사령, 영노비 등이 행정실무와 잡역에 종사하였다. 부아와 진영의 최고위직인 대구부사 및 병마절도사는 관찰사가 겸직하고 있었고, 그 아래 부리, 진리 등의 각종 향리와 관속들이 행정실무와 잡역을 담당하였다. 이외에도 이 지역에는 중앙 및 감영, 부아, 진영에 소속된 다양한 군역자, 장인, 상인 등의 사람들이 생활하고 있었다. 이들은 수행하는 직역 및 직업의 성격상 읍치지역을 떠나서는 생활하기가 힘들었다.

본 글은 이들 감영소재지 구성원들의 시기별 변화양상을 살펴보기 위해 조선후기 호적대장 가운데 읍치지역의 성격을 가장 잘 보여주는 『경상도 대구부 호적대장—동상면』(이하『대구호적』)을 분석하였다. 대구부 동상면은 서상면과 함께 감영이 소재하던 행정중심지이자, 조선후기 대표적인 지방도시 가운데 하나였다.

구체적인 연구과정은 우선 1732년, 1786년, 1855년 3시기의 계층별

---

3) 이수건, 「慶尙道監營의 성립과 직제」, 『경상감영의 종합적 연구』, 경북대 영남문화연구원, 2004, 25~27면.

인구의 구성과 남녀 성비를 살펴볼 것이다. 계층 구분은 상층, 중층, 하층, 향리층으로 나누었다. 향리층은 크게는 중층에 해당되나, 읍치지역의 특징을 보여주는 계층인 까닭에 따로 분류하였다. 두 번째는 두 개의 식년이 연속되는 1732년 · 1735년, 1786년 · 1789년, 1855년 · 1858년의 존속 호구와 탈락 호구의 변화양상을 계층별로 살펴보고자 한다. 이는 18세기 초 · 중반, 18세기 후반, 19세기 중반 3시기의 인구 변동이 어떤 양상으로 전개되었는지 살펴보기 위함이다. 세 번째는 감영소재의 읍치지역 향리층의 존재 양상에 대해 좀 더 살펴보았다. 감영이 소재했던 읍치 지역은 일반 군현 보다 한층 더 복잡한 향리사회를 이루고 있었다. 감영소재지의 특징이 향리층에 대한 분석을 통해 좀 더 명확해질 것이다.

2. 인구의 구성

조선시대 대구부 동상면의 인구구성을 살펴보기 위해서 먼저『대구호적』에 기재된 호구수의 변화양상을 살펴보았다. 시기별 인구의 변화양상이 일반적으로 알려진 현상 − 즉 도시화의 진전에 따른 인구의 급격한 증가 −과 변화 추이를 같이 하고 있는지, 낙후 지역의 읍치지역과는 어떤 차이가 있는지를 살펴보기 위함이다.

〈표 1〉 호구수와 호당구수의 변화

출전 시기	본문 1732	도이상 1732	본문 1786	도이상 1786	본문 1855
호수(호)	1179	1179	1344	1344	1271
구수(명)	5839	5633	6439	6450	6094
호당구수(명)	5.0	4.8	4.8	4.8	4.8

*본문은 호적대장의 본문을 의미하며, 도이상은 호적대장 말미에 적어둔 인구 총수를 의미함

위 〈표 1〉은 조선후기 동상면의 인구가 18세기 후반을 고점으로 하여 19세기 중엽에는 줄어들고 있음을 보여준다. 호당 인구수는 1732년 본문에는 5명이나, 이외에는 4.8명으로 같다. 이러한 호당 인구는 동상면에 비해 낙후한 지역인 단성현보다 더 많다[4]. 이는 감영이 소재한 지역의 호가 더 충실했음을 보여주고 있다.

그렇다고 하더라도 이러한 인구기록은 현실을 그대로 반영했다고는 보기 힘들다. 특히 19세기는 대구부가 상업도시로 발달하던 시기로 상당한 인구가 새롭게 유입되던 때였다. 따라서 많은 사람들이 호적대장에 기재되지 않고 있었음을 추정할 수 있다. 그 대략적인 상황은 남녀 인구수와 성비의 변화에서 확인할 수 있다.

〈표 2〉 남녀 인구수와 성비의 변화

성비 시기	1732	성비	1786	성비	1855	성비
녀	3181	100	3359	100	3597	100
남	2644	83.1	3060	91.1	2231	62.0
불명	14		20		266	
총합계	5839		6439		6094	

자연상태에서의 일반적인 性比는 여자 100명 대 남자 105명이 정상임을 감안한다면, 조선후기 동상면의 남녀 성비는 자연상태의 성비가 아님을 보여준다. 이는 전 인구가 호적대장에 등재되지 않았기 때문이다. 남성 인구를 적게 기재한 이유는 남성 인구들이 군역 등의 이유로 호적에 덜 등재되었기 때문이다. 군역 등의 이유로 남성 인구가 덜 기

---

4) 단성현의 호당구수는 1732년 4.6명, 1786년 4.5명, 19세기 중엽 3.7명이다(김건태, 「조선후기 호적대장의 인구기재-단성호적을 중심으로」, 「단성 호적대장 연구」, 대동문화연구원, 2003, 313면 참조).

〈그림 1〉 시기별 연령 분포도

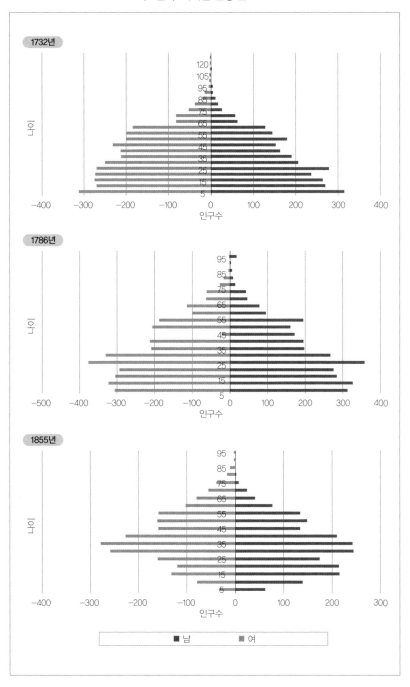

재되는 현상은 일본의 인구기록 자료에서도 확인된다.[5] 특히 19세기의 남녀 성비차는 그 정도가 너무 심하다. 남성의 인구와 더불어 유년층의 인구도 19세기에 와서 상당수 미기재되고 있다. 연령 분포를 통해 살펴보자.

전 근대 사회는 多産多死의 사회였기 때문에 연령분포도가 피라미드형을 구성하는 것이 일반적이다. 하지만 위의 그림에서 보듯이 19세기 연령분포도는 중·장년층에 비해 유년층이 극단적으로 미기재된 상황을 보여주고 있다. 이러한 현상이 발생한 이유는 부세제도의 변화 등 여러 가지로 생각해 볼 수 있으나, 유년층에 대한 인구파악이 그 전 시기보다 불철저해 졌다는 점만은 분명하다. 이러한 자료의 한계에도 불구하고 여전히 호적대장은 인구자료로서 대단히 유용하다. 그 중 하나는 계층별 戶口數의 변화양상을 통해 신분변동의 추이, 해당 지역이 갖고 있었던 지역적 특성 등에 관해 새로운 해석이 가능하다는 것이다.

감영이 소재한 지역에 어떤 계층들이 주호(=호주)로서 호를 구성하고 있었는가를 파악한다면 이 지역의 특징이 좀 더 명확해 질 것이다. 계층호의 구분은 지배신분인 양반이 주호일 경우는 상층호, 행정업무를 전담하던 향리가 주호일 경우는 향리호, 주호가 양역을 담당하는 경우는 중층호, 주호가 노비신분인 경우는 하층호로 분류하였다. 향리호는 넓은 의미에서 본다면 중층호에 해당되지만 다른 직역과는 달리 농촌 지역에서는 소수만이 확인되는 행정실무자란 점을 고려하여 별도의 계층호로 구분하여 살펴보았다.

---

5) 速水 融, 『歷史人口學の世界』, 岩派書店, 1997, 45면.

〈표 3〉 동상면 계층별 호수와 증감율의 변화

	1732(I)	1786(II)	1855(III)	(I → II)	(II → III)	(I → III)
	戶	戶	戶	(I / II)×100	(II / III)×100	(I / III)×100
상층호	48	99	138	206.3	139.4	287.5
향리호	152	227	280	149.3	123.3	184.2
중층호	499	867	774	173.7	89.3	155.1
하층호	480	151	79	31.5	52.3	16.5
전체호	1179	1344	1271	114.0	94.6	107.8

〈표 4〉 동상면 계층별 호수의 점유율과 호당구수

	1732		1786		1855	
	점유율	호당구수	점유율	호당구수	점유율	호당구수
상층호	4.1	6.0	7.4	6.4	10.9	5.3
향리호	12.9	6.0	16.9	6.5	22.0	6.0
중층호	42.3	5.2	64.5	4.2	60.9	4.3
하층호	40.7	4.2	11.2	4.3	6.2	4.3
전체호	100	5.0	100	4.8	100	4.8

〈표 5〉 대구 농촌지역의 계층별 호 점유율 및 호당구수[6]

	1732		1786		1855	
	점유율	호당구수	점유율	호당구수	점유율	호당구수
상층호	15.3	3.8	34.7	3.7	65.5	2.9
중층호	56.3	4.8	59.9	3.9	32.8	3.2
하층호	28.4	3.2	5.4	2.6	1.7	2.1
전체호	100	3.9	100	3.4	100	2.7

---

6) 대구 농촌지역의 인구 통계는 四方博, 「李朝人口に關する身分階級別的觀察」, 『朝鮮經濟の硏究』3, 京城帝國大學校法學會論集 10, 1938, 391면을 참조하여 재작성함.

계층별로 호수의 변화를 살펴보면, 먼저 상층호의 수는 시기가 지날수록 늘어나며 그 증가율은 120년간 2.8배이다. 시기별 점유율은 4.1%, 7.4%, 10.9%로 증가세이다. 호당 인구수는 18세기는 호당 평균 인구수보다 1명 이상이 더 많고, 19세기는 0.5명이 더 많다. 이러한 동상면 상층호의 호와 인구의 추이는 동 시기 대구의 농촌지역과는 많은 차이를 보인다. 특히 농촌지역의 상층호의 점유율은 19세기에 와서 65%를 넘어서고 있었다. 읍치지역과 농촌지역의 상층호의 차이는 호당구수에서도 확인된다. 도시지역이 평균 6명 내외인 반면, 농촌지역은 그보다 2명 이상이 적다.

향리호 역시 시기가 지날수록 호수와 점유율이 증가세였다. 호수는 120년간 1.8배가 늘어났는데, 이는 향리호가 됨으로써 각종 잡역에서 면제되는 등[7] 다양한 특권이 있었기 때문으로 보인다. 호당구수는 전 시기에 걸쳐 평균 호당구수보다 1명 이상이 더 많다. 호당구수가 상층호와 함께 평균보다 더 많다는 것은 그 만큼 호가 안정적이라는 것을 의미한다.

중층호의 호구수의 비율은 18세기 초반은 40%이고 18세기 중엽 이후 60% 내외로 변화폭이 적다. 동일 시기 농촌지역의 중층호가 19세기에 와서 절반 이상이 줄어드는 것과 비교된다. 이 계층은 군역을 비롯한 부세의 주 담당층이었기 때문에 농촌지역 역시 국가가 필요로 하는 일정한 수를 확보하여야 하는데, 이러한 차이를 보이는 이유는 무엇일까. 그 이유는 부세 수취방식의 변화에서 찾아볼 수 있다. 19세기 조선사회는 개별 인신적 부세수취 대신에 면 혹은 리 단위로 세금을 총액제로

---

7) 무신란의 공으로 경상도 향리들은 19세기에 와서 잡역이 면제되는 復戶의 혜택을 누림(『掾曹龜鑑』「事目復戶序」).

거두었다. 따라서 상층인구를 의미하는 '幼學'을 칭하더라도 동네에 부과된 부세에 대해 납부의 의무가 있었다.[8] 하지만 읍치지역은 그 직업 구성이 행정관아와 연관된 경우가 많아 농촌 지역과는 달리 여전히 개별 인신적으로 파악해야 할 필요가 있었다. 이들 인구수의 변화폭이 적은 것은 이러한 이유에서이다.

하층호는 농촌지역과 마찬가지로 시기가 지날수록 감소하고 있다. 18세기 초엽 그 점유율이 40%에서 19세기에는 10%대로 줄어든다. 하지만 농촌지역이 28%대에서 1%대로 줄어드는 것에 비해서는 변화폭이 적다. 그 이유는 상당수의 관노비가 읍치지역에 상존했기 때문이다. 기존 대구부 농촌지역에 대한 연구에서는 향리호와 중층호를 구분하지 않았다. 필자가 분석한 향리호와 중층호를 합쳐 점유율을 산정한다면, 80% 이상이 중층호이다. 이것은 농촌 지역에 비해 중층의 인구가 더 많았음을 의미한다.

이상의 사실은 시카다 히로시 이래 상식화 되어있는 19세기의 인구 현상 즉 "양반호의 著增, 노비호의 激減, 상민호의 急減"[9]이 농촌지역으로 한정해야 함을 의미한다.

---

8) 송양섭, 「19세기 幼學戶의 구조와 성격−단성호적대장을 중심으로」, 『대동문화연구』 47, 2004, 133면.

9) 四方博, 앞의 논문, 389~390면. 이러한 인구현상은 일반적인 역사 사실로 받아들여지고 있으며, 또한 역사교육 현장 즉 고등학교 『국사−교사용지도서』에서도 "양반 신분으로 상승하는 농민이 늘어나고 대신 평민층이나 천민층이 그만큼 감소"한다라고 서술되어 있다. 따라서 농촌 지역을 대상으로 작성한 아래의 대구부의 신분구성표는 수정되거나, 농촌지역으로 한정할 필요가 있다.

사례 1. 대구 호적에 나타난 시기별 신분 구성(단위: %) (『국사−교사용 지도서』 401면)

시기	양반	상민	노비
1690	9.2	53.7	37.1
1732	18.7	54.6	26.6
1789	37.5	57.5	5.0
1858	70.3	25.2	1.5

3. 호구의 존속과 탈락

호적대장에는 매 식년마다 항상 새로운 호의 등재와 탈락이 이루어지고 있었다. 여러 가지 이유로 호의 등재와 탈락이 결정되는데, 호적대장에는 도망과 이주, 사망 등을 탈락의 원인으로 꼽고 있다. 따라서 다음 식년에도 여전히 호가 존속하는 비율이 높다면 그만큼 안정적으로 호가 유지되었음을 의미한다.

그런데 호의 등재와 탈락에는 명확한 이유가 확인되지 않는 경우도 다수 확인된다. 호의 등재가 국가의 역 수취와 관련되기 때문에, 그리고 모든 인구가 등재될 필요가 없었기 때문에 상황에 따라 형제나 자식 가운데 일부분만이 등재되었을 가능성도 배제할 수 없다.

〈표 6〉 시기별 호의 존속율[10]

	1732-1735	%	1786-1789	%	1855-1858	%
잉존	684	58.7	946	70.4	831	65.4
호계승	105	9.0	115	8.6	52	4.1
존속호 합계	789	67.7	1061	78.9	883	69.5
전체호수	1166	100.0	1344	100.0	1271	100.0

〈표 6〉에서 보듯이 대구부 동상면은 전체적으로 봤을 때, 1786년의

---

10) 1735년은 1리가 3통 4호 이전은 결락되어 있다. 따라서 1735년에는 1732년의 1리 1통 1호~1리 3통 3호에 해당되는 정보가 없다. 같은 조건에서의 존속률과 신분변화를 살펴보기 위해 1732년 1리 1통 1호~3통 3호안의 정보는 제외하고자 한다. 이렇게 하더라도 존속과 탈락율을 살펴보는데는 문제가 없을 것이라고 생각된다. 왜냐하면 인멸된 부분이 전체의 0.97%에 불과하기 때문이다.
제외된 부분의 대구동상면 호구 정보 13호 76명(제외 19명은 현존하지 않는 인구)

호 존속율이 78.9%로 가장 높고, 전후 시기의 호 존속율은 각각 67.7%, 69.5%이다. 이러한 호 존속율을 18세기 단성 지역과 비교해 보면,[11] 1786~1789년에는 비슷한 호의 존속율을 보이고 있는데, 이러한 존속율은 조선후기 호적대장의 일반적인 상황이었다. 1732~1735년에는 단성 지역의 호 존속율이 62%내외인데 비해 동상면이 67.7%로 5~6%정도로 존속율이 더 높다. 1732년경에는 대기근이 전국을 휩쓴 해로 18~19세기 가장 참혹했던 기근 가운데 하나였다.[12] 60%대의 호 존속율은 그러한 사정을 반영하고 있다.

그렇다면 어떤 계층의 호 존속율이 더 높을까

위의 〈표 7〉과 〈표 8〉를 통해 전반적으로 상층호와 그 구성원, 그리고 향리호와 그 구성원의 존속율이 평균 이상으로 상당히 안정적이라는 점을 알 수있다. 그런데 주목할 만한 사실은 1732~1735년 사이의 상층호와 향리호의 호 존속율이 정반대로 나타나고 있는 점이다. 1732년 상층호의 호 존속율은 평균보다 5%정도 낮은데 비해, 향리호의 호 존속율은 평균보다 20% 정도 높다. 상층호의 호 존속율이 다른 시기와는 달리 흉년기에 떨어지는 이유는 명확하지는 않지만 몇 가지의 추측은 가능하다. 하나는 대기근에 대한 대응 방식의 차이로 보인다. 상층호의 양반은 기근을 피해 좀 더 안정적인 지역으로 이주했을 가능성이 있다. 또 다른 추측은 상층호라 하더라도 경제력이 약간 떨어지는 호가 호적

---

11) 김건태, 「호구출입을 통해 본 18세기 호적대장의 편제방식─단성호적대장을 중심으로」, 『단성 호적대장 연구』, 대동문화연구원, 2003, 246면.

12) 1732년의 대기근을 보여주는 것은 국가가 파악한 당시 동상면의 호구수에서도 확인된다. 1732년에서 1735년 동상면의 호구수는 10%정도 감소하는데, 비해 1786년에서 1789년 사이의 인구수는 거의 변화가 없다(1732년 元戶:1179호 人口:5633명, 1735년 元戶: 1064호 人口─5111명, 1786년 元戶:1344호 人口:6450, 1789년 元戶:1357호 人口:6460명).

〈표 7〉 계층별 호의 존속율

		1732-1735	%	1786-1789	%	1855-1858	%
상층호	존속	30	62.5	79	79.8	115	83.3
	탈락	18	37.5	20	20.2	23	16.7
	小計	48	100	99	100	138	100
향리호	존속	127	84.1	202	89.0	221	78.9
	탈락	24	15.9	25	11.0	59	21.1
	小計	151	100	227	100	280	100
중층호	존속	327	66.3	669	77.2	493	63.7
	탈락	166	33.7	198	22.8	281	36.3
	小計	493	100	867	100	774	100
하층호	존속	305	64.3	111	73.5	54	68.4
	탈락	169	35.7	40	26.5	25	31.6
	小計	474	100	151	100	79	100
합 계	존속	789	67.7	1061	78.9	883	69.5
	호수	1166	100.0	1344	100.0	1271	100.0

〈표 8〉 계층별 호 구성원의 존속율

		1732~1735	%	1876~1879	%	1855~1858	%
상층호	존속인구	196	68.3	514	80.8	501	68.3
	탈락인구	91	31.7	122	19.2	233	31.7
	小計	287	100	636	100	734	100
향리호	존속인구	729	80.8	1261	85.0	991	58.6
	탈락인구	173	19.2	222	15.0	701	41.4
	小計	902	100	1483	100	1692	100
중층호	존속인구	1694	65.5	2790	76.1	1633	49.1
	탈락인구	894	34.5	878	23.9	1694	50.9
	小計	2588	100	3668	100	3327	100
하층호	존속인구	1329	66.3	472	72.4	166	48.7
	탈락인구	676	33.7	180	27.6	175	51.3
	小計	2005	100	652	100	341	100
존속인구합		3948	68.3	5037	78.2	3291	54.0
탈락인구합		1834	31.7	1402	21.8	2803	46.0
전체인구합		5782	100	6439	100	6094	100

에서 미기재되고 경제력이 나은 상층호가 다음 식년에 새롭게 등재되었을 가능성이다. 실제 『대구호적』을 분석하면, 상층호 가운데 존속호의 호당구수는 6.7명, 탈락호의 호당구수 4.7명으로 존속호의 호당구수가 더 많다. 노비수도 존속호는 2.6명, 탈락호는 1.1명이었다.

향리호는 전업적인 농업인구가 아니었기 때문에 행정사무를 보면서 안정적으로 호를 존속시켰을 확률이 높다. 기근이 아닌 일상적인 상황에서는 양반층과 향리층이 가장 안정적인 호의 존속율을 보이는데 이는 생활 여건이 다른 층에 비해 나았기 때문으로 보여진다.[13]

생활 여건이 나았다는 것은 〈표 9〉에서 보듯이 상층과 향리층의 노비와 고공의 수가 다른 계층보다 더 많았다는 사실에서 확인할 수 있다. 그런데 주목되는 사실은 19세기 향리층의 예속인 수는 상층의 그것보다 많아 졌음에 비해, 상층의 예속인 수는 중층과 하층의 그것에 비해 약간의 우위만을 보인다는 것이다.

〈표 9〉 계층별 평균 예속인(노비, 고공)의 수

(단위: 인원수)

	1732	1786	1855	평균
상층	2	1.5	1.9	1.8
향리층	1.4	1.3	2.5	1.7
중층	1.1	0.3	1.3	0.9
하층	0.3	0.5	1.7	0.8
평균 예속인 수	0.8	0.5	1.7	1.0

---

13) 향리층의 경제기반에 대해서는 권기중, 「조선후기 尙州牧 鄕吏層의 存在樣態」, 『조선시대사학보』 28호, 2004, 60~65면, 참조.

4. 향리층의 존재양상

동상면 인구구성의 특징 중 하나는 監營, 鎭營, 府衙 등 다양한 행정
조직에서 업무를 수행하는 향리층이 다수 존재한다는 사실이다. 이들
은 전체 인구에서 차지하는 비율도 상당했으며, 행정 업무를 전담했다
는 점에서도 주목할 만한 계층이라 할 수 있다. 따라서 여기에서는 향
리층에 대해 좀 더 살펴보고자 한다. 향리층은 소속처에 따라 3구분하
였다. 감영, 진영, 병영소속의 향리는 營吏로, 대구부 소속 향리는 府
吏로, 향교나 향소소속 혹은 감영소속인지 부소속인지 구분이 불확실
한 향리는 기타향리로 구분하였다. 먼저 시기별 향리수의 변화를 살펴
보았다.

〈표 10〉 시기별 대구부 동상면 향리수의 변화

	영리	%	부리	%	기타향리	%	합계
1732	356	81.1	53	12.1	32	6.8	441
1786	365	69.7	98	18.7	61	11.6	524
1855	248	67.2	47	12.7	73	20.1	368

위 〈표 10〉을 통해 두 가지의 사실이 확인된다. 첫째, 대구부 부리가
전체 향리수의 10%대를 점하는 반면, 영리는 60%~80%대를 점하고 있
다는 사실이다.[14] 감영에 관련된 업무가 대구부에 비해 더 많았다는 사

---

14) 영리 가운데 최고위직인 감영 이방을 비롯한 다수의 영리들은 안동을 비롯한 경상도
다른 지역에서 차정되어 입번하였다. 이들은 『대구호적』에서 확인되지 않는다. 따라서
영리의 수는 『대구호적』에서 확인되는 수보다 더 많았을 것으로 짐작된다. 경상도 감
영영리의 출신지역과 그에 대한 자세한 연구는 이훈상, 「조선후기 경상도 監營의 營
房과 安東의 향리사회-안동 향리사회의 영방 주도권 유지 전략과 향리 가계들의 상
호 견제 기제」, 『대동문화연구』 55, 2006가 참조된다.

실을 반영하고 있다. 둘째, 전체 향리수는 1786년에 500명을 넘어서다가 19세기 중엽에 상당수 감소한다는 것이다. 이는 국가의 적극적인 향리수 감액 정책과 관련이 되는 듯하다.[15] 하지만 전체적인 향리수는 감소하지만 향리가 주호로 호적에 등재되는 경우는 시기가 지날수록 더 많아 진다. 향리 주호수는 1732년 152호, 1786년 227호, 1855년 280호이다(〈표 3〉 참조). 이러한 현상은 주호가 아닌 호내 구성원 즉 아들이나 조카로 존재하던 향리수는 감소한 반면 결혼하여 주호를 될 만한 연령층의 향리수가 증가했음을 보여준다. 아래 〈그림 2〉는 이러한 사실을 보여준다.

〈그림 2〉에서 보듯이 18세기에는 15세 이하의 어린 향리들이 다수를 차지하고 있었다. 특히 1732년의 경우 10세 이하의 향리수는 100명이 넘어서고 있다는 사실이다. 이에 비해 19세기에는 35세~50세까지의 향리수가 18세기에 비해 더 많다.

연소층은 아직 전문적인 행정업무에 종사하기 이전의 향리 직역인 小童職에 종사하는 경우가 대부분이었다. 그런데 소동이 차지하는 점유율이 높다는 것은 달리 말하면 비전문가 집단이 향리층에 많이 포함되었다는 것을 반증하기도 한다. 시기별 소동 및 노비출신 향리의 점유율을 살펴본 것이 아래의 〈표 11〉이다.

---

15) 『備邊司謄錄』174 正祖 13年 4月 20日, "備邊司啓曰 … 京司吏胥 皆有數額 而外邑則不用此例 大邑多至屢百人 中邑小不下百餘人 憑依官勢 大爲民害 今宜使外邑 亦倣京司 大邑七十人·中邑五十人·小邑三十人 以此爲限 或犯罪科 永削吏案 降定軍額爲辭矣";『備邊司謄錄』195 純祖 2年 6月 8日, "其一生民之弊 專由於吏額之多大邑幾至數三百人 少邑不下七八十人 雖以京司言之 皆有定額 獨於外邑 不定額數徒貽弊端 令道臣量定額數 汰其冗雜 爲民除害事也"

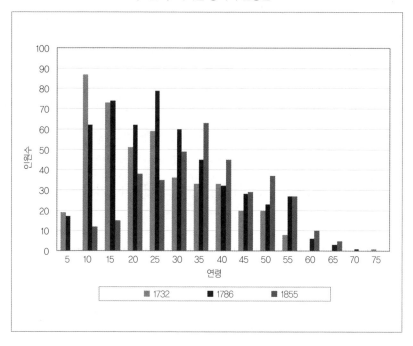

〈그림 2〉 시기별 향리의 연령분포

〈표 11〉 시기별 소동 및 노비겸역자의 수와 점유율

	소동	%	일반 향리들	%	노비겸역자	%	합계
1732	226	51.5	197	44.9	18	3.6	441
1786	249	47.5	275	52.5	0	0.0	524
1855	82	22.3	286	77.7	0	0.0	368

　1732년에는 소동층이 50%가 넘어서고 있으며, 1786년에도 50%에 근접하고 있다. 이들 소동 가운데는 아직 소동의 업무를 보지 않고 있는 待年小童이 다수를 차지하고 있었다. 대년소동은 몇 년 후에는 소동의 업무를 볼 것이라는 전제하에 미리 선점해 놓은 향리 직역이다. 이러한 직역을 통해서 당시 경상도 감영에서는 향리 확보에 상당한 노력을 기울이고 있었음을 확인할 수 있다. 향리 확보에 신경을 썼다는 것은 향

리층이 아닌 노비출신의 향리가 1732년에 18명이나 된다는 사실에서도 확인된다. 대기근이 엄습했던 시기에 경상도 감영은 노비출신까지도 향리직에 종사하게 했던 것이다.

그런데 1855년에 오면 소동의 비율이 극감한다. 이는 국가의 향리 수 제한에 대한 대응으로 보여진다. 많은 향리 수를 호적대장에 책정할 수 없게 되자 아직 업무를 배우는 단계에 있거나 미리 선점에 놓은 소동의 수를 줄인 것이다.

그렇다면 대구부의 대표적인 향리 성관에는 어떤 것들이 있었을까. 성관이 불명확한 자를 제외하고 5% 이상의 점유율을 보이는 성관은 시기별로 2~7개 정도이다.

〈표 12〉 동상면 향리 성관의 변화

1732	김해김	해주오						기타 66개 성관	불명	합계 68개 성관
인원수	48	25						318	50	441
1786	김해김	달성서	해주오	밀양박	대구서			기타 74개 성관	불명	합계 79개 성관
인원수	59	37	32	26	26			331	13	524
1855	달성서	김해김	경주이	월성이	밀양박	수원백	해주오	기타 46개 성관	불명	합계 53개 성관
인원수	40	35	34	20	19	18	17	179	6	368

〈표 12〉를 통해 두 개의 사실을 확인할 수 있다. 첫째, 18세기 후반을 정점으로 향리 직역을 차지하는 성관수가 줄어드는 반면 향리 직역을 5%이상 점하는 성관수는 도리어 늘어난다는 사실이다. 둘째, 달성 서씨와 밀양 박씨가 김해 김씨, 해주 오씨와 함께 18세기 후반 이후 5%대

의 향리 직역 점유율을 보이며, 19세기 중엽에는 이들을 제외하고 3개 성관이 새롭게 5%대의 향리 직역 점유율을 보이고 있다는 사실이다.

그런데 점유율 못지 않게 향리 직역을 지속적으로 수행하고 있었는 가의 여부도 향리층을 분류하는 중요한 기준이 된다. 왜냐하면 향리 직역은 기본적으로 父祖의 역을 계승하도록 되어 있기 때문이다.[16] 따라서 한 두 식년만 향리 직역자로 등재되는 탈락성관과 신입성관의 사람들은 전통적인 향리층으로 분류하기 어렵다.[17] 이들 중 다수는 향리 직역을 군역을 회피하기 위한 수단으로 사용하거나, 새롭게 향리층에 진입하려는 임시직 향리였다. 이러한 사실을 염두에 두고 향리 직역을 지는 전체 성관을 대상으로 그 출입 양상을 살펴보면 아래 〈표 13〉과 같다.

〈표 13〉 향리성관의 존속 · 신입 · 탈락의 분포

	1732~1786	%	1786~1855	%	1855
전체성관수	68	100.0	79	100.0	53
존속성관수	46	67.6	40	50.6	
탈락성관수	22	32.4	39	49.4	
신입성관수			33		13

*1786년에 새롭게 향리직역을 수행하는 33개 신입성관 중 22개 성관은 1855년에 향리성관으로 등재되지 않음. 신입성관수는 해당식년의 전체성관수에 이미 계산된 수임

분석대상으로 삼은 3시기 향리성관은 중복되는 것을 제외하면, 모

---

16) 『經國大典』, 「吏典」, '鄕吏', "連二代立役, 則雖訴本非鄕孫勿聽, 二代立役謂祖及父 連二代鄕役者"

17) 『日省錄』正祖 13年 4月 丁亥, "京司與外邑 皆置吏胥者 所以奉承官令擧行國事者 也 然而京司則皆有數額 外邑則不用此例 元來鄕吏不多 其外有良吏假吏紛然雜出 爭付吏案 謀避軍役 樂爲衙前"

두 110개 성관이다. 이들 성관의 탈락과 신입을 살펴보면, 1732~1786 년에는 68개 성관 가운데 22개(32.4%) 성관이 탈락하고, 1786년~1855년 에는 39개(49.4%)의 성관이 탈락하고 있다. 신입 성관수도 각 시기에 33 개(41.8%) 성관, 13개(24.5%) 성관이나 된다. 존속성관은 40여개에 불과하다. 그런데 위 〈표 13〉에서는 제시하지 않았지만 1732년, 1786년, 1855 년 3시기에 모두 존속하는 성관수는 29개로 더욱 적다.

많은 수의 향리성관이 신입과 탈락을 반복하는 이유 중 하나는 대구 부가 감영이 소재한 지역이기 때문으로 보인다. 감영과 병영, 부아, 각 종 물류 창고 등이 집중되었기 때문에 행정과 잡무를 담당할 인원는 늘 부족했을 것이다. 따라서 전통적인 향리 가문의 사람이 아니더라도 어느 정도의 전문성을 갖추었거나 또 다른 이유로 향리 직역을 수행하고 자 하는 자들은 별 무리없이 향리사회로 편입되었을 것이다.

한편, 3시기에 모두 존속하는 29개 성관 중에서도 특히 향리를 많이 배출하는 성관이 있었다. 그 성관들은 김해 김씨, 달성 서씨, 해주 오 씨, 밀양 박씨, 경주 이씨 등 5개 성관이다. 이들 성관에서 배출한 향 리수는 436명이다. 3개 식년에서 성관이 확인되는 전체 향리수는 모두 1,264명이다. 110개의 성관 가운데 5개 성관이 전체의 34.5%의 향리를 배출하고 있었다.

이러한 사실로 볼 때, 대구부의 동상면은 전통적인 향리층이 향리사 회를 주도하는 상황하에서 면내에 상존하는 다른 계층에서도 부내의 행정 업무를 상당부분 담당하던 행정중심지였음을 확인할 수 있다.

5. 맺음말

지금까지 대구부 동상면을 중심으로 경상도 감영지역의 인구구성과 향리층의 존재양상에 대해 살펴보았다. 내용을 정리하는 것으로 맺음말을 대신하겠다.

조선시대 대구부 동상면의 호구수는 18세기 후반을 고점으로 하여 19세기 중엽에는 줄어들고 있었다. 호당 인구수는 4.8~5명으로 낙후한 지역인 단성현보다 더 많았다. 이는 감영이 소재한 지역의 호가 더 충실했음을 보여주고 있다. 그렇다고 하더라도 이러한 인구기록은 현실을 그대로 반영하지는 않았다. 전 시기에 걸쳐 여성에 비해 더 많은 수의 남성이 호적에 누락되어 있었으며, 특히 19세기는 남녀 성비차가 더욱 심할 뿐만 아니라 유년층의 인구도 상당수 등재되지 않았다. 이러한 현상이 발생한 이유는 부세제도의 변화 등 여러 가지로 생각해 볼 수 있다. 이같이 호적대장은 전체 인구를 기록하지 않았다는 자료의 한계가 있음에도 불구하고 여전히 인구자료로서 유용하다. 그 중 하나는 계층별 戶口數의 변화양상을 통해 신분변동의 추이나 해당 지역이 갖고 있었던 지역적 특성 등에 관해 새로운 해석이 가능하다는 것이다.

계층별로 호수의 변화를 살펴보면, 먼저 상층호의 호수와 점유율은 시기가 지날수록 늘어났다. 호당 인구수는 이 지역의 평균 호당 인구수보다 0.5~1명 이상으로 더 많았다. 그런데 이러한 동상면의 호와 인구의 추이는 동 시기 대구의 농촌지역과는 많은 차이를 보인다. 농촌지역의 상층호의 점유율은 19세기에 와서 65%를 넘어서는데 비해, 도시지역인 동상면 상층호의 점유율은 10%내외였다. 향리호 역시 시기가 지날수록 호수와 점유율이 증가하고 있었으며, 호당 인구수는 전 시기에 걸쳐 평균 호당 인구수보다 1명 이상이 더 많았다.

중층호의 호구수의 비율은 18세기 초반은 40%이고 18세기 중엽 이후 60% 내외로 변화폭이 적다. 동일 시기 농촌지역의 중층호가 19세기에 와서 절반 이상이 줄어드는 것과 비교된다. 이 계층은 군역을 비롯한 부세의 주 담당층이었기 때문에 농촌지역 역시 국가가 필요로 하는 일정한 수를 확보하여야 하는데, 이러한 차이를 보이는 이유는 부세 수취 방식의 변화에서 찾아볼 수 있다. 19세기 조선사회는 개별 인신적 부세 수취 대신에 면 혹은 리 단위로 세금을 총액제로 거두었다. 따라서 상층인구를 의미하는 '幼學'을 칭하더라도 동네에 부과된 부세에 대해 납부의 의무가 있었다. 하지만 읍치지역은 그 직업구성이 행정관아와 연관된 경우가 많아 농촌 지역과는 달리 여전히 개별 인신적으로 파악해야 할 필요가 있었다. 중층 인구수의 변화폭이 적은 것은 이러한 이유에서이다.

하층호의 호구수의 비율은 시기가 지날수록 감소하고 있다. 18세기 초엽 그 점유율이 40%에서 19세기에는 10%대로 줄어든다. 하지만 농촌지역이 28%대에서 1%대로 줄어드는 것에 비해서는 변화폭이 적다. 그 이유는 상당수의 관노비가 읍치지역에 상존했기 때문이다. 기존 대구부 농촌지역에 대한 연구에서는 향리호와 중층호를 구분하지 않았다. 필자가 분석한 향리호와 중층호를 합쳐 점유율을 산정한다면, 80% 이상이 중층호이다. 이것은 농촌 지역에 비해 중층의 인구가 더 많았음을 의미한다. 이러한 사실은 상식화 되어있는 역사서술 즉 "양반의 격증, 평민의 반감, 천민의 극감"이라는 현상을 농촌지역으로 한정해야 함을 의미한다.

호와 구성원이 다음 식년에 지속적으로 등재되는 존속율 역시 상층호와 향리호가 평균 이상으로 상당히 안정적이었다. 그런데 주목할 만한 사실은 대기근이 발생했던 1732~1735년 사이의 상층호와 향리호의 호 존속율이 정반대로 나타나고 있는 점이다. 그 원인은 두 가지로 추정된다. 하나는 대기근에 대한 대응 방식의 차이로 보인다. 상층호의 양반은 기근을 피해 좀 더 안정적인 지역으로 이주했을 가능성이 있다.

다른 하나는 상층호라 하더라도 경제력이 약간 떨어지는 호가 호적에서 미기재되고 경제력이 나은 상층호가 다음 식년에 새롭게 등재되었기 때문이다. 이에 비해 향리호는 전업적인 농업인구가 아니었기 때문에 행정사무를 보면서 안정적으로 호를 존속시켰을 가능성이 높다.

한편 향리층의 시기별 변화양상을 살펴보면, 두 가지의 사실이 확인된다. 첫째, 대구부 부리가 전체 향리수의 10%대를 점하는 반면, 영리는 60%~80%대를 점하고 있다는 사실이다. 둘째, 전체 향리수는 1786년에 500명을 넘어서다가 19세기 중엽에 상당수 감소한다는 것이다. 이는 국가의 적극적인 향리 수 감액 정책과 관련이 되는 듯하다. 하지만 향리가 주호로 호적에 등재되는 경우는 시기가 지날수록 더 많아 진다. 이러한 현상은 주호가 아닌 호내 구성원 즉 아들이나 조카로 존재하던 향리수는 감소한 반면 결혼하여 주호를 될 만한 연령층의 향리수가 증가했음을 보여준다. 향리를 많이 배출한 성관에는 김해 김씨, 달성 서씨, 해주 오씨, 밀양 박씨, 경주 이씨 등 5개 성관이 주목할 만하다. 3개 식년 110개 향리 성관에서 확인되는 전체 향리수는 모두 1,264명인데, 이 가운데 436명이 위의 5개 성관출신이었다. 이러한 사실로 볼 때, 대구부의 동상면은 전통적인 향리층이 향리사회를 주도하는 상황하에서 면내에 상존하는 다른 계층에서도 부내의 행정 업무를 상당부분 담당하던 행정중심지였음을 확인할 수 있다.

[원문출처:『대동문화연구』71, 2010]

조선후기 울산 鶴城李氏 가계의 향리 이탈과 사족화
: 향리 위상의 변동과 관련하여

이종서

1. 머리말

조선의 향리는[1] 흔히 '중인'으로 일컬어진다. '중인'이라는 용어에는 그 신분 또는 계층을 양반 사족에 비해 열등하게 취급하는 인식이 반영되어 있다. 그러나 고위 향리직인 戶長과 記官을 담당한 향리 가계의 연원은 매우 오래며 고려시기에는 지역 통치자의 면모를 띠었다. 고려시기에 호장의 신분적 위상은 법적, 제도적으로 중앙 관료와 대등하였다.

조선에서는 호장 이하의 향리를 공식 관직체계에서 배제하고 향리의 이탈을 제한하였다. 그러나 이러한 조치가 향리를 '중인'으로 만들었다고 보기는 어렵다. 호장을 배출하는 가계까지 '중인'으로 간주하게 된 것은 보편적인 인식의 변화에 기인하였다. 향리는 文科와 武科, 生

---

1) 본고에서 말하는 향리는, 단성호적의 都已上 항목에서 향리가 '戶長'과 '記官'만을 지칭하는 용어로 쓰인 것처럼(권기중, 「조선후기 향리층의 분화양상」, 『대동문화연구』 47, 2004, 40면), 상층 향리 가계를 주대상으로 한다.

員·進士科에 응시할 수 있었다는 점에서 양반과 다를 바 없었으며[2] 조선후기에 이르기까지 합격 사례가 확인된다.[3] 조선에서 향리의 위상은 점진적으로 하락하여 어느 시기엔가 '중인'으로 굳어졌다고 판단할 수 있다.

기존 연구에서는 고려의 토성 향리 가계가 조선후기에 이르기까지 고위 향리직을 독점하였으며,[4] 지역의 토착 신앙과 문화를 수호하는 역할을 한 것을[5] 확인하였다. 이는 양반 사족과 대비되는 역할과 성향을 강조하는 것으로 이해된다. 조선의 향리를 사회적 역할, 지위, 성향 면에서 사족과 대별되는 부류로 간주하는 것이다.

그러나 결과론적인 시각에서 벗어나 역사 과정과 지역의 환경을 고려하면서 향리의 위상과 역할의 변화를 살필 필요가 있다. 고려에서 위세를 유지한 토성 향리가계는 조선시기 사족 가문의 모태가 되었다. 조

---

2) 『경국대전』, 「吏典」, '鄕吏', "凡鄕吏中文武科生員進士者 特立軍功受賜牌者(중략)幷 免子孫役". 조선의 신분을 '양반, 중인, 상민, 천민'의 4신분제로 볼 때 향리는 서얼과 더불어 중인에 포함된다. 그런데 서얼은 문과와 생원·진사시에 응시하지 못하였고 (『경국대전』「禮典」'諸科'), 관직에 나아가도 限品敍用되었다(『경국대전』「禮典」'限品 敍用'). 모의 신분이 상민인 경우에도 이 조항이 적용되었다는 점에서 향리의 제도적 위상은 서얼보다 높았다고 볼 수 있다. 또한 서얼은 양반과 상민의 자손까지 문과와 생원·진사시를 볼 수 없었으므로 상민의 문과와 생원·진사시 응시는 원천적으로 봉쇄되었다고 보는 것이 타당하다. 따라서 『경국대전』의 응시 규정은 비록 향역을 면제시키는 특별규정이지만 향리의 신분적 위상이 양반과 대등했다는 근거로 삼을 수 있다고 생각된다.

3) 최진옥, 『조선시대 생원진사연구』, 집문당, 1998.

4) 조선후기의 향리를 다룬 기존 논문에서는 假吏는 상층 향리로 진입하지 못하고 고려 이래의 정통 향리 가계에서 19세기에 이르기까지 호장과 조문기관(이방) 직을 독점하였음을 강조하고 있다(이훈상, 『조선후기의 향리』, 일조각, 1990; 이훈상, 「전근대 한국과 중국의 지방 통치와 이서집단의 종족 문제」, 『중국사연구』27, 2003; 권기중, 「조선후기 단성현 향리층의 분화양상」, 『대동문화연구』47, 2004).

5) 이훈상, 「조선후기의 향리집단과 탈춤의 연행─조선후기 읍권의 운영원리와 읍의 제의」, 『동아연구』15, 1989.

선에서 사족이 성리학에 대한 소양을 심화하고 특권층으로 자리 잡기까지 상당한 시일이 소요되었듯 상급 향리의 위상과 성향이 사족과 구별되기까지 상당한 기간이 걸렸을 것이다. 향리와 사족의 위상과 성향이 뚜렷이 구분되지 않는 과도기를 설정할 수 있는 것이다. 또한 사족이 중앙으로 진출하지 못하고 지역 내에서 활동한 지역일수록 사족과 향리의 위상과 역할을 결정한 주요인이 지역 내에 있었음을 짐작할 수 있다.[6]

본고에서는 울산 지역 학성이씨 향리가계의 혈연의식과 사족화 과정을 살펴 향리 위상의 변동을 확인하고자 한다. 학성이씨를 주 대상으로 삼은 것인 이 가계가 울산의 토성일뿐더러 조선전기에 활동한 李藝(1373~1445)의 후손이기 때문이다. 울산의 記官이었던 이예는 왜구에게 납치된 지방관을 보필하여 중앙 관직을 받았고 이후 대일 외교에서 공을 세워 동지중추원사까지 승진하였다.[7] 정부에서는 1421년(세종 3)에 그의 공을 기려 자손까지 免役을 인정하는 功牌를 지급하였다.[8] 그의 후손들은 吏族과 士族으로 분화되어 울산에 거주하였으며,[9] 울산에서 작성된 각종 기록에 행적과 인명이 수록되었다. 기록은 1609년에 작

---

6) 본고에서 '士族'은 호적에 중앙에서 수여한 하위 散職으로 기재되거나 '幼學'으로 기재되는 부류를 통칭한다. 울산은 중앙관직 진출이 극히 저조하였으므로 안동 등의 명문 사족과 비교하면 격이 현격하게 떨어지며 내부에서도 그러한 차이를 인정하였다. 그러나 지역 내부에서는 '사족'으로 자임하며 지역의 주도 세력으로 활동하였고, 호적에도 명문 사족과 동일하게 '幼學' 등으로 기재되었으므로 '사족'으로 통칭해도 무방하다고 생각된다.

7) 『世宗實錄』 권107, 세종 27年 2月 23日(丁卯).

8) 『鶴城世譜』, "永樂十九年 七月十四日 功牌(중략)向前 李藝乙良 子孫至亦 免役向事 給功牌者."

9) 이종서, 「고려~조선전기 학성이씨의 지역 내 위상과 역할」, 『한일관계사연구』 28, 2007.

성된 울산호적과 1705년, 1765년 울산 부내면의 호적을 이용할 것이다. 또한 임진왜란 직후에 기록이 시작된 『울산부선생안』을 이용할 것이다. 『울산부선생안』에는 해당 부사 재임 시에 좌수와 별감을 맡은 향임층과 호장과 조문기관을 맡은 향리층이 수록되어 있다.[10] 그리고 1668년에 편찬된, 학성이씨 최초의 족보인 『鶴城世譜』(이하 『무신보』로 칭함)를 이용할 것이다.

2. 16~17세기 학성이씨 가계의 구성

『무신보』에는 이예의 아들로 宗實과 宗謹이 있고 종실과 종근은 각기 7인과 1인의 아들을 둔 것으로 기록되어 있다.[11] 종실의 아들 중 4명이 후손을 두었고, 종근의 아들이 후손을 두어 현재 학성이씨 5개 파를 이루고 있다. 『무신보』에 기재된, 5개 파의 주요 가계는 다음과 같다.

〈표 1〉에서 보듯 『무신보』에는 이예와 그 후손들이 대부분 중앙 관직을 받거나 증직된 것으로 기록되어 있어 양반 사족인 듯 보인다. 그러나 1609년 호적에는 이종근의 후손이 임진왜란 이전까지 향리직을 수행한 것이 확인된다.

1609년 울산호적에는 청량파 이윤손의 후손으로 구성된 가계가 확인된다. 이들은 호주의 조상은 물론 당대까지도 향리직을 수행하였다. 李春白은 '免鄕'으로 표시되어 있고, 李質白은 부친이 안일호장으로 기록

---

10) 이종서, 「『울산부선생안』의 체제와 성격」, 『고문서연구』 36, 2010.

11) 『무신보』에 수록된 宗實과 宗謹에 대해 논란이 있다. 무신보의 기록이 사실이라는 주장과 '宗謹'이 아니라 '宗根'이며 宗根이 長子이고 宗實이 차자라는 주장이 대립하고 있다. 본고에서는 『무신보』를 사료로 이용하여 논리를 전개할 뿐 글자와 서차 문제에 대해서는 판단하지 않겠다.

〈표 1〉

시조	2세	3세	4세	5세	6세	7세	파명
李藝 (資憲大夫知中樞院事)	宗實 (嘉善大夫行水軍節度使)	直剛 (奉事)	植	變林 (武科訓練正)	遇春 (原從功臣直長)	謙受 (武科縣監)	서면
						謙益 (軍資監參奉)	
		直儉(齊陵參奉)	夏孫 (奉事)	霖 (奉直郎)	殷蕃 (武科)	大培 (贈工曹參議)	월진
		直謙 (判事)	希孫(通德郎)	彦國 (奉事)	德元 (參奉)	說 (僉知)	곡강
		直柔(司宰監副正)	世衡 (判事)	鶴(贈工曹參議)	景敏 (武科)	得墀	농소
						得坤	
					景默 (資憲大夫同知)	得埈 (贈通政大夫判決事)	
						得塤	
					景淵(武科行萬戶原從功臣)	得垓 (訓導)	
						得塢(嘉善大夫同知)	
				鳳	景溶	得培	
					景洋		
	宗謹 (生員行文義令)	直武(通德郎)	穗 (翊衛)	蕃(嘉善大夫同知)	綜(贈敦寧知事)	吉 (原從功臣訓練院正)	청량
			租 (參軍)	允孫 (參軍)	明弼 (軍資監參奉)	守恭(증공조참의)	
						守信(군자참봉)	
					明輔(參奉)	守仁(原從功臣部將)	

〈표 2〉 1609년 울산호적 중의 학성이씨 향리 가계

호주	나이	부	조	증조	비고
李春白(免鄉)	59	守恭 (증통정대부공조참의)	明弼(봉사)	允孫 (참봉)	
李英白(出身어모장군군자감정)	50	守恭 (증통정대부공조참의)	明弼(장사랑군자감참봉)	允孫 (장사랑군자감참봉)	청량파
李質白 (出身훈련첨정)	43	守信(安逸戶長)	明弼(장사랑군자감참봉)	允孫 (장사랑군자감참봉)	

되어 상층 향리가계가 확실하다. 이영백은 향리와 관련된 기록이 없지만 이윤손의 후손이므로 향리가계에 해당하며 『연조귀감』에는 그가 임진왜란 때에 군공으로 향리를 면했다고 기록되어 있다.[12] 따라서 李允孫의 후손은 모두 향리로 활동했음을 알 수 있다. 나아가 호주들이 중앙의 관직을 받거나 '免鄕'한 것은 임진왜란이 계기가 되었음을 짐작할 수 있다. 이는 『무신보』에 이영백과 이질백이 武科 급제자로, 이춘백이 원종공신으로 기재되어 있는 것에서도 확인된다.

한편, 『무신보』에서 이윤손의 후손과 더불어 청량파를 구성하는, 穗-蕃-綜-吉로 이어지는 가계는 1609년 호적에서 확인되지 않는다. 그러나 1598년부터 기록이 시작된 『울산부선생안』에는 이들도 향리직을 수행했음이 확인된다.

위 〈표 3〉에서 보듯 학성이씨는 임진왜란 이후에도 1660년에 이르기까지 울산의 최고위 향리직인 호장과 조문기관을 담당하였다. 이른 시기에 재직한 李質白, 李新白, 李吉은 중앙정부에서 수여한 관직이나 신분상의 특권인 '免鄕'을 향리 직책과 병기하였다. 이후에는 향리 직책만 기록하여 향리 신분과 관련된 중앙정부의 조치가 없었음을 알 수 있다. 울산부선생안의 향리 명단에서 확인되는 학성이씨는 두 계열로 나뉜다.

하나는 1609년 호적에서 확인한 이윤손 가계이다. 앞서 『무신보』에서 이윤손의 아들로 명필과 명보, 손자로 명필의 아들인 수공과 수신, 명보의 아들인 수인을 확인하였다. 1609년 호적에서는 이윤손-명필(자)-수공·수신(손)-춘백·영백·질백(증손)으로 내려가는 계보를 확인하였

---

12) 『掾曹龜鑑』, 「續篇」 권1, '觀感錄', "李新白 蔚山吏 故同樞藝之七世孫也 萬曆壬寅 道伯李公用淳 以殺肆功啓聞免鄕特際守門將 再從英白 亦以軍功 因右兵使啓免鄕."

다. 그리고 위 〈표 3〉에서는 이들은 물론 이들의 후손까지 임진왜란 이후에 향리직을 수행한 것이 확인된다.

〈표 3〉『울산부선생안』에 수록된 이씨 향리 명단

재임연대	성명	직책
1600~1602	李質白	詔文僉正, 戶長
1600~1601, 1607, 1611	李新白	詔文部將, 호장
1602~1604, 1610, 1613~1614	李吉	詔文免鄕, 戶長兼司, 詔文兼司
1618, 1631	李師白	(詔文)免鄕, 호장
1629~1631	李建極	조문기관, 호장
1629~1631	李友聖	조문기관, 호장
1643, 1648, 1653, 1659, 1662~1665	李弘靖	조문기관, 호장
1651	李弘博	조문
1659~1660	李俊英	조문

다른 하나는 李吉과 李師白 부자이다. 이들은 1609년 호적에는 나타나지 않으나[13] 『무신보』에서 부자 관계임이 확인된다. 李師白은 이름에 '白'자가 들어 있어 이윤손 가계로 보기 쉽지만 李吉이 그의 부친으로 기록되었다. 이러한 世系와 이름이 오류가 아님은 1705년 호적과 『무신보』에서도 확인된다. 1705년 호적에는 李吉의 또 다른 아들로 李晩白이 확인되고[14] 『무신보』에는 李吉의 아들로 晩白, 師白, 智白이 수록되었다. 『울산부선생안』에 수록된 학성이씨 향리 가계의 계보를 『무신보』를

---

13) 이길이 호장을 역임했다는 점에서 府內에 거주했을 가능성이 크다. 1609년 호적 앞부분의 결락된 부분에 기재되어 있었을 것으로 짐작된다.

14) "秉節校尉龍驤衛副司果 李徵健 本 蔚山 父 啓功郎 慶蘭 祖 折衝將軍僉知中樞府事 晩白 曾祖 贈宣武原從功臣嘉善大夫知中樞府事 李吉"(府內面 長生里 5통 3호).

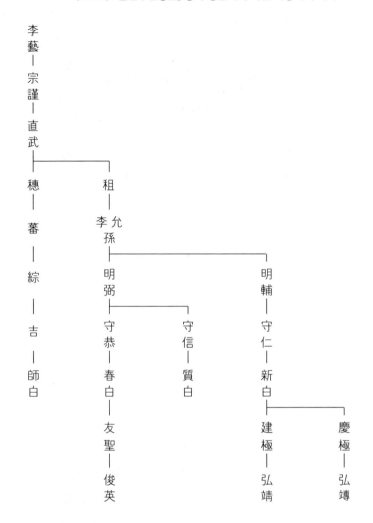

〈도표 1〉 『울산부선생안』 향리 명단에 수록된 학성이씨 가계

이용하여 표시하면 다음과 같다.

〈도표 1〉에서 보듯 이종근의 후손은 조선전기는 물론 임진왜란 이후에도 향리직을 수행하였다. 이윤손 가계에서 1609년 호적에 '免鄕'으로 기록된 이춘백은 손자까지 수행하였고, 과거에 급제한 이질백은 당대에 향리직을 수행하였다. 1609년 호적에서 이신백은 확인되지 않으나

<표 4> 1609년 호적의 李世衡 가계와 李植 가계

호주	나이	부	조	증조	비고
李景黙(幼學)	65	鶴 (의영고봉사)	世衡 (내금위)	宗實 (절충장군행제포첨사)	
李得坤(幼學)	27	景敏 (훈련봉사)	鶴 (의영고봉사)	世衡 (내금위)	
李景淵(선무원종공 신어모장군전만호)	45	鶴 (의영고봉사)	世衡 (내금위)	宗實 (절충장군행제포첨사)	농소파
李得培(幼學)	27	景容 (훈련참봉)	鳳 (의영고봉사)	世衡 (내금위)	
李景洋(守門將)	47	鳳 (의흥고봉사)	世衡 (내금위)	宗實 (절충장군제포첨사)	
李謙益(幼學)	41	遇春 (유학)	變林 (충순위)	植 (충순위)	서면파
李謙福(校生)	51	遇春 (유학)	變林 (충순위)	植 (충순위)	

그의 아들과 손자가 울산부선생안에 기록된 것을 보면 그 자신도 향리직을 수행했음을 짐작할 수 있다. 《鶴城誌》에도 그가 임진왜란 때에 울산의 '下吏'로 참전한 사실이 확인되며[15] 《연조귀감》에는 임진왜란 때의 공으로 免鄕하였다고 기록되어 있다.[16] 그리고 다른 가계인 이길과 이사백 부자도 免鄕했음에도 불구하고 임진왜란 후까지 향리직을 수행하여 이윤손 가계와 동일한 모습을 보인다.

이처럼 이예의 아들 이종근의 후손은 임진왜란을 계기로 과거에 급제하거나 면향을 인정받았음에도 1660년에 이르기까지 고위 향리직을 수행하였다. 반면에 이종실의 후손은 조선전기부터 중앙관직을 받거나 '幼學'을 칭하였다.

---

15) 『鶴城誌』 권3, 「雜著補遺」, "下吏 朴麟安 金應福 朴末遵 李新白 官奴 陳鶴守 等 匿
　於衆屍中 還本郡."

16) 본고 주12) 참조.

〈표 4〉에 정리된 인물은 현재 농소파와 서면파로 불리는 가계에 속한다. 이종실은 이예의 아들로 청량파를 제외한 4개 지파의 시조이다. 『조선왕조실록』에서는 이종실이 일본에 副使로 파견되었다가 돌아오지 못한 것이 확인된다.[17] 따라서 이종실에서 世衡-鶴으로 이어지는 계보는 사족이 분명하다. 서면파의 李植은 1609년 호적에서 이종실과의 관계가 확인되지 않으나 '忠順衛'가 양반 자제의 병종이고 '幼學'이 관직 없는 사족에 부여하는 호칭이라는 점에서 이 가계도 사족임을 알 수 있다. 그리고 『울산부선생안』에서는 이 가계가 좌수와 별감을 담당하는 향임층이었음이 확인된다.

〈표 5〉는 1600년부터 1665년 사이에 향임을 지낸 학성이씨를 정리한 것이다. 좌수와 별감을 지낸 학성이씨는 모두 李宗實의 후손으로 구성된다. 1609년 호적에 '幼學'으로 기재된 이경묵, 이득곤, 이득배, 이겸익이 모두 향임 명단에서 확인된다. 이들 가계는 울산에서 누대에 걸쳐 향임을 세습한, 유력 사족 가문임을 알 수 있다.

이처럼 중앙의 고위 관직을 지낸 이예의 후손은 이종근의 후손으로 구성된 향리 가계와 이종실의 후손으로 구성된 사족 가계로 나뉘어 있었다. 이들은 1668년에 간행된 『무신보』에 이예의 후손으로 수록되었다. 그런데 향리가계로서 『무신보』에 수록된 인물은 1660년을 마지막으로 『울산부선생안』의 향리 명단에서 확인되지 않는다. 향리가계와 사족 가계로 나뉘어 있던 이예의 후손은 1660년 이후 단일 신분임을 주장할 수 있는 조건을 갖추었고 1668년 이후 단일 문중의 구성원으로 족보에 수록됨으로써 모든 가계가 士族으로 자리매김하였다고 볼 수 있다.

---

17) 『세조실록』 권19, 세조 6년(1460) 庚辰 1월 5日(癸未), "日本通信使去己卯十月初八日發船遭風 使宋處儉所乘船不知所之 副使李宗實之船覆沒."

4세	5세	6세	7세	8세	8세	파명
植	變林	遇春	謙受	駿發(별감)		서면
			謙益(별감, 좌수)	廷憲(별감)		
				廷禮(별감)		
夏孫	霖	殷蕃	大培	翰南(좌수)	天機(별감, 좌수)	월진
希孫	彦國	德元	說	士鷹	時苾(별감)	곡강
世衡	鶴	景敏	得坤(별감, 좌수)			농소
		景默(좌수)	得埈(별감)	莫(좌수)		
				英(좌수)		
				葵(별감)		
			得塤(별감)			
		景淵(별감, 좌수)	得垓(좌수)	夔?		
			得塢(좌수)	夔(좌수)		
	鳳	景溶	得培(별감)	廷嚴(별감)	弘道(별감)	
		景洋(별감, 좌수)				

3. 16~17세기 학성이씨 향리가계의 혈연의식

1. 16세기 성리학적 친족질서의 수용

울산에서 학성이씨는 1660년까지 향리 가계와 사족 가계로 나뉘어 있었다. 1445년에 사망한 이예의 두 아들 중 이종근의 후손은 호장과 기관을 담당하였고 이종실의 후손은 좌수와 별감을 담당하였다.

그런데 이예는 조선전기에 울산 출신의 최고위 관직자였고, 학성이씨가 사족으로 자리잡는 근거가 된 인물이다. 따라서 학성이씨를 구성하는 가계들은 조선전기는 물론 『무신보』 편찬 시점까지 이예의 후손이라는 자부심과 더불어 이예로부터 이어지는 계보를 관리했을 가능성이 있다.[18] 이는 향리층을 구성한 학성이씨 가계의 성향이 울산의 다른 향리 가계와 달랐을 가능성을 뜻한다.

기존 연구에서는 좌수, 별감 담당층을 사족으로 호장, 기관 담당층을 향리로 규정하고 사족과 향리의 사회적 역할과 문화적 성향을 대비되는 것으로 이해하는 경향이 있었다. 성리학적 질서의 수용과 심화를 사족의 특징으로, 토착 질서의 유지와 보호를 향리의 특징으로 판단하였다. 그러나 고려말에 향리 가계에서 과거급제자를 다수 배출한 것을 보면 조선초부터 士族과 吏族의 성향이 뚜렷하게 구분되었다고 보기는 어렵다. 이족의 士族으로 진출 가능성이 폐쇄되면서 양자의 차이가 점차 강화되었을 가능성이 있다. 학성이씨 향리 가계의 친족 관련 요소를 살피면 성리학적 질서를 수용한 것이 확인된다.

성리학적 질서에서는 부계혈연 간의 혼인을 윤리에 저촉되는 것으로 간주하여 엄격하게 금지하였다. 반면에 고려의 향리들은 신분내혼을 중시했을 뿐 동성동본혼을 포함한 족내혼은 금기의 대상이 아니었다. 선산의 김씨 향리가계를 보면 오히려 동일 성관의 혼인을 의도한 듯한 모습이 보인다. 김종직(1431~1492) 가계는 본래 선산의 토성으로 향리직을 담당하다 고조 金光偉의 명법과 합격을 계기로 향리에서 벗어났다. 향리를 지낸 5대조 이상 직계친 중 6명의 배우자가 확인되는데 6인 모두 호장의 딸이고 그 중 5인이 김씨여서[19] 신분내혼과 족내혼을 선호한 토성 향리가계의 혼인 관행을 잘 보여준다. 이러한 모습은 울산에서 학

---

18) 이예의 공패와 호구기록은 『무신보』 편찬 당시까지 전해진 듯하다. 『무신보』의 '始祖中樞公事蹟' 부분에 이예의 관직 이력을 기록하면서 '是則帖籍流傳'이라고 하였고, 이어 '永樂十九年七月十四日功牌'라는 제목으로 공패의 전문이 수록되어 있다. 이로부터 이예 생존시에 작성된 문서가 이 때까지 남아 있었음을 알 수 있다.

19) 이종서, 「조선전기의 장지 결정 요인과 조선후기 '족장지'의 형성」, 『역사와 경계』 66, 2008, 31~32면.

성이씨와 더불어 호장층을 담당한 박씨 가계에서도 확인된다.

<표 6> 1609년 울산 호장 가계 호주의 외조

호주	나이	부	외조	본
朴麟福(免鄕)	69	謙(안일호장)	朴桓(호장)	울산
朴致雲(호장)	52	峀(안일호장)	朴仲龍(勵節校尉)	울산
朴輝(秉節校尉 部將)	45	敦(안일호장)	朴希亨(안일호장)	울산
朴應春(記官)	37	得良(안일호장)	金億哲(水軍)	김해
朴老松(기관)	44	應星(안일호장)	申善同(학생)	울산
李春白(免鄕)	59	守恭 (贈通政大夫工曹參議)	金白隱山(학생)	울산
李英白 (出身禦侮將軍軍資監正)	50	守恭 (贈通政大夫工曹參議)	安連 (禦侮將軍行龍驤衛副司直)	죽산
李質白(出身訓練僉正)	43	守信(안일호장)	楊阜水(禦侮將軍)	청주

위 <표 6>은 1609년에 울산 부내면에 거주한 울산박씨와 학성이씨 호장가계의 호적 기록이다. 박씨 호장 가계는 모두 5사례가 확인되는데 이중 3사례에서 족내혼의 성격이 있는 혼인이 확인된다. 나아가 1609년 호적에서는 호주 朴輝의 妻 역시 울산을 본관으로 하는 박씨임이 확인된다. 뿐만 아니라 처의 外祖도 울산을 본관으로 하는 박씨이고 직역이 律生으로 기재되어[20] 향리 가계의 박휘와 박소사 부부는 2대를 연속하여 동성동본혼을 했음을 알 수 있다. 이로부터 울산박씨 호장 가계에서는 호주의 부친 및 호주가 혼인한 시기인 16세기 중후반까지 구래의 관행을 유지했음을 알 수 있다. 반면에 학성이씨 향리 가계에서는 울산박씨에게서 확인되는 혼인 양상이 확인되지 않는다. 李春白의 외조는 學

---

20) "妻 良女召史 年肆拾貳 本蔚山 父 厲節校尉 水軍 朴希福(중략)外祖 律生 朴春山"

生 金白隱山이다. 李英白의 외조는 安連이고 李質白의 외조는 楊皐水이다. 따라서 학성이씨 향리가계는 울산박씨에 비해 이른 시기부터 동성동본혼을 피해왔다고 볼 수 있다.

학성이씨 향리가계가 성리학적인 친족질서를 수용했음은 이름에 항렬별로 돌림자를 사용한 것에서도 확인된다. 4촌 이상의 범위에서 사용한 돌림자는 부계를 다른 계보에 비해 중시하는 의식과 더불어 그것을 통제하고 조율하는 공동의 질서가 존재함을 알려준다.[21]

학성이씨 향리 가계에서 항렬별 돌림자는 이윤손의 아들부터 시작한다. 아들은 '明'을, 손자는 '守'를, 증손은 '白'을 돌림자로 채택하였다. '白'자 돌림 인물들 간의 관계는 再從 즉, 6촌이 된다. 6촌 범위까지 돌림자를 쓴 것은 이 가계에서 이윤손의 부계 후손이라는 혈연의식을 공유하고 돌림자를 써서 항렬을 표시하기로 합의가 이루어졌음을 알려준다. '白'자 돌림의 인물들의 나이가 1609년에 40~50대였다는 점에서 돌림자가 반영하는 부계의식은 16세기 초반까지 거슬러 올라간다. 솔서

---

21) 돌림자의 사용 문제는 더욱 세밀한 고찰이 필요하다. 그러나 돌림자의 사용이 일반적이지 않던 시기에 특정 가계에서 돌림자의 사용과 지속이 확인된다면 이를 근거로 부계의식의 작용과 확산을 상정할 수 있다. 예를 들어 김종직(1431~1492) 가계에서는 김종직 당대까지 돌림자를 형제만 사용할 뿐 사촌 범위에서는 사용하지 않았다. 그러나 김종직 형제가 '宗'자를 사용한 이후 그 아들들은 '糸'가 포함된 외자 이름을 써서 처음으로 4촌까지 돌림자가 확대되었다. 김종직은 자녀균분상속과 처가거주 등 부계질서와 배치되는 관행이 유행하던 시기에 개인적인 노력으로 시조로부터 자신에 이르는 부계 직계친과 부계 오복친을 확인한 인물이다(『佔畢齋集』「彝尊錄」上). 아들과 조카들에게 돌림자를 사용하게 한 것도 그였다. 조카 金緻에게 보낸 글에서 "내가 옛적에 네 여러 종형제의 이름을 모두 糸聲을 따르게 한 것은 家業을 계속할 수 있기를 바라서였다(余昔命尒諸從名 俱從絲聲者 冀能繼續家業)"고 하였다.(『佔畢齋文集』권1, 「答緻書」). 이로부터 김종직은 가문을 중시하는 부계의식에 기반하여 아들과 조카들에게 돌림자를 사용하게 했음을 알 수 있다. 이처럼 특정 시기에 돌림자가 4촌 이상의 범위로 확산되는 현상은 이황 가문과 유희춘 가문에서도 확인되며 이황과 유희춘은 돌림자가 확산되기 시작한 시기에 생존하였다. 조선후기 각 가문에서 번져간 돌림자의 사용도 동일한 배경을 지닌다고 볼 수 있다.

혼이나 균분상속 등 부계질서와 배치되는 관행이 지배적이었던 시기에 이윤손의 후손으로 구성된 향리 가계에서는 이후 宗族이나 門中으로 확대될 혈연집단이 형성되었다고 볼 수 있는 것이다.

이처럼 학성이씨 향리가계에서는 16세기 초반부터 부계의식에 기반하여 항렬별로 돌림자를 채택하였다. 이것이 당시의 관행에 비추어 매우 이른 것임은 울산에서 함께 호장층을 구성한 박씨 향리가계와 비교해 봐도 알 수 있다.

1609년 호적에서 울산이 본으로 기재된 박씨 향리 가계는 공통의 증조로 귀결되는 계보가 드물다. 이는 호적에 기재된 호주들이 특정인의 부계 후손일지라도 특정인은 호적에 기재되는 범위를 넘는 선대의 인물임을 알 수 있다. 그러나 호주와 그들의 부, 조, 증조의 인명에서 돌림자가 확인되지 않아 항렬을 알 수 없다. 이는 박씨 향리 가계의 부계 혈연의식이 학성이씨 만큼 강하지 않았음을 시사한다.

〈표 7〉 1609년 호적에 기록된 박계수 가계의 인명

호주	부	조	증조
朴輝(병절교위 부장)	敦(안일호장)	英熙(안일호장)	桂壽(안일호장)
朴應春(記官)	得良(안일호장)	長淵(안일호장)	桂壽(안일호장)

위 〈표 7〉은 1609년 호적에서 공통의 증조가 확인되는 박씨 향리 가계를 추출한 것이다. 호주 박휘와 박응춘은 박계수를 증조로 하는 재종(6촌) 사이로 울산에서 대대로 戶長을 지낸 상급 향리 가계 출신이다. 그런데 박계수의 증손은 물론 박계수의 손자와 아들도 돌림자를 사용하지 않았다. 아들들의 이름조차 돌림자를 적용하지 않은 것은 부계혈연의식이 작명의 원리와 무관함은 물론 작명의 주체가 달랐을 가능성

까지 상정하게 한다. 이처럼 울산박씨 향리가계는 1609년 호적에서 동성동본혼이 확인되고 항렬별 돌림자가 확인되지 않는다는 점에서 고려 이래의 질서를 유지해 왔음을 알 수 있다. 1609년 시점에 울산의 토성 향리가계는 구질서를 유지한 박씨와 성리학적 질서를 수용한 이씨로 구성되었다고 판단할 수 있다.

그런데 향임을 담당한 학성이씨 사족 가계에서도 학성이씨 호장 가계와 비슷한 시기에 항렬별 돌림자를 채택한 것이 확인된다. 李世衡 가계를 보면 이세형의 손자는 사촌 간에 '景'을 사용하였고, 증손자는 6촌 간에 '得'을 사용하였다. 이세형 가계에서는 항렬별 돌림자에 대한 인식이 성립하는 과정까지 확인된다. 『무신보』에는 이세형의 아들로 鸞과 鶴, 鳳이 수록되었다. 이는 새의 이름으로 질서를 부여했을 뿐 그 질서를 손자 이하에게까지 확대하려는 의도는 없었음을 알 수 있다. 그러나 이학과 이봉의 아들들이 '景'을 돌림자로 사용한 것에서 작명에 부계의식이 작용하기 시작했음을 짐작할 수 있다. 당시의 처가거주 관행을 고려할 때 鸞, 鶴, 鳳은 그들의 외조부가 지었을 가능성을 배제할 수 없지만, '景'자 돌림부터는 부계혈연이 작명의 주체가 되었음을 확신할 수 있다.

이렇듯 학성이씨는 향리 가계와 사족 가계 모두 수대에 걸쳐 돌림자를 사용하였다. 이는 학성이씨 향리가계의 혈연의식이 사족가계와 다르지 않았음을 시사한다. 학성이씨 향리가계는 성리학적 가족질서에 근거하여 동성동본혼을 피하고 부계 혈연의 결속을 강화해 간 것이다.

2. 17세기 자의식의 변화와 혈연의식의 재편

위에서 확인한 것처럼 학성이씨 향리가계 중 이윤손 가계에서는 16

세기 초반부터 부계의식에 기반하여 항렬별로 돌림자를 부여하였다. 그런데 이윤손과 이길 가계에서 '白'자 이후의 작명을 보면 부계 의식의 확산과 그것의 해체라는 상반된 변화를 시사하는 듯한 현상이 발견된다. 위에서 이윤손 가계는 6촌 범위까지 돌림자를 사용한 것을 확인하였다. 그런데 이윤손 증손들의 항렬자인 '白'을 李吉 가계에서도 채택하였다. 『무신보』에 수록된 이길의 아들은 晚白, 師白, 智白으로 이윤손의 증손과 같은 돌림자로 작명하였다.

이길 가계는 이윤손 가계와 더불어 학성이씨 향리가계를 구성하는 가계이다. 『무신보』에 따르면 李宗謹의 아들 直武는 穗와 租를 낳았고, 그들은 각기 蕃과 允孫을 아들로 두었다. 穗와 租 형제는 '禾'를 공통으로 써서 이름에 질서를 부여했지만, 그 질서가 그들의 아들대로 확대되지는 않았다. 그런데 李蕃의 손자인 李吉의 세 아들이 이윤손 가계와 같은 돌림자를 채택하였다. 『무신보』에서 이길의 아들인 晚白, 師白, 智白은 이윤손의 증손 春白, 質白, 新白과 같은 항렬이다. 게다가 이들은 호장과 기관을 담당하여 같은 공간에서 활동하였다. 두 가계의 '白'자 선택이 우연으로 생각되지는 않는다.

이로부터 '白'자 돌림에 이르면 이윤손 가계원이 공유하던 혈연의식이 확대되어 이길 가계까지 포괄하기에 이르렀음을 짐작할 수 있다. 李吉의 이름을 작명할 때까지는 이윤손 가계와의 혈연관계를 의식하지 않았던 반면, 이길의 아들을 작명할 때에는 이윤손 가계와 혈연의식을 공유하여 같은 돌림자를 썼다고 볼 수 있다.

따라서 이윤손 가계와 이길 가계는 '白'자 돌림 인물들이 출생한 16세기 중후반에 두 가계에 공통되는 선대 인물에 대한 인식을 강화하여 단일 가계로 통합되기에 이르렀다고 볼 수 있다. 두 가계가 이예의 아들 이종근을 공동의 부계 조상으로 한다는 점에서 그들의 혈연의식은 이종근까지 소급하게 되었다고 볼 수 있다. 현재 청량파로 통칭되는 지파의 형성이 시작되었다고 할 수 있다.

그런데 '白'자 돌림 이후에는 이윤손과 이길 가계가 항렬별 돌림자를 공유하지 않을 뿐더러 돌림자가 소멸하고 재편되는 것을 볼 수 있다. 『무신보』에서 '白'자 돌림의 후손들을 추출하면 아래와 같다.

〈표 8〉 『무신보』에 기재된 이윤손 가계와 이길 가계의 인명[22]

가계	기준인	자	손	증손
이윤손	李春白	友聖	俊榮	
	李質白	忠立	廷業	尚逸
				尚泰
			昌業	尚裕
		忠翰	必華	仁求
			時華	仁基
				仁舒
			盒華	
		忠民		
	李新白	建極	弘立	震翼
			弘靖	震昌
		慶極	弘塼	
			弘祐	
		善極	弘陽	
이길	李晚白	慶蘭	行健	
			徵健	
		慶芳	徽健	

위 〈표 8〉에서는 이윤손 가계와 이길 가계가 돌림자를 공유하지 않음은 물론 이윤손 가계에서 장기간 지속되어 오던 항렬자 사용 관행도

---

22) 부자간의 계보는 계후 관계를 적용하지 않고 생부를 기준하였다.

'白'자 돌림의 아들 대부터 와해되는 것을 볼 수 있다. 형제간인 이춘백, 이질백, 이신백의 아들들이 각기 각기 '友', '忠', '極'을 돌림자로 사용하였다. 이길 가계에서는 이만백의 아들들이 독자적으로 '慶'을 사용하였다. 이들 가계에서 4촌 범위 이상의 돌림자는 기준인의 손자나 증손자부터 다시 채택되었다. 이질백의 증손자들이 '尙'과 '仁'을 돌림자로 사용하고, 이신백의 손자들이 '弘'을 돌림자로 사용하였다. 이길 가계에서는 이만백의 손자들이 4촌 간에 '健'을 돌림자로 사용하였다.

이렇듯 학성이씨 향리가계에서 확인되는 돌림자의 소멸과 재편은 조선후기의 일반적 추세와 역행한다. 이윤손과 이길 가계가 '白'자를 채택한 것은 복수의 개별 가계가 단일 시조를 기준으로 통합되어 간 문중 결합의 양상과 부합한다. 이에 근거하면 울산의 이씨 향리가계는 비교적 이른 시기에 부계 혈연의 결속을 진행했다고 판단할 수 있다. 반면에 '白'자 이후 돌림자가 소멸한 것은 조선후기의 일반적 경향과 역행함은 물론, 이들과 같은 시대를 살았던 사족이나 향리 가문의 경향과도 상반된다. 사족 가계인 이세형 가계에서 항렬자의 적용 범위는 대를 거듭하여 확대되었다.

〈도표 2〉는『무신보』에서 이세형의 아들 이학의 자손들을 추출한 것이다. 약간의 예외는 있지만 매 세대마다 돌림자를 사용한 것이 확인된다. 이학의 아들들은 '景'을, 손자는 '得'을, 증손은 '岬'를, 현손은 '爾'를 사용하였다. 돌림자는 후대에 이르기까지 '聃', '火', '孝'로 이어졌다. 이와 같은 돌림자의 사용은 이 가계에서 인명을 결정하는 데 부계원리가 지속적으로 작용하였음을 알려준다. 이들은 같은 조상의 후손이라는 의식을 공유하면서 자손의 이름에 통일성을 부여한 것이다. 같은 항렬 14촌 범위까지 항렬자 사용이 확대된 것은 지속적으로 부계의식이 작용하여 문중을 형성하는 과정을 잘 보여준다. 현재의 학성이씨 농소파 문

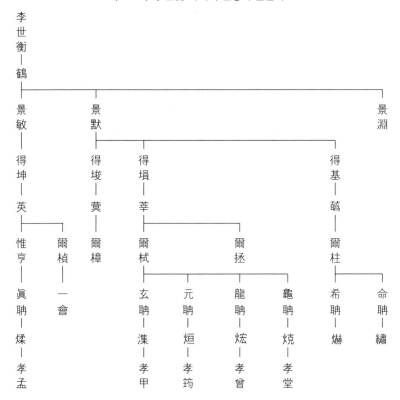

〈도표 2〉 李世衡 가계의 인명과 돌림자

중이 성립한 것이다.

17세기 전반에는 울산박씨 향리 가계에서도 항렬별 돌림자를 채택한 것이 확인된다. 앞서 1609년 호적에서 울산박씨 향리가계는 그때까지 돌림자를 사용하지 않은 것을 확인하였다. 그러나 1705년과 1765년 호적을 보면 항렬별 돌림자를 지속적으로 확대해 간 것이 확인된다.

〈도표 3〉에서 기준인인 박응춘은 1609년 호적에 호주로 기재된 인물로 朴桂壽의 증손이다. 앞서 박계수에서 박응춘에 이르기까지 돌림자를 사용하지 않은 것을 확인하였다. 그런데 박응춘의 손자부터는 돌림자를 사용하였다. 박준웅의 아들들이 '善'을 돌림자로 채택한 이래 '文',

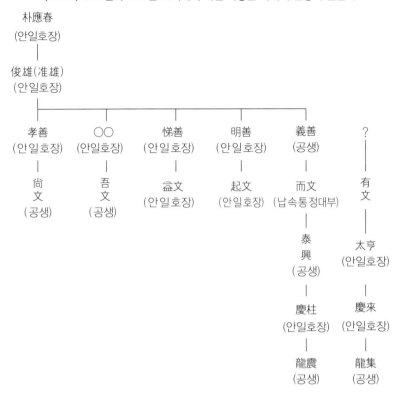

'泰', '慶', '龍'의 순으로 항렬별 돌림자를 사용하였다. 박응춘의 부계 후손이 지속적으로 돌림자를 사용한 것은 부계의식의 강화와 문중 결합이라는 조선후기의 보편적 경향과 부합한다.

따라서 이윤손과 이길 가계의 항렬별 돌림자 해체와 재편의 원인을 부계의식의 약화에서 찾기는 어렵다. 조선후기의 추세에 비추어 이 가계에서도 지속적으로 부계의식이 강화되어 갔을 것이다. 필자는 돌림자의 해체와 재편의 원인을 사회적 위상의 변동 즉 계층이나 신분의 변동에서 찾을 수 있다고 생각한다.

이윤손과 이길 가계는 이예의 아들 이종근의 후손으로 구성되었다.

이 가계는 자손까지 면역을 허가하는 功牌를 받았기 때문에 조선전기에도 향리직을 담당할 의무가 없었다. 그러나 이종근의 후손은 조선전기는 물론 1660년에 이르기까지 울산에서 호장과 조문기관직을 담당하였다. 이로부터 이예가 받은 공패는 영예롭게 여겨지기는 했겠지만, 이종근의 후손들에게 직업이나 신분 면에서 별다른 의미가 없는 것이었음을 짐작할 수 있다.

이예의 아들 이종실의 후손이 사족으로 자리 잡았음을 볼 때, 역시 이예의 아들인 이종근의 후손이 사족으로 전환하여 '幼學'을 칭하지 못할 이유는 없었다고 생각된다. 누대 관직을 역임했고 자신은 문과에 급제한 楊熙止(1439년~1504년)가 이종근의 사위가 된 것을 보아도[23] 이종근의 후손은 사족으로서의 위상을 확보하기에 충분했다고 판단된다. 그럼에도 불구하고 17세기 전반에 이르기까지 지속적으로 상층 향리직을 수행한 것은 이것이 사회적 위상에 손상을 주는 것으로 인식되지 않았기 때문이라고 볼 수 있다. 조선전기에 울산에서 호장이나 조문기관을 담당하는 가계의 위상이 좌수, 별감을 담당하거나 호적에 '幼學' 등으로 기재되는 계층과 큰 차이가 없었다고 볼 수 있는 것이다.

한편, 학성이씨 향리가계는 고위 중앙관직을 지낸 이예의 후손이라는 자부심과 혈연의식을 지니고 있었을 것이다. 이예는 가계의 위상을 높여주는 인물이었기에 이예로부터 이어지는 계보를 강하게 인식하고 성리학적 소양인 동성불혼의식과 부계의식을 강화해 나갔다고 볼 수 있다.

학성이씨 향리 가계에서 돌림자는 이 두 가지 요소, 즉 향리계층으

---

23) 『大峯集』 권3, 「行狀」, '李可臣', "公配 東部錄事鶴城李宗根之女 有婦人善行 先公四年卒."

로서의 정체성과 이예의 후손이라는 부계의식이 함께 작용하는 가운데 채택되었다고 볼 수 있다. 그리고 16세기 말에서 17세기 전반에 이루어 진 돌림자의 해체는 향리로서의 정체성이 소멸한 데 기인한다고 볼 수 있다.

결과적으로 조선에서 향리는 '중인'으로 인식되었다. 그러나 사회적 위상의 하락은 지역에 따라 차이가 있었을 것이다. 사족이 중앙정계에 활발하게 진출한 지역일수록 일찍 하락했을 것이다. 그렇지 못한 지역 에서는 점진적으로 하락했을 것이다. 울산은 조선전기에 과거 급제자 를 배출하지 못한 지역이라는 점에서 향리의 위상이 후대까지 높게 유 지되었음을 짐작할 수 있다. 이는 이종근의 후손이 조선전기에 지속적 으로 향리직을 수행한 것에서도 확인된다.

그러나 16세기 후반에 이르면 울산에서도 유학을 칭하거나 좌수 별 감을 담당하는 사족에 비해 향리를 저열한 신분으로 인식하기에 이르 렀다고 생각된다. 임진왜란을 계기로 신분을 상승시키는 사례가 증가 한 것도 향리의 위상을 낮추는 요인으로 작용했을 것이다. 이러한 환경 에 직면하여 학성이씨 향리가계는 향리라는 정체성을 버리고 사족으로 자처했을 했을 가능성이 있다. 항렬별 돌림자의 해체는 이러한 변동을 반영한다고 볼 수 있다.

이러한 추론의 타당성은 항렬자가 해체된 뒤에 '白'자 돌림 인물들의 후손들에게서 다시 항렬자가 시작된 것에서 확인할 수 있다. 이윤손 가 계에서는 이춘백, 이질백, 이신백이 기준인이 되었고, 이길 가계에서는 이만백이 기준인이 되어 그들의 아들부터 다시 항렬자를 사용하였다.

그런데 이들 '백'자 돌림의 인물은 임진왜란 때에 무과에 급제하거나 군공을 세워 향리직을 벗어날 권리를 얻은 인물이라는 점에서 공통점 이 있다. 이는 이윤손 가계에서 분명하게 확인된다.

인명		이영백	이춘백	이질백	이신백	이희백
무신보	직함	武科判官	原從功臣主簿	武科僉正	原從功臣嘉善大夫	原從功臣
1609년 호적	직함	出身禦侮將軍軍資監正	免鄕	出身訓練僉正		
	거주지	남면청량리	읍내리	남면청량리		
	처호칭	申氏	孫召史	朴氏		

위 〈표 9〉에서 보듯 이윤손 가계의 '白'자 돌림은 『무신보』에서 이영백, 이춘백, 이질백, 이신백, 이희백이 확인된다. 이 중 이영백, 이춘백, 이질백은 1609년 호적에서도 확인된다. 이영백의 직함은 1609년 호적에 '출신어모장군군자감정'으로, 『무신보』에 '무과판관'으로 기록되어 있어 무과 급제자임이 확인된다. 이춘백은 1609년 호적에 '免鄕'으로, 『무신보』에 '原從功臣主簿'로 기록되었고, 이질백은 1609년 호적에 '출신훈련첨정'으로, 『무신보』에 '무과첨정'으로 기록되었다. 이신백은 1609년 호적에서 확인되지 않으나 다른 기록에서 향리직을 담당하다 임진왜란 때의 공으로 면향한 것이 확인된다.[24] 따라서 이영백, 이춘백, 이질백, 이신백은 복수의 자료에서 임진왜란을 계기로 향리직에서 벗어났음이 확인된다. 이희백도 마찬가지였을 것이다.

따라서 호장·기관과 좌수·별감의 신분을 향리와 사족으로 구분하고 서열화하는 관점에서 볼 때 위 〈표 9〉의 인물은 가문을 새롭게 시작한 인물로 인식되었을 가능성이 있다. 김종직이 明法科에 급제한 고조부를 '김씨의 경사를 시작한 조상[金氏肇慶之祖]'이라고 표현한 것처럼

---

24) 본고 주 12) 참조

25) '白'자 돌림의 인물은 후손들에게 가문을 새롭게 연 인물로 인식되었을 가능성이 있는 것이다. 이에 향리로서의 정체성과 이종근의 후손이라는 혈연의식이 함께 작용하는 가운데 지속되어 오던 항렬별 돌림자가 해체되고 '白'자 돌림의 인물을 기준으로 다시 항렬별 돌림자를 채택하게 되었다고 볼 수 있다.

이러한 가능성은 이들의 부인에 대한 호칭이 균일하지 않고 거주지가 다르다는 점에서도 확인할 수 있다. 1609년 호적에 기재된 3인 중 이영백과 이질백은 남면 청량리에 거주하였다. 이영백과 이질백은 본래 읍내에 거주하다가 무과에 급제한 뒤에 청량리로 주소를 옮겼을 가능성이 크다. 읍내는 향리층의 거주지이고 외곽은 사족층의 거주지라는 인식이 강화되던 추세에 따라[26] 외곽으로 거주지를 옮겨 사족에 부합하는 삶을 택했다고 볼 수 있는 것이다.

이영백과 이질백이 사족으로 인정되었음은 처의 호칭이 '氏'로 기록된 것에서도 확인할 수 있다. 1609년 호적에서는 호장과 기관의 처를 일반 양인의 처를 칭하는 '召史'로 통일하여 기록하였다. 따라서 이영백과 이질백의 처도 임진왜란 이전에는 召史로 기록되었을 것이다. 이영백과 이질백의 처가 '氏'를 칭한 것은 무과급제를 통해 신분을 상승시켰기 때문이라고 볼 수 있다.

반면에 이춘백은 여전히 읍내에 거주할뿐더러 처도 '召史'로 호칭되었다. 이춘백은 '免鄕'했음에도 불구하고 향리직을 그대로 수행했음을

---

25) 『佔畢齋集』, 「彝尊錄」上, '先公譜圖第一', "以良醞府君 冠之別行者 良醞府君始能奮起鄕曲 化刀筆爲簪纓 上以紹正朝公 而下以啓諸子孫 實金氏肇慶之祖 故特表而出之也."

26) 이훈상, 「조선후기 읍치 사회의 구조와 제의 −향리집단의 정체성 혼란과 읍치 제의의 유희화−」, 『역사학보』 147, 1995.

알 수 있다. 그의 아들과 손자도 임진왜란 이후 호장과 기관을 담당하였다.

따라서 향리로서의 정체성과 동일 인물의 후손이라는 혈연의식을 공유하였던 학성이씨 향리 가계는 임진왜란 이후 개별 가계로 해체되어 나갔다고 볼 수 있다. 일부는 사족으로 신분을 상승시켜 거주지를 옮겼고 일부는 읍내에 남아 향리직을 수행하였다. 항렬별 돌림자의 해체와 새로운 시작은 이러한 변동을 반영하는 것으로 볼 수 있다.

4. 17세기 후반 향리직 이탈과 학성이씨 문중 성립

조선전기에 호장과 기관을 담당하던 학성이씨 향리가계는 임진왜란을 계기로 개별 가계로 해체되었다. 해체된 가계들은 명실상부하게 土族으로 상승한 가계와 '免鄕'의 자격을 인정받았으나 향리직을 계속 수행한 가계로 나뉜다. 그런데『울산부선생안』의 호장과 조문기관 명단을 보면 1660년 이후에는 '免鄕'한 가계의 구성원이 확인되지 않는다. 향리 명단에서 이들이 자취를 감춘 것은 이 무렵 향리직을 이탈하게 하는 또 다른 요인이 발생했음을 짐작하게 한다. 필자는 그 요인을 1668년『무신보』의 편찬과 학성이씨 문중의 성립에서 찾고자 한다.

조선후기의 족보 편찬은 문중 결성의 완결이라고 평가할 수 있다. 문중은 개별 가계에서 가까운 조상을 기준으로 결합하는 것에서 시작하여 점차 다른 가계와의 혈연적 동질성을 의식하는 것으로 확대되었다. 이에 복수의 가계에 공통되는 조상, 즉 始祖를 확정하고 후손의 계보를 정리하였다. 이렇게 확인한 시조 이하의 계보를 정리하여 족보를 편찬함으로써 구성원의 관계와 문중의 범위를 확정하였다. 학성이씨 향리 가계에서도 이 과정의 초기 단계에 진입했으나 다시 개별 가문으로 분열되었다.

『무신보』를 편찬하여 학성이씨 문중을 성립시킨 것은 사족 가계였다. 『무신보』가 간행된 1668년은 사족 가계에서 진행된 문중 결성의 움직임이 결실을 맺어 학성이씨 문중의 실체가 드러난 해라고 할 수 있다. 족보 편찬의 배경과 과정, 방법은 『무신보』의 서문에서 잘 확인된다.

① 내외 후손이 전국에 펼쳐 사는 숫자가 얼마나 되는지도 모르며…후손들은 이에 어두워 도무지 파별을 알지 못하니 이는 비록 우리들의 부끄러움이 아닐 수 없으나 이것 또한 족보에 기록되지 않은 데서 말미암았으니 부득이 족보를 간행하지 않을 수 없다…내가 이에 宗兄 廷義와 함께 여러 곳에 널리 알려 각파의 기록한 것을 거둬 고을 서쪽 청송사에 모두 모으니 이때에 曲江(興海)의 종인 時萬과 贊禹가 달려와 참여하였다. 이에 두루 찾고 널리 물어 근원을 궁구하고 파를 확인하며 의심되는 것을 묻고 거짓된 것을 판별하였다. 초고를 이루자 수량대로 재물을 내고 공장을 모아 나무에 새기니 廷義와 達英과 내가 감독하고 사형 夔가 틀린 것을 바로잡았다.···후손 익(艹+益)²⁷⁾

② 지난번 종숙 廷嚴氏가 그 종질 天機씨와 더불어 일찍이 족보를 편집해야 한다는 뜻을 품고 있었으나 일을 이루지 못하고 돌아가시니 이 또한 불행이었다. 근자에 宗叔 廷義씨가 익(艹+益)씨와 더불어 개연히 족보를 편집해야 한다고 하시고 스스로 그 책임을 지고 여러 종인들과 상의하여 함께 氏譜를 편찬하여 판각하니 中樞公(이예 ; 필자)으로부터 시작하였다.···후손 時萬²⁸⁾

---

27) "內外子枝蔓於中外 莫知其幾(중략)後生茫昧罔解派別 雖吾輩羞也 第緣譜錄之不傳焉 則玆者 宗譜之創容 有所不獲已者也(중략)余乃與宗兄廷義通論諸處 收各派所錄 咸會于府治西靑松寺 曲江宗人 時萬贊禹來赴焉 於是 旁搜博訪 究源尋派 質疑辨訛 裁成草藁 隨量出財 鳩工錄梓 廷義達英○余校董之 舍兄夔證証之(중략)仍孫익(+++益)"

28) "曩者 宗叔廷嚴氏與其從姪天幾씨 嘗有意修譜之擧 而未就繼逝 此又不幸矣 近者

③ 못난 내가 同宗의 극진한 위임을 받아 한 두 同志와 함께 널리 각파의 草藁를 찾아 來歷을 작정하여 족보를 완성하였다…후손 冀[29]

위 인용문에서 '내외 후손이 전국에 펼쳐 사는 숫자가 얼마나 되는지도 모르며…후손들은 이에 어두워 도무지 파별을 알지 못한다(①)'는 표현은 이예의 후손들이 그때까지 개별 가계나 지파로 나뉘어 생활해 왔음을 알려준다. 이예의 부계 후손들이 동류의식을 느끼고 단결하는 데에는 이르지 못했던 것이다. 한편, 이러한 상황을 잘못된 것으로 여기고 이예를 시조로 하여 개별 가계들을 통합하려는 욕구가 강화되었다.

이에 李廷嚴과 李天機 양인이 족보를 편찬하려 했으나(②) 뜻을 이루지 못하고 사망하였다. 결국 李익(艸+益), 李蘷, 李廷義, 李達英이 주도하여 족보를 편찬하였으며 興海에 살고 있던 李時萬과 李贊禹가 참여하였다.(①) 족보는 청송사에 모은 자료를 토대로 '두루 찾고 널리 물어 근원을 궁구하고 파를 확인하며 의심되는 것을 묻고 거짓된 것을 판별'하는(①) 방식으로 진행하였으며 이 작업에는 李冀을 비롯한 몇 사람이 참여하였다.(③)

이렇듯 『무신보』의 서문에서는 족보를 편찬한 이유와 과정, 편찬에 참가한 사람들이 확인된다. 족보는 각파에서 收單한 것을 정리하여 편찬한 것이 아니라 수집된 기록을 근거로 소수의 인원이 계보를 확정하는 방식으로 편찬하였다. 이는 '못난 내가 同宗의 극진한 위임을 받아 한 두 同志와 함께 널리 각파의 草藁를 찾아 來歷을 작정하여 족보를

宗叔廷義○與익(艸+益)○慨然 以修譜自任 遂謀諸宗族而共修氏譜 鏤板于梓 自中樞公始(중략)雲孫時萬"

29) "余以不侫 忝承同宗之隆委 與一二同志 廣覓各派草藁 酌定來歷 完成譜帙(중략)仍孫 冀"

완성하였다(②)'는 표현에서 잘 확인된다.

그런데 족보 편찬을 주도한 인물은 興海에 거주한 이시만과 이찬우를 제외하면 울산에서 座首와 別監을 배출한 가계 출신임이 확인된다. 『울산부선생안』에서는 이정엄이 1643~1648년에 별감을 지낸 것이 확인된다. 이천기는 1648~1660년 사이에 별감과 좌수를 역임하였다. 譜板을 새길 때 교정을 담당한 李虁는 1663년부터 1676년 사이에 좌수를 지냈다. 전 과정을 총괄한 것으로 보이는 이정의는 형제 李廷憲과 李廷禮가 별감과 좌수 명단에서 확인된다. 보판을 새기는 것을 감독한 李達英은 숙부 李天機가 1640~1660년대에 별감과 좌수를 지냈다. 각파의 草藁를 찾아 내력을 작정하여 족보를 완성한 李蕡은 1653년에 별감, 1656년에 좌수를 지냈다.

이처럼 『무신보』의 서문은 좌수, 별감을 배출해 온 사족 가계가 족보 편찬을 주도했음을 알려준다. 『무신보』는 이예의 아들 이종실의 후손으로 구성된 사족 가계 전체의 관심과 지원 속에서 편찬된 것이다. 『무신보』 서문에서 확인되는, 족보 편찬을 주도한 인물을 『무신보』에 수록된 인명을 이용하여 계보를 나타내면 다음과 같다.

아래의 4개 가계는 현재 학성이씨를 구성하는 5개 파 중 이윤손과 이길 가계로 구성된 청량파를 제외한 4개 파에 해당한다. 이렇듯 사족 가계에서 족보 편찬을 발의하고 집행한 반면, 향리가계인 청량파의 역할은 족보 서문에서 전혀 확인되지 않는다. 이는 족보 편찬 과정에서 청량파가 소외되었음을 알려준다. 향리가계는 『무신보』 편찬에 개입하지 않은 것이다. 따라서 『무신보』에는 좌수, 별감을 배출한 사족 가계의 견해나 이해에 부합하는 내용이 반영되었고, 향리가계의 견해나 이해는 제대로 반영되지 못했다고 볼 수 있다. 『무신보』는 학성이씨의 족보를 표방했지만 사실상 학성이씨 사족의 족보로 편찬된 것이다.

〈도표 4〉『무신보』편찬을 주도한 인물의 가계

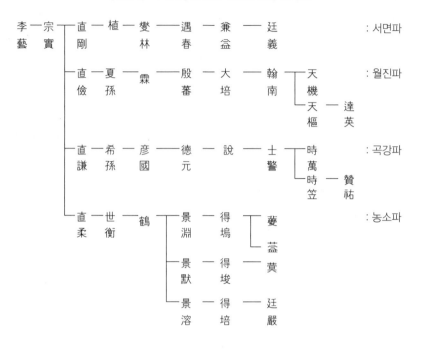

　　『무신보』의 편찬은 향리가계의 구성원에게 기회와 위험을 동시에 안겨주었다고 생각된다. 족보에 수록되는 것은 그 가계가 사족임을 인정받는 것이었다. 이는 '免鄕' 했으면서도 호적에 幼學이나 氏로 기재되지 못하는 가계에 큰 의미가 있었을 것이다. 그러나 족보의 편찬은 사족이 주도했기에 사족의 이해에 부합하지 않으면 수록될 수 없었을 것이다. 居昌 辛氏의 족보가 처음 편찬된 1548년 이후 1692년까지 사족 가계만 수록되고 현직 향리 가계가 배제된 것처럼[30] 학성 이씨 최초의 족보인 『무신보』도 현직 향리를 이예의 嫡系 후손으로 인정하려 하지 않았음을 짐작할 수 있다. 이러한 태도는 이길 가계에 속하면서『무신

---

30) 이훈상, 「『거창 신씨 세보』의 간행과 향리파의 편입」, 『백산학보』33, 1986.

262　조선왕조 호적, 새로운 연구방법론을 위하여

보』 편찬 이후에 향리직을 수행하지 않은 인물과 향리직을 계속 수행한 인물의 수록 여부에서 잘 확인된다.

<표 10> 1705년 호적에 수록된 이길 가계의 인명과 직역

호주	나이	부	조	증조
李徵健 (강절교위용양위 부사과)	53	慶蘭(계공랑)	晩白(절충장군첨지중추 부사)	岳(증선무원종공신가선 대부지중추부사)
李世傑 (律生)	33	而華(통정대부)	慶傑(武學)	晩白(절충장군동지중추 부사)

위 <표 10>에서 호주는 이길의 아들 이만백의 손자 이징건과 증손자 이세걸이다. 『무신보』에 이길이 수록되었으므로 이들의 가계도 『무신보』에 수록되어야 마땅하다. 이징건과 그의 부친 慶蘭은 수록되었다. 한편, 이세걸은 나이가 33세이므로 『무신보』를 편찬한 1668년에 부친 而華는 성인이었다. 그러나 『무신보』에는 而華는 물론 慶傑도 수록되지 않았다. 이러한 차이는 이세걸의 직역 '율생'과 이징건의 직함 '강절교위용양위부사과'의 차이에서 기인했다고 생각된다. 이예의 후손일지라도 향리직에서 이탈한 가계는 수록하고, 향리로 남은 가계는 수록하지 않는 것이 『무신보』의 수록 원칙이었다고 볼 수 있는 것이다.

1660년을 마지막으로 이윤손과 이길 가계의 후손이 『울산부선생안』의 향리 명단에서 사라진 것은 이들 가계가 학성이씨 문중의 성립이 본격화되던 시기에 향리에서 이탈했기 때문이라고 볼 수 있다. 향리에 대한 사족의 우위가 굳어진 시기에 『무신보』의 편찬은 향리가계가 사족으로 자리매김할 수 있는 최후의 기회가 되었을 것이다. 이들 가계는 임진왜란 때에 '면향'했을 뿐더러 이예의 공패가 있었으므로 합법적으로 향리를 면할 수 있었다. 이에 이들 가계는 향리직을 포기했다고 생각된다.

사족들이 문중으로 결속하고, 향리가 '중인'으로 굳어지는 환경에 직면하여 '士族'으로 자리매김할 수 있는 마지막 기회를 택한 것이다.

5. 맺음말

이제까지 울산지역 학성이씨 향리가계의 구성과 혈연의식, 사족화 과정 등을 살펴보았다. 학성이씨는 鄕吏 출신인 동지중추원사 이예 (1373~1445)를 시조로 한다. 이예는 자손의 면역을 허가하는 공패를 받았으며 아들로 이종실과 이종근을 두었다. 이종실의 후손은 조선전기부터 울산에서 향임을 담당하는 사족으로 자리 잡았다. 반면에 이종근의 후손은 향리로 남아 조선전기에 호장, 기관을 담당하였다.

학성이씨 향리가계는 혼인 및 혈연과 관련된 관행에서 성리학적 질서를 수용하였다. 1609년 호적에 수록된 이윤손 가계는 동성동본혼을 피했을 뿐더러 16세기 초반부터 항렬별 돌림자를 채택하였다. 돌림자의 적용 범위는 계속 확대되어 16세기 중후반에는 이윤손 가계와 별도의 가계를 유지하고 있던 이길 가계까지 포괄하기에 이르렀다. 그러나 임진왜란 이후 항렬별 돌림자는 이들 가계에서 소멸하고 개별 인물을 기준으로 다시 시작되었다.

이 무렵 학성이씨 향리가계는 武科에 급제하여 사족으로 전환하거나 免鄕하여 鄕吏를 벗어날 자격을 인정받았다. 免鄕한 가계는 임진왜란 이후에도 호장, 기관을 담당하였으나 1660년을 마지막으로 향리직에서 이탈하여, 1668년에 최초로 간행된 족보에 이예의 적계 후손으로 수록되었다.

학성이씨 향리가계는 울산지역에서 상급향리층의 신분이 '중인'으로 하락하기까지의 과정을 잘 보여준다. 15세기에 이예의 후손이 좌수·

별감을 담당하는 士族과 호장·기관을 담당하는 吏族으로 분화한 것은 울산 지역에서 吏族의 위상이 士族과 대등했음을 알려준다. 그리고 향리 가계가 조선전기에 동성동본혼을 하지 않고 항렬별 돌림자를 채택한 것은 이 가계가 일찍부터 부계혈연의식을 수용하고 강화했음을 알려준다. 특히 돌림자 사용의 시기와 양상이 사족 가계와 같다는 점은 이들이 이예의 후손임을 자각하는 가운데 향리가계의 정체성을 유지했음을 시사한다. 따라서 조선 전기에는 울산 지역에서 향임층과 호장층을 신분적 차이로 인식하지 않았다고 볼 수 있다. 이는 좌수, 별감과 호장, 조문기관이 함께 수록된 『울산부선생안』의 체제에서도 엿볼 수 있다.

임진왜란을 전후하여 학성이씨 향리가계에서 돌림자가 사라진 것은 향리의 위상이 하락하여 '중인'으로 인식되기에 이르렀음을 시사한다. 향리가계의 부계혈연의식은 향리직 수행을 전제한 것이었다. 그러나 향리의 사회적 위상이 하락하여 호장 가계까지 사족보다 열등한 신분으로 인식되자 임진왜란을 계기로 향리를 벗어날 기회를 얻고 이것을 가문의 새로운 시작으로 설정하였다. 돌림자의 해체는 과거와 단절하려는 의도가 반영된 것이라고 이해할 수 있다. 돌림자의 새로운 시작은 사족 신분을 얻은 인물을 기준으로 새롭게 출발한다는 인식이 반영된 것으로 이해할 수 있다.

특히 임진왜란을 계기로 '免鄕'한 가계가 1660년에 이르기까지 상층 향리직을 수행한 것은 면향이 士族으로의 신분 전환을 보장하는 것이 아니었음을 알려준다.[31] 향리직을 수행하지 않을 권리는 얻었지만 士

---

31) '免鄕'이면서도 향리직을 담당한 것은 '면향'이 신분 상승을 뜻하는 조치가 아니라 신분 상승의 가능성을 허락하는 조치였기 때문이라고 생각된다. '免鄕'은 면향한 이후의 사회적 위상이 戶長보다 높아야 실질적인 의미를 지닐 수 있었을 것이다. '免鄕'이 正

族으로의 진입은 인정되지 않았기에 그대로 향리직에 머물러 있었다고 판단된다. 즉, 상층 향리가계의 위상은 일반 양인보다 우월하였지만 사족보다 저열하게 굳어졌다고 볼 수 있다. 따라서 이 시기의 '면향'은 향리층 내에서의 위상을 높여주는 역할을 할 뿐이었다고 생각된다. 그런데 학성이씨 사족 가계의 주도로 족보 편찬이 본격화된 것은 향리의 위상이 더욱 하락하는 계기가 되는 동시에 향리직에서 이탈하여 사족으로 인정받을 수 있는 기회가 되었다고 생각된다.

사족 가계에서는 시조에서 연원한 派系를 확인하고 족보를 편찬하여 혈연의 범위를 확정하려 하였다. 이종근의 후손은 이예의 후손이 명백하였으므로 족보편찬을 주도한 사족들도 그 사실을 인정할 수밖에 없었다. 그러나 족보는 사족 신분을 확인하는 역할을 하였기에 현직 향리에 있으면 족보에 수록하지 않는 방침을 고수하였다. 이에 '면향' 이후에도 향리직을 수행해 오던 가계는 더 이상 호장과 조문기관을 내지 않고 사족의 이상에 부합하는 삶을 택하였다고 볼 수 있다.

이상의 결론은 울산에 국한된 사례를 분석하여 도출한 것이므로 근거가 충분치 못하다는 지적을 받을 수 있다. 또한 울산지역에서 확인한 현상을 다른 지역에도 적용할 수 있을지 확신하기 어렵다. 그러나 울산의 학성 이씨는 사족과 향리 가계로 나뉘어 울산과 인근 지역에 거주하고 邑司와 鄕廳에서 집무하였으므로 상호 긴밀하게 교류하고 소통했음을 짐작할 수 있다. 부계 단결을 강화하여 가문의 위상을 높이고 특권을 유지하려 한 사족 가계의 움직임은 향리 가계에 신속히 전달되었을 것이다. 이예의 후손으로 구성된 향리 가계가 조선전기부터 免鄕을 보

兵 등 일반 양인의 직역으로 옮기는 것이라면 호장 가계에서 향리직을 벗어날 이유는 없었다고 생각된다. '면향' 이후의 실질적인 위상은 가계의 소양이나, 평판, 경제력, 제도적 조치 등 다른 요소들이 복합적으로 작용하여 결정되었다고 생각된다.

장받았음에도 향리직을 수행하다『무신보』를 편찬하던 시점에 이르러 완전히 이탈한 것은 이 무렵 상층 향리 가계나 향리직을 사족에 비해 저열하게 보는 인식이 고착되었음을 반영한다고 판단할 수 있다.

[원문출처:『고문서연구』40, 2012]

19세기 거제도 舊助羅 촌락민의 職役變動과 家系繼承 양상: 『項里戶籍中草』를 중심으로

송양섭

1. 머리말

호적대장에 담긴 직역과 관련된 여러 가지 정보는 조선후기 신분변동의 사회상을 계량적으로 지지해주는 중요한 근거로 활용되어 왔다. 하지만 근자에 이루어진 단성·대구 등 각 지역 호적대장에 대한 방대한 규모의 데이터베이스는 연구의 새로운 전기를 마련했고 이를 바탕으로 제출된 일련의 실증 연구는 호적대장의 정보를 곧바로 사회신분제의 변동이나 붕괴를 보여주는 근거로 활용하는 통설에 대한 근본적 재검토를 요구하고 있다.[1] 특히 19세기 역동적인 신분제 해체상과 사실상 등치되어 왔던 직역변동의 구체적인 양상은 그것이 가진 사회신분제와의 관련성을 감안하더라도 그 자체로 합리적 해석이 곤란한 여러

---

1) 최근 호적대장 연구 동향에 대해서는 송양섭, 「조선후기 신분·직역 연구와 '직역체제'의 인식」, 『조선시대사학보』 34, 2005; 권내현, 「조선후기 호적·호구의 성격과 새로운 쟁점」, 『한국사연구』 135, 2006; 심재우, 「조선후기 사회변동과 호적대장 연구의 과제」, 『역사와 현실』 62, 2006 참조.

가지 난제를 안고 있음에 분명하다.

그것은 다름 아닌 직역이라는 형태로 이루어진 국가적 차원의 인민 파악 방식과 관련된 문제였다. 이른바 '직역체제'는 사회신분제의 틀과 밀접하게 연관되어 서로 영향을 주고받으면서도 그 자체로 독자적인 운영원리를 가진 범주였다. 직역을 둘러싸고는 여러 가지 과제가 있지만 그 중에서도 19세기 호적대장에 광범위하게 나타나는 '유학' 직역으로의 통합현상을 어떻게 이해해야 할 것인가 하는 점은 이 시기 사회상과 관련하여 해명하지 못한 오랜 과제 중 하나이다. 同 시기 '幼學'의 폭발적 증가는 이 글이 분석대상으로 삼는 거제도 구조라 마을도 예외가 아니었거니와 육지와 이격된 도서·어촌 지역이라는 점은 본 연구가 특수한 성격을 가진 개별사례로서 한계를 벗어날 수 없을지도 모른다. 하지만 이러한 점이 오히려 내륙지역의 사례에 비해 직역의 운동양상을 단기적이고 압축적인 형태로 보여줄 수 있다는 점에서 직역체제를 관통하는 원리적 측면을 보다 명징하게 이해할 수 있는 중요한 단서를 담고 있을 수도 있다고 생각한다.

이 글에서 주 자료로 활용할『項里戶籍中草』를 포함한 舊助羅(項里) 마을 古文書群은 지난 1994~1995년 한국학중앙연구원에 의해 조사가 진행되어 그 현황에 대한 상세한 소개가 이루어진 바 있다.[2] 이후 이들 고문서를 활용한 성과가 몇 편 제출되었다. 즉, 구조라 인근 수군진과의 관계를 고려하면서 호적중초를 분석하여 마을민의 생활상을 살피고

---

2) 현재 구조라 마을 회관에 소장되어 있는 이들 고문서는 1998년 한국학중앙연구원에서『고문서집성』35(거제 구조라리편)로 묶여 나왔으며 인터넷으로도 열람이 가능하다 (http:// archive.kostma.net). 자료집 서두에 첨부된 정순우·안승준,「거제도 구조라리 고문서와 그 성격」을 통해『항리호적중초』를 비롯한 구조라 고문서의 종류와 내용을 일별할 수 있다.

자 한 연구,[3] 구조라 마을의 사회상을 검토하면서 호적중초를 통해 구조라 마을의 혼인양상·양자입양·가족구조 등을 살핀 다음 書目·完文 등에 나타나는 인물과 호적중초의 내용을 연결시켜 당해 戶와 가족의 변화를 고찰한 논고가 그것이다.[4] 이들 연구는 대부분 호적중초를 중심으로 구조라 마을에 부과되는 각종 부세운영의 실태를 소개하면서 호와 가족구조의 특성을 밝히는 형태를 취하고 있다. 그런데 여기에서 지적되지 않으면 안 되는 문제 중 하나는 이들 연구가 모두 호적대장에 등재된 戶口가 현실사회의 자연가호라는 전제를 바탕으로 논의를 진행시키고 있다는 점이다. 이는 호적대장의 호에 대한 성격을 둘러싸고 진행된 근자의 硏究史를 전혀 의식하지 않은 것으로 구조라 호적중초에 담긴 주요 정보에 대한 실증적인 검토가 거의 없었음을 의미한다고 할 수 있다.[5]

따라서 구조라 호적중초에 대한 분석도 자체에 담긴 각종 정보에 대한 기초적 분석을 바탕으로 국가의 호구정책과 직역운영의 전반적인 추세를 감안하면서 촌락내부의 사회실상을 통일적으로 이해하고자 하는 노력이 필요하다고 생각한다. 구조라 마을은 연해 도서지역이라는 자연지리적 입지와 함께 경상우수영 관할 수군진이 밀집된 군사지역이라는 특성을 함께 가지고 있었다. 이러한 점은 구조라의 직역변동이 자체의 사회적·경제적 기반을 바탕으로 수군진 운영의 磁場 안에서 다양한 형태로 호적중초에 현상될 수 있음을 의미한다. 구조라 마을은 다

---

3) 김현구, 「조선후기 연해민의 생활상-18~19세기 거제부를 중심으로」, 『지역과 역사』 8, 2001.

4) 이종길, 「호적자료를 통해 본 조선후기 어촌사회의 가족관계-거제도 구조라 '항리호적중초'를 중심으로」, 『동아법학』 57, 2012; 이종길, 「19세기 巨濟島 '項里' 漁村社會相에 대한 一考-'巨濟島舊助羅' 古文書를 중심으로」, 『장서각』 30, 2013.

5) 정진영, 「조선후기 호적 '호'의 편제와 성격」, 『대동문화연구』 40, 2002 참조.

른 지역에서 공통적으로 관찰되는 직역변동의 추세에 휩쓸리면서도 군역·신역제의 완고한 존속을 강제당하는 위치에 있었으며 이상의 제요인이 복합적으로 작용하여 타 지역과 구별되는 마을 특유의 직역변동 양상을 드러내고 있었던 것으로 생각된다.

이 연구는 19세기 구조라 마을 호적중초의 분석을 통해 직역변동의 구체적인 양상을 살펴보고 이를 바탕으로 국가적 차원의 대민 파악과 사회적 수준의 家系가 만나는 접점에서 나타나는 제반 특성을 밝힘으로써 국가적 차원의 직역운영과 사회적 차원의 신분변동을 통일적으로 이해하기 위한 출발로 삼고자 한다. 이는 국가권력 침투의 최말단인 촌락 수준에서 표출되는 '지배와 대응'의 역동성이 촌락민의 삶을 어떠한 형태로 규정하고 있는지 고찰하기 위한 전제이기도 하다.

2. 『項里戶籍中草』의 특징과 호구파악 방식

거제도에는 일본의 침입을 염두에 둔 군사기구와 국방시설이 밀집해 있었다. 거제도의 군사적 중요성은 이미 임진왜란기 이 지역을 중심으로 벌어진 수많은 海戰이 스스로 증명하고 있거니와 전쟁 후에도 일본과의 공식적·비공식적 접촉은 끊이지 않았던 것은 지역이 가지는 지리적 조건을 잘 보여주고 있다. 인근에 통제영이 설치되어 있고 경상우수영 관할 수군진 7개가 島內에 布設된 것은 이 때문이었다. 거제도 동남단에 위치한 舊助羅 마을의 명칭은 助羅鎭의 옛 소재지라는 의미로서 '助羅'는 '(목을) 조르다'의 音借라고 전해진다. 구조라는 일명 '項里'라고도 하는데 이는 마을의 형태가 長鼓의 목(項)과 흡사한 데서 유

래했다고 한다.[6] 구조라는 "四面이 바다로 둘러싸여 一境에 산이 많고
곡식이 나는 땅이 부족하여 백성이 살아갈 방도가 극히 어려워"[7] "居民
이 海業으로 資生하"는[8] 연해 어촌마을의 전형적인 특성을 보인다. 북
병산 자락이 커다랗게 감싸고 있는 구조라 마을은 선박접안이 용이할
뿐 아니라 마을의 수정봉에서 遠海까지 조망이 가능한 천혜의 군사적
조건을 갖추고 있었다. 일찍부터 마을에 구조라 성이 축조되어 있는 것
도 우연이 아니었다. 구조라를 중심으로 오른쪽으로 臥峴 · 倭仇(曳龜),
왼쪽으로 楊花 · 望峙 마을이 각각 마주보고 있는데 이들 5개 마을은
협력과 갈등을 겪으면서 지역사회의 현안을 협의하고 국가의 각종 수
취에 대응하는 등 서로 밀접한 관계를 맺고 있었다.

이상과 같은 점을 염두에 두고 구조라 마을의 호적인『항리호적중초』
를 통해 호구파악방식과 그 특성을 살펴보자. 우선, 구조라 호적은 里
단위 中草의 형태로 남아있다는 점이 특징이다. 일반적으로 호적작성
은 한성부의 지시에 의해 각 군현이 戶籍所를 설치하고 예하 면리에 이
를 시달하면서 시작되었다. 여기에 민은 각기 호구단자를 작성하여 제
출하고 이에 따라 초본격인 중초가 만들어졌다. 그 과정에서 統記를 비
롯하여 출생 · 사망 · 이동 등과 관련된 각종 成冊類가 작성되었다. 중
초는 마지막 손질을 거쳐 정식 호적대장으로 마무리되었다. 현재 호적
중초가 남아있는 지역은 구조라 마을 이외에도 1750년 경상도 단성의
북면 · 신등면, 1819년 경주 양좌동 초안, 19세기말 전라도 남원의 둔덕
방, 제주도 대정현의 하원리 · 덕수리 · 색달리 · 금물로리 · 사계리 등

6) 정순우 · 안승준,「거제도 구조라리 고문서와 그 성격」『고문서집성』35(거제 구조라리
    편), 1998.

7) 『古文書集成』35,「項里各等進上捄弊節目」.

8) 『古文書集成』35,「巨濟外山底居民等狀」(1850).

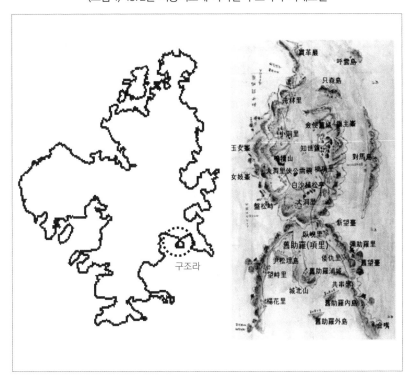

〈그림 1〉 1872년 지방지도에 나타난 구조라와 지세포진

을 들 수 있다.[9]

　구조라의『항리호적중초』는 기재 상 여타 호적대장과 약간의 차이가 있다. 호적대장의 일반적인 형식을 살펴보면 作統의 순서대로 호를 배열하고 주호를 중심으로 배우자의 부·모·조·증조·외조에 대한 직역과 성명이 담겨 있다. 戶內 率口에 대해서도 직역, 성명, 연령(간지), 본관 등이 나타나고 逃亡·別戶·死亡(故)·加現·加入·自首·加戶·新戶 등 호구변동에 대한 정보가 실려 있다. 노비의 경우, 거주지,

---

9) 권내현, 「조선후기 호적의 작성과정에 대한 분석」, 『단성호적대장연구』, 대동문화연구원, 2003 49~60면.

상전의 직역·성명·거주지 등에 대한 정보가 담겨있다. 구조라 호적중초의 경우에는 作統을 통해 호를 편성하고 호의 구성원인 호주·배우자, 그리고 率口를 기재하고 있는데 이들 호의 구성원에 대해서는 직역·성명·나이(간지 없음)만이 기재되어 있고 본관·호구변동사항·노비 등은 생략되어있다.[10] 주호와 그 배우자에 대해서도 母와 四祖에 대한 정보가 없다. 이 같은 특징은 구조라 호적중초가 문자 그대로 중초이기 때문일 수 있으나 19세기 후반 호적의 기능이 변화함에 따라 처음부터 호적의 형식을 간략하게 했을 수도 있다.

<표 1> 『항리호적중초』에 나타난 成册類

순번	1863년	1887년	1890년
①	元人口中草	中草(1)	官中草(1)/里中草(1)
②	摠計成册	摠計(1)	摠計(1)
③	男女區別	男女區別(1)	男女區別(1)
④	丁男成册	男丁(1)	男丁(1)
⑤	戶牌成册	戶牌(1)	戶牌(1)
⑥	逃亡物故成册	逃亡絶戶(2)	逃亡絶戶(2)
⑦	境內移去來成册	境內移去來(1)	境內移去來(2)
⑧	他官移去來	他官移去來(2)	他官移去來(2)
⑨	生産成册	生産物故(2)	生産物故(2)
⑩	厘正監考姓名成册	厘正監考(1)	厘正監考(1)
⑪	統首成册	統首(1)	統首(1)
⑫	都摠成册	(판독불능)	

* 자료 : 『항리호적중초』

---

10) 구조라 호적중초에는 노비가 단 한명도 나타나지 않는데 그것이 현실을 반영한 것인지는 대단히 의문이다. 비교적 늦은 시기인 1904년 船商會社船案이라는 이름의 奴가 나타나는 것으로 보아(『古文書集成』35,「船商會社大中小船案成册」1, 381~382면) 구조라 마을에도 노비의 존재가 확인되는데 어떠한 이유인지 호적중초에는 단 한명의 노비도 등재되지 않고 있다.

戸籍改修에 부수되는 여러 가지 成冊類도 만들어졌다. 『항리호적중초』 작성과정에서 생산된 성책류는 모두 12종으로 확인되는데 그 내역은 〈표 1〉과 같다. 성책 자체가 남아있지 않기 때문에 명칭에 따라 몇 가지로 나누어 그 내용을 추측할 수밖에 없다. 우선 ①②의 경우는 지역에서 운영되는 戸口摠에 맞추어 口數를 파악하고 이를 정리한 것으로 생각된다. 1890년에 나타나는 『官中草』는 거제부에서, 『里中草』는 구조라 마을에서 작성한 것으로 생각된다. ②『摠計成冊』은 ①을 총괄한 것으로 생각되지만 정확한 내용은 알 수 없다.

③④⑤의 경우는 파악된 호총과 구총에서 男女의 성별구분, 국역담당의 주축인 丁男과 15~20세에 해당하는 연령을 파악하여 정리한 것으로 생각되는데 이는 호적대장이 각종 역의 부과와 부세운영의 기초자료로 활용되고 있음을 확인 해준다. 그 다음은 주로 출생(4~5세 대상)·사망·도망 등과 관련된 인구의 자연증감(⑥⑨)이나 거주지 이동(⑦⑧)과 관련된 정보를 정리한 내역이 있다. 아울러 호적작성을 담당한 사람의 내역(⑩)이나 오가작통 운영을 위한 통수명단(⑪)도 작성되었다. ⑫ 『都摠成冊』은 이상의 내역 전체를 총괄한 것으로 생각되지만 정확한 내용은 알 수 없다. 성책별로 괄호 안에 기재된 수자는 아마도 해당 사안이 발생한 건수를 나타내는 것으로 판단되는데 대부분 1~2건인 것으로 보아 이 시기 구조라는 급격한 변동 없이 매우 안정적으로 유지되고 있는 촌락이라 해도 좋을 것이다. 후술하겠지만 이러한 점은 호적상 호총·구총의 급격한 변화를 출생·사망·이동 등 자연적인 증감으로 설명하기 어렵다는 것을 방증한다.

한편, 구조라의 호적중초는 이른바 籍所에서 주관하여 만들어졌으며 그 책임자는 厘正과 監考였다. 이정과 감고의 이름은 호적중초 말미에 기재되어 있는데 厘正은 姜(1863), 金(1881), 朴(1884), 金(1887)

과 같이 姓만 기재하다가 1890년에 '金季贊'의 형태로 이름까지 나타난다. 監考는 金又官(1863), 金季出(1881·1884), 崔一權(1887), 崔一祚(1890)로 확인된다. 1893년에는 厘正과 監考 모두 기재되지 않았다. 직역을 통해 이들의 마을 내 위상을 추정해 보자. 厘正의 경우 성명이 기재된 김계찬을 통해 추측할 수밖에 없는데 김계찬은 호적중초 1863~1890년의 5개 식년에 직역이 없는 상태로 등장한다. 김계찬은 1863년 할아버지인 유학 김흥복 호에, 1881~1890년에는 아버지인 유학 김성윤 호에 率口로 포섭되어 있었다. 단정하기는 힘들지만 할아버지와 아버지의 직역이 유학인 것으로 보아 김흥복家의 마을 내 지위는 비교적 상위에 속했다고 해도 좋을 것이다.

監考의 경우는 어떨까? 김우관은 업무방군(1863), 김계출은 목자(1863·1881·1884), 최일권은 부사모군(1863), 부사부(1881~1893) 등으로 직역이 나타난다. 다만 1890년 감고 최일조는 호적중초에서 찾을 수 없는데 이것이 漏籍 때문인지 改名으로 인한 것인지는 알 수 없다. 어쨌든 확인되는 감고의 직역은 모두 군역·신역이었다. 이를 통해 볼 때 이정의 마을 내 지위가 감고보다는 높았고 호적 작성 과정에서의 역할도 상이했을 것으로 추측할 수 있다.

『항리호적중초』는 본문의 내용과 말미에 주요 수치를 요약한 '已上'(또는 '都已上')條로 나눌 수 있는데 '已上' 중 口摠에 대한 남녀구별은 1887년부터 나타나지 않는다. 그런데 〈표 2〉에서 보는 바와 같이 본문의 수치를 집계한 총수와 '이상'조의 수치도 약간의 차이를 드러내고 있다. 차이 자체는 매우 미세하지만 里別 호적을 면단위로 취합한 후 군현단위로 편제할 경우, 그 격차는 매우 큰 폭으로 벌어질 수밖에 없다. 본문과 (都)已上의 수치간 괴리는 19세기 호적에 나타나는 일반적인 현상인데 구조라 호적중초의 경우에도 예외가 아니었던 것

연도		1863	1881	1884	1887	1890	1893
男	본문	140	126	127	67	78	82
	이상	141	126	127			
女	본문	103	85	84	47	41	41
	이상	106	86	84			
性比(男口數/女口數×100)		135.9	148.2	151.2	142.6	190.2	200
구총	본문	243	211	211	114	119	123
	이상	247	212	211	113	122	125
호총(본문)		73	69	67	41	43	42
호당구수(본문)		3.33	3.06	3.15	2.78	2.77	2.93

이다.[11] 표에서 보는 바와 같이 호총과 구총은 점진적인 저하를 나타내 거의 반 가까이 줄어드는 양상을 보이는데 특히 1884~1887년의 구간은 도저히 자연적인 증감만으로 설명할 수 없을 정도로 큰 낙차를 보인다. 1887년부터 '已上'의 남녀별 구총이 기재되지 않는 등 형식상의 변화도 이 시기 호구파악 방식에 중대한 변화가 있었음을 의미한다. 같은 시기 거제부 전체의 호구파악도 커다란 변화를 보이는데 1880~1895년 기간 동안 호총은 7,509호에서 3,698호로, 구총은 31,281구에서 13,958구로 큰 폭의 감소를 보이고 있었던 것이다.[12]

---

11) 경상도 단성호적대장의 경우 19세기 중엽 이후 '都已上'과 本文의 수치가 완전히 분리 되어 별도의 운영원리를 가지게 되는데 군역의 경우, 군포수취를 위한 군현단위의 軍 額이 '도이상'에서 회복된 반면 본문은 이와는 별도의 기재원리가 작동하고 있었다. 어쨌든 군역수취는 도이상조를 근거로 이루어지고 있었으며 이는 당시 부세운영전반 에 광범위하게 적용되고 있는 '比摠'의 원칙과도 관련되었다(송양섭, 「18 · 19세기 단 성현의 군역파악과 운영」, 『단성호적대장연구』, 대동문화연구원, 2003, 435~437면).

12) 이와 관련하여 19세기 중엽 경상도 慶山縣의 傳令은 매우 시사적이다. 경산현은 강 력한 호구파악을 통해 추가로 227호를 확보하였는데 官에서도 이것이 지나치다고 판

호총에 대한 구총의 비율, 즉 호당구수는 3.33(1863)에서 3.06(1881), 3.15 (1884)를 거쳐 2.79(1887), 2.77(1890), 2.93(1893) 수준까지 크게 떨어진다. 여기에서도 1884~1887년 구간에 나타난 구총 및 호총의 격감이 호당구수의 대폭적인 저하(3.15 → 2.78)를 가져온 주요인이 되었음을 알 수 있다. 구조라가 속한 거제부도 18세기 중엽 4.6~4.5에서 19세기 접어들어 4.7(1832), 4.8(1860년경) 정도에서 움직이다가 이후 4.2(1880년경), 3.8(1895), 3.6(1899)으로 크게 낮아지고 있다. [13]

반면 전국의 호당구수는 18세기 4.12(1759), 4.28(1834), 4.25(1861) 정도에서 움직이다가 19세기 중엽을 거치면서 4.3(1864), 4.2(1888) 수준에서 안정된다. [14] 구조라 마을 호당 구수는 이들과 비교해 매우 낮은 수준이었고 그 궤적은 경향적으로 거제부와 보조를 같이하는 반면 전국평균과는 상이한 형태였던 것이다. 이는 일단 구조라에 가해진 호총의 압력이 구총의 압박보다 상대적으로 높은데서 기인하는 것이지만 정확한 이유는 알 수 없다. [15]

단한 듯 하다. 결국 227호 중 127호를 줄이고 100호만을 호총에 추가하도록 하여 이를 各洞에 분배하도록 하고 있다(『玉山文牒抄』, 「戶籍事傳令各面」). 이 사례는 호구파악이 현실의 인구수와 별도로 호구총의 형태로 운영되고 있음을 보여준다. 이미 다른 지역 사례 연구에서 누차 지적된 바 있지만 구조라의 호총과 구총도 실제 호구와는 별도로 부세운영을 매개로 官·民間 타협과 조정의 결과물임은 의심의 여지가 없다.

13) 김현구, 앞의 논문, 2001, 52~53면.

14) 허원영, 『19세기 제주도의 호구와 부세운영』, 한국학중앙연구원박사학위논문, 2006 240면.

15) 戶當口數는 지역의 환경 및 호구파악·직역운영 등과 관련하여 다양한 형태로 나타난다. 제주도의 경우, 1894~1897·1898년 구간에 6.88 → 3.09(덕수리), 9.12 → 3.85(하모리), 7.28 → 4.25(하모리)로 호당구수의 급격한 저하가 포착되는데 그 이유는 구총의 변동이 거의 없는 상태에서 호총이 크게 늘어났기 때문이었다(허원영, 2013 「19세기 제주도의 호적제 운영과 가족제도의 변화」 『장서각』 30). 구조라 마을의 호구관련 통계의 추이는 자연적인 호구증감과는 별도로 이루어지는 왕조정부의 정책에 의한 호구파악의 메커니즘이 예외 없이 관통하고 있음을 잘 보여주고 있다.

한편, 남녀의 성비(본문기준)는 135.9(1863) → 148.2(1881) → 151.2(1884) → 190.2 (1890) → 200(1893)로 처음부터 상당한 남초 현상을 보이다가 이후 200까지 급격하게 치솟는 모습을 보인다. 거제부 전체의 성비를 보면 18세기 중엽 87.4~90.1로 여초를 기록하다가 19세기 전반과 중반을 거치면서 남성이 비율이 서서히 높아져 100.3, 106.8 정도로 비슷해지고 19세기 후반에 접어들어서는 121.6, 159.0, 149.8로 기형적일 정도로 심각한 남초 현상을 보이고 있다.[16] 구조라와 마찬가지로 19세기 후반 남초 현상은 거제도 지역의 일반적인 현상인데 이러한 성비 또한 현실을 그대로 보여주는 것이라고 볼 수 없다. 아무래도 연해 어촌지역의 취약한 경제적 기반에 호 단위로 운영되는 각종 부세제도, 그리고 수군진 등 군사기구의 영향이 복합적으로 작용하여 이러한 모습이 나타난 것이 아닌가 생각되지만 이 또한 추측에 불과하다.[17]

구조라의 호구현상에 대한 이해에 한 걸음 더 다가가기 위해 호적중초에 나타난 남녀의 연령별 인구분포를 식년별로 나타낸 것이 〈그림 2-1〉~〈그림 2-6〉이다. 피라미드 내지는 종형 구조로 기대되는 정규

---

16) 거제부 전체의 호구 현황의 시기별 추이는 다음과 같다(김현구, 앞의 논문, 2001, 52~53면을 통해 작성).

시기	18세기 중엽	1759년	1832년	1860년경	1880년경	1895년	1899년
男口	11540	11721	15777	16586	17166	8569	8518
女口	13194	13013	15725	15522	14115	5389	5685
口摠	24734	24734	31502	32108	31281	13958	14203
戶摠	5371	5503	6660	6641	7509	3698	3925
戶當口數	4.6	4.5	4.7	4.8	4.2	3.8	3.6
性比	87.4	90.1	100.3	106.8	121.6	159.0	149.8

17) 1910년 구조라 마을이 속해 있는 일운면의 호수는 1,064호 이고 인구는 남 2,899명, 녀 2637명 총 5,536명으로 성비는 109.9, 호당 구수는 5.2를 기록하고 있는 것(『民籍統計表』, 內部警務局, 1910)에 미루어 호적의 호구정보가 가진 목적성은 분명하다고 생각된다. 『민적통계표』에 대해서는 이헌창, 「민적통계표의 검토」, 『고문서연구』 9·10, 1996 참조.

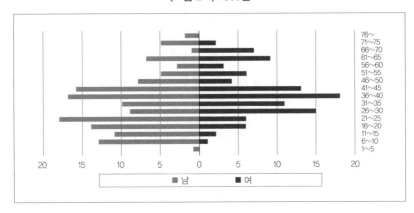

〈그림 2–1〉 1863년

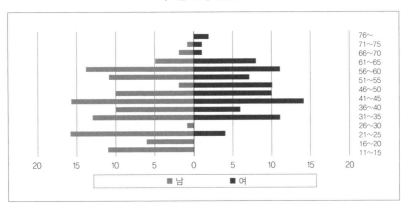

〈그림 2–2〉 1881년

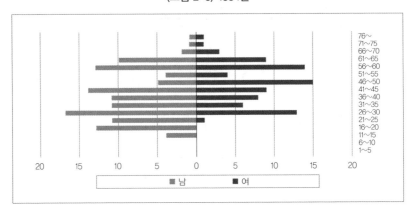

〈그림 2–3〉 1884년

〈그림 2-4〉 1887년

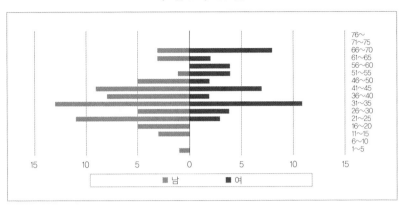

〈그림 2-5〉 1890년

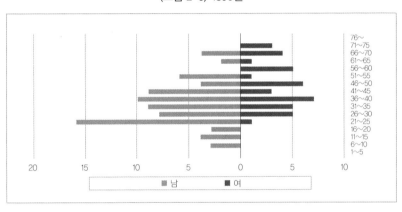

〈그림 2-6〉 1893년

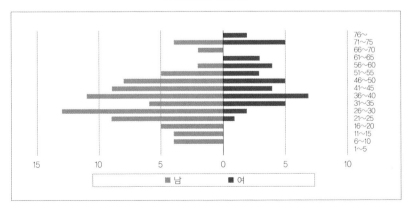

분포와 동떨어지게 전체적으로 모든 그래프에서 남녀별 연령별 극심한 비대칭성이 드러나고 있다. 남녀 공히 청장년층 인구가 두터운 모습을 보이고 童幼層은 극히 제한적으로 조사되고 있다. 특히 남성에 대해서는 소년층을 비롯한 청장년층에 대한 파악에 매우 적극적이었던데 비해 여성은 유소년층의 파악이 일부를 제외하고 거의 이루어지지 않고 있다. 40대 후반 이상 중·노년층에 대한 파악은 매우 엉성하면서 불규칙적이다. 어쨌든 다른 지역 호적에서도 포착되는 청장년 중심의 국역 부담자층 확보라는 의도가 『항리호적중초』에도 어김없이 관철되고 있음을 볼 수 있다.

1884~1887년 간 구총의 급격한 저하가 진행된 시점 이후에도 남녀별 연령분포가 엉성하고 불규칙적이기는 마찬가지이다. 다만 노년층에 대한 파악이 점진적으로 늘어나고 있는 것은 하나의 특징이다. 요컨대 식년별 남녀 연령분포는 활발한 직역변동과는 별도로 국역부담의 기간이 되는 청장년층을 중심으로 파악되고 이러한 추세는 구총·호총의 급격한 변동과 직역의 변화에도 불구하고 꾸준히 유지되고 있음을 볼 수 있다. 여성·동유층·노년층에 대한 파악은 이러한 호적등재의 주력을 중심으로 호구의 총액을 보완해주는 수준에서 이루어지고 있음이 현실이었다.

3. 직역구성비의 변화와 직역운영의 특성

거제도에는 경상우수영 예하 옥포 · 지세포 · 조라포 · 가배량 · 영등포 · 율포 · 장목포 등 7개 진보가 배치되어 있었다. 당시 경상도의 수군은 조선전기 이래 진관체제와 임진왜란 이후 도입된 『紀效新書』의 分軍法이 중첩적으로 나타나고 있다. 『경국대전』에 경상도는 본래 부산포

〈그림 3〉 경상우도의 水軍 지휘체계와 편제

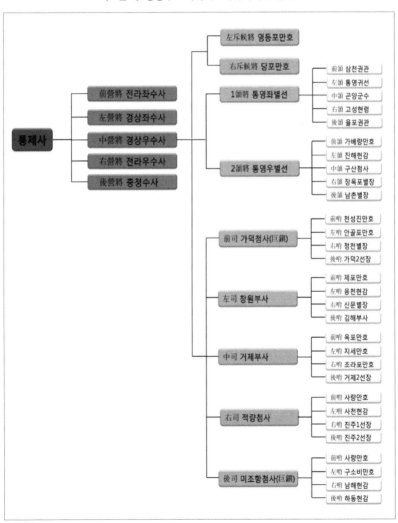

를 거진으로 진관체제를 구성하였다가 16세기에 가덕 진관과 미조항 진관이 독립하면서 총 3개의 진관으로 나누어지게 된다. 부산포 진관은 좌수영에 속했으며, 가덕 진관과 미조항 진관은 우수영 산하였다.

임진왜란 이후 경상우도의 수군은 최고 지휘관인 삼도수군통제사 예하에 중영으로 편제되었으며 중영장 경상우수사는 前·右·左·右·後 5개 司와 1·2 두개의 領을 거느렸다. 司의 경우, 前司와 後司는 각기 가덕 첨사와 미조항 첨사가 책임을 맡은 巨鎭이었으며 左司와 右司는 각기 수령인 창원부사와 거제부사가 겸하여 통솔하도록 편제되어 있었다. 司는 전·좌·우·후초를 예하에 편제하였는데 각초는 군직이나 수령이 책임을 맡았다. 領의 경우는 1領將과 2領將이 각기 통영 좌별선과 통영 우별선을 거느렸는데 領將 예하에 전·좌·중·우·후령이 배치되어 있었다. 이와 별도로 좌·우 척후장도 있어서 영등포 만호와 당포만호가 각각 임무를 맡았다. 진법 상 司는 주로 통제사가 탑승한 上船의 앞에서 선봉역할을 담당했고 領은 측면이나 후방에서 통제사를 엄호하거나 지원하는 역할이 맡겨졌던 듯하다. 척후장은 명칭 그대로 척후역할을 맡았다. 거제도에 소재한 수군 7진보 가운데 옥포·지세포·조라포는 中司의 전·좌·우초를 구성하고 율포·가배량·장목포는 각기 1영장의 後領과 2령장의 前領·後領을 담당하였다. 영등포는 책임자인 만호가 左斥候將을 맡았다.[18]

거제 수군 7진보의 직역자들은 수군진 일반이 그러하듯이 크게 納布軍, 승선원, 그리고 각 수군진에서 雇立한 행정·군사 직임 등 세 가지로 대별된다. 인조 4년(1626) 호패법 실시와 함께 각 수군진에는 새롭게

---

18) 『三道水軍統制使節目』, 「三南舟師司哨分案」.

병력이 배치되었는데 내륙에 거주하는 수군들은 물에 익숙하지 않았던 데다가 원거리 입역에 따른 고통이 매우 심했다. 이에 따라 수군진들은 각 지역에 산재한 수군들에게 布를 받아 재정을 충당하고 수군진 밑에 거주하는 사람(鎭下居民)을 雇立하는 형태로 병력 충원방식을 바꾸어 나 갔다. 숙종 30년(1704) 「兩南水軍變通節目」은 이러한 수군충원 방식은 공식화한 것으로 이제 기존 수군직역자의 상당수가 포를 내는 존재(납 포군)가 되고 일정수의 승선원을 제외하고 나머지 인원은 鎭下居民으로 충원되었던 것이다.[19]

7개 진보의 납포군은 鎭當 1,436명(防軍 1,200명, 射夫 212명, 添格射夫 24 명)으로 총 10,052명, 전선승선원은 각 진별 220명 정도씩 총 1,552명, 그리고 고립한 병력은 「兩南水軍變通節目」의 각진당 風和時(3월~8월) 월 40명, 風高時(9월~익년 2월) 월 30명으로 연간 총 420명을 고립(給代) 한다는 규정에 따라 총 2,940명 정도로 추산된다.[20] 이를 통해 거제 수 군 7진보의 군역자는 줄잡아 14,544명은 족히 되었던 것으로 보인다.

〈표 3〉 구조라 마을 직역자의 소속처별 추이

소속	1863년		1881년		1884년		1887년		1890년		1893년	
鎭	32	(33.7)	17	(26.6)	21	(21.0)	9	(24.3)	8	(19.5)	10	(22.7)
기타군사	16	(16.8)	5	(7.8)	5	(5.0)	4	(10.8)	4	(9.8)	2	(4.5)
巨濟府	13	(13.7)	11	(17.2)	8	(8.0)	6	(16.2)	7	(17.1)	9	(20.5)
牧場	4	(4.2)	2	(3.1)	1	(1.0)						
기타	30	(31.6)	29	(45.3)	34	(34.0)	18	(48.6)	22	(53.7)	23	(52.3)
합	95	(100.0)	64	(100.0)	69	(100.0)	37	(100.0)	41	(100.0)	44	(100.0)

---

19) 『各營釐整廳謄錄』, 「兩南水軍變通節目」.

20) 이상 수군역의 운영과 수군진의 구성에 대한 설명은 송기중, 「18세기 수군역제의 운영 과 변화」, 『대동문화연구』 76, 2011; 송기중, 「균역법 실시와 수군급대의 운영」, 『역사 학보』 218, 2012을 참조하였다.

구조라 마을민의 직역은 인근에 포진한 수군진 등으로부터의 군역·신역의 압력에 애초부터 그리 높다고 할 수 없는 주민 신분구성이[21]맞물려 타 지역에 비해 비교적 늦은 시기에 급격한 변동 양상을 보이고 있는 것이 아닌가 생각된다. 이는 직역의 소속처를 보더라도 잘 드러난다. 〈표 3〉에서 보는 바와 같이 진에 소속된 직역자는 전체 직역자의 20~30%를 오르내리고 있었다. 여기에 소속이 불확실하게 나타난 '기타군사'나 '기타' 항목에 포함된 직역자를 포함한다면 그 비율은 최소한 구조라 직역의 50% 정도는 될 것으로 생각된다.

통상 신역과 직접 연관 되지 않는 경우를 제외하고 직역의 상당부분은 지세·조라·옥포·영등 등 4개진에 소속되어 있었다. 중앙군문·아문 소속 군역·신역이 전혀 보이지 않는 것도 중요한 특징이다(〈부표〉 참조). 거제부·목장·통영 등에 소속된 직역은 10~20%에 불과했다. 이러한 직역의 소속처별 분포는 구조라 마을에 인근 군사기관으로부터의 직역의 압력이 얼마나 강하게 작용하고 있는지 잘 보여주는 증표라고 생각된다. 일반호에 비해 반 정도의 戶錢을 부담하는 구조라의 '鎭戶'[22]는 바로 鎭 소속 직역자의 戶를 지칭하는 것으로 아예 구조라 마을민을 '鎭下項里居民'이라고 지칭한 것[23]은 이른바 '鎭戶'가 직역의 압도적 구성비를 점하고 있는 마을의 특징을 잘 보여준다. 사실상 鎭下村의 일종인 구조라 마을이 국가차원의 일반적인 조세·부역을 능가할 정도로 水軍鎭에 의해 부과되는 각종 세역에 시달리지 않으면 안

---

21) 1910년 조사에 따르면 거제군 일운면의 총인구 5,536명의 직업구성은 다음과 같다. 관공리1명, 양반 9명, 유생 2명, 상업 48명, 농업 901명, 어업 39명, 공업 9명, 일가 53명, 기타 4명(內部警務局, 1910『民籍統計表』).

22)『古文書集成』35,「牒呈」, 546면.

23)『古文書集成』35,「鎭下項里居民等狀」, 556~557면.

되었던 것은 이 때문이었다.[24] 마을민이 "府와 鎭의 兩界에 얽매여 있어서 그 偏苦의 狀을 擧論할 수 없을 정도"라고[25]하소연하는 것은 이러한 정황을 뒷받침한다.

이러한 거제도와 구조라 마을의 특성을 염두에 두고 호적중초에 나타난 직역 구성과 변동의 추이를 살펴보도록 하자. 일반적으로 국가의 직역파악은 사회계층적 신분관계가 중요한 기반이 되었지만 사회신분제 또한 대단히 가변적이었고 국가의 대민파악과 직역부여도 여러 가지 사회적 동향에 따라 끊임없이 변화하였다. 사회계층적 신분을 직역으로 체계화할 때는 사회현실과는 별도의 형식이 만들어지며 형식 자체가 스스로 변화하기도 한다.[26] 따라서 사회신분의 위상을 감안하면서 직역을 범주화하는 것은 그리 용이한 일이라고 할 수 없다. 논란의 여지는 있으나 구조라 마을의 직역을 그룹별로 나누어 정리한 것이

---

24) 鎭下村(또는 營下村)의 구조에 대해서는 거의 밝혀진 바가 없다. 진하촌 · 영하촌과 같이 각급 군사 · 행정기관이 특정지역을 영역적으로 장악하고 중앙정부와 별도로 세역을 수취하는 방식은 조선왕조 특유의 지역지배 방식으로 이에 대해서는 앞으로 보다 깊이 있는 검토가 필요하다고 생각한다. 진하촌의 지역지배 방식은 대개 군현제와 면제제의 외곽에서 특정 면리나 직역자 · 토지에 대해 세역전체를 가져가거나 세역 가운데 일부만 선택적으로 수취하는 등 여러 가지 형태가 있었다. 가령 18세기 전라병영의 경우, 소재지역인 강진현 호구의 1/4에 해당하는 古郡內 · 冽樹 · 梨旨 · 唵川 등 4개면을 소속시켜 국가에 대한 부세 대신 병영에서 부과되는 각종 부담을 지도록 하였고(강진군 · 조선대박물관, 『전라병영사연구』, 1999, 115~116면), 19세기 전반 충청도 청주의 경우, 병영은 東州內, 南州內, 西州內, 北州內 등 4개면, 중영은 東州內面의 門外里, 산영은 山外一面의 盤松 · 楓井 · 德巖 · 菊洞, 山內二下面의 三巴洞 · 葛山 · 虎坪 · 蘇巖 · 陽地 · 陰地 · 胎峰 · 新基 · 無雙洞 · 玄巖 · 車南, 東州內面의 鶡巖 등 16개리를 지정하여 환곡을 분급하고 耗條를 거두어들이고 있었다(『청주읍지』 참조). 구조라 또한 중앙정부 차원의 부세보다는 지역의 수군진이나 통영과 관련된 각종 세역이 집중적으로 부과되고 있었다는 점에서 이러한 범주에 포함될 수 있겠다.

25) 『古文書集成』35, 「項里居民等狀」(1828), 8면.

26) 손병규, 「호적대장의 직역기재양상과 의미」, 『단성호적대장연구』, 대동문화연구원, 2003, 382면.

〈표 4〉 구조라 마을의 직역 분류 기준

그룹	職役
A	幼學, 嘉善大夫兼五衛將, 族親(衛), 忠義, 璿源參奉
B	貢生, 兵學武士, 業武, 軍官, 將官, 主簿, 皇朝人, 訓鍊判官, 下典
C	募軍, 牧子, 防軍, 烽燧軍, 櫓軍, 庫直, 射夫, 鎭屬, 土兵, 砲手, 硫黃軍, 紙匠保, 鄕廳(屬)
X	病人

〈표 4〉이다.

19세기 중엽 구조라에 거주하는 주민들은 대부분 군역을 중심으로 각종 신역을 담당하고 있는 것으로 보아 이들 대다수의 사회신분이 그리 높지 않았음은 분명하다. 직역군의 분류는 이러한 마을의 현실을 감안한 것이며 그것이 반드시 사회적 신분구분과 일치한다고 할 수 없다는 점을 미리 전제해 둔다. 이제 이러한 분류에 입각하여 직역군의 시기별 변화가 어떠한 추이를 보이는지 살펴보기로 하자(직역의 구체적 내역은 〈부표〉 참조). 〈표 5〉를 통해 직역군별 비중의 추이를 살펴보자. 우선 A그룹은 1863년 전체 24.2%를 점하였던 것이 1884~1887년 구간의 일시적 감소를 거쳐 이후 50.0%까지 크게 늘어난다. 여기에 A+B, A+C형 직역을 포함해도 추세는 크게 달라지지 않는다(이른바 '이중직역'에 대해서는 후술). A그룹 직역의 두드러진 증가현상은 구조라 마을도 예외가 아니었던 것이다. A그룹에는 몇 가지 직역이 포함되어 있지만 그 구성의 절대다수는 '幼學'과 '忠義' 직역을 가진 사람들이었다.

B그룹 직역은 점진적으로 비중이 떨어지지만 B+B형 직역을 합하여 계산해 보면 17.9%(1863) → 18.5%(1881) → 20.3%(1884) → 15.8%(1887) → 17.1%(1890) → 18.2%(1893)으로 17~18% 수준을 꾸준히 유지한다. C그룹 직역의 비중은 일부 등락에도 불구하고 점진적인 하락의 추세를 나타내는데 이는 이중직역('C'+'C+ C'+'B+C')을 포함해도 59.0%(1863) →

〈표 5〉 직역군별 비중의 시기별 추이

구분		1863년	1881년	1884년	1887년	1890년	1893년
직역자	A	23(24.2)	28(43.1)	31(44.9)	16(42.1)	20(48.8)	22(50.0)
	A+B	1(1.0)			1(2.6)	1(2.5)	1(2.3)
	A+C					1(2.5)	
	B	13(13.7)	7(10.8)	6(8.7)	2(5.3)	2(4.9)	3(6.8)
	B+B	4(4.2)	5(7.7)	8(11.6)	4(10.5)	5(12.2)	5(11.4)
	B+C	27(27.4)	14(4.5)	10(4.5)	5(13.2)	6(14.6)	5(11.4)
	C	26(27.4)	10(15.4)	14(20.3)	9(23.7)	6(14.6)	8(18.2)
	C+C	3(3.2)					
	X	1(1.0)	1(1.5)		1(2.6)		
	소계	95(100.0)	65(100.0)	69(100.0)	38(100.0)	41(100.0)	44(100.0)
	비율(%)	39.1	30.8	32.7	33.3	34.5	35.8
무직역자		145	146	142	76	78	79
총합계		243	211	211	114	119	123

36.9%(1881) → 34.8%(1884) → 36.9%(1887) → 29.2%(1890) → 29.6%(1893)로 마찬가지다. 전체 직역자의 비중은 대대적인 사괄이 이루어진 1863년 39.1%를 기록하다가 1881년 30.8%로 크게 낮아진 후 점진적으로 상승하는 모양새를 띤다. 이같이 직역군별 비중의 변화추세는 종래 다른 지역의 호적에서 공통적으로 나타난 바와 같이 A그룹 직역자의 증가, B그룹 직역자의 정체, 그리고 C그룹 직역자의 감소라고 요약할 수 있겠다.

그런데 『항리호적중초』에서 특징적으로 나타나는 것은 B+B, C+C와 같이 동일 그룹은 물론 A+B, A+C, B+C와 같이 다른 그룹을 넘나들면서 직역이 결합하는 양상이 광범위하게 포착되는 점이다. 구체적으로는 〈부표〉에서 보듯 업무읍군관·업무옥포진군관·황조인장관(B+B),

업무부노군 · 정병방군(C+C)과 같이 동일한 범주의 직역의 결합이 있는
가 하면 업무부노군 · 업무목자 · 업무조라사부(B+C), 심지어 유학부노
군(A+C)과 같이 직역군을 넘나드는 형태도 상당수에 달한다. 앞서 '이중
직역'이라 명명하기로 했지만 구조라 주민의 직역변동을 살피기 위한
또 하나의 과제는 이러한 형태의 직역이 가진 성격과 그 추이를 여하히
이해해야할 것인가 하는 점이다.

그렇다면 구조라 마을의 직역변동에서 나타나는 특징과 의미를 구체
적으로 살펴보자. 구조라에는 1863년에 작성된 「項里防軍案」(이하 군안)
이 남아있는데 이는 당해년도 군역에 대한 査括과 里定法 실시의 산물
이다.[27] 19세기 직역변동의 주된 추세가 '幼學'으로 표상되는 A그룹 직역
자의 증가라고 한다면 이들의 성격을 어떻게 파악하는가의 문제가 매우
중요할 수밖에 없고 그 유력한 기준 중 하나가 바로 역의 부담여부일 것
이다. 군안에 등재된 인물의 호적상 존재양태는 그러한 점에서 흥미로운
비교대상이다. 군안에 올라있는 방군의 숫자는 총 30명인데 이 가운데
15명이 호적에서 추적이 가능하다. 이를 정리한 것이 〈표 6〉이다.

---

27) 19세기 중엽 군역의 문제는 구조라 마을도 예외가 아니었는데 逃亡 · 老除 · 物故로
인한 闕額을 관에 알리고 해당색리가 이를 채워 넣는 과정에서 많은 농간이 벌어져 민
원이 비등하고 있었던 것이다. 이러한 문제를 해결하기 위해 취해진 조치는 대대적인
査括과 里定法의 실시였다. 전면적인 사괄의 실시 이후 軍額의 결원이 생기면 해당
里에서 자체적으로 塡代토록 하고 閑丁이 없는 경우 里任이 面首에게 보고하면 面
任이 面內 各里로부터 閑丁을 뽑아내어 일단 해당 里의 軍案에 충당한 후 官에 보고
하여 官에 비치된 軍案에 疤定토록 하였던 것이다(「고문서집성」 35, 「統防軍案節目」,
81~86면). 앞서 1863년 호적중초에 군역 · 신역자의 비율이 그런대로 일정수준을 유지
한 것은 이러한 조치 때문인 것으로 생각되거니와 이정법의 실시는 이후 軍案의 虛簿
化와 신역기재의 부실화를 더욱 부채질하는 결과를 가져왔던 점은 분명하다. 이정법
의 실시와 이후의 추이에 대해서는 다음 논고를 참조할 수 있다. 김준형, 「18세기 이정
법의 전개」, 「진단학보」 58, 1984; 백승철, 「17 · 18세기 軍役制의 變動과 運營」, 「이재
룡박사환력기념 한국사학논총」, 1990; 송양섭, 「19세기 양역수취법의 변화」, 「한국사연
구」 89, 1995.

이름	군안상 상태	호적상 직역(나이)	이름	군안상 상태	호적상 직역(나이)
① 金春宗	老		⑯ 李用業	故	
② 金日彦	故		⑰ 李成必		무직역(35)
③ 林先奉	故	業武防軍(75)	⑱ 孫有卜		幼學(33)
④ 金長哲	故		⑲ 徐先哲		
⑤ 崔汗旭	故		⑳ 林出伊		(무직역/업무)
⑥ 林金乭	故	業武防軍(62)	㉑ 金又官	故	業武防軍(36)
⑦ 金性文	故		㉒ 金乭介		
⑧ 林哲岩	故		㉓ 朴性彔		皇朝人(24)
⑨ 孫必年	櫓軍去	業武府櫓軍	㉔ 李永白	統櫓軍	
⑩ 吳正儀	故		㉕ 朴完伊	櫓軍去	무직역(8)
⑪ 林性郁	故	防軍(20)	㉖ 張道權	故	業武防軍(34)
⑫ 金元業	故		㉗ 朴性律	故	防軍(14)
⑬ 林喆元	故	業武防軍(21)	㉘ 崔連周	櫓軍去	業武防軍(20)
⑭ 金富吉	故		㉙ 孫學權		幼學(48)
⑮ 崔克文	故		㉚ 張性仁	故	

* 자료 : 『항리방군안』 및 『항리호적중초』(이상 1998 『고문서집성』 35).

** 손필년・임출이는 1863년 호적중초에 등재되지 않고 그 이후인 1881・1884년에 나타난다. 따라서 호적상
의 정보는 손필년이 1881・1884년, 임출이가 1881・1884년의 것이다. 나머지 사람들의 호적상 정보는
모두 1863년 호적중초에 근거한 것이다.

일단 군안등재자 30명 중 老除 1명, 物故 18명, 他役移定者 4명을 제
외하고 구조라에서 정상적으로 防軍役을 수행하는 것으로 인정해도 좋
은 사람은 7명에 불과하다. 군안에 등재된 이들이 실역을 담당했는지
단순히 군포만을 내는 존재였는지는 불확실하지만 군안자체가 대단히
부실하게 작성되고 있었음은 분명하다. 군안에 등재된 구조라 방군 30
명의 1/2인 15명만이 호적중초에서 추적되는데 이들 중 ③ 임선봉・⑥
임금돌・⑪ 임성욱・⑬ 임철원・㉑ 김우관・㉖ 장도권・㉗ 박성률 등
7명은 군안에는 이미 사망한 것(故)으로 파악되지만 호적중초에는 여전
히 살아있는 것으로 나타난다. 반면 군안에 생존한 것으로 나타나는 ①

김춘종 · ⑲ 서선철 · ㉒ 김돌개 등 3명은 호적중초에 등재되어 있지 않다. 이같이 군안과 호적의 심각한 相違는 역시 19세기 접어들어 급격하게 진행된 '軍案의 虛簿化'와 군역부과의 근거자료로서 호적대장의 기능약화라는 두 가지 요인이 함께 빚어낸 결과가 아닌가 생각된다.

군안의 방군은 호적중초에서 다양한 직역으로 나타난다. 호적중초와 군안이 완전히 일치하는 경우는 단 2사례(⑪ 임성욱 · ㉗ 박성률)에 불과하지만 업무방군(③ 임선봉 · ⑥ 임금돌 · ⑬ 임철원 · ㉑ 김우관 · ㉖ 장도권), 업무부노군(⑨ 손필년)의 형태로 업무와 결합된 役名도 관대하게 본다면 사실상 군안과 일치한다고 이해해 무리가 없을 것이다. ㉘ 최연주의 경우에도 櫓軍으로 移定된 사실이 반영되지 않아 업무방군으로 기재되어 있는데 이 또한 그리 심각한 차이라고 볼 수 없다. 따라서 대략 군안과 호적중초 상 어느 정도 직역이 일치한다고 볼 수 있는 사례는 9명 정도였다. 이후에 追錄되었을 가능성이 크지만 이들 중 7명이 군안에 사망한 것으로 나타난 점은 여전히 한계이다.

한편, 군안 상 생존자 8명 가운데 직역이 일치한다고 간주해도 좋은 사례는 ⑨ 손필년 · ㉘ 최연주 2건에 불과하다. 나머지 6명은 호적중초에 다르게 나타나는데 ⑰ 이성필 · ⑳ 임출이 · ㉕ 박완이 등은 직역이 아예 없었고 ㉓ 박성록은 황조인으로, 특히 ⑱ 손유복 · ㉙ 손학권은 유학으로 기재되어 있었다. ⑱ 손유복 · ㉙ 손학권의 사례는 A그룹 직역의 주종을 이루는 유학 직역과 관련하여 많은 시사를 준다. 두 사람 가운데 ⑱ 孫有卜(有福)을 좀 더 추적해보자. ⑱ 손유복의 본관은 밀양이고 아버지는 相彬, 할아버지는 義奉이며 처는 千氏, 장인은 千文喆이었다. 그의 아들로는 孫智乭(智斗)이 확인된다. ⑱ 손유복은 1881 · 1884년에도 유학을 가지고 있었는데 1887년 호적에 처 천씨가 1인호로 등재된 것으로 보아 그전에 아마도 사망한 듯하다. 1890년 호적에는 ⑱ 손유복의 아들 지돌이 그의 아내 김씨와 함께 등재되었는데 이때 이미 천씨는 사망했을 것으로 생각된다. 손지돌(1893년 지두로 개명)도 1890 · 1893년 모두 유학 직역을 가지고 있었다. 1905년 작성된 「호적표」에는 손지돌(지두)의 직업이 '農民'으로 나타난다.[28]

아울러 군안에는 櫓軍으로 이정되었지만 호적중초에는 직역이 없는 상태로 등재된 ㉕ 박완이의 경우도 살펴볼 필요가 있다. 1863년 당시 ㉕ 박완이의 나이는 8살에 불과했는데 이는 아마 당해년 시행된 대대적인 사괄 사업의 폐해일 수 있다. 그런데 이 때 ㉕ 박완이의 아버지 박원접의 직역은 유학이었다. ㉕ 방군 박완이는 유학 직역을 가진 아버지 戶內에 포섭되어 있었던 것이다. 1881년에도 아버지 박원접의 직역은 여전히 유학인데 ㉕ 박완이는 부노군의 역을 지고 있었다. A그룹에 속하는 유학과 C그룹에 속하는 부노군이 같은 戶 안에서 부자관계로 있었던 셈이다. ㉕ 박완이는 1884년 · 1887년에도 각각 노군, 부노군을 지고 있었으며 1890년에는 유학부노군으로 직역분류상 A+C형에 해당하는 특이한 형태의 직역을 가지게 된다. 이것이 착오일 수도 있지만 유학직역을 획득하기 위한 ㉕ 박완이의 노력이 그러한 형태로 나타난 것으로 볼 수는 없을까? 하지만 ㉕ 박완이는 끝내 유학직역을 얻지 못한다. 1893년 호적중초에 그의 직역은 다시 부노군으로 돌아갔던 것이다.

이는 앞서 A그룹으로 분류했던 족친위의 경우도 비슷하다. ⑰ 방군 이성필은 1863년 호적중초에서 무직역인 상태이지만 그가 속해있는 호의 주호인 아버지 이재근의 직역은 족친위였다. ⑰ 이성필은 방군역을 지면서 아내 김씨와 함께 족친위 아버지와 함께 호적에 등재되고 있었다. 이는 앞서 ㉕ 박완이의 경우와 비슷하다. 유학과 마찬가지로 A그룹

---

28) 『古文書集成』35, 「호적표」(1905), 621면.

에 속하는 족친위의 아들도 군역의 부담에서 자유롭지 못했던 것이다. 이와 관련하여 순조 7년(1807) 掌令 李若洙의 疏는 매우 시사적이다. 이약수는 호적제의 문제점을 지적하면서 다음과 같이 말하고 있다.

世級이 점차 타락하여 人心이 옛날과 달라 온갖 奸僞가 이르지 못할 바가 없습니다. 무릇 백성이 아들을 낳으면 혹 還簿의 大戶를 피하기 위해 곧바로 호적에 등재되지 않고 혹 軍丁의 抄閑을 피하기 위해 自首하려 하지 않다가 성년이 되어 결혼을 한 후에야 부득이 帳籍에 들어가니 常漢이 유학을 冒稱하고 나이가 적은데도 늘려서 한편으로는 軍役을 도피하기 위한 바탕으로 삼고 한편으로는 老職을 바라는 계책으로 삼습니다. … 幼學이라는 이름은 아마도 어려서 배운다는 뜻에서 취한 듯 하나 이것은 사람마다 칭할 수 있는 것이 아닙니다. 80~90년 전 帳籍에는 혹 業武라 쓰고 혹 業儒라 쓰고 혹 校生이라 쓰고 혹 閑良이라 썼지만 幼學에 이르러서는 거의 없고 약간만 있었습니다. 그런데 지금의 常賤은 비록 身役이 있는 자라고 하더라도 신역으로 帳籍에 기록하지 않고 모두 幼學으로 이름을 빌리니 前式年과 今式年에 幼學이라고 쓴다면 이에 말하기를 '나는 유학이다'라고 하면서 그 아비도 유학을 칭하고 그 자식도 유학을 칭합니다. 그리하면 이에 곧 '나는 양반이다'라고 하니 대저 어찌 유학이나 양반이 이렇게 많겠습니까?[29]

民이 환곡와 군역을 피하기 위해 호적에 등재되기를 꺼리다가 성년이 되어 결혼한 후 부득이 호적에 들어가는데 常漢은 유학을 冒稱하고 나이도 허위로 늘려 군역을 피하고 老職을 노리는 방책으로 삼았던 것이다. 특히 19세기 접어들어 늘어난 유학은 身役이 있는데도 유학이라

---

29) 『승정원일기』 102책, 순조 7년 10월 5일.

고 호적에 올려 자신이 유학이면 아버지나 아들도 유학을 칭하도록 하고 끝내는 양반을 자처한다는 것이다. 여기에서 신역자가 호적에서 유학을 칭한다는 것은 바로 앞서 ⑱ 손유복 · ㉙ 손학권의 사례를 떠올리게 한다. A그룹 전반으로 범위를 넓히면 ㉕ 박완이 · ⑰ 이성필도 유사한 사례에 넣을 수 있겠다.

학업자로서 군역의 면제가 당연시되는 직역인 유학을 중심으로 한 A그룹 직역군은 −최소한 구조라 마을에 국한 한다면− ⑱ 손유복 · ㉙ 손학권이나 ㉕ 박완이 · ⑰ 이성필의 사례에서 보듯 신분적으로 양반이나 그에 비견할 부류로 이해하기에 대단히 어려울 뿐 아니라 면역의 특혜마저도 의심스러운 존재였던 것이다. 이는 앞서 언급했듯이 이정법 시행 전후로 이미 크게 진전된 군역 · 신역 수취의 공동납으로 군안의 역명과 호적의 직역 사이에 괴리현상이 심화되고 현실의 사회신분과 호적의 직역 사이의 층차가 더욱 심각한 지경까지 치달았던데 일차적인 요인이 있었던 것이 아닌가 생각된다.[30] 직역과 사회신분의 괴리에도 불구하고 유학직역을 획득한 부류의 일부는 19세기 말~20세기 초의 일정한 시간적 유예를 거쳐 지역내 위상을 바탕으로 활발한 사회활동을 보인다. 이들 유학을 정통 사족으로 간주하기는 어렵지만 유학 직역의 획득은 최소한 이들이 내륙의 사족과 유사한 존재로 다가갈 수 있는 발판으로 일종의 징후적 요소를 안고 있었음은 분명하다 할 것이다. 이는 앞서 이약수가 유학을 칭한 자가 자신의 아버지와 자식에게 유학을 칭하도록 하고 결국은 양반을 자처하게 된다는 언급을 떠올리기에 충분하다. 직역은 신분과 별도의 운영논리를 가지고 있었지만 그것이

---

30) 부세 · 재정 문제와 관련하여 幼學戶가 가지는 성격에 대해서는 송양섭, 「19세기 幼學 戶의 구조와 성격−단성호적대장을 중심으로」, 『대동문화연구』 47, 2004; 송양섭, 「19세기 유학층의 증가양상」, 『역사와현실』 55, 2005 참조.

가지는 신분에 대한 규정성도 무시할 수 없는 것이었다.

다음 살펴볼 것은 앞서 잠깐 언급한 이른바 이중직역의 문제이다. 앞서 군안에 등재된 이들 중 호적상 B+C형 직역을 가진 자는 7명으로 파악된다. 업무방군(③ 임선봉 · ⑥ 임금돌 · ⑬ 임철원 · ㉑ 김우관 · ㉖ 장도권 · ㉘ 최연주), 업무부노군(⑨ 손필년)이 그들로서 호적중초에는 그러한 직역이 대략 3할 내외를 넘나든다.[31] 이중직역은 여러 가지 형태가 있다. C+C형, B+B형과 같이 동일그룹에 속하는 직역의 결합이 있는가 하면 '충찬지세군관'과 같이 A+B형, 1건에 불과하지만 '유학부노군'과 같은 A+C형도 존재한다. 이중직역 중 다수를 점하는 것은 역시 B+C형인데 그 직역결합의 공통분모는 '황조인' 1건을 제외하고 모조리 '業武'였다. B+B형 직역에서도 황조인을 빼놓고 모두 업무와 결합하기는 마찬가지였다. B+C형 직역과 B+B형 직역은 사실상 '業武+( )'의 형태를 띠고 있었던 것이다.

業武는 원래 儒學을 수업하는 業儒와 함께 武學을 업으로 삼는 자를 지칭하는 것으로 인조 4년(1626) 호패법 실시 이후 하나의 직역으로 공식화되었다. 업무 직역자는 諸衛 · 武學 · 閑良 · 出身 등과 함께 신역이 없는 양반 직역의 하나로 간주되었다. 하지만 숙종 22년(1696) 업유와 함께 서얼직역화함으로써 그 법제적 지위는 점차 하락하기 시작하였다.[32] 그렇다면 구조라 호적중초에 나타난 '業武'의 의미는 무엇일까? 앞서 '업무방군'(③ 임선봉 · ⑥ 임금돌 · ⑬ 임철원 · ㉑ 김우관 · ㉖ 장도권 · ㉘

---

31) A · B · C 직역의 분류기준에 따라 비중은 어느 정도 차이가 나겠지만 유형별 이중직역은 모든 식년에서 만만치 않은 비중을 점하고 있다. 시기별로 1863년 36.8%(35/95) → 1881년 29.2%(19/65) → 1884년 26.1%(18/69) → 1887년 26.3%(10/38) → 1890년 31.7% (13/41) → 1893년 25.0%(11/44)으로 나타나는데 그 비율은 점진적으로 낮아지고 있지만 일정비율을 꾸준히 유지하고 있다.

32) 이준구, 「업유 · 업무의 지위」, 『조선후기신분직역변동연구』, 일조각, 1992.

최연주), '업무부노군'(⑨ 손필년)이 업무와 결합했다고 해서 이들이 지고 있는 방군역의 본질이 사라지지는 않았을 것이다. 아마도 업무라는 상위그룹의 직역명을 덧씌우면서 군역명에 대한 거부감을 희석시키는 방식으로 호적중초에 등재되었을 확률이 크다.[33]

업무와 결합한 이중직역은 호내 구성원은 물론 4조 직역까지 영향을 미쳤다. 준호구가 전해지는 姜道林 戶의 사례를 보자. 1861년 준호구에는 강도림의 직역이 B+C형 직역의 형태인 '업무조라사부'로 기재되어 있다. 강도림의 아버지 壽泰의 직역은 嘉善大夫이지만 할아버지 日成, 증조부 遇周, 심지어 외조부인 孫碩泰의 직역까지도 모두 업무로 기재되었다.[34] 부 수태의 가선대부가 주호 직역의 영향인지 수태 당대의 직첩획득에 의한 것인지는 알 수 없다. 여기서 우리가 알 수 있는 것은 군역부담자였던 강도림의 직역에 덧씌워진 '업무'직역이 祖·曾祖·外祖의 직역이 일률적으로 '業武'로 기재하는데 결정적인 요인으로 작용했으리라는 것이다.

이후 1870년 준호구에서는 강도림의 직역이 '업무조라사부'에서 '업무조라군관'으로 변하고 있는데 이는 B+C형 직역에서 B+B형 직역으로 변한 셈이었다. 이 때 배우자 송씨의 4조는 모두 학생으로, 며느리 김씨

---

33) ㉘ 최연주는 1863년 업무방군에서 노군으로 이정되었다가 1881년 업무로 직역을 바꾸고 있다. B+C형 직역에서 C그룹을 거쳐 B그룹으로 변화하고 있는 것이다. 물론 중초에는 1863~1881년 사이의 식년분은 없기 때문에 무어라 말할 수 없지만 만약 노군으로 이정되었다 하더라도 '업무노군'의 형태로 기재되었을 확률이 크다. ⑳ 임출이의 경우는 방군역을 지고 있던 1863년에는 호적중초에 나타나지 않다가 1881년 무직역 상태를 거쳐 1884년 업무의 직역을 가지게 된다. 군역명을 벗어나는 과정에서 업무 직역은 어떠한 형태로든 나타나고 있었던 것이다.

34) 1861년 호구단자에 나타난 강도림호의 구성은 다음과 같다. 七統五號 業武助羅射夫 姜道林 年三十九癸未 本晉州 父 嘉善大夫 壽泰 祖 業武 日成 曾祖 業武 遇周 外祖 業武 孫碩泰 本密陽(晉州姜氏博士公派舊助羅門中, 1981『晉州姜氏博士公派文良公派舊助羅里門中世譜』).

의 부·조·증조는 학생, 외조는 부장으로 기재되었다. 이는 배우자와 며느리의 4조 직역도 주호인 강도림의 '업무+( )' 형태의 직역명과 밀접히 관련되었을 것임을 추측할 수 있다.[35] 또 한 가지는 박학률의 사례이다. 박학률은 1863년 鄕廳屬의 직역을 가지고 있다가 1881~1893년의 5개 식년 동안은 업무봉수군의 직역을 완고하게 유지하고 있다. 1882년 준호구에도 박학률은 호적중초와 같이 업무봉수군을 직역으로 가지고 있었는데 여기에 기재된 그의 4조와 처의 4조의 직역은 모두 '업무'로 통일되어 나타난다.[36] 이같이 '업무'라는 형태의 직역은 실제 면역여부와 무관하게 수사적 기능을 가지고 군역명과 결합함으로써 군역에 대한 기피심을 누그러뜨리는데 일정하게 기여했을 뿐만 아니라 주호 직역의 상위그룹으로의 이동을 위한 하나의 매개로 기능하고 있었던 것이다. 주호 본인과 그 배우자의 4조에 대한 일괄적 '업무' 직역 부여는 이러한 점을 보여주는 상징적인 증표라 할 것이다.

---

35) 1870년 호구단자에 나타난 강도림호의 구성은 다음과 같다. 七統二號 業武助羅軍官 姜道林 年四十八癸未 本晉州 父 嘉善大夫 壽泰 祖 業武 日成 曾祖 業武 遇周 外祖 業武 孫碩泰 本密陽 妻 宋氏 齡四十八癸未 籍恩津 父 學生 雙權 祖 學生 道日 曾祖 學生 比安 外祖 學生 金龍業 本光山 率一子 祥仁 年二十辛亥 婦 金氏 齡二十五 丙午 本光山 父 學生 在暄 祖 學生 箕桓 曾祖 學生 大裕 外祖 部將 金長顯 本金海 率二子 鳳仁 年十八癸丑(晉州姜氏博士公派舊助羅門中, 『晉州姜氏博士公派文良公派舊助羅里門中世譜』, 1981, 8면). 그런데 여기에서 한 가지 문제는 강도림의 직역이 준호구의 업무조라군관과 달리 호적중초 1863·1881·1884·1887년의 4개 식년 공히 '업무조라사부'로 기재되고 있다는 점이다. 호적중초와 준호구의 상이함은 일단 호적제 자체가 가진 제도적 모순의 심화와 직역의 실질적 의미가 점차 퇴색되고 있는데서 이유를 찾을 수밖에 없지만 한편으로는 호적대장 상의 공식적인 직역기재와는 별도로 준호구를 통해서라도 상위직역을 획득하기 위한 노력이 물밑에서 끊임없이 경주되고 있음을 보여주는 것이 아닐까 생각되기도 한다.

36) 『항리호적중초』(1863); 『古文書集成』 35, 「박학률호구단자」, 1882, 620면.

4. 가계별 직역 배정과 계승양상

앞서 살펴본 바와 같이 거제지역의 군사적 성격은 구조라 마을 직역 변동의 내용은 물론 면역의 특혜가 부여된 것으로 알려진 A그룹 직역과 이와 연동하는 B·C그룹 직역의 성격까지 영향을 미쳤다. 타 지역 사례에 대한 검토가 병행되어야 하겠지만 구조라의 幼學·忠義 등 A그룹 직역은 각종 신역부담으로부터도 자유롭다고 할 수 없었다. 그럼에도 이들 직역의 흡인력은 여전했는데 이는 국가의 국역부담층 확보와 민의 상위직역·상위신분으로의 지향이 빚어낸 타협의 결과로 이해할 수밖에 없다. 마을에는 다양한 성씨가 거주했는데 이들 중 상당수가 족적인 정체성을 유지하고 있었던 듯하다. 이들 성씨는 국가의 호구파악과 직역운영이라는 커다란 정책 흐름에 규정되면서도 가계별로 직역 배분과 계승의 특징을 드러내고 있었다. 구조라에 부과된 각종 직역 배정내역의 추이를 호적중초에 나타난 성씨별로 정리한 것이 〈표 7〉이다.

『항리호적중초』에는 총 21개 성이 등장하는데 그중 12개 성에 A그룹에 해당하는 직역이 나타나고 나머지 9개 성은 B·C그룹 직역을 얻는데 그치고 있다. 이를 염두에 두고 각 성씨별 직역배정의 유형을 몇 가지로 나누어 살펴보자. 우선 A그룹 직역을 처음부터 꾸준히 유지하는 가계이다. 일단 본관이 광주로 확인되는 ③ 노씨는 A그룹 직역으로 분류한 '忠義'로[37) 사실상 단일화되어 거의 변동이 없다. 모두 유학직역을

---

37) 忠義는 왕실종친 및 공신·관료·戰亡人 등의 자손에 대한 報功의 의미로 만들어진 諸衛의 하나였다. 충의위는 충훈부를 그 屬處로 하였으며 주로 궐내 입직 숙위 및 궁중과 관련된 비교적 영예로운 각종 잡무에 종사하였고 宗姓 및 正勳功臣의 자손이 주로 入屬하였다. 또한 여타 제위와 달리 除番收布하는 규정이 없었을 뿐 아니라 入番 등 일정한 직임을 수행하면서 祿俸 및 遞兒祿을 받기도 하였다. 하지만 17세기 말부터 충의위에 入屬할 수 있는 代數 및 代盡 이후 定役을 규정함으로써 충의위의 衛屬은 限代的 면역자로 전락하였으며 이는 결국 忠義衛의 사회적 지위 하락을 가져오기에 이른다(이준구, 「諸衛의 존립경위」, 앞의 책, 1992).

姓	직역유형	職役	1863	1881	1884	1887	1890	1893	합	총계
① 姜	A	유학/가선대부겸오위장	1	4	4	1	2	4	14	54
	B	업무/조라진군관	2	1	1	1	1	1	7	
	B+B	업무조라진군관	1	1	2	2	2	2	10	
	B+C	업무조라사부/업무조라진노군	8	5	4	1				
	C	영등진속/조라사부/조라진노군/조라진속/조라진토병	7	0	4	2	1	2	16	
	무직역		9	17	12	7	13	13	71	
② 金	A	유학/충의	3	3	4	2	2	2	15	58
	B	병학무사		1					1	
	B+C	업무목자/업무방군/업무봉수군/업무부노군	5	3	1	2	2	1	14	
	C	목자/부노군/향청속	4	2	2	0	0	0	8	
	C+C	정병방군	1						1	
	무직역		3	3	6	3	2	2	19	
③ 盧	A	충의/선원참봉	13	11	13	9	10	10	66	150
	무직역		18	18	17	9	10	12	84	
④ 文	A	유학		1	1				2	9
	무직역			3	3	1			7	
⑤ 朴	A	유학	1	1	1				3	64
	A+C	유학부노군					1		1	
	B	업무/읍군관/지세군관/황조인	4	1	1			1	7	
	B+B	황조인읍군관/황조인읍장관		1	1	1	1	1	5	
	B+C	업무봉수군/업무조라사부/업무지세진사부/황조인봉수군	3	2	2	1	3	3	14	
	C	노군/방군/봉수군/부노군/유황군/지세사부/지세진속/진속/향청(속)	5	5	4	3	2	3	22	
	무직역		2	3	3	1	2	1	12	

	姓	직역유형	職役	1863	1881	1884	1887	1890	1893	합	총계
⑥	邊	A	유학		1	1				2	25
		B	읍군관/훈련판관	2							
		B+B	업무읍군관/업무읍장관	1	2	2	1	2	2	10	
		무직역			3	3	3	2	2	13	
⑦	孫	A	유학	2	1	1		1	1	6	8
		B+C	업무모군/업무부노군	1	1	1				1	
		무직역		1						1	
⑧	尹	A	유학		1	1				2	3
		무직역				1				1	
⑨	李	A	유학/족친위	3	3	2		1	1	10	41
		X	병인	1	1		1			3	
		무직역		6	7	8	1	3	3	28	
⑩	張	A	유학	1	2	2	2	2	2	11	23
		B	업무				1			1	
		BC	업무영등사부/업무방군	2	1	1				3	
		C	통방모군/향청속	2						1	
		CC	정병부노군	1						1	
		무직역			2	1	1	1	1	6	
⑪	諸	A	유학		1	1	1	1	1	5	5
⑫	朱	A	유학				1	1	1	3	6
		무직역					1	1	1	3	
⑬	鄭	B	주부/지세군관	1	1	1					15
		B+B	업무지세진군관	1	1	1					
		B+C	업무지세진속/업무지세토병/업무포수	2	1	1	1	1	1	5	
		C	지세진속				1	1	1	4	
		무직역		1	1	2		1	1	6	

姓	직역유형	職役	1863	1881	1884	1887	1890	1893	합	총계
⑭ 林	B	업무			1				1	5
	B+B	업무향교하전	1						1	
	B+C	업무방군	2						2	
	C	방군/지장보	3							
	무직역			1					1	
⑮ 柳	B	공생	1						1	1
⑯ 權	B+C	업무방군	1						1	1
⑰ 夫	B+B	충찬지세진군관	1			1	1	1	3	15
	C	지세진속/지세토병	3	2	2				6	
	무직역					2	2	2	6	
⑱ 梁	B+C	업무선소고직	1						1	1
⑲ 崔	B	업무			1		1	1	3	15
	B+C	업무부노군		1					1	
	C	부노군/부사모군/부사부/친병군	1	1	1	3	2	2	10	
	C+C	정병방군	1						1	
⑳ 河	B	공생/옥포진군관/조라군관	1	1	1					9
	B+B	업무옥포진군관			2				2	
	B+C	업무옥포사부	2	1					3	
	C	옥포진속	1						1	
	무직역			1	2				3	
㉑ 黃	B	공생	2	2					4	8
	무직역		2	2					4	

가지고 있는 ⑪ 제씨·⑫ 주씨나 유학을 중심으로 A그룹 직역이 주로 배정된 ⑮유씨·⑨이씨는 모두 소수에 불과했다.

두 번째, B·C그룹 직역을 중심으로 하면서 A그룹 직역이 나타나는 경우이다. ⑩ 장씨는 1863년 C그룹 직역이 주를 이루면서 B그룹 직역이 섞여 있다가 A그룹 직역만 남게 된다. ⑦ 손씨 또한 수적으로 적은 비중이지만 A그룹과 B+C형 직역이 공존하다가 A그룹 직역만 남는다. ⑥ 변씨는 B그룹 직역을 중심으로 하면서 A그룹 직역이 일부 나타나고 있다.

세 번째, 주로 B그룹이나 C그룹을 중심으로 직역이 배분된 가계이다. ⑬ 정씨는 1863년 B그룹과 B+C형 직역을 가지고 있었으나 점차 B+C형 직역, C그룹 직역으로 통일되고 있다. 이들은 주로 지세진에 소속된 직역·신역을 담당하였는데 A그룹 직역은 끝내 나타나지 않는다. ⑲ 최씨는 주로 거제부 소속 군역을 담당하고 있었고 ⑳ 하씨는 주로 옥포진 소속 B·그룹 직역을 담당하고 있으나 1887년 이후로 사라진다. ⑭ 임씨는 A그룹 직역 없이 B·C가 대부분이지만 1887년 이후 이들 가계가 사실상 사라지기 때문에 무어라 말하기 힘들다. B그룹 직역 가운데 鄕役에 해당하는 공생은 각각 1명, 2명 불과한 ⑮ 유씨와 ㉑ 황씨가 담당했다. ⑮ 유씨는 1863년, ㉑ 황씨는 1884년 이후 사라진다. ⑰ 부씨의 경우도 주로 지세진 소속 직역을 가지고 있으며 C그룹에서 B그룹 직역으로 통일될 뿐 A그룹 직역을 가지는 데는 실패하고 있다.

네 번째는 A그룹 직역이 일정한 비율을 차지하면서도 B과 C그룹 직역이 다양하게 분포하는 경우이다. 우선 ② 김씨는 직역의 분포가 매우 다양하고 A그룹 직역의 비중이 일정 수준을 점하면서도 C그룹과 B+C형 직역의 비중도 어느 정도 유지되고 있는데 이는 성관의 단일여부가 불확실한 상황에서 무어라 평가하기 힘들다. ① 강씨는 본관이 진주로서 상위에서 하위에 이르기까지 직역분포의 폭이 매우 넓다. 1863년 C그룹이 주를 이루던 직역이 A·B그룹이 점차 늘어나면서도 B+C형과 C그룹 직역이 끈질기게 존속하고 있다. 단일 성관임에도 직역군을 넘나드는 유형이 끝까지 온존하고 있는 ① 진주 강씨 일문은 ② 김씨 다음으로 많은 A그룹 직역자를 배출한 가계이기도 하다. ⑤ 박씨의 경우는 A그룹 직역의 획득에 성공한 자가 있지만 전체적으로 B그룹이 두텁고 여전히 적지 않은 C그룹의 신역자가 존재하고 있다. 전체적으로 직역분포의 폭이 넓은데 이 같은 유형은 ① 강씨와 유사한 모습을 보이면서도 상위직역의 획득정도는 상대적으로 떨어진다.

이상 『항리호적중초』에 등장하는 성씨별 직역분포를 대략 네 가지 유형으로 나누어 살펴보았다. 직역의 배치와 그 추이는 가계별로 다양한 모습을 보이지만 가계내부의 사정에 대한 구체적인 분석이 가해져야만 직역과 가계 계승 양식에 대한 이해도를 보다 높일 수 있을 것이다. 이를 위해서는 이들 가계의 전체를 복원하여 보다 구체적인 유형화를 시도할 필요가 있지만 현실적으로 부딪히는 여러 가지 어려움을 감안하여 앞서 네 번째 유형의 하나로 언급되었던 진주 강씨 일문을 사례분석 대상으로 삼고자 한다. 구조라의 진주 강씨는 직역분포의 스펙트럼이 매우 넓고 주민구성상으로도 상당한 비중을 점하는데다가 족보와 이에 딸린 호구자료가 전해진다는 점에서 좋은 관찰대상이다.[38] 〈표 8〉은 구조라 마을의 진주강씨 일문의 족보를 호적중초와 비교하여 호적등재 여부를 살피고 이들의 직역배정·계승 양상을 나타낸 것이다.

姜以式을 시조로 하는 진주 강씨 구조라 문중은 박사공 啓庸 이후 18세 爾頌을 거제 入島祖로 하고 이후 柱世-甲煥-在遇-日會-永

---

38) 『舊助羅里誌』에 따르면, 구조라 최초의 입주자는 甘氏와 張氏인데 이들은 자료상으로는 확인이 되나 현재 그들의 후손은 전혀 거주하고 있지 않다고 한다. 그 뒤 1620년 경 光山盧氏가, 1650년 경 晉州姜氏가, 18세기 초엽에 慶州鄭氏, 慶山全氏가, 19세기 후반기에 密陽朴氏, 仁同張氏, 恩津宋氏 등이 들어와 자리를 잡았다고 한다. 이 가운데 광산노씨와 진주강씨는 18~19세기 이래 한말·일제시기까지 지배적 성씨로서 里任, 洞長을 역임하고 있다(정순우·안승준, 앞의 논문, 1998, 5면). 구조라 진주 강씨의 족적 기반이나 재지활동에 대해서는 구체적인 연구가 없지만 이들이 마을을 이끄는 주도 성씨였음은 분명하다.

〈표 8〉 구조라 진주 강씨 박사공파 일문의 직역 배정과 계승

24世	25世	26世	호적중초의 시기별 직역					
			1863	1881	1884	1887	1890	1893
관수(1808~1832) 처 숙부인 경주최씨(1802~1852)								
			무					
	대인(1828~1899) 처 산안주씨(1828~1886)		업무조라사부	유학	유학	유학	유학	유학
			무	무	무			
		준이(1850~1912) 처 칠원제고금(1848~1924)	무	무	무	무	무	무
				무	무	무	무	무
		세충(?~?)						
	필문(1831~1886) 처 여양진씨(1832~1863) 처 화산황씨(1834~1828)			무	무				
				무	무			
		通政 효중(1863~1940) 처 淑夫人 김해김씨						무
		주익(1871~1930)						
		창주(1868~1937)						
도경(1814~1886) 처 나주정씨(1812~1876)								
	권이(1839~1886) 처 밀양박씨(1838~1886)		업무조라사부	유학	유학			
			무					
			무	무	무			
			무	무	무			
		인준(1868~1886) 처 여양 진순이(1864~1941)				무	무	무
						무	무	무
		홍준(1870~1942)					무	무
		부준(1872~1898)						
	필환(1841~1886) 처 김해김억이(1851~1883) 처 김해김씨(?~?)								
		백준(1871~1949)					무	무
도명 처 김성			업무조라사부					
	여준 처 이성		조라토병	업무조라사부	업무조라사부	조라사부		
			무					
	무환 처 최성		무	무	무	무	무	업무조라진군관
							무	
		수년						무
도림(1823~1903) 처 정부인은진송씨(1823~1904)			업무조라사부	업무조라사부	업무조라사부	업무조라사부	유학	가선(嘉善)부겸오위장
			무					
	상인(1851~1886) 처 광산김씨(1846~1868)		무	무	무			
			무	무	무	무	무	무
		양준(1868~1943)	무	무	무	무	무	무
		화준(1870~1930)					무	무
		길준(1882~1930)					무	무
		영주(1879~?)						
	봉인(1853~1930) 처 기성박씨(1855~1884)		무	무	무			
			무	무	무			
		월준(1879~1939)						
		한준(1889~1943)						
		순준(1893~1926)						
		창준(1896~1960)						
		일준(1999~1961)						
		의준(1905~1961)						
	지인(1855~1905) 처 숙인김해김명림(1857~1950)		무	무	무	무	무	무
						무	무	
		경중(1890~1956)						
		의중(1892~1953)						
도윤(1824~1871) 처 손씨(1825~1881)			조라사부	유학	유학			
			무					
	덕인(?~?)		무	무	무			
	參奉 찬인(1858~1942)							유학
		성충(夫傳)						
		문백(?~1885)						

洛으로 가계가 이어진다. 永洛(23世)의 아들 5형제가 바로 〈표 8〉의 寬秀 · 道敬 · 道永 · 道林 · 道允(24世)이다. 표에서 나타나듯이 족보와 호적중초가 가진 자료의 특성과 한계를 감안하면서 가계의 구성과 직역의 배치를 살펴보면 양자의 사이에는 적지 않은 차이가 있음을 알 수 있다.[39]

여기에서는 일단 5형제 각각의 아들 · 손자를 중심으로 직역의 배정 양상을 살펴보자. 우선 寬秀系이다. 1832년 관수는 이미 사망한 상태였고 관수의 아들 대인이 직역자로 나타난다. 특히 대인은 1881년 叔父 도경 · 도윤과 함께 진주 강씨 구조라 일문 가운데 가장 먼저 유학 직역을 얻고 이후 사망할 때까지 이를 유지하고 있다. 반면 대인의 동생 필문의 자식들은 호적상 등재율도 낮고 등재되었다하더라도 모두 무직역 상태였다. 寬秀系의 직역은 사실상 그 장남 대인에 의해 이어지고 있었다.

다음은 차남 道敬系이다. 도경은 1881년 유학직역을 얻었으나 1886년 사망하였다. 1863-1881-1884년 구간에서 도경은 업무조라사부-유학-유학의 직역을 가지고 있었는데 같은 시기 그의 두 아들 권이와 필환은 호적에 아무런 직역도 배정받지 못하고 있다. 그런데 도경과 두

---

39) 진주 강씨 족보와 구조라 호적중초 양자의 자료상 相違를 몇 가지만 지적해보자. 寬秀(23세)의 처 숙부인 경주 최씨는 족보에 이미 1852년에 사망한 것으로 되어 있지만 1863년 호적중초에는 등재되어 있다. 아마도 족보의 기록이 부실했기 때문인 것으로 판단된다. 족보의 생몰년이나 호적중초의 등재 실태를 보면 동 시기에 구조라 마을에 틀림없이 거주했을 것으로 생각되는 사람이 두 자료의 특성에 따라 누락되어 있는 경우가 적지 않다. 가령 필문(25세)의 세 아들 효중 · 주익 · 창주 3형제는 호적중초에 나타나지 않다가 효중이 1893년 무직역 상태로 단 한번 등장한다. 도윤(24세)의 아들 덕인은 호적 중초에 등재되었으나 족보에서 누락되어 있는 반면 그 동생인 찬인은 상당한 나이가 되도록 호적에 등재되지 않다가 1893년에 가서야 비로소 유학 직역을 가지고 호적에 오르고 있다.

아들 권이 · 필환이 모두 일찍 사망하는 바람에 道敬系의 가계 계승은 그리 순탄치 않았던 듯하다. 호적에는 권이의 세 아들 중 인준 · 홍준과 필환의 아들 백준이 등재되지만 이들에게는 끝까지 직역이 부여되지 않는다.

다음은 셋째 道永系이다. 도영과 그의 후손은 그 전체가 족보에서 빠져있다. 후술하겠지만 이 때문에 나머지 4명의 형제와 다른 직역변화 양상을 보이는 것으로 생각되는데 1863년 도영이 업무조라사부의 직역을 가지고 있을 당시 큰 아들 여준은 이미 조라토병의 군역을 부담하고 있었다. 1881년 전에 도영은 아마 사망한 것으로 생각되는데 이후의 역은 장남 여준이 업무조라사부(1881 · 1884)−조라사부(1887)의 형태로 잇고 있다. 같은 시기 동생 우환은 직역이 없는 상태로 호적중초에 등재되어 있다. 여준도 1887~1890년 사이에 사망한 것으로 보이는데 이후 우환은 1890년 무직역 상태로 있다가 1893년 업무조라진군관으로 직역이 이어지고 있다. 같은 해 우환의 아들 수년이 호적에 등장하지만 무직역 상태였다.

넷째 道林系는 호적상 매우 두드러지는 존재이다. 도림은 호적이 대상으로 하는 기간 동안 계속 생존하면서 직역을 가진다. 다만 그의 유학 획득은 좀 늦은 편이어서 오랫동안 업무조라사부를 지다가(1863~1887년) 1890년에 가서야 유학이 되고 1893년에는 가선대부겸오위장의 직역을 가진다. 그는 세 아들과 12명의 손자를 거느릴 정도로 가장 후손이 번성했는데 상인 · 봉인 · 지인 세 아들과 상인의 아들 양준 · 화준 · 길준이 호적에 등재되고 있다. 그런데 도림이 직역을 가질 동안 같은 시기 존재했던 도림계의 후손들은 단 한명도 직역을 부여받지 못한 상태로 호적에 등재되고 있었다.

다음은 道允系이다. 도윤의 아들은 덕인과 찬인이 있었으나 가계의 계승은 그리 안정적이지 못했던 듯하다. 도윤은 1863년 조라사부를 거친 후 1881년 유학직역을 얻는데 성공했으나 1884~1887년 사이 어느 시점에 사망한 듯 하다. 같은 시기 장남 덕인은 다른 계선과 마찬가지로 무직역 상태로 호적에 올라있다. 그런데 연유는 알 수 없지만 덕인은 아예 족보에 오르지 못할 정도로 족적 구성원으로 자리 잡지 못했고 가계는 사실상 찬인에게 이어진 듯하다. 찬인이 1893년 유학직역을 가지고 호적에 등재되는 것은 바로 이러한 점을 반영하는 것으로 생각된다.[40]

이상에서 살펴보았듯이 5형제에 국한해서 본다면 각계선별로 5형제 본인이 생존해 있는 경우 직역의 승계가 본인 중심으로 이어지고 그가 사망할 경우 장남으로 넘어가는 형태가 일반적으로 포착된다. 특정계선 안에서 직역자와 같은 시기 존재한 가족 구성원에게는 거의 직역이 부여되지 않고 있었다. 다만 장자가 일찍 사망하거나 족적 결합에서 이탈하는 등 가계계승이 순탄치 않을 경우 次子들에게 직역이 이어진 것이 아닌가 생각된다.

이제 전체 직역구성비의 추이와 관련하여 직역 배정 및 계승 양상을 살펴보자. 직역의 배정에서 중점적으로 살펴야 할 것은 역시 A그룹 직역자의 배정 및 그 추이와 이것이 B·C그룹 직역과 어떠한 형태로 연동하는지의 문제이다. 1863년 직역에서 보듯 이들 구조라 진주 강씨 일문

---

40) 晉州姜氏博士公派舊助羅門中, 『晉州姜氏博士公派文良公派舊助羅里門中世譜』, 1981, 118~119면. 찬인은 20세기로 넘어가면서 지역내 뚜렷한 활동의 발자취를 남긴다. 그는 각종 의료활동과 자선사업으로 지역사회의 좋은 평판을 얻었으며 이 때문에 1924년 구조라 마을 입구에 그의 이러한 선행을 기리는 善心不忘碑가 세워졌다. 여기에는 陰刻으로 '惟公慈善 周施引拔 我矜孤單 普濟艱難'이라고 새겨져 있다. 찬인의 위상이 유학직역 획득의 원인인지 결과인지는 알 수 없지만 그가 남긴 뚜렷한 사회적 역할은 특기해 둘 필요가 있다.

은 업무조라사부(대인·도경·도영·도림), 조라토병(여준), 조라사부(도윤) 등으로 단 한명의 A그룹 직역자도 배출하지 못하고 주로 군역을 담당하고 있었다.

우선 1863년~1881년은 앞서 직역변동의 추세에서도 살폈듯이 유학 등 A그룹 직역이 크게 늘어나는 시점이었다. 진주 강씨 일문에서도 이 구간에 대인(25세)·도경·도윤(24세) 3명의 유학직역자가 나타나고 있다. 1881~1884년의 구간에서는 별다른 변화 없이 3명의 유학 직역자를 그대로 유지하는 모습을 보인다. 1884~1887년의 구간은 앞서 살펴보았듯이 호총과 구총이 크게 낮아지고 유학 직역자의 수도 줄어드는 시기이다. 앞서 3명의 유학 직역자 가운데 대인이 유학 직역을 유지하고 도경 사망 이후 그 직계로는 호적에 등재되더라도 직역이 없는 상태가 끝까지 이어지고 있다. 1887~1890년의 구간은 유학이 다시 늘어나는 시점인데 이 때 도림이 유학을 얻고 있다.

도림과 그의 셋째 아들 대욱의 상위직역에 대한 집념은 매우 집요했다. 1861~1887년 업무조라사부를 유지하던 도림은 마침내 1890년 유학 직역을 얻는데 성공한다. 도림은 1873년 항리 동수를 맡은 것으로 보아 동내 제반사를 거의 도맡아 처리하였던 것이 이 무렵 확인된다.[41] 앞장에서 언급한 바와 같이 1870년 발급된 준호구에는 '업무조라군관'으로 기재되었던 것으로 보아 상위직역으로의 희구는 여전했던 것으로 보인다. 그런데 같은 해 도림은 '가선대부동지중추부사겸오위장(敎旨失傳)'의 첩을 얻었으나 1881~1887년의 기간 동안 호적대장의 직역은 여전히 '업무조라사부'로 완고하게 유지되고 있었다. 아마 교지나 첩을 발급받더라도 호적대장에 직접적·즉각적으로 반영되지는 않았거나 준호구의

---

41) 『古文書集成』 35, 「五洞節目」, 89~91면.

변개 가능성도 염두에 두어야할 듯하다.

하지만 상황이 끝난 것은 아니었다. 도림·대욱 부자의 시도는 이후에도 이어져서 1892년 10월 도림(琳友로 개명)은 嘉善大夫同知中樞府事兼五衛將의 직을 받았다. 이에 따라 그의 처 宋氏는 貞夫人에 封해졌고 이미 사망한 祖母 林氏는 淑夫人의 贈職을 받기에 이른다.[42] 도림의 셋째 아들 大煜(在志로 개명)은 1892년 10월 宣略將軍行龍驤衛副司果의 직을, 1894년 7월 宣略將軍行加德鎭管知世浦水軍萬戶의 직을받고 있다.[43] 1894년 도림(應浩로 다시 개명)은 嘉善大夫同知中樞府事兼五衛將의 직역을 얻는데 성공하고 그 四祖의 직역도 贈嘉善大夫戶曹參判兼同知義禁府事(父), 贈通政大夫戶曹參議(祖), 贈通訓大夫掌樂院正(曾祖), 學生(外祖)로 크게 변하기에 이른다.[44] 아울러 도림(응호)은 1902년 칙명에 의해 80세 이상에게 부여되는 老職 정3품통정대부로 승격된다.[45]

---

42) 晉州姜氏博士公派舊助羅門中, 『晉州姜氏博士公派文良公派舊助羅里門中世譜』, 1981, 5면.

43) 晉州姜氏博士公派舊助羅門中, 『晉州姜氏博士公派文良公派舊助羅里門中世譜』, 1981, 6~7면.

44) 第四統五號 嘉善大夫同知中樞府事兼五衛將 姜應浩 年七十二 癸未 本晉州 父 贈嘉善大夫戶曹參判兼同知義禁府事 壽泰 祖 贈通政大夫戶曹參議 日成 曾祖 贈通訓大夫掌樂院正 遇周 外祖 學生 孫碩泰 本密陽 妻 宋氏 封貞夫人 齡七十二癸未 籍恩津 父 學生 雙權 祖 學生 道日 曾祖 學生 比友 外祖 學生 金用業 本光山 婦 金氏 齡四十九丙午 籍光山 父 學生 在暄 率二子 鳳仁 年四十二癸丑 三子 志仁 年三十九乙卯 婦 金氏 齡三十八丁巳 籍金海 父 幼學 有光 孫一子 良俊 年二十七戊辰 孫二子 華俊 年二十五庚午 孫三子 吉俊 年十二癸未(晉州姜氏博士公派舊助羅門中, 『晉州姜氏博士公派文良公派舊助羅里門中世譜』, 1981, 8면).

45) 晉州姜氏博士公派舊助羅門中, 『晉州姜氏博士公派文良公派舊助羅里門中世譜』, 1981, 4면. 姜道林은 신사년(1881)에 洞首를 맡고 있는데 이 때 項里에는 尊位 盧芳律 里任 金桂贊으로 나타나는 것으로 보아 洞首, 尊位, 里任이 동의 興論과 大小事를 관장하는 유력 집안인 것으로 판단해도 좋을 것이다(『古文書集成』35, 「項里主山圖」).

한편 앞서 언급했듯이 5형제 중 道永系는 족보에서 누락되어 있다. 그 이유는 불명이지만 아마도 구조라 진주 강씨 일문의 족적 결속에서 이탈되어 있거나 연결되어 있다하더라도 매우 느슨한 형태였던 것만은 분명하다. 이렇게 구조라 진주 강씨 일문과 유대가 느슨하거나 사실상 단절된 경우 그 계선은 끝내 유학 직역을 얻지 못하고 B그룹 직역에서 맴돌고 있었던 것이다. 이는 직역의 배분이 촌락사회 내부에서 족적인 계승관계와 매우 밀접함을 보여준다. 구조라 진주 강씨는 박사공파 외에 어사공파도 상당수였다. 같은 박사공파라 하더라도 족적 유대에서 이탈한 도영의 직계가 나머지 4형제의 계선과 다른 형태를 보이는 것과 마찬가지로 어사공파 또한 A그룹 직역을 얻는데 실패하고 있다. 이 역시 동일한 본관을 가진 집안이라 하더라도 직역의 배정은 동일한 족적 단위로 인식되는 가계를 중심으로 이루어지고 문중의 족적 결속에서 제외되었다고 인식될 경우 다른 형태의 직역 계승 관계가 형성되고 있었음을 확인시켜 준다.

5. 맺음말

이 글은 19세기 거제도 구조라 마을의 직역변동양상을 『항리호적중초』를 중심으로 살펴보고 이를 바탕으로 국가적 차원의 대민파악과 직역부여가 사회적 수준의 가계계승이 만나는 접점에서 어떠한 양상을 보이는지 고찰하고자 하였다. 특히 행정단위의 최말단인 촌락 차원에서 국가권력의 침투와 이에 대한 촌락민의 대응이라는 관점에서 직역과 신분의 통일적 이해를 시도하고자 하였다.

거제도 동남단에 위치한 구조라 마을(항리)은 연해 어촌지역의 전형적 특성을 보이면서 군사적으로도 천혜의 요건을 갖추고 있었다. 일본의 대마도와 지근거리에 위치해 있던 거제도에는 통제영과 경상 우수영 관할 수군진 7개가 포설되어 있는 등 일찍부터 군사기구와 국방시설이 밀집되어 있었다. 구조라 마을의 『항리호적중초』는 명칭에서 알 수 있듯이 중초의 형태를 띠고 있었고 여타 지역의 호적과 비교해 상대적으로 간략한 형식을 가지고 있었다. 여기에는 각종 成冊類가 있었음을 짐작케 하며 호적개수를 주관한 籍所와 厘正·監考의 직임이 확인된다.

현전하는 호적중초는 1863·1881·1884·1887·1890·1893년의 6개 식년으로 여기에 나타난 호총과 구총은 점진적으로 낮아지다가 거의 반 가까이 줄어드는 데 특히 1887년 이후의 구간은 도저히 자연적인 증감만으로 설명할 수 없을 정도로 큰 낙차를 보인다. 구조라 마을 호당 구수는 전국의 호당구수와 비교해 매우 낮은 수준이었고 그 궤적은 경향적으로 거제부와 보조를 같이한다. 이는 일단 구조라에 가해진 호총의 압력이 구총의 압박보다 상대적으로 높은데서 기인하는 것이지만 정확한 이유는 더 살펴봐야할 듯 하다. 남녀의 성비(본문기준)도 135.9(1863) → 148.2(1881) → 151.2(1884) → 190.2(1890) → 200(1893)로 처음부터 상당한 남초 현상을 보이다가 이후 200까지 급격하게 치솟는 모습을 보인다. 식년별 남녀 연령분포는 활발한 직역변동과는 별도로 국역부담의 기간이 되는 청장년층을 중심으로 파악되고 이러한 추세는 구총·호총의 급격한 변동과 직역의 변화에도 불구하고 꾸준히 유지되고 있다. 여성·동유층·노년층에 대한 파악은 이러한 호적등재의 주력을 중심으로 호구의 총액을 보완해주는 수준에서 이루어지고 있었다.

한편 구조라의 직역은 인근에 포진한 수군진 등으로부터의 군역·신역의 압력에 애초부터 그리 높다고 할 수 없는 주민 신분구성이 맞물려 타 지역에 비해 비교적 늦은 시기에 급격한 변동 양상을 보인다.

직역의 소속처는 중앙 소속 직역·군역이 전혀 보이지 않고 대부분 지세·조라·옥포·영등의 4개진에 소속되어 있었다. 구조라 마을은 사실상 진하촌으로서 직역변동에 인근 군사기관의 압력이 강하게 작용할 수밖에 없었다. 직역의 분류는 대체로 사회신분적 요소를 감안하면서 A·B·C·X의 4개 그룹으로 나누어 살펴보았는데 그 추이는 유학직역 중심의 A그룹 직역자의 증가, B그룹 직역자의 정체, 그리고 C그룹 직역자의 감소라고 요약할 수 있다. 이러한 추세는 여타 다른 지역의 직역 변동 추세와도 궤를 같이한다고 할 수 있다. 『항리호적중초』를 1863년에 작성된 「項里防軍案」과 비교해보면 양자의 상위가 두드러지는데 이는 군안의 허부화와 호적대장의 기능약화라는 두 가지 요인이 복합적으로 작용한 결과가 아닌가 생각된다. 특히 호적중초에 유학·족친위 등 A그룹 직역을 가졌거나 이와 관련된 호에 편제되었던 사람이 정작 군안에 올라 방군역을 지고 있었음은 이 시기 호적에 기재된 A그룹 직역을 액면그대로 양반이나 그에 비견할 부류로 이해하기에 대단히 어려울 뿐 아니라 면역의 특혜마저도 의심스러운 존재였음을 시사한다.

하지만 호적중초에서 유학직역을 획득한 부류의 일부는 19세기 말~20세기 초의 일정한 시간적 유예를 거쳐 지역내 위상을 바탕으로 활발한 사회활동을 보이는데서 보듯 유학 직역은 내륙의 사족과 유사한 존재로 다가갈 수 있는 발판으로 일종의 징후적 요소를 안고 있었음도 지적되어야 할 것이다. 직역은 신분과 별도의 운영논리를 가지고 있었지만 그것이 가지는 신분에 대한 규정성도 무시할 수 없는 것이었다. 그런데 『항리호적중초』에는 B+B, C+C와 같이 동일 그룹은 물론 A+B, A+C, B+C와 같이 다른 그룹을 넘나들면서 직역이 결합하는 이중직역이 광범위하게 나타나고 있다. 이중직역의 대종은 '업무'직역과 관련되어 있는데 이는 실제 면역여부와 무관하게 '업무'가 수사적 기능을 가지고 군역명과 결합함으로써 군역에 대한 기피심을 누그러뜨리는데 일정하게 기여했을 뿐만 아니라 주호 직역의 상위그룹으로의 이동을 위한 하나의 매개로 기능하고 있었음을 알게 해준다. 이같이 구조라의 幼學·忠義 등 A그룹 직역은 각종 신역부담으로부터도 자유롭다고 할 수 없었다. 그럼에도 이들 직역의 흡인력은 여전했는데 이는 국가의 국역 부담층 확보와 민의 상위직역·상위신분으로의 지향이 빚어낸 타협의 결과로 이해할 수밖에 없다.

　구조라 마을에는 다양한 성씨가 거주했는데 이들 중 상당수가 족적인 정체성을 유지하고 있었던 듯하다. 이들 성씨는 국가의 호구파악과 직역운영이라는 커다란 정책 흐름에 규정되면서도 가계별로 직역 배분과 계승의 특징을 드러내고 있었다. 직역의 배치와 그 추이는 성씨별로 다양한 모습을 보이는데 구조라에 거주하는 성씨 가운데 진주 강씨 일문은 직역분포의 스펙트럼이 매우 넓고 주민구성상으로도 상당한 비중을 점한다는 점에서 사례연구로 안성맞춤이다. 구조라에 거주하는 진주강씨는 永洛(23世)의 아들 寬秀·道敬·道永·道林·道允(24世)가 대부분인데 이들을 중심으로 진주강씨 일문의 족보를 호적중초와 비교하여 호적등재 여부와 직역배정·계승 양상을 살펴보면 몇 가지 특징적 경향이 나타난다. 우선 각계선별로 5형제 본인이 생존해 있는 경우 직역의 승계가 본인 중심으로 이어지고 그가 사망할 경우 장남으로 넘어가는 형태가 일반적으로 포착된다. 이 때문에 특정계선 안에서 직역자와 같은 시기 존재한 가족 구성원에게는 거의 직역이 부여되지 않고 있었던 것이다. 다만 장자가 일찍 사망하거나 족적 결합에서 이탈하는 등 가계계승이 순탄치 않을 경우 차자들에게 직역이 이어진 것이 아닌가 생각된다. 직역 배정 및 계승 양상의 경우 5형제 중 족보에서 누락된 도영계의 사례에서 보듯 구조라 진주 강씨 일문과 유대가 느슨하거나 사실상 단절된 경우 그 계선은 끝내 유학 직역을 얻지 못하고 차하위 직역인 B그룹에 맴돌고 있음이 확인된다. 이는 직역의 배분이 촌락 사회 내부에서 족적인 계승관계와 매우 밀접함을 보여준다. 구조라 진주 강씨는 박사공파 외에 어사공파도 상당수였는데 어사공파 또한 A그룹 직역을 얻는데 실패하고 있다. 이 역시 동일한 본관을 가진 집안이라 하더라도 직역의 배정은 동일한 족적 단위로 인식되는 가계를 중심으로 이루어지고 문중의 족적 결속에서 제외되었다고 인식될 경우 다른 형태의 직역 계승 관계가 형성되고 있었음을 확인시켜 준다.

[원문출처:『한국문화』67, 2014]

직역분류	소속	職役	1863년	1881년	1884년	1887년	1890년	1893년
A		유학	6	16	17	7	10	11
		가선대부겸오위장						1
		선원참봉	1					
		족친위	3	1	1			
		충의	13	11	13	9	10	10
		소계	23	28	31	16	20	22
A+B	지세진	충찬지세진군관	1			1	1	1
		소계	1			1	1	1
A+C	거제부	유학부노군					1	
B	거제부	읍군관	1	1	1			1
		공생	3	2	1			
		업무	3	1	3	2	2	1
		황조인	2					
	옥포진	옥포진군관		1				
	조라진	조라진군관	1					1
	지세진	지세군관	1	1	1			
	불명	주부	1					
		병학무사		1				
		훈련판관	1					
		소계	13	7	6	2	2	3
B+B	거제부	업무읍군관		1	1	1	1	2
		업무읍장관	1	1	1		1	
		황조인읍군관		1	1	1	1	
		황조인읍장관						1
		업무향교하전	1					
	옥포진	업무옥포진군관			2			
	조라진	업무조라진군관	1	1	2	2	2	2
	지세진	업무지세진군관	1	1	1			
	향교	업무향교하전	1					
		소계	4	5	8	4	5	5
B+C	거제부	업무부노군	1	2	1	1	1	1
	목장	업무목자	1	1				
	봉수	업무봉수군		2	2	2	2	1
		황조인봉수군			1		1	
	영등진	업무영등사부	1	1	1			
	옥포진	업무옥포사부	2	1				

직역분류	소속	職役	1863년	1881년	1884년	1887년	1890년	1893년
B+C	조라진	업무조라사부	9	5	2	1		
		업무조라진노군			2			
	지세진	업무지세진사부	2	1			1	2
		업무지세진속		1	1	1	1	1
		업무지세토병	1					
	不明	업무모군	1					
		업무방군	7					
		업무선소고직	1					
		업무포수	1					
		소계	27	14	10	5	6	5
C	진	진속						1
	거제부	부노군		2	1	2	1	2
		부사모군	1					
		부사부		1	1	1	1	1
	목장	목자	3	1	1			
	봉수	봉수군		2	1	1	1	1
	영등진	영등진속						1
	옥포진	옥포진속	1					
	조라진	조라사부	2			1		
		조라진노군			2	1	1	1
		조라진속	1					
		조라진토병	4		2			
	지세진	지세사부		1	1	1	1	
		지세진속	2	1	2	1	1	1
		지세토병	2	2	2			
	통영	통방모군	1					
	항청	항청(속)	4					
	不明	노군			1			
		방군	3					
		유황군	1					
		지장보	1					
		친병군				1		
		소계	26	10	14	9	6	8
C+C	거제부	정병부노군	1					
	不明	정병방군	2					
		소계	3					
X		병인	1	1		1		
	무직역		145	146	142	76	78	79
	총합계		243	211	211	114	119	123

〈附 그림〉 18세기 후반 『輿地圖』에 나타난 거제부

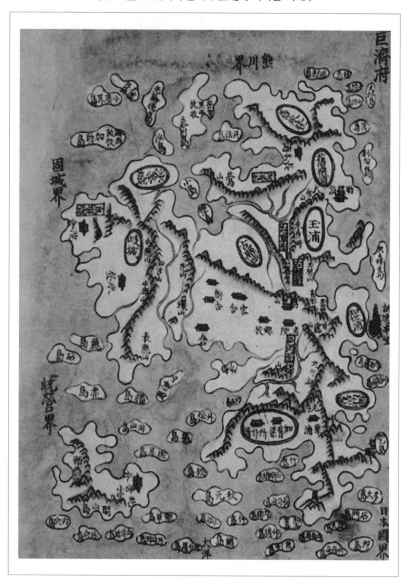

조선후기 호적상 무임직역의 계승과 변동
: 대구부 읍치와 외촌에 거주하는 몇몇 가계들을 사례로

이동규

1. 머리말

慶尙道 大邱府는 조선후기 대표적인 邑治지역으로 地方社會의 都市的 특성을 가장 잘 보여주는 지역 중의 하나이다. 邑治지역은 外村과 달리 邑城內 각종 官廳과 敎育施設등이 존재하여 다양한 職役을 가진 계층들이 거주하였다. 조선후기 다양한 계층이 공존하였던 邑治都市部에 대한 연구와 관심은 주로 이준구로 대표되는 '身分變動論'에 대한 비판과 큰 관련이 있다.

이준구는 조선후기 사회를 신분이 전반적으로 상향조정되어 가던 사회였다고 주장하였다.[1] 職役을 하나의 신분체계로 규정하면서 다양한 職役의 混淆현상을 身分上昇과 직결하여 설명하였다.[2] 그러나 이에 대해 비판을 제기하는 후속 연구들이 발표되었다. 소위 '變動論'에 대한

---

1) 이준구, 『조선후기신분職役변동연구』, 일조각, 1992 참조
2) 이준구, 위의 책, 259~260면

비판들은 職役자체를 신분으로 규정할 것인가 하는 문제[3]에서부터 幼學職役 자체의 성격과 그 수적 증가를 어떻게 해석할 것인가 하는 다양한 시각[4]들을 통해 이루어져 왔다. 또한 邑治內에 거주하였던 구성원들에 대한 연구를 통해 조선후기 都市部 邑治 지역에 대한 이해를 심화시켜 줄 것이다. 이러한 연구의 시각은 丹城縣[5]으로 대표되어 진행되었던 선행연구들과는 다른 양상을 보여줄 것으로 기대된다.[6]

大邱府 邑治지역에 대한 연구는 2000年代 戶籍電算化作業을 통해 좀 더 세밀한 분석이 가능해 졌다. 그 결과 중간계층 가운데서도 職役을 통해 일정한 신분층을 형성하였던 鄕吏가 있으며 이 鄕吏들은 幼學職役으로의 신분상승 보다는 鄕吏職을 유지하려는 경향성을 보이고 있음이 밝혀졌다.[7] 또한 大邱府 西上面의 장기적인 계층의 사회적 상승과 유지, 하락에 대한 연구를 통해서는 邑治지역 中·下層民들은 上層으로의 상승은 실질적으로 한계가 있었다는 점을 밝히고 있다.[8]

본고에서는 조선후기 기본적으로 국역이 부여되는 계층 가운데 일반

3) 미야지마 히로시, 「戶籍臺帳에 나타나는 사람들」, 『대동문화연구』 42, 2003

4) 심재우, 「조선후기 단성현 법물야면 幼學호의 분포와 성격」, 『역사와 현실』 41, 2001; 송양섭, 「19세기 幼學층의 증가양상」, 『역사와 현실』 55, 2005.

5) 단성현 邑治 지역에 대한 연구로는 권내현, 「朝鮮後期 邑治와 그 居住民 構成에 관한 一考察」이 있다. 그는 이 논문에서 단성현 邑治 지역을 분석하여 조선후기 邑治지역의 성격을 분석하는 한편 邑治 거주민들의 거주·이주 양상을 살펴보았다. 「朝鮮後期 邑治와 그 居住民 構成에 관한 一考察」, 『한국사학보』 3-4, 1998.

6) 예를 들면 大邱府의 邑治와 단성현의 邑治, 그리고 大邱府 外村과 단성현 外村과의 비교연구가 그것이다. 이를 통해 都市部의 邑治와 外村의 양상은 선행연구들과는 다른 양상을 보여줄 것이다.

7) 권기중, 「족보와 호적을 통해 본 조선후기 대구지역 달성 서씨의 계층성」, 『대동문화연구』 83, 2013.

8) 이유진, 「18세기 대구 서상면의 신분변동에 대한 계보적 추적」, 『대동문화연구』 87, 2014.

군역이 아니라 군역대상자를 관리 통솔하는 임무가 부여된 都市部 武任職役들을 분석대상으로 삼고 있다[9]. 조선후기 '中間階層'이라 산정할 수 있는 武任관련 職役에는 閑良, 業武, 武學과 더불어 실질적인 職責이 명시되어 있는 것들이 있다. 기존연구에서는 閑良과 業武 등의 職役은 보다 높은 職役으로 상승하기 위한 階梯的 職役이라고 그 성격을 규정해 왔다.[10] 그러나 위와 같은 중간계층의 職役的 성격을 단순히 상층으로 진입하기 위한 중간단계 정도로 파악하기에는 한계가 있음이 지적되었다.[11] 또한 閑良, 業武, 武學과 같이 실질적인 職任이나 職責이 없는 이러한 職役들은 선행연구에서 각종 軍官·將校로 差定될 수 있는 대상이란 점이 밝혀졌다.[12] 따라서 본고에서는 이러한 職役들 역시 武任職役의 한 범주로 간주하고자 한다.

監營이 위치한 大邱府 邑治 지역에서는 각종 군사관련 기관과 함께 일반 軍丁들을 통솔하였던 軍官·將校들이 지속적으로 존재하였고,[13] 조선후기 戶籍臺帳의 編纂과 함께 軍役制度는 기본적으로 지속되었다. 鄕吏들의 임무가 지방행정 차원에서 戶口를 파악하고 稅收를 담당했다면, 軍官·將校를 포함한 武任職役者들은 軍丁들을 실질적으로 지휘하고 관리하는 임무가 부여되었다. 아울러 武任職役의 분포는 都

---

9) '武任'은 무적임무를 가진 자들을 칭하는 용어로, 손숙경의 연구에서 武任이라는 용어를 사용하였다. 「조선후기 동래지역 무임집단의 조직과 운영」, 『한국사회사학회』 74, 2007.

10) 이준구, 위의 책, 57면, 92면, 124면.

11) 이동규, 「朝鮮後期 閑良職役者 硏究-朝鮮後期 職役硏究의 一環으로」, 성균관대학교 석사학위논문, 2013.

12) 이동규, 위의 논문, 19~26면

13) 戶籍上 軍官은 1750年을 전후로부터 일반 군역자들을 상향시켜 군역의 징수대상자들을 확보하기 위한 수단으로서 그 명칭을 사용한 이들이 포함되어 있으나 본고에서는 이들을 포함하여 일괄적으로 범주화 시켜 분석하였다.

市部 邑治지역에서만 국한되지 않는다. 한정된 邑治에 비해서 분포의 양상이 상이하지만, 몇몇 가계의 개인과 가족들은 여전히 武任職役으로 戶籍臺帳에 기재되어 있었고 그러한 가계 가운데, 장기적으로 연속해서 거주한 사례를 찾아 볼 수 있었다. 따라서 본고에서는 外村의 경우 그 지역이 광범위하지만, 邑治와의 비교를 위해 일정한 지역을 선정하여 이를 邑治와 비교해 보았다.

鄕吏는 특수한 임무로 인해 職役의 신분화가 이루어졌다고 기존 연구에서 설명하고 있다. 지방사회에서 武任職役이 부여되었던 이들 역시 특수한 임무와 능력이 요구된다는 전제하에서 이들의 역할이나 특수성을 밝히는 것은 조선후기 사회의 역사상을 재구성할 수 있는 연구라고 생각한다. 본고에서는 武任職役을 분석하기 위한 기초적 연구의 일환으로 邑治지역과 外村지역의 몇몇 가계를 분석하는 사례연구를 행하였다.

선행연구 가운데 개인과 가족의 장기적 변동을 살펴보려는 노력은 개인적 차원과 부자 혹은 다세대간의 분석을 나누어 진행해 왔다. 그러나 장기적인 가계 분석이나 職役의 변동 양상을 살펴 볼 때 두 가지를 염두에 두고 분석해야 한다고 생각한다. 첫째, 개인의 평생 동안의 職役의 변동 즉 라이프코스가 式年마다 어떻게 달라지는지와 함께 子-孫 그리고 후대에 어떻게 변하고 있는지를 동시에 보여주어야 한다. 둘째, 개인과 호의 職役을 선정하는 문제에 있어서 한 개인은 60세 전후에 상향된 職役으로 부여받는 경향이 있기 때문에 평생 동안의 여러 職役 가운데 主職役을 설정해야 하는 문제가 있다. 첫 번째 문제에 대해서는 가계도와 함께 개인의 職役변동이 어떻게 보여주는지 도식화하였다. 두 번째 문제에 대해서는 사회에서 주로 활동하는 나이대인 20~50歲 사이에 부여받는 職役을 主職役으로 삼고자 한다. 이와 같은 문제점을 토대로 본고에서는 武任職役을 主職役으로 삼았던 개인과 가족에 대한 분석을 행하였다.

大邱府 戶籍臺帳 가운데 현존하는 式年을 모두 모아 가계를 분석하였다. 戶籍臺帳과 함께 20세기 초에 편찬된 族譜자료를 보조로 이용하여 세대를 구분하였다.[14] 이들 가계에 대한 분석은 邑治의 경우 西上面과 東上面을 합하여 하나의 지역으로 산정하였다. 西上面에 世居한 많은 가계들은 호의 분화과정과 빈번한 이사를 통해 거주지를 옮겨 갔는데, 그 가운데 西上面과 東上面 사이에서의 이동이 제일 높았다. 따라서 이 두 지역을 하나의 邑治로 분류하였다. 外村의 경우 大邱府 동북쪽 일대에 위치한 解西村面을 중심으로 인근 解北村面・解東村面과 함께 분석하였다.

2. 읍치지역 마경백・마업세 가계

1. 마경백 가계

현존하는 大邱府 戶籍臺帳 가운데 가장 이른 시기인 1681年 西上面 戶籍을 살펴보면 邑治지역에는 두 부류의 馬氏가 世居하기 시작했음을 알 수 있다. 19세기 말 戶籍과 20세기 초 族譜上에는 長興 馬氏로 통합되어갔지만, 이전 시기에는 크게 두 개의 가계로 나누어 볼 수 있었다. 주로 冠山과 完山이란 本貫을 사용했던 馬氏가 존재했고, 18세기부터 長興이라는 本貫을 사용했던 또 다른 馬氏가 존재했다. 이 두

---

14) 戶籍과 族譜자료를 통한 대표적인 연구로는 손병규, 「인구사적 측면에서 본 戶籍과 族譜의 자료적 성격−17∼19세기 慶尙道 丹城縣의 戶籍臺帳과 陜川李氏家의 族譜」, 『대동문화연구』 46, 2004 가 있다.

부류의 馬氏를 몇 개의 가계로 나누어 가계의 존속과 그에 따른 職役의 변동을 살펴보았다.[15]

전국적인 단위에서 長興馬氏 여러 계파들이 모여서 族譜를 간행하기 시작한 것은 19세기 중엽부터 시작되었다. 大邱府에 거주하였던 가계들은 이보다 조금 늦은 시기에 족적 결합을 시도한 것으로 보인다. 族譜가 활발하게 간행되던 1920年代인 1923年에 간행된 『長興馬氏世譜』에 일부 大邱 居住 馬氏들이 入錄되기 시작하였다. 이후 40年代와 90年에도 族譜가 간행됨과 동시에 大邱府 戶籍에서 확인되는 나머지 馬氏 가계들이 族譜에 入錄되었다.[16] 본고의 분석대상이 되는 長興馬氏들은 실질적으로 계통이 다른 가계였지만, 長興이라는 本貫을 동일하게 사용했다는 점, 또한 20세기에 간행되기 시작한 族譜를 통해 동일한 가계의식을 형성해 갔다는 점에서 모두 長興馬氏로 간주하였다.

1923年 이전에 간행되었던 族譜로 1860年 세보가 있지만, 1860年 族譜에는 아직 大邱府에 거주했던 長興馬氏 가계들은 入錄되지 못하였다.[17] 이는 大邱府 지역에 살았던 長興馬氏들의 사회적 위상과 관련이 있다고 생각한다. 大邱府에 거주했던 長興馬氏들을 1681年 戶籍으로부터 가계도를 구축하여 분석한 결과 주로 武任관련 職役을 거치면서 邑治에 거주하였고, 조선후기 이른바 '兩班志向化'라는 흐름 속에 편입하지 못한 모습을 보이고 있기 때문이다. 그런데 戶籍과 族譜를 비교해보면 族譜상의 계보는 戶籍을 통해 만들어낸 가계도와 차이를 보이고

---

15) 長興馬氏의 경우 19세기 까지 冠山, 完山등의 本貫을 주로 사용하고 있지만, 일부 式年에서는 長興을 혼용하여 쓰고 있고, 20세기에 편찬된 族譜상에는 모두 『長興馬氏族譜』에 올라왔기 때문에 이 두 가계를 하나의 本貫으로 보고자 한다.

16) 『長興馬氏派譜』, 1946; 『長興馬氏世譜』, 1987.

17) 『長興馬氏世譜』, 1860.

있다.

최초 入錄 시기인 1923年 族譜에는 마경백은 重伯이란 이름으로 올라와 있으며 1681年 戶籍의 마경백 4祖 정보와 族譜上의 父, 祖父, 曾祖父의 정보는 차이를 보이고 있다. 戶籍上의 계보는 마은-마기하-마성룡-마경백으로 이어지는 것에 반해 族譜에는 18代마후재-19代마석기-20代마웅두-21代마중백이라 기록되어 있다.

19세기 중엽부터 族譜간행이 이루어지는 시점에서 마경백의 후손들은 大邱府 인근 지역에 世居하는 지파들과는 달리 入錄에 실패하였다.[18] 이후 간행된 1920年代 族譜를 살펴보면 入錄되기 시작하는데 비교적 가세가 약한 가계로 世傳을 연결시킨 것으로 확인된다.[19] 19세기 族譜와 20세기 초 族譜에는 大邱府와 인접한 慶尙道 義城·慶山등지에도 馬氏들이 世居하고 있었음을 확인할 수 있다. 그런데 마경백 후손들은 族譜上의 마성룡 가계나 인접한 長興馬氏 계열도 아닌 忠淸道 夫餘에 世居하였던 마웅두 후손으로 계보를 잇고 있었다. 이는 大邱府 長興馬氏들이 당시 실제의 世傳을 이미 잃었거나 전체 長興馬氏 안에서 실제의 계보를 찾아 만들기에는 한계가 있었음으로 보인다.

실제상의 차이에도 불구하고 이들이 20세기에 들어서면서 入錄될 수 있었던 것은 자체적으로 계보의식을 가지고 있었고 이를 어느 정도 실증할 수 있는 자료가 있었기 때문이지 않을까? 戶籍臺帳과 族譜와의 세전을 비교해보면 그러한 모습을 유추해 볼 수 있다. 21代 마경백 이

---

18) 1860年 族譜에는 大邱府 인근의 의성일대의 長興마씨들이 入錄되어 있다.

19) 戶籍上의 마경백의 父인 마성룡을 나이와 세대 수를 근거로 族譜에서 찾아보았는데 長興馬氏 鶴松파에서 찾을 수 있었다. 그는 임진왜란 당시 노량해전에서 형제, 가족들이 이순신과 함께 해전을 벌였던 인물로 그의 후손들은 長興일대에 世居하였다. 마경백은 이들 가계의 서자계열로 17세기 중반에 大邱府로 이전하지 않았을까 추정할 뿐이다.

〈그림 1〉 마경백 가계도

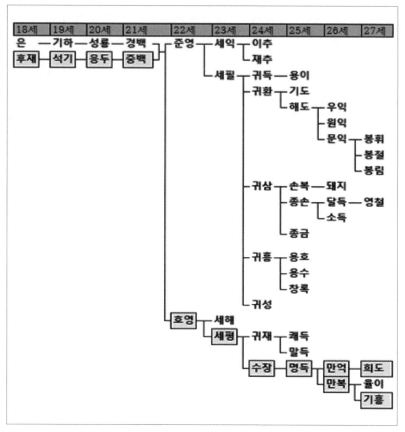

출전: 「長興馬氏世譜」1987, 「慶尙道大丘府戶籍大帳」中 西上面 · 東上面

비고: ㅁ 표시는 族譜上의 계승관계를 나타냄

후로의 기록은 상당부분 戶籍의 기록과 일치하고 있고, 名과 妻의 정보와 같은 경우 후대에 내려올수록 妻父의 정보까지 확실해지고 있다. 다만, 族譜에의 入錄 당시 다른 지파와 세대를 맞추기 위해 앞선 世代일수록 연령정보는 戶籍본문과 30~50세 까지 차이를 보이고 있는 한계점역시 동시에 가지고 있다.

그러면 이들 長興馬氏 가계들은 戶籍臺帳상에서 어떠한 가계 전승과 그에 따른 職役분화를 보이고 있는지 살펴보고자 한다. 邑治 지역에서 주로 世居했던 이들이 조선후기 소위 양반지향화의 흐름 속에서 어떻게 가계가 전승되었는지 보여주고 그러한 사례들을 살펴봄으로써 중간계층의 전체 모습을 유추해볼 수 있는 시도라고 생각한다.

가계도에서 보듯이 마경백 가계는 두 아들로 크게 나눠진다. 이 두 가계를 각각 1子 마준영 가계와 2子 마호영 가계로 나누어 분석하였다.

1) 마준영 가계(1子)

〈그림 2〉 마준영 가계

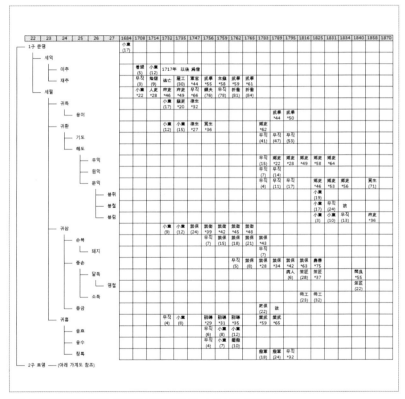

출전: 『長興馬氏世譜』, 1987, 『慶尙道大丘府戶籍大帳』中 西上面 · 東上面

비고: *나이(숫자)의 경우에는 해당하는 이가 主戶일 때를 나타냄, (나이)는 主戶가 아닌 戶구성원인 경우를 나타냄. 좌측 상단의 숫자는 족보의 시조로 부터의 세대 수를 나타내고, 우측 상단의 숫자는 연도를 나타냄. 비고의 내용은 이하의 그림에서도 동일함.

경백의 장남 준영은 아버지의 職役이 1681年과 1684年 正兵이었지만, 1723年부터 府人吏 로 시작하여 鄕吏계통 職役을 역임하기 시작하였다. 준영의 鄕吏職役은 둘째 아들로 이어지고 손자인 마귀득, 마귀환, 마귀삼, 마귀흥 4형제 가운데, 첫째와 둘째로 이어지고 있음을 아래의 가계도 그림을 통해 알 수 있다. 이와 동시에 준영의 장남인 마세익은 이른 나이에 사망하였고 그의 호는 그의 부인인 조소사가 잇게 되었다. 세익의 장남인 마이추는 1717年 鎭營小童이란 職役으로 鎭營에 속했지만, 1723年 돌연 승려가 되었다. 또한 그의 동생 마재추는 成年이 된 이후 大邱府에서 도망하였다.

마이추가 僧侶가 되고 마재추가 戶에서 도망한 것은 준영의 첫째 아들인 마세익이 이른 나이에 사망한 것과 관련성을 찾을 수 있다. 이후의 式年을 추적해 보면 마세익의 부인 조소사의 戶는 사라지고 마재추는 다시 1735年 大邱府 戶籍에서 모습을 나타낸다. 30세의 나이에 그는 별도의 戶를 구성하지 못하고 사촌동생인 마도형 戶에 雇工으로 투탁한 모습을 보인다. 1738年 신분은 사촌동생의 고공이지만 職役은 각수보를 제수 받게 되었다. 父인 마세익이 일찍 죽고 母인 조소사가 가계를 이끌고 나가는 등 재추의 원래 속해있던 戶가 경제적으로 불안했기 때문에 戶가 와해되고 雇工으로 投託한 것으로 보인다.

雇工으로 사촌동생인 마도형의 戶에 편입된 마재추는 1747年 婚姻과 함께 별도의 戶를 구성하는데 이 때 府軍官을 제수 받게 된다. 이는 삼촌인 마세필과 사촌동생의 영향이 있었을 것으로 보인다. 1747年 당시 마세필은 1729~1738年 동안 府吏였고, 雇工으로 편입되었던 戶의 主戶인 사촌동생 마귀득 역시 鎭吏와 律生이란 職役을 제수 받고 있었다. 이 기간 동안 경제적 분화나 상속 등에 관해서는 알 수 없지만, 雇工으로 편입된 마재추가 婚姻과 더불어 軍官職役을 제수 받을 수 있었던 것은 마도형 戶의 사회·경제적 배경에 기인했을 것으로 보인다. 마준영의 가계는 둘째 세필로 職役과 함께 계승되고 있음을 보이고 있다. 경제적으로도 안정된 가계를 유지할 수 있었기 때문에 雇工으로 받아줄 수 있고 이후 삼촌과 사촌제의 사회적 지위가 軍官職役을 제수 받을 수 있도록 영향력을 행사한 것으로 보인다.

이후 세대 사이에서의 職役의 분화 및 변동은 자손들의 수에 따라 영향을 받은 것으로 해석된다. 24世孫 가운데 일찍 僧侶가 된 마이추를 제외하면 5명이 마준영을 동일한 祖로 두는 사이인데 큰 분화의 양상은 보이지 않고 있다. 하지만 다음세대에 이르게 되면 마세필의 손자만 해도 9명에 달하게 되었다. 이후부터 누대 장남 가계에 가까울수록 향직과 軍官職役을 제수받고 이하에서는 일반 軍役職과 匠人·工人職役을 제수 받는 경향성을 볼 수 있다. 시기적으로도 24世 후손 사이에서는 비교적 鄕吏 내지는 武任職役을 공유하려는 모습을 보이지만, 18세기 후반을 기점으로 동일한 가계에서 동일한 職役을 가지고자 하는 모습은 희박해져 개인이 가지고 있는 職役은 차이를 보이고 있다.

위와 같은 가계도와 존속양상을 통해 보면 준영가계에서는 누대 장남 계열에 가까울수록 鄕吏職任이나 武任관련 職役을 존속시키고자 하는 노력을 기울인 것으로 보인다. 예를 들면 마우익과 마문익은 1825年 동시에 鄕吏職役을 가진 반면 동일세대의 마달득과 마소득의 職役은 笠子匠·巡冊工과 같은 工人 계열임을 알 수 있다. 또한 職役의 전승은 부자 사이에서 뿐만 아니라 형제사이에서도 이루어져 일찍 사망한 형제의 職役을 전승하고 있음을 알 수 있다.

이들 가계는 幼學 職役과 같은 상층으로의 시도는 확인되지 않고 유력한 職役이라 할 수 있는 鄕吏와 武任職役을 자손 사이에서 직계나 출생순위가 높은 쪽으로 전승되었다. 세대를 거듭해서 후손이 늘어가는 과정 속에서 일부는 匠人·工人 계열이나 일반 軍役職役이 주어질 수밖에 없었다. 시기에 따른 자손의 수와 職役의 분화는 서로 영향을 받고 있다. 위와 같은 준영의 가계와는 달리 호영 가계는 자손의 수가 보다 한정되어 있어 위와는 다른 양상을 보인다.

2) 마호영 가계(2子)

마호영 가계는 마경백의 차자 가계로 마호영부터 7代 후손까지 西上面과 東上面에 거주하였다. 이들 가계 구성원은 武任職役 가운데서도 실질적인 직임이 부여되어 있는 軍官職役을 계승하려는 모습을 보이고 있다.

〈그림 3〉 마호영 가계

이름	1684	1708	1714	1732	1735	1747	1756	1759	1762	1765	1783	1789	1795	1816	1825	1831	1834	1840	1858	1870
경백 — 1子준영 (위의 가계도 참조)																				
2子호영(14)	水保(14)	誤傳*43	軍官*49																	
세해		무직(1)	武學(7)	武學(23)	歿															
세평			무직(2)	閑漢(18)	業干(21)	軍官*36	軍官*45	軍官*48	軍官*51	軍官*54	軍官*72									
규재							小童(8)	小童(11)	軍官(14)	軍官(17)	軍官*35	軍官*41	軍官*47							
쾌득												무직(5)	무직(12)	吏保*33						
말득														笠匠(17)						
수장									무직(4)	小童(7)	懶吏(25)	盲人*31	盲人*37	盲人*58	閑良(67)					
명득													무직(2)	笠匠(23)	軍官*32	軍官*38				
만억															作領(17)	軍官*23	軍官*26	軍官*32	軍官*50	
희도																			무직(14)	閑良*26
만복																			閑良*35	軍官*47
을이																			무직(8)	무직(20)
기홀																				무직(14)

출전: 『長興馬氏世譜』 1987, 『慶尙道大丘府戶籍大帳』 中 西上面·東上面

앞선 준영가계와 호영 가계의 가장 큰 차이는 누대에 걸친 자손들의 수의 차이에서 비롯된 職役의 분화양상이다. 한정된 자손수가 자연적인 인구학적 현상인지 일부 후손들의 거주지 이전과 같은 인위적인 조정에 의한 것인지 알 수 없지만, 준영의 가계는 세대를 거듭하더라도 일정한 수의 자손이 유지되는 모습을 보여주고 있다. 따라서 마호영가계에서는 마준영가계와 달리 자손들 사이에서 동일한 職役을 유지하는 모습과 함께, 특정 職役을 전승하려는 노력을 보이고 있다.

1714年 마호영이 최초 49세에 鎭營出使軍官 職役을 받은 이후 각 세대마다 軍官職役을 제수 받고 이를 유지하고 있었다. 마호영은 마세해, 마세평 두 아들이 있었는데 1732~1735年 사이의 변화를 살펴보면 장남이 武學職役을 동생은 藥漢職役을 받고 있었다. 하지만 첫째인 마세해가 후사 없이 1735年을 전후하여 사망하자 아버지 호영의 軍官職役은 마세평에게 이어진다.

이후 마세평은 연령대 별로 30대, 40대, 50대 모두 軍官職役을 제수 받고 있다. 이와 동시에 마세평의 아들 마귀재는 16세 이전부터 軍官職役을 제수 받고 있다. 이후 22世부터 24世까지 호영의 軍官職役은 장남계열에서 계승하려는 모습을 보이지만, 적장자가 없이 무후가 되자 호영의 가계는 24世 마수장 집안으로만 연결되었다. 이후 1789~1825年 사이에는 軍官職役을 가계에서 맡고 있지 않지만, 마수장의 아들인 마명득은 匠人職役을 거쳐 삼촌의 職役이었던 軍官職役을 제수 받고 있다. 이러한 모습을 통해 조선후기 邑治지역에는 軍官을 포함한 武任職役을 맡는 일정한 계층 혹은 집안이 존재했을 것이라고 보여진다. 25世 마명득의 아버지인 마수장은 일부기간 동안 鎭吏를 맡고 있었지만 이후 盲人이 되었고 마명득 자신도 1816年 23세의 나이를 전후로 笠子匠 職役을 제수받았다. 그럼에도 호영집안은 3代에 이르기 까지 軍官職

役을 유지했던 집안이었기 때문에 삼촌의 職役을 이어 받을 수 있었던 것으로 보인다. 그러한 가계의 전승의식은 앞서 서술한바 있는 1923年 族譜을 통해서도 알 수 있다. 당시 族譜에는 호영-세평-수장-명득으로 이어지는 단선적인 系圖를 보여주고 있는데 그러한 系譜를 만들 수 있었던 것은 준호구와 호구단자와 같은 계보관련 문서가 조선후기까지 전승되었기 때문에 가능했을 것으로 보인다.

이와 같은 호영 가계의 존속은 세대를 거듭할수록 형제 사이에서는 비교적 동일한 職役을 가져가려는 양상을 보인다. 그러한 모습은 준영 가계에 비해 누대로 자손수가 한정되어 있었기 때문에 가능했다. 또한 이들 가계의 族譜를 보면 단선적인 가전을 보이다가 26世 만억과 만복 형제는 族譜에 같이 入錄 되어 두 지파로 나누어진다. 26世 이전세대에는 傍系나 형제 사이에서 분화된 계파들은 함께 기록되지 못하였다. 따라서 族譜에서는 가계가 단선적으로만 이어진 것처럼 보인다. 하지만 19세기 후반에는 일정한 職役이나 사회적 위상을 공유하려는 모습이 族譜上에도 확인된다.

長興馬氏 가운데 마경백의 후손들의 분화와 변동 양상을 1子와 2子 가계로 나누어 살펴보았다. 이들 가계는 장기간에 걸쳐 邑治지역에서 소위 中間階層으로 존속하였다. 자손들의 수에 따라 職役적 분화의 차이를 보이고 있지만, 일정한 職役을 유지하려는 모습을 보았다. 다음에는 동일한 邑治지역에서 거주한 또 다른 長興馬氏의 가계존속과 분화 양상을 검토해보고자 한다.

2. 마업세 가계

<그림 4> 마업세 가계도

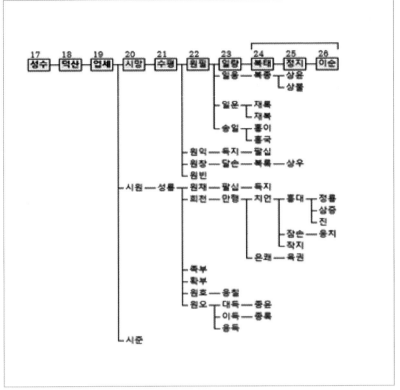

출전: 『長興馬氏世譜』1987, 『慶尙道大丘府戶籍大帳』中 西上面 · 東上面

비고:

□표시는 族譜上의 계보도를 나타냄. □위의 숫자는 族譜에 기재된 시조로 부터의 세대 수를 나타낸다.

□안의 세손 가운데 24, 25, 26世孫은 戶籍에서 확인되지 않음.

長興 馬氏 마업세 가계는 마경백 가계와 마찬가지로 1681年부터 世居하기 시작하였다. 이 두 가계는 戶籍을 통해서는 두 가계 사이를 연결할 수 없었고 실질적으로 本貫이 달리 기재되고 있었다. 최초 거주자인 마업세의 本貫은 羅州를 뜻하는 錦城으로 1708年까지 기재되었고, 1708年 아들들의 호에는 羅州라고 적혀 있었다. 이후 마업세의 후손들

〈그림 5〉 마업세의 1子 가계

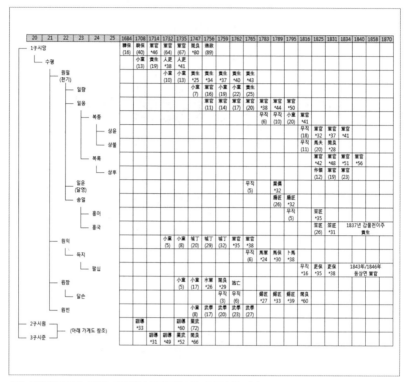

출전: 『長興馬氏世譜』, 1987, 『慶尙道大丘府戶籍大帳』 中 西上面·東上

은 本貫을 羅州 혹은 곡성을 혼재하여 사용하다가 1747年부터 모든 집
안에서 長興이라는 本貫을 공통으로 사용하였다. 이에 반해 앞서 분석
한 마경백 가계는 일부式年에서 長興이라는 本貫을 사용하지만, 冠山
과 完山이라는 本貫을 주로 사용하였다. 이후 1920年代와 1940年代 간
행된 族譜를 통해서 인위적으로 이 두 계열은 동일한 선조를 공유하게
되었다. 다만, 西上面과 東上面에서 두 가계는 거주지와 職役 등을 살
펴보면 비교적 동일한 사회적 위상을 가지고 있었다.

마업세 가계가 앞장에서 살펴본 가계와 다른 점은 일부 동일한 職役
들을 가계 내에서 존속시켰지만, 이들은 조선후기 소위 兩班志向化라는 흐름에 편승하여 幼學획득을 통한 사회적 위상을 높이려는 시도를 보였다는 점이다.

아래의 〈그림 6〉을 확인해 보면 1759, 1762, 1765年 연속된 式年의 職役의 변화를 살펴보면, 21世 마성룡의 職役은 閑良 → 巡都訓導 → 幼學으로의 변화를 보이고 있다. 마성룡은 어떻게 幼學職役을 획득할 수 있었을까? 혹은 그러한 職役의 변화는 어떤 원칙에 근거한 것일까? 우선 동시기 가족들의 職役변화를 살펴보면, 1759~1765년 사이 아들들은 주로 軍官을 수여받고 있다. 마성룡의 幼學職役 획득은 아들 대에 별다른 영향을 끼치지 않고 당대에 머무르고 말았다. 이는 幼學職役을 제수받고 이후 다음 세대에 연속적으로 幼學職役을 이어가려는 현상 즉 향촌사회에서의 소위 '兩班志向化'와는 다른 모습이다. 邑治 지역의 幼學職役은 職役이 실제로 幼學이 내포하는 의미나 그 상징성을 넘어 일정한 직임을 거친 이후 일정한 보상이나 증직 차원에서 이를 수여한 것으로 보인다. 이 가계에서의 幼學職役 획득은 한시적이고 일시적인 성격과 함께, 획득 당시의 나이대가 늦다는 점을 주목해야 한다. 武任 職任에서 벗어난 차원에서 받았지만, 이는 개인의 차원에서 부여받은 것이고 전체 가계 내에서 존속시키려는 모습은 보이지 않고 있다. 그러한 幼學職役의 성격은 마성룡의 다섯 째 아들인 마원오를 통해서도 볼 수 있다.

마원오는 1795, 1801, 1810年 사이의 職役變化는 軍官 → 軍官老除 閑良 → 業儒이다. 이러한 과정에서 마원오는 매 式年마다 戶籍臺帳이 작성되는 시점에서 자신의 나이를 높이고 있는 경향성을 보인다. 戶籍을 통한 기존 職役 연구에서는 中·下層民들의 職役 직역상승 원인을 일정한 역에서 벗어나기 위한 것으로 해석하고 있다. 그러한 職役상승의 시도는 役이 부과되어 있지 않은 다양한 계층의 職役을 모칭한다고 보고 있다. 하지만, 자신의 職役을 바꿈으로서 일정한 역에서 벗어나는 방법과 함께 자신의 나이를 매 式年마다 상향시켜 16~60세까지 대상이 되는 역 대상 나이 대에서 일찍 벗어날 수 있는 방법 또한 있었을 것이라고 생각한다. 이러한 경향성에 대해서 戶籍臺帳 전체를 통계적으로 계산하여 분석하지 못했지만, 中·下層民들 사이에서는 매 式年마다 3年 간격으로 나이상승이 이루어지기 보다는 매 式年 급격히 늘어나는 경향성을 보이고 있다. 이에 대해서는 추후의 별도의 연구가 필요하다고 생각한다.

〈그림 6〉 마업세 2子 가계

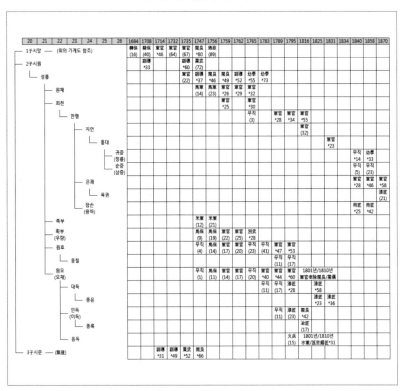

출전:『長興馬氏世譜』1987,『慶尙道大丘府戶籍大帳』中 西上面·東上面

마원오는 30~50代에 軍官職役을 거쳐 65세가 되는 1801年 軍官老除閑良이라는 職役을 얻은 이후 1810年 業儒 職役을 얻게 되었다. 幼學職役은 아니지만, 業儒라는 武任職役에서 벗어나고 있는 성격의 職役을 얻게 되는데 이 역시 실제의 사회적 위상을 상승시키려고 하는 시도 보다는 한시적으로 부여된 職役으로 해석된다. 또한 이 가계도를 살펴보면 50세를 전후로 하여 실직이 부여되어 있는 軍官이나 장인職役에서 閑良, 業武 등의 實際職役이 명시 되어 있지 않은 職役을 받는 경향성을 찾을 수 있다.

마원오는 1810年 業儒職役을 획득하고는 있지만 동 시기 그의 아들 손자들의 職役은 匠人系列임을 알 수 있다. 마원오가 業儒職役을 획득한 것과 관계없이 그의 아들 대에는 匠人系列로 職役을 제수받고 있다. 이는 앞선 가계에서 보듯이 가계가 세대를 거듭해서 남자 자손의 수가 많아지면 누대 장남계열에서 좀 더 위상이 높다고 해석되는 鄕吏와 軍官職役을 가져가고, 직계에서 멀어질수록 匠人·工人이나 正兵계열의 職役을 얻고 있는 것과 동일한 양상을 보인다. 원오의 아버지 마성룡이 다섯 아들을 두었기 때문에 다섯 아들 모두가 武任職役을 유지하기 어려웠고 막내아들 마원오의 아들과 손자 대에는 장인계열의 職役을 가질 수밖에 없었으리라 추정된다.

이상으로 邑治지역에서는 長興馬氏 두 가계를 사례로 삼아 분석해 보았다. 이들 가계의 사회적 위상은 鄕吏, 武任, 匠人, 正兵과 같은 職役을 가지면서 中間階層으로서 존속하였던 것으로 보인다. 戶籍上의 職役이 실제의 사회적 위상을 결정하는 것은 아니지만, 위의 사례에서 보면 형제수가 많은 가계에서는 동일 세대 사이에서 동일한 職役을 가지기 힘들었기 때문에 職役은 분화되고 있는 양상을 보이고 있다. 또한 직계의 누대 장남계열일수록 鄕吏와 武任職役을 가지고 가는 반면 직계에서 멀어지는 가계일수록 주로 匠人 · 工人계열의 職役을 획득하고 있음을 확인하였다. 다음 장에서는 邑治지역이 아닌 外村에서의 한 가계를 사례로 삼아 가계의 존속과 분화에 따라 어떠한 職役의 분화양상을 보이는지 邑治와 비교해 보도록 하겠다.

3. 외촌지역 노건가계

〈그림 7〉 노건 1子사민 가계

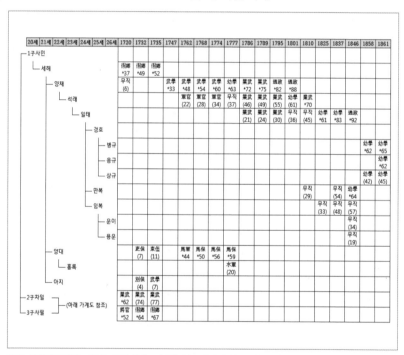

출전: 『交河盧氏世譜』 1972, 『慶尙道大丘府戶籍大帳』 中 解西村面 · 解東村面

西上面과 東上面은 大邱府 邑城의 서쪽과 동쪽을 포함하는 都市部 지역이라면 大邱府에는 이와 같은 邑治지역 외에 많은 外村 職役 면 들이 존재하고 있다. 外村 가운데서도 大邱府 邑治를 중심으로 동북쪽

팔공산 아래 위치한 지역인 解西村面을 분석대상지로 삼았다. 외촌의 경우 대구부 읍성을 중심으로 광범위한 지역이 모두 외촌이라 할 수 있지만, 여기서는 장기간에 걸쳐 한 지역에 거주했던 몇몇 가계들 가운데 사례 연구의 일환으로 읍치지역과 비교해 보았다.

解西村面은 慶州崔氏와 인천채씨의 世居地로 壬辰倭亂에서 義兵으로 활약했던 이들이 이 일대에서 유력가문으로 존재하는 지역이기도 한다. 이 지역에서 18세기 이전 戶籍에는 등장하지 않았던 魯氏들이 1720年부터 世居하기 시작하였음을 알 수 있다. 이 노씨 가계는 노건을 아버지로 두고 있는 노사민, 노차일, 노사필 형제 가계들로 1720年代 이후로 戶籍臺帳이 남아 있는 1870年까지 그 가계가 장기적으로 파악되고 있다.

〈그림 8〉 노건 2子차일 가계노건 2子차일 가계

가계	20세	21세	22세	23세	24세	25세	26세	1720	1732	1735	1747	1762	1768	1774	1777	1786	1789	1795	1801	1810	1825	1837	1846	1858	1861
1子사민 (위 가계도 참조)								業武*62	業武(74)	業武(77)															
2子차일								別保(20)	假鄕(44)	假鄕(47)	執綱*59	軍官*74	業武*80	業武*86											
성해								束伍(12)	軍官*33	啞保*40	軍官*52														
영뮈												軍官(19)	軍官*34	業儒*40	幼學*46	幼學*49	業武*66	業武*72	食知*83						
정해								吏保(10)	軍官*22	軍官*25	軍官*37	軍官*52	幼學*60	幼學*70	무직*73	業武*92	業武*95	嘉善*98							
성우 / 양재											軍官(14)	軍官(43)	幼學(49)	幼學(55)	무직(58)	業武*67	業武*70		折衝*82	折衝*91					
태관													陝生(11)	陝生(17)	陝生(20)	陝生*30	陝生*33		幼學*45	幼學*54					
유흥																			무직(23)	무직(32)					
윤관														무직(16)	무직(19)	軍官(27)	軍官(30)		幼學(42)	幼學(50)					
익관																武學(23)	武學(26)		幼學(38)	幼學*46	業武*60				
유신																			御軍(25)		御軍*48	幼學*56			
준봉																					水軍(19)	무직(30)	幼學*42	幼學*45	
준식																								幼學*36	幼學*39
3子사필 (아래 가계도 참조)								薦官*52	假鄕*64	假鄕*67															

출전: 『交河盧氏世譜』1972, 『慶尙道大丘府戶籍大帳』中 解西村面 ・解東村面

魯氏들은 위의 표와 같이 業武, 軍官 등의 武任職役 뿐만 아니라 일부에서는 馬保·禁保·水軍 등의 一般軍丁 職役을 거치고 있는데 이들의 가계는 邑治지역에서의 가계와는 달리 幼學職役을 획득하기 위해 끊임없이 노력한 것으로 보인다.

노건의 장남인 노사민은 1720年 이미 사망하여 그의 실제 職役은 알수 없다. 둘째 노차일 또한 1720年 이미 60세가 넘은 나이로 이전의 職役 역시 業武인지 알수 없으나 셋째 동생인 노사필의 職役이 巡將官인 것으로 보아 武任과 관련된 職役을 거쳤을 것으로 보인다.

시점을 주목해 볼 필요가 있다. 1762~1777年과 1789年~1801年의 변화이다. 첫 번째 시기는 幼學職役 획득의 시기이다. 1762年에서 1768年 사이의 변화는 노씨 가계의 幼學획득과 함께 자신들의 계층을 상승하고자 하는 노력으로 해석될 수 있는 변화라고 할 수 있다. 그림8을 살펴보면, 노차일의 삼자 노성우는 1762年 府軍官에서 幼學을 획득하고있고 큰 형인 노섬해는 水軍府軍官에서 業武로 다음대인 조카 노양휘는 軍官에서 業儒 그리고 아들 노양재 또한 府軍官, 武學에서 幼學으로 職役의 변화를 살펴볼 수 있다. 〈그림 8〉에서 보이는 가계도를 계속따라가 보면 노차일의 손자인 노태관은 1762年 戶籍에 入錄 되지 않았다가 1768年 表忠書院 院生이란 職役과 함께 기재되게 된다. 이를 통해보면 1762年에서 1768年 職役 변천의 특징은 三代의 職役이 함께 변화한다는 점이다. 邑治지역에서의 馬氏 가계도 幼學職役을 획득하였지만, 비교적 늦은 나이였던 점이 차이를 보인다. 위의 노씨 가계는 이른 시기에 그리고 가계전체가 幼學職役을 획득하고 있다. 또한 동일한 가계에서 동일한 職役을 공유하려는 모습은 역시 邑治지역과 차이를 보이고 있다.

두 번째 시기는 1789~1801年 사이의 변화이다. 이 시기에는 魯에서

盧氏로 바뀌고 本貫역시 三嘉에서 郊河로 바뀌는 시기이다[20]. 〈그림7〉의 사민의 후손들의 職役 변화를 살펴보면, 1762년부터 1774년까지 幼學職役 획득시기를 거쳐 부인 또한 모두 姓에서 氏로 변화되고 있지만 1777~1786 사이에는 幼學에서 다시 이전시기와 같은 武任職役으로 변화되고 있다. 이후 이들은 다시 한 번 幼學職役을 획득하게 되는데 그 과정에서 성과 本貫의 변화가 함께 이루어지고 있는 것이다. 그러한 변화는 그림7과 그림8에서 보이는 가계에서 1801년까지 동일하게 이루어지고 있다. 해서촌면의 노씨들은 邑治 지역에서 살펴 본 가계들과는 달리 동일 가계에서 동일한 職役을 공유하려는 움직임을 보이고 시기적으로 차이를 보이고 있지만, 성과 本貫이 일정한 시기에 일괄적으로 변화하고 있다.

1720年부터 世居한 노건을 공통의 父로 하는 이들은 어디에서부터 왔을까? 최초 魯氏를 칭했던 이들은 本貫을 三嘉로 하고 있는데, 1720年 전후로 大邱府 해서촌면으로 들어올 때 삼가에서 들어 왔을 것으로 추측된다. 삼가에는 함평 魯氏와 밀양 魯氏와의 관련성은 찾기 어렵고 다만 盧氏들이 三嘉地域에 世居하였음을 알 수 있었다. 삼가에는 光州 盧氏와 新昌 盧氏가 世居하였고, 이들은 향안에 入錄되는 등 이 지역에서 사회적 위상이 있었음을 알 수 있다.[21] 이 노씨 가운데 新昌 盧氏는 交河 盧氏에서 갈라져 나온 일파로서 이 지역의 新昌 盧氏들 가운데 한 일파가 大邱府 解西村面으로 이주해왔을 개연성이 높아 보인

---

20) 전산화된 大邱府 戶籍가운데 1795년 해서촌면일부가 1795년 해동촌면 戶籍에 통합되어 전산화 되어있다. 1795년 해동촌면 戶籍본문에서 해서촌면의 일부를 확인 할 수 있다.

21) 김준형, 「三嘉지역의 鄕案入錄을 둘러싼 당파적 갈등」, 『한국사연구』 147, 247면

다.[22] 최초 자신들의 氏를 왜 魯氏로 칭했는지는 알 수 없지만, 三嘉에서 이주해 왔기 때문에 本貫을 三嘉로 삼았고 新昌 盧氏 가운데서도 계파를 뚜렷하게 나타낼 수 없었기 때문에 新昌 盧氏를 그대로 쓰지 않고 魯氏로 假稱했을 것이라 추정해 본다.

두 번째는 서울에서 내려왔을 가능성이다. 邑治인 西上面의 1681年과 1684年에는 私奴府下吏라는 職役을 가진 백귀만이란 자가 있는데 戶籍上 주인은 京居 魯士敏(1684年 盧士敏)으로 주기되어 있다. 노사민은 노건의 첫째 아들로 1720年부터 世居하기 시작하는 노씨들 가운데는 등장하지 않고 그의 아들代부터 등장한다. 따라서 17세기 말 이들 가계가 서울에서 世居하다가 1720年 전후로 대구로 이전했을 가능성이 있다.

〈그림 9〉 노건 3子사필 가계

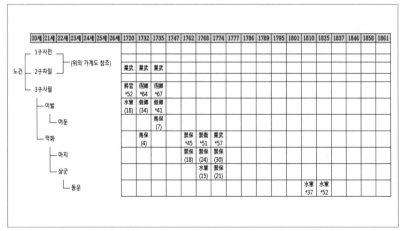

출전: 『交河盧氏世譜』1972, 『慶尚道大丘府戶籍大帳』中 解西村面 · 解東村面

---

22) 현재 大邱府 해서촌면에 世居했던 노씨들은 교하 노씨 달성파로 분류되어 1921年 族譜에는 달성파로 入錄되어 있다.

〈그림 9〉는 노건의 막내 3子의 가계도 인데, 위의 1子와 2子와는 다른 양상을 보인다. 武任職役에서 幼學으로의 상승 즉 양반지향화의 흐름에 편승한 듯이 보이는 위의 가계와는 달리 일반 군역職役인 수군 등에 머무르고 만다. 이러한 사회적 위상의 차이는 族譜에 入錄에도 영향을 끼치게 되어 실제로 이들 가계는 族譜상의 전승관계는 찾을 수 없었다[23].

지금까지 몇몇 가계를 통한 가계전승과 분화를 사례적으로 보았다면 다음 장에서는 大邱府 邑治와 外村에서의 전체적인 변화의 모습을 살펴보고자 한다.

4. 무임직역의 지속과 변동

한 가계의 장기간의 분석을 통한 분화의 양상을 살펴보는 것이 사례적인 분석이었다면, 본 장에서는 邑治지역과 外村지역에서의 전반적인 변화 양상을 분석하고자 한다. 한 式年의 武任관련 職役을 가진 주호가 부 또는 자와 職役을 어느 정도 계승하고 있는지에 대한 것이다. 武任職役을 가진 주호의 아버지가 이전 式年에서 주호일 때 어떠한 職役을 가지고 있었는지 그리고 이후의 式年에서 子가 主戶일 때 어떠한 職役을 가지고 있었는지 분석한 것이다.

우선 1732~1735사이의 주호, 1789年의 주호, 1825년의 주호, 1867~1870年 式年에서 戶籍 상 주호의 職役을 분석하여 邑治와 外村 사이의 武任職役者들의 수적 양상을 살펴보았다. 그 결과가 다음의 〈표 1〉과 〈표 2〉이다. 邑治지역은 西上面과 東上面을 합하였고, 外

---

23) 『交河盧氏世譜』, 1972.

〈표 1〉 邑治地域

(단위: 名)

	1732年~1735年	1789年	1825年	1867年~1870年
軍官	71	126	170	202
將校*	32	42	43	23
將官	3	0	1	0
閑良	8	78	68	174
業武	25	24	1	83
武學	9	23	20	2
合	148	293	303	488
전체男주호	1904	2649	2670	2594

출전: 『慶尙道大丘府戶籍大帳』中 西上面·東上面

비고: *監營·兵營·鎭에 소속된 旗牌官, 別武士, 千摠, 哨官, 都訓導

〈표 2〉 外村地域

(단위: 名)

	1732年~1735年	1789年	1825年	1867年~1870年
軍官	100	35	7	1
將校*	1	1	2	0
將官	7	0	0	0
閑良	0	6	16	17
業武	11	50	47	20
武學	14	21	10	1
合	133	113	82	39
전체男주호	1035	1098	1172	1232

출전: 『慶尙道大丘府戶籍大帳』中 解西村面·解北村面·解東村面

비고: *監營·兵營·鎭에 소속된 旗牌官, 別武士, 千摠, 哨官, 都訓導

村의 경우에는 大邱府의 동북쪽 일대인 解東村面, 解西村面, 解北村面을 합하여 분석하였다. 또한 주호가 60세를 넘기면 이전의 職役보다 상승되는 경향을 가지고 있기 때문에 나이를 61세 미만으로 한정하였다.

위의 〈표 1〉과 〈표 2〉는 그러한 기준으로 네 시기 동안의 해당 지역의 武任職役을 가졌던 주호의 수를 나타낸 것이다. 우선 邑治와 外村의 가장 큰 특징은 武任職役者의 수적변동이다. 邑治의 경우 武任職役을 가진 主戶가 17세기 전반 148명에서부터 점진적으로 늘어나 19세기 말에는 488명까지 늘어나는 반면, 外村에서는 동일한 시기 134명에서 39명까지 줄어들고 있다. 이를 비율로 환산하면 邑治지역에서는 전체 男子主戶 가운데 武任職役을 가진 主戶가 차지하는 비율이 18세기 전반 7.7%에서 19세기 후반에는 18.8%까지 증가하였다. 外村의 경우에는 18세기 전반 133명, 12.9%로 동시기 邑治지역보다 높은 수치였지만, 19세기말에는 39명, 3.2%로 감소하게 되었다.

武任職役을 가지고 있던 主戶를 살펴보면 전 시기에 걸쳐서 父−子 관계로 가계가 이어지지 않는 경우가 있지만, 邑治 지역에서의 武任職役者들은 전체 남자 주호의 10%내외로 존재했다. 邑治 지역에서의 武任은 外村과는 달리 향리, 공생과의 관련이 가장 높으며 일부 장인과 공인 職役계열과도 관련 있는 것이 특징이다. 이는 앞장에서 분석한 가계의 사례에서도 보이듯이 邑治 지역에서는 武任職役은 상층으로는 鄕吏, 하층으로는 匠人을 포함한 良人階層 사이에서 개방적인 職役이었음을 알 수 있다. 특히 하층계열에서의 武任으로의 진입은 19세기 말 무과가 빈번히 행해짐과 동시에 그 문턱이 낮아짐과 관련이 있다고 생각한다.[24]

---

24) 18세기 중엽부터 大邱府 東上面의 나주 임씨 한 가계의 職役변천과 존속을 살펴보면 1762年부터 1867年 까지 4世代가 거주하였다. 이들 가계의 職役은 주로 역리와 군뢰를 맡아오다가 4代 임갑수의 職役은 장인으로부터 시작하여 주호가 된 1858年 순도훈도가 되어 1861年에는 무과에 급제하여 출신이 되었다. 이후 大邱府 東上面에 계속 거주하여 軍官을 역임하였다. 1873年 경상좌도병마절도사가 남긴 포혐에는 그의 職役은 出身, 직책은 大邱鎭管武學敎授로 기록되어 있다.

<표 3> 邑治지역의 삼대사이의 변동

		父로 부터의 職役변동					子로의 職役변동			
		상승	유지	하향	없음		상승	유지	하향	없음
1789年	211名	18名	38名	32名	123名		12名	18名	20名	161名
	100%	8.5%	18%	15.2%	58.3%		5.7%	8.5%	9.5%	76.3%
1825年	248名	28名	18名	33名	169名		16名	23名	10名	199名
	100%	11.3%	7.3	13.3	68.1		6.5%	9.3%	4%	80.2%

출전: 『慶尙道大丘府戶籍大帳』中 西上面 · 東上面

<표 4> 外村지역의 삼대사이의 변동

		父로 부터의 職役변동					子로의 職役변동			
		상승	유지	하향	없음		상승	유지	하향	없음
1789年	58名	6名	16名	5名	31名		8名	10名	5名	35名
	100%	10.3%	27.6%	8.6%	53.5%		13.8%	17.2%	8.6%	60.4%
1825年	53名	5名	9名	8名	31名		5名	4名	0名	44名
	100%	9.4%	17%	15.1%	58.5%		9.4%	7.6%	0%	83%

출전: 『慶尙道大丘府戶籍大帳』中 解西村面 · 解北村面 · 解東村面

이에 반해 外村 지역의 武任職役자들은 실질적으로 그 수가 하락하고 있으며 幼學職役을 가지지 못했던 일부가 閑良이나 業武 職役을 가져간 것으로 보인다. 실질적으로 外村에서는 19세기에 들어서면서 '軍官'職役이 소멸하는 양상을 보여준다. 이와 같은 현상은 19세기로 갈수록 外村에서는 일반 軍役者가 감소하는 현상과 동일한 추세이다.

네 시기 가운데, 1789과 1825年 두 시기를 기준으로 해당 式年에 戶

『慶尙道大丘府戶籍大帳』中 東上面 1762年~1867年 式年 참조

로 武任職役을 가졌던 이들의 부로부터의 변동 그리고 子로의 職役 변동 양상을 살펴본 것이 〈표 3〉과 〈표 4〉이다. 〈표 1〉과 〈표 2〉에서는 61세 이하로 한정하였지만, 〈표 3〉과 〈표 4〉에서는 51세 미만의 주호만을 다시 살펴보았다.[25] 1789年 邑治와 外村의 武任職役者 수는 211명과 58명, 1825年은 248명과 53명으로 이들을 기준으로 이전 式年과 이후 式年을 이어 붙여 장기적인 父-子간 職役이 어떠한 변동을 보이는지 수치로 나타낸 것이다. '父로 부터의 職役변동'은 해당 式年을 기준으로 이전 式年의 父가 주호일 때의 職役이 武任職役에 비해 상승, 유지, 하향했는지를 나타낸 것, '子로의 職役변동'은 이후 式年에서 子의 職役이 상승, 유지, 하향했는지를 나타낸 것이다. 武任職役을 기준으로, 品官, 貢生 · 鄕吏系列, 幼學은 상층으로 一般軍役職役은 하층으로 분류하였다.

〈표 3〉의 1789年의 변동양상을 살펴보면 중간계층이라고 할 수 있는 武任職役은 단순히 상승을 위한 職役이 아니라 유지하려는 경향성이 더 높게 나타나고 있음을 알 수 있다. 〈표 4〉의 外村에서도 軍官職役은 邑治와 마찬 가지로 그 職役을 유지하려는 경향성은 동일하게 나타난다.

〈표 3〉과 〈표 4〉의 19세기의 변동양상은 18세기와는 달리 나타난다. 우선 邑治와 外村 동시에 가계 자체가 연결되지 않는 비율이 증가한다. 父로 부터의 職役의 변동에서 邑治는 18세기와는 달리 軍官職役은 유지되기 좀 더 어려워지고 상층에서의 武任職役으로, 하층에서 武任職役으로 변동이 나타난다. 이에 비해 外村에서는 閑良, 業武가 주요 武任職役으로 나타나면서 이들 職役을 유지하려는 비율이 증가한다. 子

25) 본문 〈그림 6〉, 〈그림 7〉, 〈그림 8〉 참조

로의 변동은 邑治에서는 유지가 우세하지만, 外村에서는 19세기가 되면, '兩班志向化'를 나타내는 幼學으로의 상승이 나타난다.

外村은 18세기 동안 武任職役은 邑治에 비해 父−子 사이에서 존속율이 높을 뿐만 아니라 전체 주호 안에서 차지하는 비율 역시 邑治지역과 대등하거나 다소 높았다. 18세기까지 外村지역에서의 武任관련 職役은 일정한 사회적 위상을 나타내는 職役으로 존재하였지만, 19세기를 기점으로 武任職役이 가졌던 일정한 사회적 위상은 하향 평준화되었기 때문에 武任職役을 버리고 幼學을 칭하고자 하는 노력을 보인 것으로 해석된다.

武任관련 職役을 칭하던 이들이 都市部에서 증가하기 시작하자 外村에서는 동일한 職役이 가지는 동일한 사회적 위상이라는 범주에서 벗어나고자 노력한 것으로 보인다. 또한 19세기말 戶籍臺帳의 '幼學'職役이 과연 이전 시기의 사회적 위상을 온전히 담고 있는 幼學職役인지는 의문이다. 노씨 가계에서 보듯이 職役기재 자체는 幼學으로 변화하고는 있지만 실제적으로 幼學化된 호의 사회적 역할에 대해서는 알 수 없다. 다만, 外村지역에서 비록 職役의 기재는 幼學으로 변화했지만 일부에서는 武任을 포함한 기타 직임을 맡았을 것이란 가능성을 제시한다.[26]

---

26) 앞의 각주에서 제시한 포폄단자는 총 3부분으로 나뉘어 있다. 첫 번째는 안동, 대구, 경주의 武學교수에 대한 포폄 두 번째는 각 진관의 초관에서부터 천총까지 부대지휘관에 대한 포폄 세 번째는 旅帥와 隊正에 대한 포폄이다. 이 가운데 두 번째 대구진의 파총과 초관직을 맡았던 인물을 1870年 式年의 戶籍臺帳에서 찾아 보았다. 김상곤과 이재곤이라는 인물로 각각 해서촌과 해동촌에서 거주한 인물로 김상곤의 경우에는 1870年 신호이고, 이재곤은 19세기 초부터 3代가 살았던 인물이다. 1870年 戶籍에는 이들의 職役은 모두 幼學으로 분류되어 있지만, 김상곤의 경우 선대를 알 수 없고 이재곤 역시 타지에서 1830∼40年代 해동촌으로 입향한 인물이다. 포폄상에는 이들의 職役은 戶籍臺帳과는 달리 모두 業武로 되어 있다. 이동규, 위의 논문, 24∼26면.

5. 맺음말

본고에서 17~19세기 武任職役을 거쳐간 개인과 가족 그리고 가계들의 가계존속 양상과 그에 따른 職役변동을 고찰해 보았다. 중간계층 職役의 하나로 볼 수 있는 武任職役이 어떠한 가계의 존속과 그에 따른 세대와 자손사이에서의 분화양상을 보이고 있는지 살펴본 것이다.

邑治 지역의 사례를 통해서 武任職役 가계는 누대로 출생순위가 낮을수록 武任에서 벗어나 하위직으로 분류될 수 있는 장인이나 정인으로 낮아지는 양상을 보았다. 또한 가계 내에서 자손의 수가 많은 경우에는 職役분화양상의 폭이 큼을 알 수 있었다. 이는 外村지역에서도 확인된다. 하지만 外村의 경우에는 邑治지역과 같은 양상은 시기적으로 18세기에 한정되며, 外村에서는 비교적 이른 나이에 幼學과 같은 상위職役을 거치고 있을 뿐만 아니라 일정한 범위 내에서 이를 공통으로 하려는 노력이 보였다. 幼學職役으로 대표되는 상위職役의 경우 邑治에서는 가계 내에 한정된 사람이 한시적으로 거치는 職役인 반면에 外村의 경우에는 19세기를 기점으로 꾸준히 幼學職役을 사용하려는 경향성이 보이고 이를 모든 가계 구성원이 가져가려는 노력이 보인다.

사례연구에서 뿐만 아니라 邑治와 外村에서의 父−子 관계를 분석한 결과에서도 邑治 지역에서는 수치상으로는 10%내외로 미미하지만 19세기까지 父−子 사이에서 武任職役을 일부 전승하려는 모습을 보인 반면 外村에서는 武任職役을 가진 주호 자체가 지속적으로 감소하고 있었다. 이러한 양상은 19세기 무렵부터 武任職役이 邑治지역 대표적인 職役으로 변화되는 과정에서 外村에서는 武任職役이 가지는 일정한 위상이 하향화되자 이를 피하고자 武任職役에서 벗어나려는 움직임으로 해석되지 않을까 생각한다.

개인과 가계 차원에서 장기적 변동을 살펴 본 결과, 職役은 개인의 연령과 큰 상호관계가 있음을 확인해 보았다. 주호로서의 개인은 20~50代의 職役과 50代이후의 職役은 차이를 보이는데, 50代 이후에는 실직이 부여되지 않는 職役들을 주로 맡게 되는 경향을 보인다. 武任職役者라고 해도 실직이 명시되어 있는 각종 軍官職役에서부터 閑良, 業武 등의 職役을 받고 있다.

분석 대상이 된 武任職役은 閑良, 業武, 武學과 함께 실질적인 직임이 職役名으로 기재되는 각종 軍官 · 將校 職役이었다. 본고의 4장에서는 이 職役들을 세분화하지는 못하였는데, 19세기를 기점으로 閑良, 業武, 武學의 職役의 성격은 실제의 武任을 맡는 職役과 여기서 벗어나 다양한 계층들이 혼재되어 있는 양상이 보인다. 父-子 사이에서도 실직이 명시되어 있는 각종 軍官職役에서 더 높은 武任의 연속성을 보이고 있다. 이와 관련하여 향후에는 武任관련 職役 가운데 다양한 명칭으로 기재되었던 이들을 세부적으로 나누어 분석하도록 하겠다.

[원문출처: 『대동문화연구』 87, 2014]

3부

—

지역과 친족네트워크,
그리고 역사인구학

대구지역 한 양반가의 戶의 移居와 혈연결합

정진영

1. 머리말

조선후기 호적자료는 戶와 口에 대한 많은 정보를 담고 있다. 그 구체적인 정보로는 主戶의 거주지, 호의 혈연결합 형태, 솔하의 노비 등이 그것이다. 따라서 이를 통해 다양한 분야에서의 연구가 가능하고, 그 성과 또한 일일이 거론하기조차 어려울 정도이다. 그러나 호적자료의 성격과 호에 대한 이해에 따라 그 내용은 크게 달라진다.

호적의 호에 대한 이해는 크게 自然戶 그 자체로 보는 입장과 일정하게 編制된 것이라는 견해로 나누어 질 수 있다. 물론 후자의 경우에도 편제의 원리와 방법에 있어서나 그 결과로서 호적 호를 조선시대 농민경제의 현실을 반영한 農家世帶로 볼 것인가 또는 賦稅單位로 볼 것인가 하는 문제에서 주장을 달리한다.[1]

---

[1] '자연호설'과 '편제설' 등에 대해서는 이미 상세하게 언급된 바가 있어서 다시 거론하지 않는다.(정진영, 「조선후기 호적 '호'의 새로운 이해와 그 전망」, 『대동문화연구』 42, 2003, 참조)

이 논문은 대구의 한 양반가의 호적자료를 통해 호적 호에 대한 이 같은 문제의 일단을 다시 한 번 검토해 보고자 한다. 그러나 그것은 전면적 또는 본격적인 검토가 되지 못한다. 검토 대상 자료가 한 가문의 호적자료라는 극히 한정된 것이기 때문이다.

검토 대상자료는 대구 경주최씨가의 호적자료이다. 대상 가문과 자료에 대해서는 이미 언급한 바가 있기 때문에 장황하게 다시 언급하지 않는다.[2] 다만 경주최씨가는 17세기 초반에 대구의 옻골[漆溪]에 입향한 이후 줄곧 오늘에 이르기까지 세거해 왔으며, 그리고 1672년 이후 1870년에 이르기까지 200여 년간 40여 건의 호적자료를 소장하고 있다. 여기에《대구부장적》에서 10여 개 식년의 자료를 추가할 수 있다. 자료는 崔慶涵(1633-1704), 崔壽學(1652-1714), 崔鼎錫(1678-1735), 崔興遠(1705-1786), 崔周鎭(1724-1763), 崔湜(1762-1807), 崔孝述(1786-1870) 등 7대에 걸친 것이다.

이들 자료를 검토의 대상으로 삼은 것은 한 가문에서 연속되는 호적자료가 많다는 점 때문만은 아니다. 앞에서 언급하였듯이《대구부장적》이 있어서 가문의 부족한 자료를 보완할 수 있을 뿐만 아니라 이들의 형제 또는 방계 혈연가족의 또 다른 정보를 확인할 수 있기 때문이기도 하다. 그러나 필자가 최씨가의 호적자료에 관심을 갖게 된 보다 큰 이유는 제시된 〈표 1〉에서도 볼 수 있듯이 최씨가의 거주지 이동이 빈번하였다는 사실과 함께 호의 혈연구성이 양반가의 전형적인 모습을 잘 보여주고 있다는 점 때문이다. 다시 말해 이를 통해 크게는 호적과 현실과의 일치여부의 문제, 보다 구체적으로는 형제 또는 7촌, 8촌으로

---

2) 정진영, 「조선후기 호적자료의 노비기재와 그 존재양상 −대구 경주 최씨가 소장 호적 자료의 분석−」, 『고문서연구』 25, 2004, 참조.

〈표 1〉 최씨가의 호적 자료

번호	년도	주호(나이)	거주지	남/여	양역노비	가구원수	혈연구성
1	1672*	경함(40)	의성군 다정리			4	모, 처, 자 수학(20)
2	1681	경함(49)	대구 해동촌 신달리		31	3	모, 처. 자 수학 별호거
3	1684	경함(62*)	해서촌 지묘리		19	4	모,처,종제 경흡(15). 자 수학 별호거
4	1687	경함(65)	해서촌 지묘리		16	4	모,처,종제 경흡(18). 자 수학 별호거
5	1690	경함(68)	의성군 다정리		14	3	모,처
6	1693	경함(71)	대구 해서촌 지묘리		15	2	처
7	1696	경함(74)	해서촌 대곡리		18	2	처
8	1696	수학(45)	해동촌 상동리		18	6	처,자(효석20/정석/명석), 오촌숙 경순(20)
9	1705	수학(54)	해동촌 상동리			5	처,자(인석고/정석28/명석18), 호촌숙 경순(28)
10	1708	수학(57)	해동촌 상동리			9	자 정석(31)+1, 자 진석(21)+1, 오촌숙(경순32), 육촌제(수억21), 칠촌질(익희19)
11	1714	정석(37)	해동촌 상동리			7	제 진석(27)+1, 종조(경순38), 종숙(수억27), 종제(익희25)
12	1717	정석(40)	해서부 신기리			6	자(한구/한형/한범/한표), 칠촌숙(수팽20)
13	1723	정석(46)	해서부 신기리			6	자 한구(19)+1/한범/한표
14	1729	정석(52)	해서부 구성리			7	자 한구(25)+1, 자한범(21)+1, 자한표(18), 칠촌숙 수해(21)
15	1735	정석(58)	해서부 구성리			12	제수(48), 자흥원(31)+1/자흥점(27)+1/자흥건(24)+1/자흥후(19), 서제 윤석(41), 칠촌숙 수해(27)
16	1738	흥원(34)	해서부 구성리			11	제흥점(30)+1, 제흥건(27)+1, 제흥후(22)+1, 종제 흥방(19), 서숙 윤석(44)

번호	년도	주호(나이)	거주지	남/여	양역노비	가구원수	혈연구성
17	1744	흥원(40)	해서부 구성리		38	12	망처, 제흥점(36)+1, 제흥건(33)+1, 제흥후(25)+1, 서숙 윤석(50), 자 주진(21)
18	1747	흥원(43)	해서부 구성리			18	종제 흥부(28)+1, 종자 사진(21)+1, 종자 상진(19)+1, 서숙 윤석(53)
19	1750*	흥원(46)	해북촌 중산리	29/23	40	12	망처, 제흥건(39)+1, 제흥후(34)+1, 종제흥부(31)+1, 자주진(27)+1, 서숙윤석(56)
20	1753	흥원(49)	해북촌 중산리	30/27	40	12	망처, 제흥건(42)+1, 제흥후(37)+1, 종제흥부(34)+고, 자주진(30)+1, 서숙윤석(59)
21	1759	흥원(55)	해북촌 중산리			12	망처, 제흥건(48)+1, 제흥후(43), 종제흥부(43), 자주진(36)+1, 종자(항진22), 종자 한진(20), 서종제 흥록(30)
22	1762	흥원(58)	해북촌 중산리 ·		27	12	제흥건(51)+1, 제흥후(46)+1, 종제흥부(43), 종자 항진(25)+1, 종자 흥진(25), 서종제 흥록(33)
23	1774	흥원(70)	해북촌 중산리		19	13	종자 항진(고)+1, 종자 우진(35)+1, 종자 방진(23)+1, 서종제 흥록(45)+1, 서종제 흥호(27)
24	1777	흥원(73)	해북촌 중산리		11	12	(제흥건고)+1, 제흥후(61), (자고)+1, (종자항진고)+1, 종자우진(38)+1, 종자화진(26)+1, 서종제흥록(48)+1, 서종제흥우(30)
25	1786	흥원(82)	해북촌 중산리			13	(제흥건고)+1, (자고)+1, (종자항진)+1, 종자화진(35)+1, 손(식,25)+1, 종제손(육,23), (서종제)+1, 서종제흥우(39)+1, 서종질(구진23)
26	1789	흥(식, 28)	해북촌 중산리		16	· 3	모(65), 처(30) *종조모, 종숙부 화진·구진 등 7명 각호
27	1792	식(31)	해북촌 중산리		13	3	모(68), 처(33)

번호	년도	주호(나이)	거주지	남/여	앙역노비	가구원수	혈연구성
28	1798	식(37)	해북촌 중산리		9	2	처(39)
29	1801	식(40)	해동촌 상동리		4	2	처(42)
30	1804	식(43)	해동촌 상동리	3/3	3	2	처(45)
31	1807	식(46)	해동촌 상동리	5/3	2	3	자 증열(22)
32	1810	효술(25)	해북촌 중산리	3/2	2(2)	3	
33	1813	효술(28)	해북촌 중산리	4/3	3(1)	3	
34	1816	효술(31)	해북촌 중산리	3/4	3(1)	3	
35	1819	효술(37)	해북촌 중산리	3/4	4	3	
36	1825	효술(40)	해북촌 중산리	4/4	5	3	
37	1840	효술(55)	해북촌 중산리		9	3	
38	1849	효술(64)	해북촌 중산리		9	3	
39	1870	효술(85)	해북촌 중산리	7/7	5	9	처(고), 자명덕(고), 자명우(43)+1, 손시교(27)+1, 손남교(25)+1, 손치교(24)+1

비고: 1) '년도*' 표기는 신호임
     2) '남/여'는 호구단자에 표기된 '男丁/女丁의 수'이다.
     3) '앙역노비'는 자료에 '앙역'으로 표기된 경우만을 대상으로 하였다.
     4) 비고란의 '자/손OO(숫자)+1'은 子/孫의 이름(나이)과 그 처의 유무를 표기한 것이다. 제, 서종제 등도 마찬가지다.

구성된 혈연구성원들의 존재형태, 혈연구성원들의 농업경영에 있어서의 상호 관계 등에 대한 구체적인 검토가 가능하지 않을까 하는 기대 때문이었다.

　한 가문의 호적자료가 시계열적으로 잘 구비되어 있다는 것도 자료적 가치를 가지지만, 그 자체만으로는 이 논문에서 관심을 가지는 호의 문제를 해결해 주는 데는 한계를 가질 수밖에 없다. 호적자료 자체가 그들의 존재형태를 구체적으로 설명해 주는 것이 아니기 때문이다. 그것은 여타의 고문서 자료나 일기류 등이 함께 검토될 수 있을 때 보다 큰 의미를 가질 수 있게 된다.

경주최씨가에는 다수의 고문서자료와 백불암 최흥원의 《曆中日記》
가 있어서 이 같은 기대에 다소나마 부응해 줄 수 있을 것으로 기대된
다. 《역중일기》는 1735년대 중반부터 1780년까지의 40여 년에 걸친 기
록으로 호적자료의 시기와 일치한다. 조선시대 일기자료의 대부분이
그러하듯이 그 내용이 단편적이고, 극히 소략하지만 호적자료에 등장
하는 인물들의 존재를 부분적으로나마 확인할 수 있다는 점에서 의미
를 가진다. 이 논문에서 목적하는 바는 다름 아닌 이 같은 자료를 통해
다소나마 호의 존재에 대해 보다 구체적인 이해를 도모해 보고자 한다.

2. 최씨가의 거주지 이동

일반적으로 알고 있듯이 조선시대 호적자료는 매 식년마다 各戶에서
호구상황을 적어 거주지 이임·면임을 통해 올리는 호구단자를 기본으
로 하여 작성된다. 따라서 각호의 호적이 소재하는 지역은 곧 거주지가
된다. 〈표 1〉에서 볼 수 있듯이 우리가 검토하고자 하는 최씨가의 호적
자료에서 확인되는 거주지는 아주 다양하다. 그만큼 거주지 이동이 빈
번했음을 의미한다. 특히 17세기 말에서 19세기에 이르기까지가 그러하
다. 이를 다시 정리해 보면 다음과 같다.

〈최씨가의 거주지〉(대구부는 '대구' 생략, 타군은 '면리' 생략함)

의성(1672) → 해동촌면 신달리(1681) → 해서촌면 지묘리(1684) → 의성(1690) →
해서촌면 지묘리(1693) → 해서촌면 대곡(父)/해동촌면 상동(子)(1696) → 해서
부면 신기리(1717) → 해서부면 구성리(1729) → 해북촌면 중산리(1750) → 해동
촌면 상동리(1801) → 해북촌면 중산리(1810)

호적자료에 따르면 최씨가는 1672년에서 1810년에 이르는 140여 년 간 어느 곳에서도 정착하지 못하고 있다. 매 식년마다 거주지를 옮긴 경우도 3차례나 된다. 검토기간 모든 식년마다 자료가 완전하게 구비된 것이 아니라는 점을 염두에 둔다면 어쩌면 더 빈번하게 거주지를 옮겼는지도 모른다. 호적 자료상으로 가장 오랫동안 그리고 19세기 말까지 거주한 곳은 해북촌면 중산리이다. 물론 중산리에는 1750년 입적 후 1801년부터 1810년까지 10년 간 다시 해동촌면 상동리로 옮긴 것을 제외하면 적어도 1870년대까지 120여 년간을 세거한 셈이다. 이렇게 본다면 최씨가의 세거지는 해북촌면 중산리가 된다.

　그러나 호적자료와는 달리 최씨가의 오랜 세거지는 옻골[칠계]이었고, 행정편제상으로는 해동촌면 상동리가 된다. 호적자료상 상동리에는 1696년부터 20여 년간 父子 分戶 상태에서 아들이, 그리고 1801년 이후 10여 년간 거주한 것으로 나타날 뿐이다. 최씨가 옻골에 입거한 것은 입향조 崔東㙫이 30대의 초반이었던 1616년이었다고 한다. 최동집은 마을 뒷산 정상에 우뚝 솟아있는 臺巖으로 그의 호를 취하기도 하였다. 그리고 1694년에는 최동집의 손자인 慶涵이 안채와 家廟를 건축했고, 1742년에는 5대손 崔興遠이 報本堂과 別廟를 건립했다. 옻골에는 현재에도 경주최씨가의 종택이 그대로 있고, 일족이 마을 구성원의 대부분을 차지하고 있다. 말하자면 우리가 검토하고자 하는 최씨가는 호적자료상에 보이는 거주지와는 무관하게 17세기 초반 이후 줄곧 대구부 해동촌면 상동리[칠계, 옻골]에서 지금까지 세거해 왔던 셈이다.

　사정이 이와 같다면 대구 최씨가의 경우 호적자료상의 거주지와 실제의 거주지는 거의 대부분 일치하지 않았으며, 호적자료상의 거주지 이동 또한 면내의 타동뿐만 아니라 타군 타면지역으로도 왕래가 아주 빈번하였음을 알 수 있다. 말하자면 거주지역이 아닌 타군·타면 동리에 호적을 두고 있었음을 의미한다. 그렇다면 왜 실제 거주지역이 아닌 곳에 호적을 두었으며, 그것도 빈번하게 옮기고 있었을까 하는 문제가 남는다. 현존하는 양반가의 호적자료에서 이 같은 모습을 찾아보기란 쉽지 않다. 그러나 호적대장에서 양반층의 거주지 이동은 적지 않게 확인된다.[3]

조선시대 호적법에서는 당연히 거주지의 家座 次第에 따라 5가로 作統하여 입적하는 것이 명문화되어 있고, 移來移居 또한 관의 허락을 받도록 하였다. 이를 위반하였을 때는 엄한 제재조치가 취해졌다.[4] 그러나 엄한 법령에도 불구하고 이 같은 규정이 지켜졌던 것으로는 보이지 않는다.

호적상에서 빈번하게 거주지를 옮긴 이유를 우선 최씨가와 주소지 지역과의 관계를 통해 살펴 볼 필요가 있다. 아무런 연고도, 아무 이유도 없이 이곳저곳으로 옮겨 다녔을 리가 없기 때문이다. 그러나 이를 확인할 만한 충분한 근거를 가지지 못하고 있다. 다만 단편적인 몇몇 근거만을 제시할 수 있을 뿐이다.

우선 의성군 산운면 다정리와의 관계이다. 義城 山雲은 영천이씨의 세거지로 이름 높다. 조선후기에는 흔히 산운이씨로도 불리었는데, 다름 아닌 최경함의 처향이다. 최경함은 40세 되던 1672년에 산운리 호적에 입록되어 있다. 당시의 가족은 모와 처, 그리고 자 수학(20세)으로 구

---

3) 18세기 후반 『단성현호적대장』 '絶戶秩'(대략 200–300호) 가운데 學業者(유학, 교생, 원생, 업유, 업무 등 포함)로서 他郡縣으로의 移居者는 36.4%에서 최고 43.2%에까지 이르고 있다.(정해은, 「단성현 호적대장에 등재된 호의 출입」, 『단성 호적대장 연구』, 성균관대학교 대동문화연구원, 2003, 220~221면.)

4) 『戶籍膽關冊』 "士夫常漢 一從家座次第 五家作統爲白乎矣"(2조)
  『戶籍事目』 "移去移來之類 必以舊居邑公文然後 許接 而無公文 任意遷涉 現發者及 任掌 杖一百徒三年爲白齊"(26조)

성되어 있다. 신호로 표기된 것으로 보아 아마 이 때 처음으로 입적되었던 것으로 보인다. 조선전기 처가로의 이주는 흔한 일이다. 그러나 17세기 말, 경제적으로 몰락한 처지도 아닌 상황에서, 40세 또는 68세가 되어 연로한(63세, 81세) 어머니를 모시고 함께 옮겨 다녔다는 것은 극히 예외적인 일이라 할 수 있다. 따라서 실제 거주지를 옮겼다기보다는 사정이 있어서 처향에 입적만 해 두었을 것으로 생각된다. 그러나 그 사정이 무엇인지는 더 이상 추측이 불가능하다.

이후 최경함은 아들과 분호된 상태에서 의성 다정리(1672년) → 해동촌면 신달리(1681년) → 해동촌면 지묘리(1684년) → 의성 다정리(1690년) → 해동촌면 지묘리(1693년) → 해서촌면 대곡리(1696년) 등지로 옮겨 다녔다. 물론 어느 곳에든 실제로 옮겨간 것으로는 보이지 않는다. 그것은 오늘날의 종가 안채와 가묘가 바로 1694년 최경함에 의해 신축되었기 때문이다.[5] 이주지인 해동촌 신달리, 해서촌 지묘리, 대곡리는 경주 최씨 일족이 다수 거주하고 있었거나 전답이 분포되어 있었던 곳으로 생각된다.[6] 한편 최경함의 독자인 수학은 적어도 1681년부터는 계속해서 아버지와 分戶된 상태를 유지하고 있었다. 아마 1696년 상동리에 입적되어 있는 것으로 보아 줄곧 여기에 머물렀던 것으로 보인다. 부 경함의 거주지 이동이 현실이 아니라면, 부자 분호 또한 호적상의 현상일 뿐이다.

이상에서 보듯이 의성 다정리를 제외하고는 이주지와 최씨가의 특별한 관계를 확인하기 어렵다. 최씨가의 일족이 대구 해서부면과 해동촌면 일대에 세거해 왔고, 그리고 이들 지역에 적지 않은 토지와 노비가

---

5) 대구광역시, 1996, 『옻골-거대도시 속의 씨족마을-』, 50쪽.
6) 지묘에는 從祖 崔東崖가 살고 있었고,(全克泰, 『退軒日記』) 최흥원의 『曆中日記』에도 智妙祖, 智妙叔 등으로 불리는 일족이 다수 등장하고 있다.

분포되어 있었을 것으로 추측해 볼 뿐이다. 이 같은 추측에서 한 걸은 더 나아가 그 사정을 짐작해 볼 수 있는 자료는 全克泰(1640~1696)가 남긴 일기의 다음과 같은 내용이다.[7]

1659년

2월 27일: 오후 집을 나서 망동을 경유하여 동촌 漆洞에 이르렀다. 酉時에 혼례를 행하였다.

3월 24일: 처조부 師傅公[최동집]은 이미 宗旨 농장으로 옮겨서 지내신다.

3월 25일: 여러 날을 머물다가 宗旨 농장으로 가서 (--) 다시 칠동에 이르러 여러 날을 머물렀다.

1661년

3월: 처조부 사부공께서 宗旨의 寓居로부터 칠동으로 돌아와 거처하심에 가서 절하고 문후하였다. -- 처가의 대문 밖에 3칸의 草堂이 있었는데, -- 처조부와 장인께서 이미 기해년(1659년) 전부터 항상 그 사이에 거처하셨다.

4월: 처조부께서 宗旨에 있는 첩의 집으로 가서 머물러 지내면서 형세를 살펴보시다가 德村으로 옮겨 우거하셨다.

작년(1665년) 季夏에 다행히 아이를 가져 장차 금년 暮春에 분만하게 되었다. 그런데 卜說을 살펴보니 모두 "집을 옮기는 것이 좋을 것이다."라고 하기에, 3월 8일에 처자를 거느리고 舊奴 丁男의 집으로 와서 우거하였다. 옛 정원은 거칠게 되었고, 두른 담장은 이미 무너졌으나 몇 칸의 草堂과 동쪽의 작은 집은 옛 모습이 오히려 남아 있었다. 파손된 곳을 보수하고 -- 몇 년을 머물

---

7) 全克泰, 『退軒日記』 해당 연월일 참조.

러 지낼 계획이었다.

전극태는 崔衛南의 사위이다. 1659년에 칠동[옻골] 최씨가에 장가든 후 처가를 빈번하게 드나들었다. 앞부분의 1659년과 1661년의 기록은 일기의 내용이고, 뒤의 1665년의 내용은 自序의 내용이다. 아무튼 우리는 위의 내용에서 다음 두 가지 사실을 확인할 수 있다. 첫째, 경주 최씨가가 적어도 이 시기부터 옻골에 거주하고 있었음을 확인할 수 있다. 둘째, 최씨가는 칠동에 본가를 두고 있었지만, 종지 농장에도 農幕이 있었음을 알 수 있다. 또한 본가의 대문 밖에도 草堂이 있어서 장가들기 전부터 처조부와 장인이 거처하고 있었다고 한다. 덕촌에도 우거했다고 하지만 여기서는 큰 의미를 가지지 못한다. 그것은 전염병을 피해 잠시 옮겨간 것이기 때문이다. 반면에 종지 농장에는 첩이 있었으니 어느 정도의 규모를 갖추었을 것이다. 그러나 그것은 어디까지나 임시 거처에 불과했음을 알 수 있다. 寓居니 寓所라는 표현이 그러하다. 당연히 최동집의 거주지는 처와 아들 내외, 그리고 손자녀들이 거주하는 옻골 본가였다. 그래서 대문밖 초당에 거처했다고 했고, 실제로 혼사와 제사 등의 일상의례를 본가에서 치르고 있었다. 따라서 사부공인 최동집은 비록 집을 떠나 첩과 함께 종지농막에서 우거하고 있었더라도 본가에 대한 가장으로서의 역할과 농업경영을 여전히 주관하고 있었을 것임을 알 수 있다. 조선후기 대부분의 양반가에서는 첩을 두고 있었고, 처의 생존시에는 別戶에서 거주하고 있었던 것이 일반적인 현상이었을 것이다. 호적 자료에서 흔히 보이는 부자 분호의 일부는 이러한 현실을 반영하고 있는 지도 모른다.

다음으로 전극태의 일기의 자서 부분을 보자. 전극태의 처는 혼인 후에도 오랫동안 친정에서 머물렀다. 따라서 전극태는 처가를 수시로 출입했다. 처가와의 거리는 그리 멀지 않아서 하루에 내왕이 가능하였다.

그렇지 않았다면 이 기간 동안 처가에서 머물렀을 것이다. 신행은 혼례를 치른 5, 6년 쯤 뒤였다. 그러다가 둘째를 잃고 셋째의 출산에 앞서 卜說에 따라 거주지를 옛 노비였던 丁男의 집으로 옮겼다. 옛 노비 정남의 집이라고는 하지만 그 표현과 규모로 보아 그가 어린 시절을 보냈던 곳으로 생각된다. 아마 이 당시에는 다른 곳으로 옮겨가서 구노 정남이가 살고 있었던 것으로 보인다. 아무튼 보수를 하여 몇 년간 기거할 계획이었다. 그러나 셋째 출산 후 처가 사망하자 다시 옛 집으로 돌아와 빈소를 차리고 3칸의 초당을 지어 살게 되었다.[8]

이 같은 사정은 조선시대 양반들의 거주지 이동이 일반적인 생각과는 달리 빈번하였음을 보여준다. 그리고 그 이유에 대해 시사하는 바도 크다. 그것은 농장이 있는 곳이나, 혹은 처향과 외향뿐만 아니라 심지어는 卜說에 따라서도 옮겨 다녔다는 사실이다. 점을 치는 행위는 年初 혹은 질병, 과거 등을 앞두고 흔하게 행해지고 있었고,[9] 그에 따라 잠시 옮겨서 살기도 하였음을 알 수 있다. 물론 이럴 때마다 새로운 거주지의 호적에 등재되었는지는 확인할 수 없다. 그러나 분명한 것은 이러한 거주지 이동이 장기적인 것이 아니라 일시적이고 임시적인 것에 불과하였다는 점이다. 앞에서 살펴본 최씨가의 거주지 이동도 다름 아닌 이 같은 임시적이고 일시적인 것에 불과했거나 호적상의 현상일 뿐이었을 것으로 생각된다. 그것은 최씨가가 옻골에 입향한 이후 한 번도 이곳을 떠나 본 적이 없었다는 점에서 그러하다.

이제 이 같은 사정을 염두에 두면서 최흥원의 경우를 통해 거주지 이

---

8) 全克泰, 『퇴헌일기』 자서 참조

9) 최흥원의 『역중일기』에서 한 두 예를 들어보면 다음과 같다.(이하에서는 『일기』로 표기한다.) "柳生相一 爲余占 得恒卦爻象 可危"(『일기』, 1758.01.01), "未明 使殷生占之 爲欲知湜兒順痘也"(『일기』, 1767.02.06)

동에 대한 보다 구체적인 사정을 살펴보기로 한다. 최흥원은 부 정석의 뒤를 이어 1750년 해북촌면 중산리로 옮기기 이전까지 줄곧 해서부면 구성리에 호적을 두고 있었다. 말하자면 그는 어느 한 식년에도 옻골에 입적되어 있지 않았다. 그러나 실제 그의 거주지는 늘 옻골이었다. 그는 안동 등지를 여행하는 것을 제외하고는 평생 동안 거의 옻골을 벗어나지 않았다. 그리고 1737년 3월에는 別祠를, 1742년에는 報本堂을 옻골 본가에 건립했다. 이러한 사실은 그의 일기기록을 통해서도 확인된다.

그러나 최흥원은 1750년에 해북촌면 중산리로 호적을 옮겼다. 그리고 이후 손자대인 1801년에 이르러서는 중산리에서 罷籍되어 '身在里'[上洞里]로 還籍되었다가 1810년에 다시 중산리에 입적되는 우여곡절을 겪는다. 중산리로의 이적과 파적, 환적 등은 다름 아닌 부인동에서의 동약 실시와 최씨가의 서얼, 동민 등의 동약에 대한 저항과 직접적인 관련을 갖는다.[10]

최흥원은 1750년 중산리로 입적하기에 앞서 1739년에 이곳에서 향약을 실시하였다. 중산리는 부인동이란 이름으로 더 널리 알려져 있다. 그래서 이를 흔히들 夫仁洞約이라고 부른다. 최흥원이 거주지가 아닌 해북촌면 중산리에서 동약을 실시하게 된 이유는 이곳이 다름 아닌 5대조 최동집이 崇禎處士를 자처하며 은거하던 곳이기도 하였지만, 많은 토지가 소재하고 있는 곳이었기 때문이다. 앞에서 언급된 종지 농장은 바로 이곳에 이웃하고 있다. 말하자면 동약을 통해 부인동에서의 지주 경영을 보다 안정적으로 유지하고자 함이었다. 동약의 실시에도 불구

---

10) 정진영, 「18, 19세기 동계·동약 실시와 그 한계 ―대구 부인동동약을 중심으로―」, 『조선시대 향촌사회사』, 한길사, 1987.

하고 최흥원은 부인동을 1년에 수차 왕래할 뿐이었다. 필요하면 동약의 임원들이 옻골을 찾았다. 그러다가 이후 1750년(영조 44) 최흥원은 이곳 부인동으로 호적을 옮겼다. 물론 실재 거주지는 해동촌면 옻골이었고, 혼자만이 아니라 그의 형제 모두가 함께 하였다.[11] 호적을 옮겼다고 해서 크게 달라진 것은 없었다. 생활의 근거지는 여전히 옻골이었고, 역시 1년에 수차 왕래하는 것이 전부였다.[12] 그러함에도 최흥원이 부인동으로 호적을 옮긴 것은 이 시기부터 동약운영에 대한 문제가 심상치 않았기 때문이었다. 동약 운영에 대한 동민들의 저항이 점차 증대 되었던 것으로 보인다. 아무튼 이후 더 많은 일족이 옮겨와 해북촌면 중산리의 호적에 입록되었다.[13]

그러나 최씨가의 중산리 입적은 최흥원 사후에 본격화 되는 동약운영을 둘러싼 갈등의 한 주요 쟁점이 되었다. 동약의 파괴 곧 최씨가의 부인동 지배를 거부하는 동민들이 최씨가의 중산리 入籍을 문제 삼은 것이다. 결국 최씨가는 관의 조치에 따라 호적을 "身在里" 곧 해동촌면 상동리로 옮기지 않을 수 없었다.[14] 이에 대해 최씨가는 동약의 계속적인 유지를 위해 중산리에의 입적이 불가피한 조치임을 강조했다. 영남

---

11) 물론 초기에는 최흥원 자신과 백부에게로 양자 간 최홍점 2호에 불과했다. 그러나 최흥원의 호에는 2제인 흥건, 3제인 흥후, 종제인 흥부, 조카인 항진, 우진, 방진, 경진, 서종제인 흥록 등이 등재되어 있었다.(『대구부장적』, 해북촌면 중산리, 1768 참조) 그러나 1795년에는 최씨호가 8호나 되었다.(주 12, 참조)

12) "今日通人入地 不能臨壙 痛恨痛恨 令(夫)仁洞助役 以七斗米助奠"(『일기』 1768.01.23), "爲見溪亭諸君兼參洞講 入夫仁洞"(『일기』, 1758.11.07)

13) 1795년 해북촌면 중산리에는 崔興厚(79), 崔華鎭(44, 父 興建), 崔胤錫(62, 父 壽元), 崔恒錫(39, 祖 慶淳), 崔愼錫(69, 曾祖 國南), 崔湜(34), 崔思鎭(66, 父 興漸), 崔衡鎭(32, 父 興祿) 등 최씨호가 8호나 입적되어 있었다. 그러나 1804년에는 최씨호가 한 호도 없다.

14) 정진영, 앞의 책, 431~433면, 참조

유림들의 적극적인 지원에 힘입어 최씨가의 요구는 받아들여졌다. 그러나 최씨 본가 1호만이 허락되었다. 이에 따라 최씨 본가는 19세기 말에 이르기까지 실재 거주지가 아닌 중산리에 계속해서 입적될 수 있었다.

이상에서 볼 수 있듯이 조선후기 국가의 강력한 규제에도 불구하고 양반들은 실제의 거주와는 무관한 타군이나 타면리에 입적하기도 하였음을 알 수 있다. 이 같은 현상은 그리 예외적인 것만은 아니었던 것으로 보인다. 그리고 양반들이 입적하였던 타군 타면리는 그들과 전혀 무관한 지역이 아니라 妻鄕나 外鄕, 그리고 그들의 農庄이나 선대의 유적 등 특별한 인연이 있는 곳이라 할 수 있다.[15] 비록 조선후기 차등상속제가 관행되었다 하더라도 처향이나 외향에는 여전히 일정한 경제적 기반이 있었고, 양반 명문가에서는 거주지뿐만 아니라 인근지역에도 농장이 산재해 있었다. 이러한 특정 지역에 산재해 있는 전답을 적절하게 관리하기 위해서는 전호농민층에 대한 지배가 그 무엇보다도 우선되어야 할 문제였다. 거주여부와 무관하게 이곳에 호적을 둔다는 것은 해당 촌락에 대한 일정한 지배가 가능하였을 것임을 짐작해 볼 수 있다. 최흥원이 부인동에 동약을 실시한 이유도, 동약에 대한 동민들의 저항 조짐이 보이자 중산리로 호적을 옮긴 것도, 그리고 이후 동약 분쟁에서 최씨가의 중산리 입적 여부가 동약의 존폐문제와 직결되고 있었던 것도 바로 최씨가의 부인동에 대한 촌락지배와 관련된다는 점에서 그러하다.

---

15) 부인동은 최흥원의 5대조 臺巖 崔東㠻이 병자호란 후 은거한 곳이었고, 또한 많은 토지가 있었다.

3. 호적 호의 혈연구성

1) 혈연결합의 양상

다음 〈표 2〉는 앞의 〈표 1〉의 호적자료 가운데 최씨가의 호 혈연결합 형태를 잘 보여주는 일부 식년만을 정리한 것이다. 비슷한 사정이 반복되는 경우에는 대표적인 한 식년만을 제시했다. 일반적인 양반가의 호적 자료와 마찬가지로 딸들의 존재는 어디에서도 찾아볼 수 없고, 10대 이하의 연령층도 극히 한정적으로만 기록되어 있다. 또한 최경함은 1684년부터 갑자기 나이를 열 살이나 더 보태어 기록했다. 이런 현상은 그리 예외적인 것만은 아니다. 그러나 혈연결합의 다양함은 주목할 만한 하다. 이 역시 최씨가만의 특수한 현상은 아니다. 도리어 이 시기 양반가의 호적자료에서 일반적으로 볼 수 있는 형태를 그대로 보여주고 있다.

최씨 본가의 호적 호의 혈연구성을 편의상 주호와 직계존비속, 그리고 형제혈연과 방계혈연으로 구분하였다. 우선 혈연 구성원 규모로만 본다면 적게는 최소 2명에서부터 많게는 최고 18명에까지 이른다. 물론 여기에는 누락된 인구가 많다는 것을 염두에 두어야 한다. 구성원의 많고 적음은 자녀의 수와 부자간의 동거여부와도 관련되어 있지만, 보다 중요한 요소는 방계혈연 호구의 규모와 직접적으로 관련되는 것으로 보인다.

호적의 호를 곧 있는 그대로의 자연호라고 이해한다면, 이들은 당연히 '동거 가족'이 된다. 호적을 통해 가족사를 연구하는 입장에서는 전적으로 이렇게 이해하고 있다. 여기서도 일단 이렇게 이해해 보기로 한다. 그러면 〈표 2〉의 가족 형태는 단혼 소가족과 복합 소가족, 복합 대가족 등으로 나타난다. 그런 가운데서도 복합적 대가족의 형태가 두드

〈표 2〉최씨가 호적 호의 인적구성

식년	주호(나이)	직계혈연	형제혈연	방계혈연	가구원수	노비(양역)
1672	최경함(40)	모(63) 처(37) 자(수학29)			4	
1684	최경함(62*)	모(75) 처(49)		종제(경흠15)	4	
1696	최경함(74*)	처(61)			2	
1696	최수학(45)	처(48) 자(효석20) 자(정석19) 자(명석9)		오촌숙(경순20)	7	
1708	최수학(57)	처(60) 자(정석31+처) 자(진석21+처)		오촌숙(경순32) 육촌제(수억21) 칠촌질(익희19)	9	148
1714	최정석(37)	처(36)	제(진석27+처)	종조(경순38) 종숙(수억27) 종제(익희25)	7	155
1735	최정석(58)	처(54) 자(흥원31+처) 자(흥점27+처) 자(흥건24+처) 자(흥후19)	제(고+처48)	서제(윤석19) 칠촌숙(수해27)	12	164
1738	최흥원(34)	모(57) 처(39)	제(흥점30+처) 제(흥건27+처) 제(흥후22+처)	종제(흥방19) 서숙(윤석44)	11	152
1747	최흥원(40)	모(66) 처(48) 자(주진24+처)	제(흥점39+처) 제(흥건36+처) 제(흥후31+처)	종제(흥부28+처) 종자(사진21+처) 종자(상진19+처) 서숙(윤석53)	18	159
1786	최흥원(82)	자(고+처62) 손자(식25+처)	제(고+처72) *제(흥후=)각호	종자(고+처49) 종자(화진35+처) 서종제(고+처47) 서종제(흥호39+처) 서종질(구진23)	13	94
1789	*최흥후(73)	첩(50) 자(광진50+처) 손자(직28+처)		종자(화진38+처) 종손(운길18) 서종제(흥우42+처)	11	23
1792	*최화진(41)	처(43) 자(흡21+처)	형(고+처55)	종자(호29+처) 종자(집26+처)	9	10
1804	최홍(식, 43)	처(45)			2	

비고: 1) '최경함(*62)'는 나이가 비정상적으로 기재된 것을 의미함
　　　2) '*최흥후', '*최화진'은 최씨본가 직계혈연이 아닌 방계혈연으로 참고로 제시된 경우임.
　　　3) 음영(1696년)은 부자분호임을 표시함.
　　　4) 노비수에는 도망노비수도 포함되어 있고, 양역노비는 자료상에 '양역'으로 표기된 경우만을 대상으로 함.

러져 보인다. 복합적 대가족 형태를 보이는 것은 18세기 거의 전 기간, 즉 최수학, 최정석, 최흥원 3대에 걸쳐서 나타난다. 이 기간 동안 누락된 식년은 전후의 식년과 호의 구성상에 있어서 크게 달라진 것이 없기 때문에 제시하지 않았다.

단혼 소가족의 경우는 주호 부부와 無配偶子女, 그리고 주호의 미성년자매로 구성된다. 이러한 가족형태를 보이는 경우는 모두 4개 식년이다.(1672, 1690, 1696a, 1804) 이 가운데 1690, 1696년은 부자 별호로 존재함에 따른 현상이었다. 여기에 1쌍의 子夫婦가 포함되면 직계 소가족 형태가 되지만, 최씨가의 경우에는 나타나지 않는다. 반면에 단혼 소가족에 傍系血緣口(成年弟妹, 父·母·妻系親戚)를 포함하는 복합적 소가족 유형으로는 1684년, 1696년(b)이 여기에 해당한다. 크게 보아 이 같은 소가족 유형이 사실상 최씨가에 있어서도 가장 일반적인 혈연결합 형태였던 것으로 보아 크게 무리가 없을 것이다.[16] 그러나 제시된 자료의 가족유형 절반은 복합 대가족형태를 취하고 있다. 복합 대가족은 주호부부 이외 2쌍 이상의 자부부나 방계혈연호구가 추가되는 형태이다. 1708, 1714, 1735, 1738, 1747, 1786년의 경우가 여기에 해당한다.

호적상의 이 같은 혈연결합 형태는 호적 호를 자연호로 보는 입장에서는 그 자체가 가족의 형태가 된다. 그래서 이 논문과 마찬가지로 양반가의 호적관련 고문서를 통해 조선후기 양반층의 가족유형을 "소가족 및 부부가족 등은 일시적인 양상에 불과하였고, 결국은 대가족 및 직계가족, 확대가족을 이루어 생활하는 게 보편적인 경향"이었다는 결

---

16) 언양호적에서는 양반호의 61.3%가 이러한 소가족적 형태를 보인다고 하였다.(이영훈, 『조선후기 사회경사』, 한길사, 1988, 394면.)

론에 도달한다.[17] 물론 이 같은 대가족적 가족유형은 어느 정도 현실을 반영하는 것으로도 이해된다. 그것은 양반신분에서 그러한 유형이 상대적으로 높게 나타난다는 점에서, 그리고 1940년대의 현실에서도 양반이나 지주들에 의해 집요하게 유지되고 있었다는 점에서 그러하다.[18] 따라서 이런 대가족제도의 존재는 혈연관계의 '주호-협호'관계, 곧 자립적인 '주호'에 소경영으로서의 비자립적인 상태에 있었던 직계나 방계의 '혈연협호'가 결합된 것으로 파악된다. 여기서 비자립적이란 가족구성의 취약함에서 찾아진다. 그리고 이들 대가족, 곧 혈연적인 '주호-협호'의 농업경영에서의 상호관계는 실질적으로 하나의 복합 대가족적인 농업경영이었을 것으로 추정하고 있다. 복합 대가족적인 농업경영이란 '주호-협호'의 상호 의존성으로부터, 그리고 형제간 한 울타리 내에서의 분가와 농우 등 주요 생산수단의 공유·공용 등 여러 모로 밀접한 상호의존관계를 통한 공동경작에 가까운 상황을 영위하고 있음을 말한다.[19]

여기서 필자가 관심을 갖는 문제는 우선 최씨가의 호적에서 보이는 혈연결합의 양상을 그대로 현실의 동거가족으로 파악할 수 있는가 하는 것이다. 나아가 대가족의 경우는 '주호-협호', 또는 복합 대가족적인

---

17) 임학성, 「호적관련 고문서를 통해 본 조선 후기의 가족구성 양상 -한국가족사의 실체를 구명하기 위한 하나의 시도-」, 『민족문화연구』 44, 고려대학교 민족문화연구소, 2006, 362면.

18) 이러한 이해는 호적의 분석에서 얻어진 결과와 일반적인 이해에 근거하고 있다. 언양호적을 분석한 이영훈은 복합 대가족의 형태를 보이는 호가 전체의 33.5%라고 하였고, 이 가운데 대형의 대가족은 대부분 양반신분으로 구성되어 있다고 하였다.(이영훈, 앞의 책, 394~395면) 그리고 인정식은 1940년대 각지를 직접 견문한 사실에 근거하여 당시 양반계급과 지주층에 있어서 대가족제도를 집요하게 유지하고 있다고 하였다.(印貞植, 『朝鮮農村襍記』 1943, 69면.)

19) 이영훈, 앞의 책, 392~396면 참조.

농업경영으로 존재하고 있었는가 하는 문제이다. 이런 문제는 결국 호적상에서 복합 대가족적 형태를 보이는 경우를 통해 살펴보는 것이 타당할 것이다. 이들 대가족의 혈연결합의 형태는 대부분 직계와 형제혈연, 그리고 방계혈연과의 결합이다. 우선 방계혈연의 존재를 검토하기 위해 〈표 2〉를 토대로 하여 주호와의 관계, 호적자료에서의 해당 식년, 그리고 가계도 등을 제시해 보면 다음과 같다.

〈표 3〉 최씨가의 호적에 등재된 방계혈연

방계혈연명	주호명	주호와의 관계	식년(나이)	비 고
최경흡	최경함	서종제	1684(15), 1687(18)	
최경순	최수학	서오촌숙	1696(20), 1705(28), 1708(32)	
	최정석	서종조	1714(38)	
최수억	최수학	서육촌제	1708(21)	최수일?
	최정석	서종숙	1714(27)	
최익희	최수학	서칠촌질	1708(19)	최성석?
	최정석	서종제	1714(25)	
최수해	최정석	서칠촌숙	1729(21), 1735년(27)	
최윤석	최정석	서제	1735(41)	
	최흥원	서숙	1738(44), 1741(47), 1744(50), 1747(53), 1750(56), 1753(59)	
최흥방 (최흥부)	최흥원	종제	1738(19), 1741(22), 1744(25), 1753(34+故장씨), 1759(40), 1768(49+유씨)	文希從
최흥록	최흥원	서종제	1759(30), 1762(33), 1768(39), 1774(45+손씨), 1786(손씨)	錄從
최흥호	최흥원	서종제	1777(30), 1786(39+이씨)	
최구진	최흥원	서종질	1786(23)	최형진

비고: 1) '1768(49+유씨)'의 49는 해당 인명의 나이이고, 유씨는 처임을 표시함
　　　 2) '비고'의 이름은 異名 혹은 異稱임

〈최씨가의 가계〉

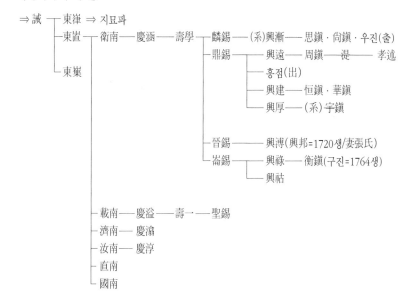

우선 설명의 편의를 위해 주호가를 최씨 '本家'라 하고, 본가에 입록되어 있는 방계혈연 인물들을 개인이면 '혈연구', 부부를 포함하는 가족단위이면 '혈연호'라 부르기로 한다. 혈연호구로 존재하는 인물은 모두 33식년에 10명이 등장하고 있다. 이들 가운데 자료상 崔崙錫은 7식년, 崔興溥(興邦)는 6식년, 崔興祿은 5식년 등으로 상당히 오랫동안 혈연구 또는 혈연호로 등장한다. 또 崔慶淳, 崔興祜 등도 일정기간 혈연구 또는 혈연호로 존재하고 있다. 이들 혈연호구와 주호와의 관계는 종제, 종질, 종조, 오촌숙, 육촌제, 칠촌질 등 堂內의 부계혈연으로 구성되어 있으나, 그 범위를 벗어나는 경우도 있다. 또한 주목되는 점은 혈연호구 가운데 흥부(흥방)를 제외하고는 모두 최씨 본가의 庶系라는 사실이다.

2) 방계혈연의 존재형태

이제 이들 혈연호구의 구체적인 존재를 확인해 보기 위해 우선《대구부장적》에서 이들의 존재를 찾아보면 다음과 같이 확인된다.

　*최경흡 = 1684년 해서부면 지묘리 15-1,

　　　　　주호 서씨(49), 자 면강 경심(22), (자 경흡, 초경함 호거), 노비 3(도망 2)

　*최경순 = 1696년 해동촌면 상동리 2-1

　　　　　주호 최여남(56), 처 서씨(50), 녀3(출가/23/5), (자 경순 20), 자 동몽 경

　　　　　희(13), 노비 9(도 6, 매득 2)

　　　　= 1747년 해북촌면 중산리 1-4

　　　　　주호 최경순(78), 처 이씨(80), 자(수원41+권씨40/수옥33+정씨31), 손

　　　　　자(용서 15), 노비 13

《대구부장적》에서 확인되는 주호가의 혈연호구 극히 일부만을 확인할 수 있다. 그것은《대구부장적》자체가 전 식년에 걸쳐 완벽하게 현존하지 않기 때문이기도 하고, 방대한 자료에서 모두를 찾는다는 것이 아직은 어렵기 때문이다. 그런 가운데서도 일부의 경우에서 볼 수 있듯이 이들 가족은 독립된 가호를 구성하고 있다.

최경흡은 1684년과 1687년에 종형인 최경함의 호에, 최경순은 1696년부터 1714년에 이르기까지 근 18년간 최수학과 정석의 호에 혈연구로 존재한다. 최경순의 경우는 이 시기에 이미 성년의 상태였을 것이다. 아무튼 이들의 여타 가족은 주호가와 이웃하여 독립된 가호를 유지하고 있을 뿐만 아니라 가족의 규모도 열악하지 않았고, 더구나 다수의 노비를 소유하고 있다는 점에서 그 경제적 기반도 비자립적인 상태였던 것으로 보기 어렵다. 나머지의 경우도 이와 크게 다르지 않았을 것

으로 보인다. 그것은 최씨가의 많은 전답과 노비들이 이들 서자에게도 일정하게 상속되었기 때문이다.[20] 물론 다수의 노비가 도망간 상태이지만, 최경순의 경우는 다른 노비 2구를 매득할 정도의 경제적 기반을 갖추고 있다. '주호-협호'관계에서 본다면 호로 존립하고 있다는 것, 그 자체가 자립적인 소경영 이상이었음을 의미한다. 그렇다면 적어도 자립적인 소농경영을 유지하고 있는 호의 한 구성원이 타가 주호의 혈연구로 존재한다면, 이는 어떠한 존재일까?

이들 혈연구의 존재를 이해하기 위해 우선 이들의 거주 형태를 살펴보기로 한다. 우선 혈연구의 가족호와 최씨 본가는 호적상 모두가 같은 동리에 존재하고 있다. 이웃하여 거주했다면 굳이 자기 집을 떠나 주호가인 '큰집'에 들어가 살 필요는 없었을 것이다. 또한 이들은 주호가의 농업경영이나 가사 노동에 직접 사역되는 존재는 아니었다. 비록 서얼이기는 했지만, 명문 양반가의 혈족이었고, 주호가에는 농업경영과 가사노동을 담당할 풍부한 앙역노비를 소유하고 있었기 때문이다. 이들은 아마 큰집에 수시로 출입하면서 주호인 종손이나 장손을 대신하여 이런저런 잡다한 일들을 주관했을 것이다. 말하자면 이들은 종가나 큰집의 집사 역할을 수행하고 있었던 존재로 생각된다.

반면에 가족단위로 등재된 최흥부(흥방)나 최흥호, 최흥록 등은 어쩌면 최씨본가에서 기거를 함께 했을지 모른다. 이들의 가족 구성은 부부이거나 아니면 부부 어느 하나가 결여된 해체가족으로 존재하고 있다.

---

20) 1668년의 총 20구의 노비가 분재될 당시 적자인 최위남은 5구, 서자인 최재남, 최여남 등은 각 1구의 노비를 받았다. 1733년 노비 분재시에는 적자인 최정석, 최진석 등은 10구 또는 12구를, 서자인 윤석은 1구를 받았다. 이들 노비는 실제의 수가 아니고 노비 가족의 수를 의미하는 것으로 보인다. 그것은 이들의 각 "所生奴婢를 各衿 아래에 列錄하지 않는."고 하였기 때문이다. 노비뿐만 아니라 전답도 분재되었을 것이나 자료로 확인할 수는 없다.(정진영, 앞의 논문, 2004, 120면)

이러한 혈연호의 취약한 가족구성은 그들의 존재형태를 주호가에 예속된 비자립적인 소경영 상태에 있었음을 의미하는 근거가 되기도 한다.[21] 그러나 이들 혈연호의 존재가 앞에서 검토한 혈연구와 신분이나 경제적 상태에서 크게 다르지 않다는 사실이다. 그렇다면 혈연구와 존재형태가 달라야 할 하등의 이유가 없다. 이들의 존재형태를《역중일기》에서 찾아보기로 한다.

앞의 〈표 3〉의 인물 가운데 최흥원의《역중일기》에서 그 존재형태를 단편적이나마 확인할 수 있는 인물은 최윤석, 최흥부(흥방), 최흥록, 최흥호 등이다. 차례대로 살펴보기로 한다.

〈庶叔/崔崙錫〉

1737.04.28 : 庶叔이 오다. 점심 후에 돌아가다.

1737.09.25 : 庶叔家에 도둑이 들어 失物함이 매우 많다고 한다.

1738.04.28 : 庶叔이 와서 보다. 보리타작을 부탁하다.

崔崙錫은《역중일기》에 庶叔으로 나타난다.[22] 최윤석의 존재는 일기가 시작되는 1737년부터 사망하는 1756년까지 확인 가능하나 그렇게 자주 거론되지는 않는다. 대략 위와 같은 내용들이다. 그는 앞에서 언급하였듯이 1735년부터 사망 당시까지 줄곧 최씨 본가의 혈연구로 등장한다. 그러나 그는 처와 2남2녀를 둔 가장이다. 그의 가족들은 주호가에 隱漏된 상태로 존재하거나 아니면 별도의 호를 구성하고 있었을 것이다. 일기의 내용에 '왔다', '돌아가다'라는 표현과 집에 도둑이 들어 잃

---

21) 이영훈, 앞의 책, 396면.

22) 서숙과 최윤석이 동일 인물임은 일기와 족보에서 사망 날짜가 동일한 것에서 확인된다.

은 물건이 많았다는 것에서 적어도 各戶居生 상태에 있었음을 확인할 수 있다. 따라서 최윤석 역시 주호가에 기거한 것이 아니라 자기 집에서 가족과 함께 생활하였음을 의미한다. 그래서 올 때마다 또는 불러서 농사 등 이런저런 일들을 부탁하고 있었다.

〈文希從/祿從/興祿〉

1751.03.17: 文希 糧食으로 1석을 주다.

1757.12.15: 文希를 府에 보내어 星州의 노비추심사로 議送. 庶從이 題辭를 얻지 못하고 돌아왔다.

1758.04.08: 文希가 中心에 가서 奴輩들이 折草하는 것을 보고 저녁에 돌아오다.

1758.12.02: 文希가 타작하여 조 8석을 얻어 빚을 갚고 돌아오다.

1763.09.05: 文希從이 11奴丁을 거느리고 解顏 30여 두락에 보리를 파종하다.

1759.03.12: 文希 親忌에 곡하려 했으나 몸이 아파서 그만 두었다.

1768.03.04: 祿從이 中心에 가서 別庫錢 平 5石을 받아 貿錢하다.

1768.03.17: 祿從이 府中에서 苧布 1필을 4냥에 사오다.

1768.04.17: 祿從이 또 府에 가서 근근이 夫稅에 酬應하고 婚具는 하나도 입수하지 못하고 돌아왔다.

1769.01.29: 興祿 新谷에 대신가다. 대개 貸錢하여 婚事를 준비하기 위함이다.

일기에 1745년부터 1769년까지 빈번하게 등장하는 文希從과 祿從은 동일 인물로 추정된다.[23] 문희라는 이름은 족보나 호적에 나타나지 않

---

23) 이 같은 추정은 문희의 親忌가 3월 13일이라는 사실에 근거한 것이다.(『일기』,

지만, 록종은 곧 최흥원의 서종제인 興祿을 지칭한다. 문희는 아마 최흥록의 아명이었던 것으로 보이며, 바로 앞에서 검토한 庶叔 崔崙錫의 아들이다. 문희/록종인 최흥록은 사망한 부를 뒤이어 1759년(30세)부터 역시 사망하는 1786년까지 홀로 또는 제 흥호, 처 손씨, 자 구진(형진) 등과 함께 최흥원의 호에 입적되었다. 최흥록은 위의 제시된 자료에서 볼 수 있듯이 본가의 다양한 일들을 담당하고 있다. 즉, 府市를 출입하면서 소나 돼지 또는 소금 등을 사 오거나, 노비들을 거느리고 농사를 감독하거나, 嫡從兄인 최흥원을 대신하여 문안인사를 다니거나, 돈을 빌리거나 빌려준 돈을 받아오거나, 관아에 의송을 올리는 것 등이다. 그야말로 본가의 잡다한 일상 업무를 주호를 대신하여 수행한 셈이다. 그는 혈연호구로 존재하였던 그 누구보다도 더 다양한 역할을 하고 있다.

최흥록은 부와 아들 삼대에 걸쳐, 그리고 처와 동생 등과 함께 최흥원의 호에 입적되어 있다. 말하자면 '혈연협호'로 존재한 셈이다. 그러나 거주지는 아버지와 마찬가지로 主戶家의 一廓內가 아니라 어쩌면 제법 떨어져 있는 독립된 가옥에서 생활하였던 것으로 보인다. 주호인 최흥원이 문희의 친기 곧 서숙의 대상에 곡하러 갈 생각이었으나 병으로 그만두었다는 것에서 이러한 추측이 가능하다. 문희의 집이 가까운 곳에 있었다면 비록 병이라 하더라도 잠시 다녀올 수도 있었을 것이기 때문이다. 그러나 문희/록종 또는 그 가족이 독립된 가옥에서 생활하였다고 해서 이것이 곧 자립적인 소경영으로 존재하고 있었음을 의미하는 것은 아니다.

한 가정의 가장이 대부분의 시간을 주호가에서 보내어야 했다면, 자

1759.03.12) 3월 13일은 崔崙錫의 忌日이고, 최윤석은 興祿과 興祐 두 아들을 두었다. 문희는 1752년에 초례를 치렀으니,(『일기』, 1752.01.26) 이 때 흥록은 23살이고, 흥호는 15살이었다. 또 최흥원의 서종제는 사실 이 두 명밖에 없다.

가의 농업경영은 거의 불가능했을 것이다. 따라서 경제적으로 주호가에 크게 의존적인 생활을 하고 있었을 것이다. 문희에게 지급된 1석의 양식은 이러한 의미를 담고 있는지도 모른다. 부 최윤석 또한 흉년에 祭儀를 갖추지 못할 정도였고,[24] 사망 시에는 최흥원의 형제들이 衣袴를 내어 소렴에 응하거나 판자를 사서 장상이 가능하도록 하였다.[25]

그러나 문희 곧 흥록의 부 윤석, 그리고 자 형진은 위의 사실만으로 비자립적인 존재였다고 단정하기엔 너무 성급하다. 최윤석-흥록-형진으로 이어지는 가계는 비록 서자이기는 하지만 일정한 경제적 기반을 소유하고 있었다고 보아야 한다. 그것은 최윤석의 부 수학이 대체로 150여 명이 넘는 노비를 소유하고 있었기 때문이다. 따라서 전답 또한 상당하였을 것임을 추측하기 그리 어렵지 않다. 물론 최씨가의 서자들은 상속에 있어서 적자에 비해 아주 불리한 입장에 있었다. 1733년 노비 분재시 대상 노비 46구 가운데 최윤석의 몫은 1구의 노와 그 소생자녀였으니 대략 3, 4명에 불과했다. 그것은 적형제의 1/10 수준이었다. 전답 또한 이 정도의 수준으로 상속 받았을 것이다. 그렇다 하더라도 최소한의 경제적 기반은 갖추었다고 할 수 있다. 최흥록의 자 유학 최형진(26)이 오랜 '혈연협호'에서 벗어나 주호로 등장하는 1789년에 2명의 노비를 소유할 수 있었던 것도 이러한 사정을 보여주는 것이라 할 수 있다.[26] 그렇다면 '윤석-흥록·흥호-형진(구진)'으로 이어지는 삼대가 비록 본가에 혈연호구였던 것과는 상관없이 그들 또한 일정한 경제

---

24) 『일기』(1755.12.21), "今是庶叔家小祥 而歲歉 祭不成儀 悲缺極矣 諸族無問 世情可知."

25) 『일기』(1756.03.14.), "各房出衣袴 吾亦以薄衾中衣小襪出送 使爲庶叔小斂之 以五兩二錢 買板乘昏運來."

26) 『대구부장적』, 「해북촌면 중산리 12-3」, 1789 참조.

적 기반을 가진 자립적인 소경영으로 존재하였다고 할 수 있다.

역시 방계혈연으로 입적된 최흥부(흥방)는 최흥원의 嫡從叔으로, 字를 通叔이라 하였다. 따라서 일기에는 자로 표기되거나, 通從이라는 호칭으로 등장한다. 원래 거주지는 해서부면 지묘리였다. 그러나 숙모가 죽자 최흥원은 그 이웃에 있는 노 만철이 집에 빈소를 차리게 하였다. 그것은 종제매가 모두 미성인이었고, 최흥원이 지묘에 왕래하면서 奠哭하기 쉽지 않았기 때문이었다.[27] 아마 이때부터 지묘에서 큰집 가까이로 옮겨와 살았던 것으로 보인다. 최흥부는 모가 사망한 다음 해부터 종형 호에 입적되었다. 흥부의 누이도 있었지만, 족보나 호적 어디에도 나타나지 않는다. 이 같은 전후 사정을 최흥원의 〈年譜〉에서는 "사촌 아우와 누이동생들을 이끌어 가르치고 길러서, 성취시켰다."고 하였다. 아무튼 일기에 등장하는 최흥부(통종)의 역할을 보면 다음과 같다.

〈通從/通叔/崔興溥〉

1746.01.04: 작은 아버님의 제사를 우리 집에서 지내다. 양동 사촌누이의 해산 날이 가까워 종제(흥부)의 집이 정결하지 못한 때문이다.

1756.06.06: 주아에게 통종의 밭을 먼저 타작할 것을 분부하다.(4월부터 괴질에 걸림)

1756.11.23: 통종이 옛집을 헐어 쌓아두었다.

1758.05.03: 통종에게 佛浦 8두전 타작을 감독하게 하다.

1758.05.06: 통종에게 中心畓 이앙을 감독하게 하다.

---

27) 『일기』 (1737.06.25.), "哀從男妹 俱是未成人 居稍間 益悲慘 離殯萬哲家 盖取諸近 往來慰恤 稍便."

1759.05.04: 통종이 동화사에서 (아이들을 대리고 피병하다가) 돌아가는 길에 들르다.

1766.02.04: 통종과 지묘숙, 록종이 래방하였다가, 中心庄으로 향하였다.

1770.04.29: 통종의 군속함이 막심하다. 계속 도와주지 못한다.

최흥부는 종형인 최흥원의 호에 1738년부터 1768년까지 처 張氏 혹은 柳氏와 함께 혈연호로 등장하고 있다. 그러나 위에서 볼 수 있듯이 역시 함께 기거한 것은 아니었다. 별도의 가옥을 가지고 있었고, 옛집도 있었던 것으로 보인다. 뿐만 아니라 별도의 농업경영과 가계운영을 하고 있었음을 알 수 있다. 그래서 1756년 괴질에 걸려 오랫동안 병중에 있을 때 본가에서 추수를 우선적으로 도와주기도 하였고, 군속함이 막심하였지만 도와 줄 대상이었지 가계를 함께 하는 공동체는 아니었다. 물론 수시로 종형가에 출입을 하면서 역시 다양한 일들을 담당하기도 하였다.

최흥부는 위의 단편적인 기록을 통해서 보더라도 各戶居生하고 있었음이 분명하다. 그러나 경제적으로는 비록 전답을 소유하고 있었지만, 심히 군속한 형편이었으니 어쩌면 주호가에 의존해야만 하는 비자립적인 존재였는지도 모른다. 그러나 심히 군속하다는 것으로 자립성의 여부를 속단하기에는 이르다. 이 같은 군속함은 주호인 최흥원의 경우에도 그러하였듯이[28] 일상적인 것이었다.

최흥부는 일정한 토지를 소유하고 있었다. 부 진석은 1733년의 노비분재시에 다른 형제들과 마찬가지로 11구의 노비와 그 소생을 분급받았

---

28) 『일기』(1763.11.26), "糧櫃一空 眷口呼飢 無以濟 非細憂也"; 『일기』(1764.12.01.), "糧盡告急 非細憂也"; 『일기』(1769.04.11), "大小家朝夕 無不窘束 祿從入府 求還不得 爲産兒尤可悶."

고, 토지 역시 이 같은 수준에서 균분되었음이 분명하다. 물론 진석이 40세로 조몰함으로써 토지와 노비의 경영에 있어서 큰집 종형으로부터 큰 도움을 받았을 것이다. 이것이 바로 최홍원이 이끌어 성취시켰다는 구체적 내용의 일부일 것이다. 아무튼 군속함은 이 같은 현실에서도 오는 것이었을 것이다.

최홍원의 호에 입적되어 있지는 않지만, 《역중일기》에서 위의 인물들과 비슷한 역할을 하고 있었던 인물로는 仁同祖, 宗旨祖, 智妙叔, 聖叔 등으로 불리는 사람들이 있다. 이들은 모두 최홍원의 서삼종조, 서삼종숙으로 수시로 종가를 출입하면서 그때그때마다 다양한 일들에 참여하고 있었다. 특히 이들 가운데 성숙으로 불리는 최성석은 해서면 지묘에 거주하고 있었고,[29] 특히 종가의 別廟 건축이나 別庫의 운영 등을 주로 담당하고 있었다.[30] 따라서 역할에 있어서는 혈연호구의 존재와 크게 다를 바가 없었지만, 종가와 종손의 사적인 일 보다는 종중의 일에 보다 크게 관련되어 있었던 것으로 보인다.

이상에서 살펴본 방계혈연호구의 여타 가족들은 모두가 별도의 호적호로 존재하거나 아니면 적어도 각호거생하고 있었음을 확인할 수 있었다. 말하자면 주호가에 동거하는 가족의 존재는 결코 아니었다. 그들은 또한 노비와 전답을 상속받았으며, 그것을 소유하고 있었다. 따라서 농업경영에 있어서도 미성이었던 종제 최홍후의 경우를 제외하면 상호의존적인 밀접한 관련성을 찾아보기 어려웠다. 그러면서도 이들은 종가 또는 큰집에 수시로 드나들면서 이런저런 잡무를 담당하는, 말하자

---

29) 『일기』(1741.09.06), "與妹兄 共往智妙 弔聖錫叔"

30) 『일기』(1738.10.09), "仁同祖及聖錫叔來宿 治別廟階砌役"; 『일기』(1755.09.21), "聖叔歸自北山 言公畓所收視 昨年半減云". 특히 1769년에는 別庫有司로서 농간을 부려 문제를 일으키기도 하였다.(4.12)

면 집사격의 존재였다. 물론 종가 또는 큰집으로부터 적지 않은 사회적인 또는 경제적인 반대급부도 있었을 것이다. 이것은 당시 지손이나 서손들의 종가나 큰집에 대한 일종의 의무이자 특권이었고, 이를 통해 종가나 큰집으로부터의 경제적 반대급부나 그에 기대어 미약한 가문 내의 지위를 보상받을 수 있었으리라 짐작된다.

3) 형제혈연의 존재형태

우리는 앞의 〈표 2〉에서 복합 대가족적인 혈연형태를 구성하는 존재로서의 방계혈연이 결코 동거 가족이 아니었음을 확인할 수 있었다. 그러면 형제혈연은 어떠했을까? 동거 가족이 아니라면 경제적인 자립과 비자립의 '주호–협호', 또는 이들 상호관계가 적어도 밀접한 상호의존적인 '대가족적 농업경영'의 일 형태였을까? 만약 주호–협호의 실제적 관계도, 대가족적 농업경영의 형태도 아니라면 최씨가의 호적 호는 왜, 무엇 때문에 이러한 대가족적 혈연결합의 형태를 취하게 되었을까? 우리의 또 다른 관심사는 바로 여기에 있다.

이상의 문제에 대한 검토를 위해 우선 최씨 본가의 가옥 규모를 보기로 한다. 위의 〈표 2〉에서 보이는 대가족의 존재여부는 가옥의 규모와 불가분의 관계를 갖는다. 아니 보다 직접적으로 제약을 받을 수밖에 없다. 16, 17세기 양반가 분재기에 나타나는 가옥 규모는 물론 경제적 정치사회적 지위에 따라 다양했지만, 대략 40, 50여 칸을 크게 넘지 않는다.[31] 최씨가의 경우도 18세기에는 이 정도였을 것으로 생각된다. 그러

---

31) 박현순, 「16세기 사족층의 가사 소유와 상속」, 한국역사연구회 발표문, (2010. 4. 24)
16세기 분재기에 나타나는 주거용 가사 40채 가운데 41–50칸의 규모가 가장 많은 10건이고, 그 이하가 22건, 이상이 8건이었다.

나 현재의 규모는 이보다 조금 큰 60, 70여 칸 정도이다. 1694년 최경함에 의해 안채가 건립된 이후 사랑채(1905년 중건), 대문채, 報本堂(1742년), 別廟(1742년), 家廟 등이 계속해서 한 울타리 안에 신축 또는 중수, 중건되었기 때문이다. 물론 이것은 주거용 가사뿐만 아니라 사당 등도 포함되었고, 현재 일부가 없어져 버린 울타리 밖의 포사 3동 9칸도 포함된 것이다. 아무튼 여기서는 현재의 규모를 그대로 18세기의 모습으로 상정하기로 한다. 그러나 종가 주위에 있는 東溪亭(6칸)과 東川書堂(7.5칸) 등은 포함하지 않는다.

최씨가의 가옥 규모가 60, 70여 칸 정도라면 당시로서도 방대한 규모임에 틀림없다. 이 정도의 규모라면 우리가 살핀 7, 8세대의 대가족이라도 충분히 포용할 수 있을 것처럼 보인다. 그러나 사실은 그렇지 않다. 그것은 전체 규모일 뿐이지, 이 모두가 곧 주거공간이 되는 것이 아니기 때문이다. 우선 보본당(10칸)과 별묘(1칸), 가묘(4.5칸)는 조상의 위패나 제사를 모시는 공간이다. 안채에는 4.5칸의 대청이 있고, 부엌과 고방, 뒤주, 중문 등이 역시 이 정도를 차지한다. 사랑채 역시 5, 6칸 정도의 사랑마루와 툇간이 있다. 또 고방채에는 창고가, 대문채에는 고방과 마구간이 자리하고 있다. 따라서 주호가의 가족들이 거처할 수 있는 온돌방은 기껏해야 안채에 모두 5칸 정도의 안방, 웃방, 건너방, 작은방이 전부이고, 사랑채 역시 합하여 4칸 규모의 큰 사랑과 중 사랑이 있을 뿐이다.

안채는 여성들의 공간이고 가정생활의 중심이다. 따라서 가족의 규모 또한 안채의 규모에 직접적으로 제약될 수밖에 없다. 최씨가의 규모가 전체적으로는 60, 70여 칸이라 하더라도 안채의 규모는 주호처가 노모를 모시고 산다면, 기껏해야 한두 명 미혼의 딸과 1명의 며느리 정도가 기거하기에도 협소한 형편이다. 여기에 적어도 乳母나 심부름하는

小婢 한 두 명 정도는 함께 기거해야 했을 것이다. 더구나 부엌은 하나에 불과하다. 한 집에 몇 세대가 기거하든 취사는 공동으로 해결할 수밖에 없다. 부엌의 규모가 2칸이나 되지만 역시 고방이 달려야 하고, 땔감도 저장해야 하고, 솥도 걸려야 하니 협소할 수밖에 없다. 부엌일은 솔거하고 있는 비의 몫이다. 이들은 포사에서 생활했을 것이다. 3동의 포사에 각기 부엌이 달려있었다면 적어도 노비 세 가족 정도, 그리고 대문채의 초당방에도 한 두 명의 남자종이 기거 할 수 있었을 것이다. 이렇게 본다면 60, 70여 간의 호대한 양반가옥에도 거주할 수 있는 최대 혈연가족은 주호부부와 노모, 미혼의 한 두 자녀, 그리고 1쌍의 子夫婦 정도에 불과하였다고 할 수 있다. 따라서 최씨가의 가옥 규모는 〈표 2〉에 나타나는 최씨가의 방계혈연은 물론이고, 다수의 형제가족이 한 집에서 생활한다는 것은 사실상 불가능했음을 의미한다.

이상에서 가옥의 구조와 규모를 통해 최씨가에 동거할 수 있는 혈연가족 수를 추정해 보았다. 이제《역중일기》를 통해 최흥원 형제들의 실제 거주형태와 농업경영형태를 살펴보기로 한다.

〈a: 仲弟(興漸)〉

　　1741.11.14: 仲家 舍宇의 역을 마치다.

　　1744.07.25: 仲家에 대문을 달다.

〈b: 叔弟(興建/立夫)〉

　　1742.02.26: 셋째 동생 집터를 오늘부터 닦기 시작하다.(三弟廊基 자금시開治)

　　1742.10.17: 셋째 동생의 분가를 위해 솥 한 좌를 샀는데, 값이 4냥7전이다.

　　1743.10.21: 셋째 동생 新屋이 대충 지어져서 제수씨에게 出宿하게 하였다. 지금부터 분가하게 되니 마음이 매우 즐겁지 않다. 노비를

사랑하기를 자녀와 같이 하기를 당부하다.

1758.09.03: 叔房의 소가 병들어 죽었다. 失物함이 또한 적지 않다.

〈c: 末弟(興厚)〉

1746.03.13: 末弟의 집터를 立夫家 서편에 고르니 말제가 마음에 들지 않아 한다.

1746.03.28: 末弟家 상량

〈d: 조카(尙鎭 · 恒鎭)〉

1754. 6. 3: 尙鎭이 금일 새 집에 들어가다.

1765. 5.24: 비록 恒家에서 목욕했다고는 하나 어찌 재계했다고 할 수 있겠는가.

위 자료에서 a,b,c,d는 각기 최흥원의 호에 입적된 仲弟(흥점), 三弟(흥건), 末弟(흥후)와 조카(상진 · 항진)의 家舍 관련 정보를 보여준다. 〈a,b,c〉에서 흥점, 흥건, 흥부의 가옥이 각기 1741년(33세), 1743년(32세), 1746년(30세)에 건립되었음을 알 수 있다. 그리고 조카인 상진(중제 흥점 2자)이는 1754년(26세)에, 항진(숙제 흥건 1자)이 경우는 늦어도 1765년에 개별 가사에서 생활하고 있음을 확인할 수 있다. 대체로 30세 전후에 가사가 신축되고 있다. 형제나 조카들의 가사 건립은 곧 분가를 의미하고, 아울러 독자적인 농업경영의 주체가 됨을 의미한다. 그래서 개별 노비와 농우를 소유하고 있다. 최흥원 형제들의 노비분재는 말제가 분가하는 1746년에 있었지만,[32] 그 이전에 이미 일부 노비가 지급되었음을 1743년 叔弟의 경우에서 알 수 있다. 1746년의 노비분재와 말제의 분가로써 최흥원의 형제가족은 완전히 해체되었다. 최흥원은 이듬해에

---

32) 정진영, 앞의 논문, 2004, 122면, 참조

여러 형제들의 분가에 대한 안타까운 심회를 시로 읊기도 했다.[33]

그러나 이미 여러 차례 언급하였듯이 최흥점, 흥건, 흥부 등 형제뿐만 아니라 일부의 조카들도 최흥원의 호에 입적되어 있다. 말하자면 7, 8쌍의 부부가족이 合戶의 형태로 존재하고 있었다. 1746년 모든 형제가 분가하여 各戶로 생활하고 있는 이후에도 여전히 그러했다. 물론 형제와 조카들의 가사가 한 울타리 내에 배치되어 있었던 것도 아니다. 이러한 합호 형태의 혈연 구성원을 동거가족으로 볼 수 없음은 스스로 명백해 진다. 이것은 다름 아닌 호의 편제를 의미하며, 양반가의 호적자료에서 볼 수 있는 대가족적인 혈연결합은 바로 이 같은 것이었다.

최흥원의 호에 입적되어 있던 형제와 조카들은 분명 各戶居生하고 있었다. 그러면 이들의 경제적 기반은 어떠했으며, 농업경영은 어떠했을까? 비자립적인 협호경영이거나 아니면 주호의 복합 대가족적 농업경영의 한 요소로 존재하고 있었을까? 이를 규명하기 위해서는 최흥원 형제들의 노비와 전답 규모를 살펴보는 것이 필요할 것이다.

최흥원의 모 조씨는 1746년에 62구의 노비를 그의 4남1녀에게 각기 11구 정도로 평균분급해 주었다.[34] 이 역시 개별 노비에 대한 분재가 아니라 그 소생노비를 別錄하지 않는 것이었을 것으로 보인다. 노비분재가 이루어진 다음 해인 1747년 최흥원의 호에 등재된 노비는 모두 159구였다. 아마 형제의 노비가 여전히 합록되어 있었던 것으로 보인다. 그리고 《역중일기》에 간헐적으로 나타나는 최흥원의 家作地는 대략 답 50여 두락, 전 130여 두락에 이른다. 물론 이외의 병작지도 적지 않았

---

33) 『百弗庵文集』 권 1, 시 「諸弟分居有感而吟」 정묘(1747), "(前略) 往歲立夫嗟桥産 今年載叔又分閫 同居素志言何益 恨未庭前植紫荊" 위의 시에서 입부는 叔弟인 흥건의 자이고, 재숙은 末弟인 흥후의 자이다.

34) 정진영, 앞의 논문, 2004, 122면.

다. 말하자면 중소지주로서 손색이 없었다.

최흥원의 다른 형제들에게 어느 정도의 전답이 분재되었는지는 알 수 없다. 그러나 적어도 일정한 경제적 기반을 가졌을 것이라는 사실은 분명해 보인다. 그것은 이들 형제들에게 최소 11구의 노비들이 평균분 집 되고 있었기 때문이다. 전답 또한 祭位條를 제외하고는 노비와 마찬가지로 균분상속 되었음이 분명하다. 형은 중소지주로서의 경제적 기반을 확보하고 있는데, 동생들은 자립할 정도도 되지 못했다는 것은 설득력이 떨어진다. 1744년까지 형의 호에 입적되어 있던 중제 최흥점은 1768년에 앙역 7구를 포함한 54구의 노비를 소유하고 있었다.[35] 말제였던 흥후는 적어도 1777년까지는 '협호'상태로 존재했다. 그러나 주호로 존재하는 1789년에는 23구의 노비와 첩과 아들·손자부부, 종자(화진)·서종제부부 등 모두 11명의 복합 대가족적 혈연결합으로 나타나고 있다. 그리고 줄곧 백부 최흥원과 계부 최흥후의 호에 '협호'상태로 존재하던 최화진 역시 바로 다음 식년인 1792년에 주호로 등장하면서 10구의 노비에 아들부부와 형수, 종자 2부부 등 9명으로 구성된 복합 대가족적인 혈연결합으로 나타나고 있다. 최흥원의 중제인 흥건 역시 전답과 농우를 소유하고 있었다.[36] 이들은 '협호'경영과는 거리가 아주 먼 그들 스스로가 지주경영의 한 주체였음을 보여준다. 따라서 복합 대가족으로서 주호의 농업경영의 한 요소로 존재하였다고 보기도 어렵다. 또한《역중일기》에서 최흥원의 농업경영에 다른 형제들의 참여나 역할도 거의 찾아보기 어렵다. 최흥원의 가작지 경영은 대부분 노비노동에 의존하고 있었고, 이들의 노동과 그 결과를 '看儉'함으로써 농업경영에 직

---

35) 『대구부장적』(1768년), 해북촌면 중산리 2통 3호, 참조

36) 『일기』(1758.01.17), "叔房賣牛得十七兩 改賣牛"; 『일기』(1761.02.02.), "立弟 -- 議賣畓資生 而吾無力可恤 是豈兄長之道乎 愧歎愧歎."

간접적으로 참여하였던 것은 주로 嫡從弟인 通從, 庶系의 從弟나 叔行 · 祖行의 인물들이었다. 물론 이들이 주체적 주도적으로 참여하였던 것은 아니었다. 어디까지나 최흥원의 지시나 부탁을 수행하는 차원이었다.

이상에서 최흥원의 형제 또는 조카들이 실제로 함께 거주하지도, 농업경영에 있어서 밀접한 상호의존적인 관계를 유지한 것도 아니었다는 사실은 분명해 보인다. 그럼에도 불구하고 호적상 하나의 호를 구성하고 있었다. 무엇 때문일까? 그것은 "형제가 단란하게 모여서 사는 것(兄弟團聚)"이 人情天理의 당연함,[37] 곧 유교의 이상적인 가족형태로 여기고 있었기 때문이었을 것으로 보인다. 이 같은 이상적인 가족형태로서의 형제단취는 최흥원과 긴밀히 교유하였던 李光靖이나 호남의 宋時烈 등의 글에서도 찾아볼 수 있을 정도로 당시 儒者들의 일반적인 생각이었던 것으로 보인다.[38] 그러나 그것이 현실에서는 쉬운 일이 아니었다. 때문에 호적을 통해서나마 의제적인 '형제단취'의 명분을 찾으려 했던 것이 아닌가 한다. 최흥원은 앞에서 이야기한 시나 일기에서도 볼 수 있었듯이 형제의 分居의 안타까움을 토로하고 있었다. 더욱이 형제나 조카들의 가정생활은 질병이나 전염병, 또는 가난 등으로 늘 불안정했다. 숙모와 종제 역시 마찬가지였다. 어쩌면 長兄으로서 이들을 보살펴야 한다는 의식도 하나의 명분이 되었을지 모른다.

아무튼 각호거생하고 있는 형제가 하나의 호적 호를 구성했다는 것

---

37) 『推案及鞫案』 제16책, 84면, "父子相依 兄弟團聚 是仁情天理之固然"(이영훈, 앞의 책, 275면 재인용)

38) 李光靖, 『小山先生文集』 권4, 〈答崔公普〉(1760) "光靖謀遷舊居 爲兄弟團聚計"; 宋時烈, 『宋子大全』 권143, 「五思齋記」, "草刱三架屋於隙地 將與兄弟團聚 以奉吾偏母 而仍爲 薦祀時致齊之所"

은 곧 호가 편제되었음을 의미한다. 그 결과는 合戶의 형태로 나타나게 마련이다. 이로써 호적 호를 단위로 부과되고 있던 호세의 부담을 크게 경감시킬 수 있었을 뿐만 아니라 漏丁을 隱漏시켜 군역을 모피하는 수단으로 활용되기도 하였다.[39] 따라서 법으로 금지되었다. 부세의 부담은 농민들에게 뿐만 아니라 150여 구의 노비와 60, 70여 칸의 가사를 소유하고 있었던 최흥원에게도 부담스러운 것이었다.[40] 언급하였듯이 명문 양반가에서도 궁핍함은 일상처럼 반복되고 있었기 때문이다. 따라서 소소한 부세라도 감당하기가 그리 쉽지 않았던 것으로 보인다. 항상 병마에 시달리고 있었던 형제들의 경우에는 더욱 그러했을 것이다. 합호의 형식을 통해 적어도 여타 형제들의 호역은 줄일 수 있었다. 어쩌면 '형제단취'의 고상한 이상 속에는 이 같은 현실적인 문제가 절실하게 배여 있었는지도 모른다.

4. 맺음말

이상 최씨가의 호적자료에서 특징적인 현상으로 나타나는 거주지 이동과 복합 대가족적인 혈연결합에 대한 검토를 요약하면 다음과 같다.

1) 호적대장의 정보 자체가 당시의 호와 구의 현실을 있는 그대로 보여주는 것은 아니다. 호적이란 국가에서 부세자원을 확보하기 위해 군현 또는 면리별로 호와 구를 파악한 것이다. 그러나 국가의 입장이 일

---

39) 『新補受教輯錄』 "父子兄弟 各戶居生 雖各有率丁 以其率下 都錄於一人之戶下 多以無率丁入籍 應役坊民之偏苦 職由於此"; 『戶籍事目(甲午式)』(奎章閣 No. 12317) "父子兄弟之各爲居生者 欲免應役 雖各有率丁 都錄一人之名下 如此之類 一一查出分戶."

40) 『일기』(1768.04.02), "祿歸言 還米作錢 用夫稅雜應"; 『일기』(1769.04.19), "窘束特甚 爲産兒可悶 催稅之困 尤難堪."

방적으로 관철되었던 것만은 아니었다. 파악의 대상이 되는 민 또한 여기에 다양한 방법으로 대응했기 때문이다. 물론 호적이 작성되는 과정에서 수령과 색리들의 불법도 자행되었지만, 이것은 어디까지나 부차적인 문제였다.

2) 호적의 호가 현실을 그대로 반영하는 것이 아니라는 사실은 호적에서 파악하고 있는 호와 구가 현실의 반 정도에 불과하다는 사실에서뿐만 아니라 심지어는 거주지에 있어서도 그러하였다. 최씨가의 호적자료에서는 빈번한 거주지 이동을 볼 수 있다. 세거지가 아닌 타군·타면으로의 이동이 아주 빈번하게 일어났다. 그러나 실제 거주지를 옮긴 것은 아니었다. 어디까지나 호적상의 이동일 뿐이었다. 이동 지역은 처향이나 전답이 분포된 지역이었고, 중산리[부인동]의 경우는 동약의 운영과 관련이 있었다. 특히 부인동에서는 이후 동약운영을 둘러싼 최씨본가와 서얼 또는 동민과의 갈등이 증폭되면서 罷籍되기도 하였다. 동약의 실시가 그러하듯이 이 같은 거주지 이동은 토지와 농민에 대한 지배와 크게 관련된 것으로 이해된다. 그 동리에 입적되어 있다는 사실자체만으로도 촌락 내외의 여러 문제에 대해 그들의 이해를 일정하게 관철시킬 수 있었을 것으로 생각되기 때문이다. 그러나 이 같은 거주지이동은 아직은 최씨가문의 특수한 경우에 해당한다. 이 같은 문제에 더 많은 관심을 가질 필요가 있다.

3) 거주지 이동이 최씨가의 특수한 사례라면, 대가족적 혈연구성은 양반가의 호적자료에서 볼 수 있는 아주 보편적인 현상이다. 최씨가의 호적자료에서 보이는 복합 대가족적 혈연결합 형태는 주호의 형제와 방계혈연으로 구성되어 있다. 이들은 방계혈연뿐만 아니라 형제혈연의 경우에도 주호가의 동거 가족으로 존재하지 않았다. 따라서 호적자료에 나타나는, 특히 대가족적 혈연구성을 동거 가족으로 보는 것은 크게

잘못된 이해이다. 또한 이들 방계 또는 형제혈연은 개별 가옥에서 일정한 노비와 전답을 소유한 적어도 자립적인 소경영이나 또는 지주적인 경제적 기반을 가지고 있었던 것으로 보기에 충분하였다. 따라서 비자립적인 '협호경영'이나 또는 주호가의 복합 대가족적 농업경영의 한 요소로 존재하였던 것도 아니었다. 이 같은 현상은 결국 호적의 호가 국가의 부세수취에 대응하여 일정하게 편제되었음을 보여주는 또 다른 증거가 된다.

4) 이상의 결론은 어디까지나 한 양반가의 사례에 불과한 것임을 사족으로 첨부해 둔다. 그렇다 하더라도 주호와 혈연호구의 구체적인 존재형태를 일기자료 등을 통해 살필 수 있었다는데 또 다른 의미를 부여할 수 있을 것이다.

[원문출처: 『사학연구』 98, 2010]

호적으로 본 단성 합천이씨들의 공존과 배제 양상

한상우

1. 머리말

한국사회에서 혈연과 지연은 관계 형성과 유지의 구심점으로 작용해 왔다. 특히 조선후기에는 부계를 중심으로 한 친족관계가 발달했으며, 이들의 집단적 거주로 인해 부계 동성촌락[1]이 발달했다고 알려졌다. 혈연과 지연이라는 두 가지 네트워크는 전근대 사회는 물론 현대 사회를 이해하는 데에도 유용하다. 따라서 현재 우리가 전통이라고 인식하고 있는 부계 친족의 결집과 집단적 거주 방식이 과연 언제부터 어떻게 정착되었는지 확인하는 것은 전근대 사회는 물론 우리의 삶의 방식을 이해하기 위해 꼭 필요한 작업이다. 하지만 혈연과 달리 지연에 대한 이해는 전근대 거주지 정보의 한계로 인해 쉽지 않았다.

---

[1] 권내현은 동성촌락의 조건을 다음과 같이 제시하였다. 同祖에서 나온 동성동본 집단 거주지. 동족의식을 기본으로 맺어진 지연적 생활공동체. 씨족조직으로 지배적 영향력을 행사하고 수적 위세나 선조의 권위를 통해 자손의 권위가 보장되는 촌락. 권내현, 「조선후기 평민 동성촌락의 성장」, 『민족문화연구』 52, 고려대학교 민족문화연구원, 2010, 3면

거주지를 매개로 형성되는 네트워크의 중요성을 인식한 연구자들은 거주지 정보를 확보하기 위해 여러 자료들을 사용해왔다. 우선 支派별 주요 거주지를 기록하거나 개인들의 묘지의 위치 정보를 제공하는 족보가 유용하게 활용되었다. 연구자들은 이 묘지 정보를 통해 거주지를 유추하곤 했다.[2] 문집은 물론, 특정지역의 역사지리 정보를 제공하는 읍지를 활용하여 거주와 이주를 밝히는 연구도 진행되어 왔다.[3] 호구단자를 비롯한 문중 소장 고문서들을 활용하여 해당 가족의 이주와 정착에 대해 밝힌 연구들도 전개되었다.[4] 하지만 이상의 자료들로 장기적으로 실제 거주지를 파악하기에는 한계가 있었다. 이러한 한계를 극복하기에 유용한 자료 중 하나는 現住地주의에 따라 작성된 조선시대 호적이다.[5] 한편 전통사회의 혈연과 지연의 결과물인 동성촌락의 기준을 제시하는 자료로 『朝鮮の聚落』과 『朝鮮の姓』이 있다. 이 자료는 젠쇼 에이스케(善生永助)가 20세기 전반 한반도에 존재하는 동성촌락들을 조사하여 분류한 보고서이다.

이 조사를 기반으로 일명 동성부락이 조선의 일반적 거주방식이라고

---

2) 정승모, 「족보에 나타난 성씨의 移居와 지역의 역사」, 『한국학논집』 44, 계명대학교 한국학연구원, 2011, 267~298면; 통계물리학 기법으로 족보의 혼인 기록과 본관 정보를 활용해 성관별 이주의 양상을 분석한 연구도 발표되었다. Lee, Sang Hoon, et al. "Matchmaker, matchmaker, make me a match: migration of populations via marriages in the past." *Physical Review X* 4.4 (2014): 041009.

3) 김준형, 「士族層의 丹城 移居와 鄕村支配體制 구축과정」, 『南冥學研究』 9, 南冥學研究所, 1999, 255-339면; 김준형, 「조선 후기 丹城지역의 사회변화와 士族層의 대응」, 서울대학교 박사학위논문, 2000.

4) 김정운, 「조선 후기 사족의 혼인과 이주」, 『한국사학보』 60, 고려사학회, 2015, 277-317면; 전경목, 「부안김씨의 우반동 移去와 歸還」, 『古文書研究』 47권, 한국고문서학회, 2015, 185-214면; 임학성, 「19세기 전반 함경북도 戶籍 자료를 통해 본 어느 一家의 移住史와 土奴婢 ─중국 延邊博物館에 소장된 明川都護府 거주 李蓍衍의 道光 2년(1822) 准戶口 분석 사례」, 『古文書研究』 49, 한국고문서학회, 2016, 107-130면.

5) 손병규, 「호적」, 휴머니스트, 2007, 370~378면.

규정된 이후 동성촌락 연구는 조선후기 친족집단의 강화와 조직화라는 맥락 속에서 전개되어 왔다. 이러한 연구성과 위에서 최근에는 전산화된 호적대장 데이터를 활용하여 다방면의 연구들이 시도되고 있다. 양반층이 형성한 동성촌락 이외의 평민층 주도의 동성촌락 형성을 확인하거나, 대구지역을 대상으로 동성촌락 이외에 형성 시기를 추적하는 연구도 있었다.[6] 더 나아가 호적대장과 족보를 이용해 친족집단의 마을을 재구성하여 내부 구성을 살펴보고 거주 방식과 친족집단 내 嫡庶문제의 관련성을 이해하려는 시도도 있었다.[7] 하지만 기존의 연구들은 동성촌락을 형성한 친족집단 내부의 사정이나 형성하지 못한 자들에 대한 이야기 등 조선후기 혈연과 지연을 둘러싼 다양한 모습을 보여주지 못한 아쉬움이 있다.

이러한 문제의식 위에서 본 연구는 호적대장이 남아 있는 17세기 초부터 『朝鮮の姓』이 동성촌락을 조사한 20세기 초까지의 특정 친족집단의 거주와 이주, 결집과 분화의 경향을 파악하고자 한다. 이를 통해 조선의 전통으로 이해되어 온 동성촌락과 친족집단의 형성이라는 큰 경향성 내에 존재하는 성공과 실패의 사례들의 다양성을 이해하고, 이를 통해 조선후기 사회의 작동 원리의 단면을 살펴볼 수 있으리라 생각한다. 그 방법으로 본 연구는 전산화되어 배포된 조선시대 『丹城縣戶籍大帳(이하 단성호적)』을 중심으로 합천이씨 가족들을 복원하고 추적할 것이다.

---

6) 김경란, 「조선후기 대구부 同姓마을의 형성시기에 대한 검토」, 『史學研究』 123, 한국사학회, 2016, 93~131면.

7) 권내현, 「조선후기 호적과 족보를 통한 동성촌락의 복원」, 『大東文化研究』 47, 성균관대학교 대동문화연구원, 2004, 1~33면; 위의 논문, 2010.

2. 단성 입향부터 동성촌락 형성까지

경상우도에 속한 단성현(1914년 산청군에 편입)은 8개면으로 이루어진 작은 고을이었다. 하지만 단성은 그 규모에 비해 양반세가 강한 지역으로도 알려져 있다. 단성에서는 조선시대 내내 바로 옆 큰 고을인 진주목에 버금가는 수준의 문과와 소과 급제자들이 배출되었다. 또한 말년에 단성 인근에서 후학을 양성한 남명 조식의 학문적 영향을 받아 다수의 학자들이 배출되었다.[8] 또한 다른지역과 달리 단성에는 조선후기에 작성된 호적대장이 잘 남아 있으며 전산화가 완료되어 사회상을 잘 보여준다는 특징이 있다.

본 연구에서는 단성에 거주하던 여러 성씨들 중 합천이씨를 대상으로 선택하였다. 단성에 세거하던 합천이씨들은 본 연구의 분석대상 시기인 조선후기에는 정계에서 두각을 나타내지도, 다수의 급제자나 관직자를 배출하지도 못한 전형적인 지방 사족이었다. 그러나 단성지역 합천이씨들은 단성현의 鄕案에 이름을 올린 25개의 성관 중 두 번째로 많은 인원을 차지할 정도로 지역 내 유력 양반으로 활동하였다. 단성의 합천이씨들이 가지는 또 다른 특징은 양반부터 향리, 관속들까지 다양한 계층의 구성원들이 공존하였다는 점이다. 마지막으로 20세기 넘어서까지도 문중서원(배산서당)을 중심으로 공자교(孔敎)운동을 주도하는 등의 사례를 통해 지역내 친족 구성원들의 역동적인 움직임을 추적할 수 있다는 점에서 단성의 합천이씨들은 좋은 분석 대상이라 하겠다.

우선 본 연구의 주된 분석대상인 단성 합천이씨들의 역사와 단성으로의 이주 배경에 대해 살펴보도록 하자.[9] 합천이씨는 신라의 촌장 李

---

8) 단성지역 사족들의 단성 입향과 사회활동에 대해서는 김준형, 앞의 논문, 2000 참고.

9) 20세기 초 편찬된 합천이씨 족보들에 대한 자세한 분석은 손병규, 「족보의 인구기재 범위 - 1926년경에 작성된 합천이씨의 세 파보를 중심으로」, 『古文書硏究』 28, 한국고

謁平으로부터 유래했다고 주장하지만, 신라 말 인물인 開를 실질적인 시조로 하는 성관이다. 그는 신라말 고려초 인물로 오늘날의 합천인 江陽에 강양군으로 봉해져 합천이씨(또는 강양이씨)의 시조가 되었지만, 이후 정확한 계보는 알려져 있지 않다. 이후 조선조에 들어와 그 후손들은 본관지였던 합천을 중심으로 경상남도와 전라도 일부 지역으로 퍼져 세거하였다.[10] 합천이씨는 크게 14개파[11]로 나뉘는데 그 중 단성에는 典書公派에 속하는 자들이 주로 거주해왔다. 시조의 10세손 守全을 파조로 하는 전서공파는 여러 지파들 중 자손수가 많고 인물도 많이 배출한[12] 주요 지파였다.

합천이씨들이 처음으로 단성에 흔적을 남기기 시작한 것은 파조인 수전의 손자 云皓대부터이다. 1640년 편찬된 단성의 읍지 『雲牕誌』는 운호가 단성 도산 所耳谷에 살았다고 기록하였다. 또한 운호의 시는 단성읍지에 실려 있어 그가 단성과 관련이 있음을 알 수 있다. 이후 그 후손들 중에는 단성으로 이거하게 된 구체적인 이유를 남긴 자들이 있다. 운호의 증손인 伯孫은 진주강씨 姜行의 딸을 배우자로 맞이했는데, 강행은 단성 사람으로 그와 그의 부친 國興의 무덤이 지금도 단성 생비량면에 남아있다.[13] 사위가 된 백손의 무덤도 단성 도산면에 있다는 족보

문서학회, 2006; 한상우, 「죽은 자의 공간을 통해 본 전통과 근대 — 陜川李氏族譜의 墓地 기록을 중심으로」, 『大東文化硏究』96, 대동문화연구원, 2016, 77-109면 참고.

10) 현재 합천이씨의 지리적 분포는 통계지리정보 서비스에서 제공하는 성씨분포 지도를 통해 알 수 있다. 오늘날까지도 합천이씨는 경상남도 지역을 중심으로 거주하고 있다.

11) 여기서는 1926년 배산서당에서 발간된 합천이씨족보의 설명에 따라 합천이씨를 14개파로 서술하였다. 족보에 따라서는 파의 수를 조금씩 다르게 서술하는데 일반적으로 11~15개파로 구분한다.

12) 합천이씨로 문과에 급제한 총 12명 중 5명이 전서공파에서 배출되었다.

13) 김준형, 앞의 논문, 1999, 324면 별표 1-9에 따르면 국흥의 부친인 사근이 단성으로 이주했다.

의 기록에 따르면 백손은 당시 관습에 따라 처향으로 이주했을 가능성이 높다. 한편 백손의 아들 迪은 강행의 아들이자 자신의 외숙인 文會의 문인으로 활동했다. 문회는 과거에 급제하여 성종대 중앙정계에서 활동하다가 연산군대에 폭정에 항거하여 단성으로 낙향한 것으로 알려져 있다.

이후 이 가계의 성공은 합천이씨들의 단성 정착과 위상 확보에 중요한 역할을 한 것으로 보인다. 이 가계에서 문과급제자가 연달아 배출되었기 때문이다. 단성에 처음 들어왔던 적은 중종대에 문과에 급제하여 관직이 성균관전적에 이르렀고, 그의 아들 도남, 그리고 손자 광전도 문과에 급제하였다. 도남은 여러 관직을 거쳐 동래부사에까지 올랐고, 광전은 일찍 사망하여 관직이 승문원저작에 그쳤다. 비록 급제자들이 높은 관직에 올라 두드러진 업적을 쌓지는 못했으나 지방사회에서 급제자를 연속하여 배출했다는 것만으로도 지역사회에서의 위상을 공고히 할 수 있었다. 또한 광전의 아들 천경은 남명 조식의 문하에 나아가 수학하였고, 남명의 고제로 지역 사회에서 인정받았다. 이처럼 이 가계는 급제자를 여럿 배출했을 뿐 아니라 진주권에서 중요하게 여겨지는 남명의 제자를 배출함으로써 이후에도 향촌 사회에서 상당한 위상을 확보할 수 있었다.

족보와 『운창지』에는 또 다른 전서공파 인물의 단성 입향 이야기가 기록되어 있다. 운호의 5세손 季通은 목화로 유명한 남평문씨 文益漸의 증손 承魯의 딸과 혼인하였다. 문익점은 단성 사람으로 그가 목화씨를 가져다가 처음으로 배양한 곳도, 그리고 사후에 묻힌 곳도 단성이었다. 이후 문익점의 후손들은 단성지역에 거주하였으나, 문익점의 조카이기도 한 可學의 역모 사건에 연루되어 화를 당하고 단성을 떠나게 되었다. 이에 계통의 처이자 문익점의 증손녀인 남평문씨는 자신의 아들

承文과 胤文 형제의 가족들을 이끌고 단성 원당면 배양리에 들어와 증조부인 문익점의 제사를 맡았다고 『운창지』는 기록하고 있다.

이후 형제 중 윤문은 단성을 떠나고 승문과 그 후손들은 단성에 남았다. 이후 승문의 아들 源과 손자 光友는 남명 조식의 문인으로 활동하였고 퇴계 이황은 물론, 吳健, 河沆, 金宇顒 등과 교유하면서 당대에 학자로 이름을 떨쳤다. 그리고 이들은 사후 단성 배양에 세워진 培山書院(일명 배산서당)에 배향되었다. 이와 같은 선조들의 혼맥과 사회적 성공을 바탕으로 합천이씨들은 단성의 주요 양반 가문이자, 8대족 중 하나[14]로 자리 잡을 수 있었다. 이후에서는 이렇게 일찍부터 단성에 들어와 기반을 마련한 합천이씨들이 이후 20세기 전반까지 어떠한 거주와 이주의 과정을 거쳐 왔는지 살펴보도록 하자.

〈표 1〉 시기에 따른 단성지역 각 면별 합천이씨 호들

(단위: 戶)

	1606			1678		1717		1750		1786		1825 이후	
면명	전체	상층	면명	전체	상층	전체	상층	전체	상층	전체	상층	전체	상층
도생	1	1	도산	9		12	8	18	11	11	10	7	6
법물야			법물야	7		11		20	2	7	1	26	9
북동	4	4	북동	2		2	1	2		2	2	2	1
			생비량	8	3	16		11		20		38	20
신등			신등	2		3		6	2	8	2	3	1
원당	11	11	오동	2		5	4	20	18	31	28	26	26
원현	4		원당	22	12	30	25	38	35	49	47	54	51
			현내	21		33	4	34	4	33	4	25	4

출전: 『단성호적』

비고: 주호 본인이나 아들, 손자가 합천이씨일 경우를 계수하였다. 계층은 주호의 직역, 여성 구성원의 名, 사조 직역, 가계 등을 참고하여 분류하였다.

---

14) 한기범, 「朝鮮後期 鄕村社會의 族的結合—慶尙道 丹城縣의 實態分析」, 『호서사학』 19·20, 호서사학회, 1992, 176면.

결과적으로 20세기 전반 합천이씨들의 거주 상황을 결과적으로 잘 보여주는 자료가 있다. 『朝鮮の聚落』 편찬을 주도한 젠쇼 에이스케가 뒤이어 출판한 『朝鮮の姓』은 1930년 옛 단성현에 해당하는 주요 지역인 단성면, 신안면, 신등면의 동성부락들을 소개하였다. 그는 합천이씨들의 마을로 단성면의 묵곡리(합천이씨 70호 + 안동권씨 30호), 사월리(합천이씨 50호 + 함안이씨 30호), 신안면의 청현리(35호)를 들었다.[15]

20세기 전반 세 동성부락이 형성되는 과정을 잘 보여주는 자료도 존재한다. 조선시대 3년마다 작성된 호적대장을 통해 당시 단성에 거주하던 합천이씨들의 거주지를 확인할 수 있다. 단성호적에 따르면 합천이씨들은 끊임없는 이주와 분화를 겪었다. 표 1은 단성호적에 등장하는 합천(또는 강성)이씨 호들을 시기에 따라 면 단위로 나타낸 것이다. 표에서 알 수 있듯이, 합천이씨들은 17세기 초 승문 형제가 이주하였던 원당면 배양리에서 점차 현내, 오동, 법물야, 생비량면에서도 그 수를 늘려갔다.

이른 단성 정착에 비해 합천이씨들의 집단적 거주 모습은 마을들마다 조금씩 달랐다. 우선 15세기에 입향이 시작된 원당면의 상황을 보면, 17세기 초까지 합천이씨는 그 수가 많지 않았으며, 그마저도 17세기 후반까지 원당면 蛇山(훗날의 배양), 內元堂 등을 비롯한 여러 마을에 적은 수의 호들이 흩어져 거주하였다. 1678년까지 합천이씨가 4호에 불과했던 사산리에 1717년에는 18개로 증가하여 집단적 거주 및 동성촌락이 형성되어가는 모습을 보여주었다. 하지만 이 증가의 대부분은 인구학적 증가가 아니라 이주의 결과였다.

---

15) 善生永助, 『朝鮮の姓』, 朝鮮總督府, 1934; 『한국근대 민속·인류학 자료대계 8 朝鮮の姓』, 민속원, 2008.

다음으로 1930년 합천이씨의 동성촌락으로 보고되었던, 그리고 단성의 유력 양반 마을 중 하나로 알려진 오동면 청현리의 상황을 살펴보자. 1750년 청현리의 호적에는 48호가 기재되어 있는데, 상층은 20호, 그중 합천이씨는 14호를 차지한다. 더구나 이 합천이씨 호들의 주호들은 대부분 혈연적으로 10촌 이내에 해당하였다. 따라서 청현의 합천이씨들은 1717년부터 1750년 사이 언젠가 청현에 이주해 들어와 이 시점에는 이미 마을에 대한 지배력을 발휘하고 있었으리라 생각된다.

그런데 사실 가장 먼저 합천이씨들의 집단적 거주가 보인 곳은 1678년 단성의 읍치지역인 이 현내면 읍내리였다. 당시 이미 18호가 모여 거주하던 이 곳의 합천이씨들은 19세기 초까지도 집단적으로 거주하였다. 그러나 이런 상황은 20세기까지는 이어지지 않은 듯하다. 1930년 당시의 상황을 말해주는『朝鮮の姓』은 이 마을을 동성촌락으로 인식하지 않았기 때문이다. 뒤에서 살펴보겠지만 1930년 또 다른 합천이씨 동성부락으로 소개된 묵곡리의 상황은 이상의 마을들과 달랐다.

집단적 거주의 시점이나 동성촌락으로의 발전 시점이 달랐던 것처럼 각 마을의 합천이씨들의 사정도 달랐다. 원당면 사산리나 오동면 청현리에 거주하던 합천이씨들은 문중서원을 중심으로 지역 사회에서 양반으로써의 영향력을 발휘했지만, 읍치인 현내면의 합천이씨들은 양반이 아니었다. 결국 동성촌락 형성까지는 성공하지 못했던 법물야나 생비량면의 합천이씨들은 입향조와는 물론 서로 간에도 혈연관계가 확인되지 않는 경우가 많았으며, 끝까지 동성촌락을 형성하지 못한 채 산거하였다. 따라서 단성의 합천이씨들의 혈연관계와 입향 및 이주 양상을 정확히 이해하기 위해서는 개별 호들의 가족과 가계를 복원하고 이를 장기적으로 관찰하면서 그 변화를 살펴볼 필요가 있다.

3. 주요 가계의 거주 및 직역 계승 양상

15세기부터 단성에 뿌리 내리기 시작한 합천이씨들은 18세기 이후부터 20세기 전반까지 몇 개의 동성촌락을 형성하였다. 여기서는 이들의 양상을 구체적으로 살펴보기 위해 단성지역의 호적대장을 활용하였다. 단성의 가장 첫 호적인 1606년 호적부터 장기적으로 단성호적을 거주해온 것으로 확인되는 가계들을 추적하여 이들의 신분은 어떠한지, 그리고 이들이 어떻게 정착 또는 분화해 나가는지 살펴보았다. 이를 위해 남아 있는 단성호적의 식년과 자료의 상태들을 고려하여 대상 식년을 선정하고 해당 호적에 등장하는 자들의 정보를 중심으로 가족과 가계를 복원하였다.[16]

단성호적은 1606년부터 남아있으나 그 이후 17세기에는 1678년의 것이 유일하다. 18세기에 들어와서 남아 있는 가장 첫 호적은 1717년의 것이다. 이후 18세기 말까지는 자료의 보전상태가 양호하다가 1789년 호적 이후로는 18세기의 것이 현전하지 않는다. 19세기에는 1825년 식년의 호적이 처음 것이며 이후 시점의 호적들은 결락이 심하여 일부 면들의 정보만 확인이 가능하다. 따라서 본 연구는 1606, 1678, 1717, 1750, 1786년 호적을 활용하였으며, 19세기 호적은 1825년 호적을 중심으로 1828, 1831년 호적을 통해 결락된 지역의 정보를 보완하여 활용하였다.

가족을 복원하고 추적하기 위해 우선 1606년 호적을 시작으로 본관이 합천 또는 강양인 남성들을 분석대상으로 삼았다.[17] 다만 본관이 합천

---

16) 비록 현전하는 호적 전수를 조사하여 복원한 가계는 아니더라도 사조정보 등을 이용할 수 있으므로 가계 계승의 전반적인 흐름을 파악하는 데에는 큰 무리가 없으리라 여겨진다.

17) 본 연구가 합천이씨 여성들을 분석대상에서 제외한 가장 주요한 이유는, 호적상 여성들이 본인의 이름으로 표현되지 않기 때문에 식별이 쉽지 않다는 문제 때문이다.

이라고 하더라도 가계를 확인하는 데 가장 중요한 정보인 四祖정보가 없거나 결락되었을 경우에는 분석대상에서 제외하였다. 이러한 방법으로 1606년 호적에서 대상이 되는 합천이씨 호는 총 19개였다. 이하 가계도들은 1606년에 등장한 합천이씨들 중 1678년 호적에서도 그 가계가 연속되는 호들의 가족과 가계를 복원한 것이다. 이렇게 1606년부터 시작하여 1678년 호적을 거쳐 그 이후까지 이어진 합천이씨 가계들을 중심으로 각 호의 특징을 살펴보자.

첫 번째 가계(가계1)는 앞에서 언급한, 남평문씨의 터전이었던 단성 배양에 처음 이주해 온 승문의 후손으로 전서공파의 핵심 가계 중 하나이다. 승문이 단성 원당 배양리에 정착한 이후 그의 아들 원, 그리고 손자 광우는 사후 배양리에 세워진 배산서원에 배향되었다. 그리고 이 가계는 이 서원을 중심으로 지역 사회 내에서 유력 양반으로써 그 위상을 유지할 수 있었는데, 이는 호적에서도 확인된다. 이 가계의 구성원들 대부분은 1606년은 물론 1678년에도 상층 직역, 특히 유학 직역을 가지고 있었다.

그럼 이 가계는 17세기 후반 이후에 어떤 변화를 보였을까. 이 가계 중 승문-청-광렬 계열의 후손들은 이미 1678년 이전에 단성호적으로부터 사라졌으며, 광곤과 광임의 후손들도 대부분 18세기 중반을 넘어서며 점차 단성호적에서 사라져갔다.[18] 족보에 따르면 이들은 단성현

---

18) 호적으로부터의 탈락을 직접 이주로 이해할 수 있는지는 의문이다. 호적에서 사라진 호들이 이주하지 않고 호적에서만 탈락되었을 가능성이 있기 때문이다. 김건태, 「조선 후기의 인구파악 실상과 그 성격 – 단성현 호적 분석」, 『大東文化硏究』 39, 대동문화 연구원, 2001, 127~163면; 정진영, 「18~19세기 호적대장 "호구" 기록의 검토」, 『大東 文化硏究』 39, 대동문화연구원, 2001, 97~126면; 손병규, 「인구사적 측면에서 본 호적과 족보의 자료적 성격 –17~19세기 경상도 단성현의 호적대장과 합천이씨가의 족보」, 『大東文化硏究』 46, 대동문화연구원, 2004, 79~109면.

을 떠나 이웃한 함양이나 하동으로 이주하였던 것으로 보인다.[19] 승문이 들어와 자리를 잡았던 단성 원당에 끝까지 남은 것은 주로 광우[20]와 광효의 후손들이었다. 이들은 크게 번성하여 원당을 중심으로 오동과 법물야면 등지로 퍼져 나가면서 19세기까지도 단성 내 합천이씨들의 주류를 이루었다.

〈그림 1〉 호적으로 복원한 가계1의 가계도

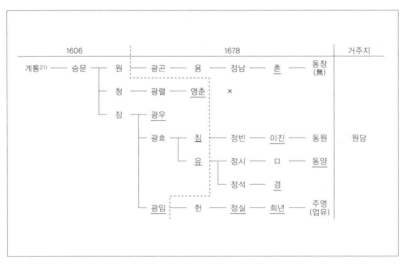

출전: 『합천이씨족보』, 배산서당본, 1926; 『단성호적』, 가계도는 이하 동일.
비고: 상층의 직역을 가진 자들 이외에는 괄호 안에는 호적상 직역을 표시하였다.
굵은 글씨와 밑줄로 표시된 것은 각 식년에 주호로 등장한 자들이며, ×로 표시된 것은 그 후손이 호적에 더 이상 나타나지 않는 경우. ㅁ은 글자가 판독되지 않은 경우이다.
점선으로 1606년 호적에 등장한 마지막 사람들을 구분하였다. 이하 동일.

---

19) 1926년 배산서당본 합천이씨족보는 전서공파 이하 여러 가계들의 지파명과 함께 주요 거주지를 기록하고 있어 이를 참고할 수 있다. 또한 족보에 기록된 묘지의 위치를 참고 가능하다

20) 광우는 아들이 없어 동생인 광효의 차남 유를 입후하여 가계를 잇게 하였다.

21) 호적은 승문의 부친을 季道라 기록했으나 여러 기록들을 참고하여 이름을 季通으로 수정하였다.

두 번째 가계(가계2)의 사례를 살펴보자. 이 가계에 속하는, 1606년에 등장한 10개 호 중 1678년까지 이어진 호는 3개에 불과하다. 그러나 이 3호는 1678년에는 13개 호(그림 2에서는 일부 생략)로 크게 증가해 있었다. 하지만 이러한 증가와 함께 친족들 사이에서 발생한 계층 분화도 확인된다.

가계2 역시 합천이씨의 유력 가계 중 하나였다. 무엇보다 이 가계에서는 문과급제자 세 명이 연달아 배출되었다. 하지만 이런 유력한 가계에서도 시간의 흐름에 따른 계층과 거주지의 분화가 나타났다. 우선 서얼 자손들에게서 직역의 계층 하락이 확인된다. 일례로 문과에 급제한 광전의 증손자들 중 시준은 孼子였다. 1678년 호적은 그에게 특정 직역은 부과하지 않았으나 직역란에 '초계에서 온 서얼'이라고 기재하여 같은 해 호적에 등장하는 유학 직역의 조카들과 구분하였다. 그의 후손들은 이후 한동안 호적에서 사라졌다가 1828년 원래 거주지인 원당면을 떠나 읍치지역인 현내면에서 유학 직역을 가지고 다시 등장했다.

광조의 두 아들, 대생과 명생의 후손들에게도 직역 계층 하락이 보인다. 1606년까지 명생은 訓鍊奉事라는 직역을 보유했지만 1678년 호적에서 그 후손들은 私奴로 전락해 있었다. 1606년 호적까지 41세였던 명생의 호에는 아내 최씨만 나타날 뿐, 다른 가족은 보이지 않았다. 그러나 1678년 호적에 나타난 명생의 손자 선복의 직역은 사노, 그의 사조직역 중 선복의 부친 선호는 사노, 모친은 婢로 나타나 이 호가 명생의 얼자 계열임을 알 수 있다. 더구나 1909년 편찬된 『합천이씨족보』는 대생과 명생 형제부터 서자로 기록하였다. 18세기에 들어오면서 호적상 극적인 신분 하락을 보인 선복의 후손들은 단성호적에서 아예 사라져 버렸다.

〈그림 2〉 호적으로 복원한 가계2의 가계도

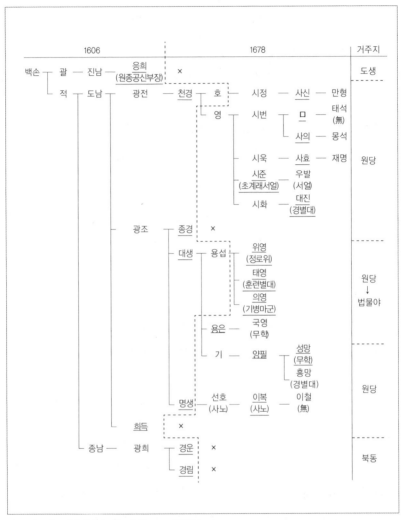

비고: 거주하는 면이 달라진 경우, 화살표로 표시하였다.

　　가계2에서는 단성 내 이거도 확인된다. 광조의 후손들 일부는 1606
년까지 거주하던 원당이 아닌 법물야면으로 거주지를 옮겼다. 1678년
부터 사라졌던 종남–광희–경진의 후손들이 18세기 후반부터 생비량
면에서 다시 발견된다. 이들은 1606년 호적에서 직역이 유학이었던 그

선조들과 달리 業武 직역으로 등장했다. 하지만 무엇보다 이 가계에서 성공적인 이주와 세거지 확보를 이룬 사례는 광전-천경의 후손들이다. 앞 절에서도 언급했듯이 이 가계는 1717년부터 1750년 사이에 오동면 청현으로 거주지를 옮겼다. 이들이 이주한 청현에는 1642년 靑谷書院이 세워졌 있었는데, 여기에는 바로 천경이 배향되어 있었다.[22] 이 계열에 속한 자들은 앞의 가계1이 주도하던 배산서원이 있던 원당 배양리를 떠나 자신들만의 사회·정치적 공간을 찾아 이주하였던 것으로 보인다.

가계3 역시 전서공파의 일원이다. 1606년에 이 가계는 2호에 불과했으나, 1678년에는 16호로 증가하였다(그림 3에서는 일부 생략). 이들은 19세기에 들어와서도 읍치인 현내면을 중심으로 일찍부터 집단적으로 거주하였다. 또한 호적에 등장하는 이 가계의 대부분은 군관직(업무, 군관)[23]과 향리직(공생, 기관, 율생)[24], 관속(시노) 등을 맡고 있었다. 하지만 이 가계의 구성원들은 유학을 쓰는 자들부터 군역자들까지 다양한 직역을 가지고 호적에 등장하여 본 연구의 분석대상 중 가계 구성원들의 직역 계층에서 가장 큰 편차를 보였다.

---

22) 청곡서원은 이천경 사후 1642년 그의 학문을 기리기 위해 건립되었으며, 같은 해에 사액을 받았다. 고종대 서원철폐령으로 철폐되었다가 1983년에서야 중수되었다.

23) 군관직역자에 대해서는 다음 연구에서 잘 정리하였다. 이동규, 「조선후기 군관직역자 연구」, 성균관대학교 박사학위논문, 2017.

24) 이 가계는 합천이씨 전서공파의 주요 가계는 아니지만 단성의 대표적인 향리 가계로 연구자들의 관심을 받아왔다. 계승범은 이 가계의 직역 변화 양상을 추적하여 직역의 세습성에 대한 문제를 지적한 바 있으며, 권기중은 이 가계의 인물들이 향역을 계승해 가는 양상을 장기적으로 추적하였다. 계승범, 「朝鮮後期 丹城地方 陜川 李後男 家系의 職役과 身分」, 『古文書研究』, 한국고문서학회, 1992, 1~21면; 권기중, 「조선후기 단성현 향리층의 분화양상」, 『大東文化研究』 47, 대동문화연구원, 2004, 35~58면.

〈그림 3〉 호적으로 복원한 가계3의 가계도

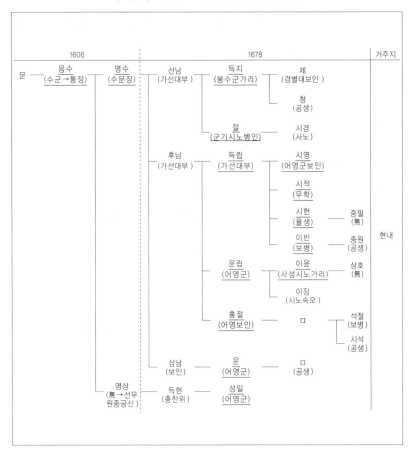

　　호적과 족보 등을 참고하면, 가계 1, 2와 3이 분화한 시점에 해당하는 사방, 사훤, 사민 형제들의 위상은 모두 상층에 속했을 것으로 생각된다. 그러나 양반으로서의 위상을 유지했던 가계 1,2와 달리 몇 세대만에 직역이 중인 이하로 전락한 가계3의 사정이 무엇이었는지는 명확하지 않다. 이들은 이후 19세기 호적에까지 계속 이어진다. 중층이하의 직역을 가졌음에도 불구하고 이 가계는 장기적 연속성을 보인다는 측면에서 호적에 등장하는 나머지 군역자 호들과는 다른 모습을 보인

〈그림 4〉 호적으로 복원한 가계4의 가계도

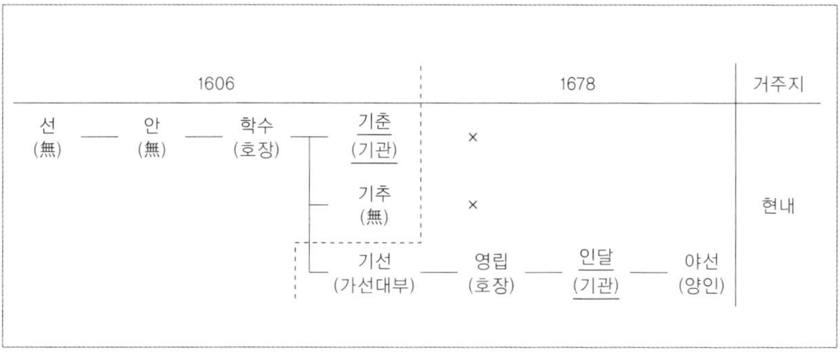

1606				1678			거주지
선 (無)	안 (無)	학수 (호장)	기춘 (기관)	×			현내
			기추 (無)	×			
			기선 (가선대부)	영립 (호장)	인달 (기관)	야선 (양인)	

다.[25]

1606년 호적에 등장하는 이상 세 가계의 합천이씨 주호들은 부계쪽으로 14~16촌의 관계에 있었다. 더구나 이들은 지리적으로도 공존하고 있었다. 가계1과 가계2는 주로 원당면 배양리에, 그리고 가계3은 배양리에 인접한 현내면 읍내리에 있었던 것이다. 물론 원당에 거주하면서 양반 위상을 유지하던 가계1,2의 구성원들이 이미 계층이 달라진 가계3 구성원들과 동족으로써의 정체성을 공유하고 있었는지, 친족활동을 함께 하였는지에 대해서는 다른 자료들을 통해 확인해야할 부분이다. 그런데 단성에는 이렇게 서로 관계가 확인되는 합천이씨들 이외에 다른 가계들과의 혈연관계가 확인되지 않으면서도 지속적으로 등장하는 가계가 발견된다. 가계4의 경우가 대표적이다.

중인층으로 보이는 1606년의 가계4 역시 1678년까지 이어졌다. 1678년 호적에서 주호로 등장하는 인달이 기관으로 등장하는 것으로 보아

25) Kim, Kuentae, Hyunjoon Park, and Hyejeong Jo. "Tracking individuals and households: Longitudinal features of Danseong household register data." *The History of the Family* 18.4 (2013): pp.378~397; 손병규 외, 『한국 역사인구학연구의 가능성』, 성균관대학교 출판부, 2016, 21-54면.

〈그림 5〉 17세기 단성호적에 등장하는 합천이씨 주요 가계들의 가계도와 특징

10세	11세	…	14세	15세	16세	17세	18세	19세	20세	가계	계층	거주지
守全 典書公	경분	…	운호	사방	지로	권로	양근	동재	계통	1	상	원당
				사원	원구	정	문	응수	명수	3	중,하	원당, 법물야
									명상			
				사민	중로	백손	괄	진남	응희	2	상,중	현내
							적	도남	광전			
									광조			
								종남	광희			
				(상계 불명)		선	안	학수	기춘	4	중	현내
									기선			

비고: 단성 입향 기록이 있는 자들을 음영으로 표시하였음.

이 가계는 여전히 읍치인 현내면에서 향리직을 담당하고 있었던 것으로 보인다. 이 가계는 호적에서 합천이씨를 본관으로 사용하고 있으나, 호적은 물론 여러 족보들에서도 나머지 가계들과의 혈연적 관련성이 확인되지 않는다. 하지만 단성의 합천이씨 전서공파 중 앞에서 살펴본 가계3의 후손들이 주로 단성에서 향리직을 수행해왔다는 점을 생각해 보면,[26] 가계4는 이들과 관계가 있을 가능성이 있다.

이상 호적을 통해 17세기 전반부터 단성의 합천이씨들의 거주와 직역 계승 양상의 다양성을 살펴보았다. 앞에서 언급했던 단성 입향에 대한 기록을 남긴 자들의 후손이 단성에 주로 자리를 잡고 있었으나 가계 4의 경우처럼 혈연적으로 관계가 확인되지 않는 자들도 꾸준히 나타났다. 비록 혈연관계가 분명한 자들이더라도 이들의 사회적 위상은 친족

---

26) 권기중은 18세기 이후 호적에서 합천이씨 전서공파의 향리집단을 추적하여 이들의 향리직의 계승 양상을 분석하였다. 18세기 이 가계에 대해서는 이 논문을 참고할 만하다. 권기중, 앞의 논문, 2004.

내에서도 가계나 가족, 심지어 개인에 따라 다양하게 나타났다. 이러한 합천이씨들의 사회적 계층 분화는 이들의 친족적 결집을 방해하는 요소였다.

17세기 호적에서의 합천이씨들은 장기간 지속적으로 등장하는 가계가 많지 않았다. 이는 당시 합천이씨들이 면 단위를 넘어 이주하거나 아예 단성을 벗어나 호적에서 사라지는 등 비교적 잦은 이주를 경험하고 있었기 때문이었다. 여기서는 17세기 상황을 주로 제시하였으나, 호적에서 합천이씨 호들이 끊임없이 사라지고 새롭게 등장하는 18세기에도 크게 달라지지 않았다. 이렇듯 잦은 이주는 친족의 집단화와 조직화, 동성촌락의 형성을 막는 현실적인 장애물로 작용했으리라 생각된다.[27]

4. 친족 결집의 조건들: 혈연, 지연, 신분

동성촌락의 형성은 구성원들 간의 혈연과 지연적 공통성을 전제로 한다. 단성호적에 지속적으로 등장하는, 즉 단성에 거주하던 합천이씨 전서공파 각 가계들이 어떠한 조건 속에서 동성촌락을 형성하거나 형성하지 못했는지, 또한 어떠한 관계를 맺고 있었는지 살펴보도록 하자.

이를 위해 여기서는 18세기 이후에 호적에 등장하여 동성촌락을 형성하게 되는 또 다른 합천이씨 가계(이하 가계5)를 추적하고자 한다. 1717년 단성호적의 원당면 묵곡리에는 17세기 호적의 어떤 가계와도 연결이

---

27) 이주의 계기들에 대해서는 본격적인 분석을 진행하지 못했으나, 위 사례들에서 쉽게 찾아볼 수 있는 계기는 서자 문제이다. 서자들의 사회적 위상의 하락이 이주를 야기했을 가능성이 높다. 권내현은 嫡庶 문제나 계층성이 동성촌락 형성에 중요한 요인임을 지적했다. 권내현, 앞의 논문, 2004.

확인되지 않는 합천이씨 호들이 등장했다. 이 가계는 현재 남아 있는 원당면의 마지막 호적인 1864년 묵곡리의 호적에서도 등장하며, 20세기에 들어와서도 묵곡리에 거주한 것으로 알려져 있다.

여러 식년의 호적과 족보를 통해 이 가계에 속하는 호와 개인들의 상황을 살펴보도록 하자. 이 가계의 인물들 중 1717년 원당면 묵곡리 호적에 처음으로 등장한 합천이씨 호의 주호는 이유징(초명 유방)으로 처 함양오씨와 호를 이루고 있었다. 그는 합천이 아니라 강양을 본관을 사용하고 있으며, 직역은 유학이었다. 1717년 호적에 해당 호의 출입정보가 기록되지 않은 것으로 보아 1679년부터 1714년 사이 이곳으로 이주했던 것으로 보인다.

〈그림 6〉 18세기 호적에 등장한 가계5와 나머지 전서공파 가계들의 관계

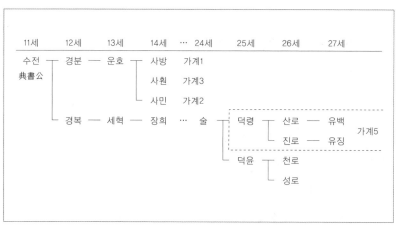

17세기부터 단성에 거주하던 다른 가계들과 18세기에 등장한 가계5의 혈연적 관계는 합천이씨의 첫 대동보로 알려진 1761년『陜川李氏世譜』에서 확인된다. 이 족보에 따르면 1717년 호적에 등장한 유징은 전서공파의 파조인 수전의 17세손이었다. 이 족보는 수전에게 장남인 경

분(가계1,2,3의 선조) 이외에 차남 경복이 있었다고 기록하였는데, 가계5가 바로 경복의 후손이었던 것이다. 경분과 경복의 후손들은 그 아들들 대부터 이미 돌림자를 공유하지 않은 것으로 보아 당시부터 동족 의식을 공유하지 않고 분기하였던 것으로 보인다.

1717년 호적에 등장한 또 다른 이 가계의 호는 과부 거창유씨의 호이다. 호적은 남편인 이유백이 사망하여 그녀가 주호를 맡게 되었다고 기록하였는데, 가계를 확인하면 유백은 앞서 언급한 유징의 從兄이다. 그녀의 호에는 두 아들이 있었는데 그 중 (호적상) 장남인 지창은 산음(산청)에 사는 숙부 유원에게 양자로 갔다고 기록되어 있다. 이를 통해 이가계의 일부가 단성이 아니라 산청에 거주하고 있었음을 알 수 있다. 그러나 1729년 호적에는 일부가 산음에 지창을 입후하였다던 유원이 단성 묵곡의 또 다른 조카호에 동거인으로 등장한다. 이는 빈번한 이주의 또 다른 증거이다.

어떤 계기로 가계5의 인물들이 묵곡에 들어오게 되었는지에 대해서는 잘 알 수 없다. 1606년 묵곡리에는 가계1의 일파인 합천이씨들이 2호 있었으나 1678년에는 모두 사라지고 진주강, 성주이, 파평윤씨들이 주로 거주하고 있었다. 1717년 호적에 등장하는 유징의 증조부인 술이라는 인물이 姜舜弼의 딸에게 장가든 사실이 확인되는데, 이 혼인이 이주의 계기가 되었을 가능성이 있다. 『운창지』에 따르면 묵곡에는 일찍부터 진주강씨들이 자리 잡고 있었기 때문이다.[28] 그러나 족보의 묘지 정보들을 확인하면, 묵곡 인근에 묘지를 만든 사람은 호적에 가장 먼저 등장한 유징이었던 것으로 보아 유징 대에 이주했을 가능성도 배제할

---

28) 『雲窓誌』는 목사를 지낸 진주강씨 姜源(혹은 姜沆)이 묵곡에 살다가 조카인 汝樯에게 世業을 넘겨주고 다시 진주로 이거했다고 기록했다. 김준형, 앞의 논문, 2000, 37면. 실제로 1678년 단성호적에는 원당 묵곡리에 여장의 손자 위망이 기록되어 있다.

수 없다.

이주의 경위가 어찌되었든 남아 있는 그 다음 호적인 1729년 호적부터는 이 가계5에 속하는 호들이 대거 등장하기 시작한다. 그들은 대부분 '惟'나 '長'을 돌림자로 사용하는 유징의 종형제, 재종형제들과 '厚'를 돌림자로 사용하는 조카 세대들이었다. 이런 상황 속에서도 묵곡에서 다시 다른 곳으로 이주하는 자들이 꾸준히 발견된다. 1729년 주호인 이장우는 처, 두 아들과 함께 호를 구성하고 있었는데, 호적은 그중 장남인 도원이 고성으로 이거했다고 기록한 것도 한 가지 예이다.

가계5와 관련하여 주목해야 할 사실은 이들이 호적에서 합천이 아닌 강양을 본관으로 사용하고 있었다는 점이다. 그런데 다음 식년인 1732년에는 합천을 본관으로 하는 또 다른 자들이 등장했다. 바로 가계1의 일파가 묵곡리 호적에 등장한 것이다. 그 결과 1732년 묵곡리 호적에는 모두 전서공의 후손이면서도 강양을 본관으로 사용하는 8호와 합천을 본관으로 사용하는 후손들 9호가 공존하게 되었다. 그렇다면 이 시점부터 묵곡리는 합천이씨들의 지배력이 강한 동성촌락이 되었던 것일까.

강양은 합천의 옛 이름으로 합천이씨는 강양이씨로도 알려져 있다. 그러나 이 두 가지 본관명이 간단히 호환되는 것은 아니었다. 가계1의 구성원으로, 배산서당을 중심으로 공자교 운동을 주도했던 이병헌이 쓴 1926년 배산서당본 합천이씨족보의 서문에는 이 두 본관에 대한 언급이 나온다. 이 글에서 그는 1761년 첫 합천이씨의 족보가 편찬된 이후 여러 차례 족보가 만들어졌지만, 이 족보들이 '合族의 道'에 미흡했다고 변명을 하였다. 그 이유로 그는 세대가 멀어지고 후손들이 서로 산거했음을 원인으로 들면서, '江·陜'으로 본관이 나뉜 것이 어려움이었음을 고백했다. 강양과 합천 두 본관을 사용하는 자들이 하나라는 인식을 가지지 못해왔으며, 그 결과 20세기까지도 이들을 모두 수록하는 족보가 만들어지기 어려웠다는 것이다. 실제로 18세기 전반 단성 묵곡에는 강양을 본관으로 사용하는 전서공의 후손들과 합천을 본관으로 사용하는 전서공의 후손들이 묘한 공존을 시작하고 있었다.

1732년 호적 이후 묵곡의 상황을 확인할 수 있는 호적은 1750년의 것이 가장 빠르다. 당시 묵곡리는 상·하로 나뉜 상태였는데 강양이씨들은 하묵곡에, 합천이씨들은 묵곡상에 나뉘어 거주하고 있었다. 비록 결락이 많지만, 1759년에도 가계5에 속하는 호가 2개 확인된다. 그런데 이중 이일후는 자신의 본관을 강양으로 기록한 반면, 그의 8촌인 이승후는 본관으로 합천을 사용하고 있었다. 이는 오류나 일시적인 변화가 아니었다. 1780년 가계5의 호들의 본관은 예외 없이 모두 합천으로 기록되었기 때문이다.[29] 그리고 1783년 이후 호적에도 가계5의 구성원들의 본관은 합천으로 기록되었다.[30] 이렇게 본관이 바뀐 이유는 무엇일까. 수십 년간 묵곡리에 공존하던[31] 강양이씨와 합천이씨들이, 왜 18세기 후반에 와서야 비로소 본관을 통일하게 되었을까. 19세기에 들어와서도 단성 다른 지역에서는 강양을 본관으로 하는 자들이 여전히 존재했으므로, 가계5의 본관 변경이 공식적인 변경으로 인한 것은 아니었다.

이러한 변화를 추동한 것은 합천이씨의 이름으로 처음 편찬된 1761

---

29) 강양을 본관으로 사용하던 이일후의 호는 사라진 상태였다.

30) 김경란은 단성현을 대상으로 改貫 현상, 무성층의 유성화, 그리고 본관 수의 감소 등을 밝힌 바 있다. 김경란, 「18세기 慶尙道 丹城縣의 改貫實態와 특징」, 『史林』 46, 수선사학회, 2013, 237−262면.

31) 묵곡리는 진주와의 경계에 위치하였는데, 『硯山道統祠儒案』 등의 자료에는 진주 묵곡이라는 표현이 나타나는 것으로 보아 묵곡리의 소속이나 지계가 변경되었을 가능성이 있다.

년의 족보[32] 간행이었던 것으로 보인다. 전서공파는 합천이씨 내에서도 주요 지파이기 때문에 당연히 첫 대동보에서부터 큰 비중으로 등장하였다. 그런데 本譜에 당당히 기록된 단성의 나머지 전서공파 가계들과 달리 가계5는 족보 말미의 別譜에 실려 있었다. 묵곡리에서 가계5는 가계1과 수십 년을 공존해 왔음에도 불구하고, 이 족보에서 자신들 또한 전서공의 후손이라는 사실을 입증하지 못했던 것이다. 다시 말하면 1761년 족보가 만들어지기 이전까지 묵곡의 강양을 본관으로 사용하던 가계5와 합천이 본관인 가계1은 서로를 동족으로 인식하지 않았다는 의미이다.

1759년 호적에서부터 확인되는 강양이씨들의 본관 변경은 이러한 맥락에서 이해될 수 있다. 본관을 강양에서 합천으로 바꾼 가계5 구성원들의 행위는 족보 편찬을 앞둔 전략적 행위였던 것이다. 1761년 첫 합천이씨 족보의 편찬은 묵곡리 구성원들에게는 동족의식의 구현이라기보다는 동족의식 창출의 계기로 작용했다. 그리고 100년 뒤인 1877년 18책의 규모로 편찬된 대동보인『합천이씨세보』에서 가계5 구성원들은 비로소 다른 전서공파 가계들과 나란히 본보에 들어갈 수 있었다.

그러나 가계5의 '합천이씨 되기'가 완전히 성공한 것은 아니었다. 1877년 이후 가계1이나 가계2가 중심이 되어 편찬한 족보들에 가계5가 보이지 않기 때문이다. 1909년에 2책으로 편찬된『합천이씨족보』나 1926년에 배산서당에서 간행한 5책의『합천이씨족보』, 같은 해에 합천 道陽齋에서 편찬된 12책의『합천이씨족보』에도 가계5는 빠져 있었다.

1909년 족보는 청현에 거주하던 가계2가 주도하여 편찬하여 派譜의

---

32) 1754년『江陽李氏族譜』가 편찬되었으나, 필자가 확인한 여러 종의 합천이씨 족보들은 모두 자신들의 첫 족보로 1761년『陜川李氏族譜』(일명 辛巳譜)를 꼽았다.

성격을 보인다. 그런데 이 족보는 가계1에 대해서는 간략하게나마 기록하였으나 전서공 이수전의 차남이자 가계5의 직계선조인 경복의 존재를 아예 기록하지 않음으로써 가계5를 완전히 배제하였다. 1926년 배산서당에서 나온 족보는 가계1이 주도하여 편찬하였다. 여기에는 가계1의 일부인 묵곡리의 합천이씨들이 상당 수 참여하였으나 역시나 전서공의 차남 경복을 기록하지 않음으로써 이들과 동리에 거주하던 가계5는 아예 배제하였다. 심지어 가계1,2는 물론 전서공파 대부분의 가계들이 수록된 1926년 합천에서 발간된 족보에도 가계5는 끼지 못했다. 20세기 합천이씨 전서공파의 이러한 족보 편찬 양상은 과연 족보 편찬의 목적이 간단히 친족결집에 있다고 이야기할 수 있는지, 그리고 친족집단 결집의 현실은 무엇인지에 대한 의문을 제시한다.

혹시나 가계5가 족보에서 소외된 이유가 구성원들의 신분 때문은 아니었을까라는 의문이 들 수 있지만, 여러 자료들에서 보이는 가계5 구성원들의 사회적 위상은 확고했다. 이들은 18세기 초 호적에 처음 등장하면서부터 유학직역을 사용하고 있었다. 또한 가계5 구성원들은 단성 내 양반층의 주요 사회 활동에 적극적으로 참여한 흔적도 발견된다.

표 2는 1924년 가계2의 구성원들이 자신들의 직계 선조인 이천경을 모신 청곡서원의 중심으로 조직한 修契에 참여한 합천이씨 인물들을 표시한 것이다. 이 수계에는 합천이씨 전서공파는 물론, 단성의 주요 양반 가문들과 진주, 의령, 함양 등지의 유생들이 참여하고 있어 청현서원을 둘러싼 활동이 지역 양반사회에서 상당히 중요하게 여겨졌음을 알 수 있다. 여기에 참여한 합천이씨들은 주로 가계1에 속하는 자들이었지만, 가계5의 구성원들도 1924년과 1931년에 4명, 3명씩 참여하고 있었다. 따라서 가계5 구성원들의 사회적 위상이 사액서원을 보유

했던 가계1, 2 구성원들에 비해서 크게 뒤떨어지지 않았음을 짐작할 수 있다.

〈표 2〉 淸谷書院修契에 참여한 단성의 합천이씨들

년도	명	거주지	가계
1924	王+庸煥, 相鎭, 輝柱, 炳元, 昌柱, 大柱, 炳淳, 厚柱, 炳和, 炳仁	배산	1
	尙琪, 尙瑩, 尙枰, 尙彦, 元柱, 尙祐, 鶴柱, 敬柱, 永柱	묵곡상촌	
	鉉永, 相福, 得永	묵곡	5
	宗熙	한빈	
	禎建, 禎晦	(불명)	(불명)
1931	韶永, 志永	묵곡	5
	相泌	입석	
	鍾煥	신기	1

비고:「청곡서원수계록」, 1924,「청곡서원수계록미수기」, 1931; 성균관대학교대동문화연구원,「경상도단성현사회자료집」, 성균관대학교출판부, 2003

가계5 구성원들은 단성을 넘어 진주권에서 벌어진 유림 활동에 참여하기도 했다. 일례로 이들은 유교의 근대화를 목적으로 성주이씨 李祥奎 등이 1917년 진주 연산에 세운 道統祠 설립과 운영에 적극적으로 참여하고 있었다.[33] 가계5의 구성원인 李相福은 도통사 孔敎支會의 임원으로 활동하였으며,『硯山道統祠儒案』에는 李相曦를 비롯한 13명의 가계5 구성원들이 이름을 올라가 있었다.[34] 따라서 합천이씨 전서공파 족보에서의 가계5 배제는 신분적 문제에 기원한 것이 아니었음을 알 수 있다.

---

33) 도통사의 설립과 운영 등에 대해서는 이종수,「李祥奎와 道統祠 孔敎支會」,『大東文化研究』, 85, 大東文化研究院, 2014, 321~358면 참고.

34) 黃鍾警,『硯山道統祠儒案』, 경상대학교 소장.

신분적 문제와 관련해서는 17세기 초부터 19세기 중반까지도 단성 읍치인 현내면에 집중적으로 거주하던 또 다른 전서공파 가계3을 기억할 필요가 있다. 족보에는 끼지 못했지만 양반으로서의 위상을 유지하면서 활발히 지역 내 사회활동에 참여했던 묵곡의 가계5와 달리 가계3은 20세기 전서공파 족보에서는 물론이거니와 사회활동에서도 전혀 모습을 보이지 않았다. 이들은 1761년 족보부터 전서공파 본보에 당당히 기록되어 있었기 때문에 이는 혈연적 불확실성의 문제가 아니었다. 문제는 호적에서도 확인되듯이 신분 하락에 있었다. 신분적 문제가 있었던 가계3은 배양의 가계1, 묵곡의 가계1과 가계5, 그리고 청현의 가계2와 달리 가장 먼저 집단적 거주의 모습을 보였음에도 불구하고 20세기 넘어서도 결국 동성촌락을 형성하지 못했다.[35]

이처럼 지리적으로 공존하면서도 동족의식을 공유하지 못했던 단성 합천이씨들의 사례는 너무도 당연한 것으로 여겨져 온 조선후기 친족집단의 결집과 동성촌락의 성립에 대한 이해가 다양한 사례들을 통해 보완될 필요가 있음을 말해준다. 양반이면서 동리에 거주했음에도 불구하고 오랫동안 정체성을 달리했던 가계5의 구성원들은 쉽게 친족집단 주류의 족보 속으로 들어오지 못했다. 19세기가 되어 서파나 하층민들이 점차 족보에 들어오고, 20세기가 되어 신분이 사라지고 근대가 찾아왔어도, 오랫동안 읍치에서 향리층으로 살아온 가계3 구성원들에게 친족집단 구성원으로서의 자격은 주어지지 않았다. 결국 20세기까지도 합천이씨들에게 친족적 결집과 동성촌락의 형성은 자연스러운 결과라기보다는, 혈연과 지연, 그리고 더 나아가 신분까지 복합적으로 작용하

---

35) 이들의 역사성과 향리 가계로써의 연속성상을 생각하면, 동성촌락을 형성하지 못한 것은 의아한 일이다. 그 배경에 대해서는 더 조사가 필요하다. 권기중, 앞의 논문, 2004 참고.

는 복잡한 사회 시스템 속에서 결정되는 문제였다.

5. 맺음말

15~16세기에 이미 단성에 기틀을 마련하기 시작했던 합천이씨들은 17세기 이후에는 단성의 면으로 흩어져 거주하게 되었다. 하지만 이들의 계층은 다양했으며, 입향조와의 혈연관계가 확인되지 않는 자들도 적지 않았다. 이들은 계층을 막론하고 18세기에는 물론 19세기까지도 호적에서 빈번한 등장과 퇴장을 보이고 있었고, 이 가운데에는 실제 이주로 확인되는 경우도 있었다. 이러한 상황 속에서 동성촌락이 일찍부터 자리 잡기는 쉽지 않았다.

18세기 초부터 단성현 원당면의 묵곡리에 들어와 공존하고 있었던 합천이씨와 강양이씨들의 사례들을 통해서는 친족집단의 결집 노력을 확인할 수 있었다. 이들은 동일하게 전서공의 후손이면서도 호적에서 서로 다른 본관을 사용하고 있었던 이들이 합천이씨의 첫 족보가 만들어지던 1760년대를 전후하여 본관을 통일하였다. 이러한 변화가 우연이 아니었다면, 족보의 편찬을 통해 이들은 그제서야 서로를 친족으로 재발견하게 되었던 것이라 할 수 있겠다. 지리적 공존과 同族의식의 공유는 전혀 다른 차원의 문제임을 보여주는 현상이다.

이상의 분석을 통해 마지막으로 동성촌락과 친족집단에 대한 몇 가지 의문을 제기하려 한다. 17세기 후반부터 19세기까지 단성 합천이씨들의 가장 큰 동성촌락이었던 현내면 성내나 남산리는 20세기에 들어오면서 동성촌락으로서의 위상을 잃었다. 반면 20세기까지도 서로를 동족으로 온전히 인식하지 않고 있었던 묵곡리의 가계1과 가계5 구성원들은 20세기에 하나의 동성촌락을 형성하는 것으로 인식 및 보고되었다. 젠쇼 에이스케는 묵곡리 합천이씨들의 속사정은 고려하지 않은 채 단성의 유력 동성촌락 중 하나로 제시한 것이다. 동성촌락이 이러한 방식으로 제시되었다면 1930년 제시된 동성촌락 목록이 우리에게 어떤 의미가 될 수 있는지 고민해 볼 필요가 있다.

또한 20세기에 일어난 족보 편찬 붐은 친족집단의 발달과 결집의 증거이자로 인식되어 온 경향이 강하다. 그러나 이상 살펴본 합천이씨 전서공파의 사례는 족보 편찬의 목적을 간단히 친족집단 결집이라고 정의할 수 없지 않은가라는 의문을 던지게 만든다. 20세기 편찬된 수많은 派譜들은 이너서클을 강화하기 위해 또 다른 동성 친족들을 배제하는 하는 구조를 이용한 것이기 때문이다.

합천이씨로써의 정체성 확보가 늦었던 가계5나 계층적으로 열등했던 가계3은 20세기가 되어서도 전서공파 주류 가계들이 중심이 되어 편찬한 족보들에 끼어들어갈 수 없었다. 이 가계들은 오히려 첫 족보인 1761년 족보에는 기재되었으나 19세기와 20세기에 편찬된 족보에서는 그 지위가 위협받았던 것이다. 따라서 근대 이후에만 50여 종이 편찬된 합천이씨 족보들은 합천이씨 전체의 결집의 증거라고만은 할 수는 없다. 족보 편찬의 주체가 어느 범위까지를 결집의 대상으로 인식하였는가를 이해할 때 해당 족보가 구상한 결집의 실체가 드러날 것이다.

묵곡리의 가계5 구성원들은 비록 전서공파로서의 혈연적 위상이 안정적이지는 못했지만, 도통사나 청곡서원을 중심으로 한 지역이나 문중 내 유림 활동에 적극적으로 참여하면서 양반으로서의 위상은 공고했다. 반면 오랫동안 읍치에서 향리나 중하층 직역을 맡아왔던 가계3은 20세기가 되어서도 전서공파의 주요 족보에 수록되지 않았을 뿐 아니라 청곡서원을 중심으로 한 유림, 문중활동에 끼지 못했다. 이는 합천이씨 전서공파의 친족적 결집에는 혈연, 지연, 신분의 요소 중 그 어느 것도 친족집단으로서의 완전한 충분조건으로 작용하지 않았음을 말해준다. 즉 단성의 합천이씨 친족집단은 강고한 조직이라기보다 상황에 따라 그 양상이 달라지는 네트워크 구조를 보인다고 하겠다.

본 연구는 다음과 같은 한계와 과제를 가진다. 본 연구는 이주의 현상들을 확인하였으나, 이주의 계기들을 확인하지는 못했다. 호적에 출입의 사유가 기재하지 않은 채 등장하거나 사라지는 호나 개인들이 훨씬 많았으며, 호적이 시계열적으로 온전히 남아 있는 것이 아니기 때문이다. 또한 본 연구는 호적의 거주 및 이동 정보와 족보의 묘지 기록을 직접 연결하여 분석하는 데까지 나아가지 못했다. 이 두 가지 한계를 극복하여 산자의 공간과 죽은자의 공간, 즉 무덤과 관련하여 살펴보는 것은 다음 과제가 될 것이다.

[원문출처: 『역사와 현실』 105, 2017]

조선후기 평민 同姓마을의 형성과 특징
: 大丘府 解北村 廣里의 丹陽 禹氏 사례

김경란

1. 머리말

조선후기 이래 20세기 중반 무렵까지 한국의 보편적 마을 형태였던 同姓마을은 한국 전통사회의 특질을 밝힐 수 있는 주요한 매개체이다. 그런데 동성마을에 대한 기존의 연구는 대부분 兩班村을 대상으로 이루어졌으며, 특히 안동 하회마을, 경주 양동마을 등과 같은 유명한 동성마을에 집중되었다. 반면, 平·賤民이 거주했던 民村의 동족적인 기반에 대한 연구는 상대적으로 미흡한 실정이다. 이는 동성마을에 대한 연구의 목적이 동성마을을 기반으로 한 문중활동의 양상을 밝히는 데 있거나, 향촌사회의 지배구조와 관련하여 동성마을의 사회적 기능을 주목한 연구가 대다수를 이루었던 사실에서 비롯된 것이다.[1] 또한 상대

---

1) 동성마을에 대한 대표적 연구 성과는 다음과 같다. 이수건, 「良洞의 역사적 고찰」, 『良佐洞연구』, 영남대 민족문화연구소, 1990; 이해준, 「동족마을의 형성과 조직」, 『조선시기 촌락사회사』, 민족문화사, 1996; 정진영, 「조선후기 동성촌락의 형성과 사회적 기능」, 『조선시대향촌사회사』, 한길사, 1998; 오영교, 『강원의 동족마을』, 집문당, 2004.

적으로 양반촌에 대한 연구 자료가 풍부한 반면, 平·賤民이 거주했던 민촌에 접근할 연구 자료가 소략했던 것도 그 주요한 원인이었다.

최근에 들어서야 동성마을에서의 嫡庶 분리, 평민 동성마을의 형성 등에 대한 문제로까지 연구영역이 확대되었다.[2] 이는 기존의 연구에서 주목하지 않았던 戶籍大帳을 적극적으로 이용한 결과물로 여겨진다. 호적대장에는 上層인 兩班 뿐만 아니라 中·下層인 平·賤民에 이르기까지 全 계층의 주거현황이 기록되어 있기 때문에 동성마을 연구의 자료적 한계를 보완할 수 있을 것으로 보인다. 따라서 여전히 평민 동성마을에 대한 연구가 미흡한 실정을 고려하면 호적대장을 이용한 평민 동성마을에 대한 연구가 필요하다. 이 글에서는 『慶尙道大丘府戶籍大帳』의 기록을 토대로 조선후기 평민 동성마을의 형성문제를 분석하고자 한다.[3]

대구부가 속해있는 경상북도는 전국에서 가장 많은 동성마을이 분포한 지역이었다. 『경상도대구부호적대장』의 기록을 토대로 보면, 대구부에도 조선후기부터 많은 동성마을이 형성되었던 것으로 보인다. 대구부의 동성마을은 주로 18세기 후반~19세기 중반에 본격적으로 형성되기 시작했으며, 19세기 후반~20세기에 형성된 마을도 적지 않았다.[4] 그리고 여기에는 평민 동성마을로 규정할 수 있는 마을들이 포함되었는데, 그 대표적인 사례가 解北村 廣里에 형성된 丹陽 禹氏의 동성마

---

2) 권내현, 「조선후기 호적과 족보를 통한 동성촌락의 복원」, 『대동문화연구』 47, 성균관대학교 대동문화연구원, 2004; 「조선후기 평민 동성촌락의 성장」, 『민족문화연구』 52, 고려대학교 민족문화연구원, 2010.

3) 『경상도대구부호적대장』은 현재 성균관대학교 대동문화연구원에서 전산화작업이 진행 중이며, 이 글에서는 현재까지 완료된 전산화 자료를 이용하였다.

4) 김경란, 「조선후기 대구부 同姓마을의 형성시기에 대한 검토-『경상도대구부호적대장』을 중심으로-」, 『사학연구』 123, 한국사학회, 2016.

을이다. 이 글에서는 해북촌 광리에 형성된 단양 우씨 동성마을의 형성 과정에서 나타난 여러 특징들을 분석함으로써 조선후기 평민 동성마을의 구체적 면모를 밝히고자 한다.

양반촌 뿐만 아니라 평·천민이 거주했던 일반 민촌에서 동성마을이 형성되는 과정과 그 시기를 검토하는 작업은 성리학적 이데올로기에 입각한 父系的 친족질서가 조선사회에 확산되는 과정 및 그 시점을 확인할 수 있는 단서가 된다. 즉, 일반 민촌에서의 동성마을 형성과정에 대한 연구는 지배층의 이데올로기였던 성리학적 가치가 하층으로까지 확산되는 양상을 구체적으로 보여줄 것으로 기대된다.

2. 丹陽 禹氏 同姓마을의 형성시기

1930년대 조선총독부는 식민통치를 원활히 하기 위한 목적으로 조선의 村落과 姓氏에 대한 조사를 진행하였다. 이 조사사업의 책임자인 일본인 학자 善生永助는 한 마을에 특정 성관이 1할 이상 거주하면 동성마을로 분류하였다. 이 때문에 동성마을의 숫자가 너무 많이 파악되었다는 문제점은 있지만, 20세기 전반 동성마을의 전국적인 분포현황을 가늠해 볼 수 있다. 조선총독부의 조사에 의하면 전국에서 가장 많은 동성마을이 분포한 지역은 경상북도이며, 모두 1,901개의 동성마을이 있었던 것으로 조사되었다. 이 글에서 분석대상으로 선정한 대구부의 농촌지역은 1930년대 당시 행정구역이 대부분 달성군에 속해 있었는데, 달성군에 분포한 동성마을의 수는 113개로 경상북도 내에서도 동성마을이 많이 형성되었던 곳으로 분류될 수 있다.[5]

---

5) 김경란, 앞의 논문, 2016, 99~103면.

1930년대 당시 달성군에서는 성북면, 공산면, 해안면에 동성마을이 집중적으로 분포되어 있었다. 또한 이들 3개 面은 동성마을이 많이 분포했을 뿐 아니라 동일 성관이 100호 이상 거주했던 대규모의 동성마을이 형성되었던 지역이기도 하였다. 그런데 이 지역에는 양반 동성마을 뿐 만 아니라 평민들에 의해 형성된 동성마을도 존재했던 것으로 보인다. 그 중 하나가 공산면에 소재했던 단양 우씨의 동성마을이다.

1930년대 달성군 공산면은 조선후기에는 대구부 해북촌과 해서촌에 해당하며, 단양 우씨의 동성마을은 해북촌에 소재하였다. 해북촌은 대구부 감영이 소재했던 중심지역으로부터 북동쪽에 위치하였던 전형적인 농촌지역이었다.[6] 이 농촌지역에 단양 우씨는 언제부터 거주를 시작하였으며, 동성마을을 형성했던 시기는 언제였을까? 이 문제를 해명하기 위해 먼저 해북촌에 거주했던 단양 우씨의 수적 추이와 거주촌락을 살펴보자.

대구부에 소속된 하위행정단위는 面, 村, 部 등의 명칭으로 구획되었다. 이러한 차이는 지역의 규모에 따라 설정된 것으로 보이며, 面, 村, 部내에는 하위행정구역으로 里가 편제되어 있는 것으로 보아 면, 촌, 부는 모두 面에 준하는 동일한 위상을 가진 행정단위였던 것으로 보인다. 해북촌에는 시기에 따라 차이가 있으나 대략 15~19개의 里가 있었다. 현존하는 해북촌의 호적대장은 17세기 후반~19세기 후반까지 거의 200년에 걸친 23개 式年의 자료가 남아 있다. 〈표 1〉은 현존하는 23개 식년의 호적대장의 기록을 토대로 단양 우씨의 戶數 추이와 거주촌락을 집계한 것이다.

---

6) 大邱市史編纂委員會, 『大邱市史』, 1973, 259~270면.

〈표 1〉 해북촌 단양우씨의 戶數 추이와 거주촌락의 분포

里名 \ 연도	광리	능성리	미대리	백안리	백안상리	여(을)어리	인산리	중산리	중심리	진정리	평리	평평리	합계
1684년													0
1690년													0
1696년													0
1705년													0
1720년													0
1732년						12							12
1738년						11						2	13
1741년						10						3	13
1747년						11	1					4	16
1768년	15						1	1				4	21
1774년	13			2			1	1			4		22
1789년	11		1	1			1				6		22
1792년	12		1	3			1	2			9		28
1795년	12			4			1	1			11		29
1801년	14			6			1	2			4		27
1804년	17		1	6			1		2		4		31
1825년	18			7				1					26
1837년	17	1		11				1		1			31
1846년	21			12				1	1				35
1858년	28			10				1	1				40
1861년	32			9				1			1		43
1867년	25			8	2			1		1	1		39
1870년	25			8	2			1		2	1		39

〈표 1〉을 보면, 해북촌의 호적대장에 단양 우씨가 처음 기재되었던 마을은 1732년 여(을)어리였다.[7] 1732년 여(을)어리에는 12호의 단양우씨 호가 기재되었으며, 1738, 1741, 1747년까지 대체로 비슷한 호수가 기재되어 있었다. 그런데 1768년에는 단양 우씨가 거의 대부분 광리에 거주하였으며, 여(을)어리에는 단양 우씨호가 전혀 기재되지 않았음을 볼 수 있다. 이는 단양 우씨가 새로운 마을로 집단이주한 결과일까?

그런데 1768년 해북촌의 호적대장에는 여(을)어리라는 里名이 빠져 있으며, 이 때 이후 19세기 후반까지 여(을)어리라는 리명은 전혀 기재되지 않았다. 또한 1768년에는 여(을)어리 뿐 만 아니라 몇 개의 리명이 바뀌어 있었다. 이러한 사실을 통해 볼 때, 1747~1768년 사이에 해북촌의 里편제가 상당히 바뀌었고, 그 과정에서 리명이 바뀌거나 分洞이 이루어지기도 했던 것으로 보인다. 단양 우씨가 거주했던 여(을)어리도 그 과정에서 광리로 바뀌었으며, 따라서 단양 우씨는 그들이 정착했던 마을에 그대로 살고 있었던 것으로 여겨진다. 단, 광리가 여(을)어리의 명칭만이 바뀐 마을인지 또는 여(을)어리 이외에 또 다른 마을이 통합된 것인지는 분명하지 않다.

또한 〈표 1〉에서는 해북촌의 단양 우씨가 1732년 이후 여(을)어리 또는 광리로 지칭되는 마을에서 지속적으로 거주하였으며, 19세기 중반 무렵인 1858년에는 28호까지 그 수적 확대를 이루었음을 볼 수 있다. 시기마다 다소 차이는 있지만, 광리는 총 호수가 50~80호 정도인 작은 마을이었다. 따라서 수적인 측면에서 보면, 19세기 중반을 전후한 시기에는

---

7) 1684~1747년 해북촌의 호적대장에는 여어리와 여을어리가 혼용되어 번갈아 쓰이고 있다. 즉, 여어리와 여을어리는 같은 마을이며, 里名이 바뀌거나 分洞이 된 것이 아니었다. 따라서 여어리와 여을어리는 여(을)어리라는 里名으로 같이 통계처리하였다. 이에 비해 평평리는 1768년 이후 평리로 里名이 바뀐 것이기 때문에 분리하여 통계처리하였다.

광리에 단양 우씨의 동성마을이 형성되었던 것으로 판단된다.

그런데 〈표 1〉을 통해 볼 때, 1732년 이전에는 단양 우씨가 거주한 기록이 전혀 없다. 그렇다면 해북촌의 단양 우씨는 1732년 당시 처음으로 해북촌에 정착하였을까? 즉, 1732년 이전에 단양 우씨가 기록되지 않은 사실을 토대로 단양우씨가 이 시기에 이주한 것으로 판단할 수 있을까? 그런데 1732년 해북촌 여(을)어리에 거주하는 단양 우씨호의 구성원과 1732년 이전의 호적대장의 기록을 대비한 결과, 해북촌의 단양 우씨가 새롭게 이주한 사람들이 아니라는 사실을 발견할 수 있었다. 〈표 2〉를 통해 이 문제에 대해서 검토해 보자.

〈표 2〉는 단양우씨가 처음 기재된 1732년 해북촌 여(을)어리 단양 우씨호의 主戶와 주호의 四祖기록을 이전 식년인 1684, 1690, 1696, 1705년의 호적대장의 기록과 비교하여 작성된 것이다.[8] 그 결과 1732년 단양 우씨의 구성원들이 모두 이전 식년에는 대구 우씨로 기록되었음을 확인하였다. 즉, 1732년 여(을)어리에는 총 12호의 단양 우씨호가 기재되었는데, 12호의 주호 또는 주호의 父, 祖가 1684~1705년 사이에는 모두 대구 우씨로 기록되어 있었던 것이다.

①의 사례를 예로 들면, 1732년 여어리 1통 3호의 주호의 이름은 여세이며, 그는 단양 우씨이다. 그런데 여세의 사조난에 父로 기재된 험석은 1684년 여을어리 5통 2호의 주호였는데, 험석의 성관은 대구 우씨였다. 즉, 子인 여세가 1732년에 단양 우씨로 改貫하였던 것이다. 나머지 사례도 모두 동일한 경우이다. 이와 같이 1732년 해북촌 여(을)어리

---

8) 1720년은 여(을)어리가 호적대장에서 누락되어 있기 때문에 제외하였다. 1720년 해북촌 호적대장은 전후 식년과 비교했을 때 여(을)어리, 인산리, 평평리가 빠져 있으며, 해당 촌의 말미에 붙어 있는 都以上 정보가 빠져있다. 이로 미루어볼 때, 1720년 해북촌 호적대장에는 여(을)어리를 비롯하여 뒤쪽에 해당되는 몇 개 里가 누락된 것으로 보인다.

〈표 2〉 1732년 해북촌 단양 우씨의 改貫실태

구분	연도	里-統-戶	戶內位相	이름	姓貫	改貫내용	비고
①	1732년	여어리-1-3	주호	여세	단양 우	대구 우 → 단양 우	험석의 子 여세가 改貫
	1684년	여을어리-5-2	주호	험석	대구 우		
②	1732년	여어리-1-4	주호	소근노미	단양 우	대구 우 → 단양 우	맛만의 子 소근노미가 改貫
	1684년	여을어리-3-5	주호	맛만	대구 우		
③	1732년	여어리-1-5	주호	칠선	단양 우	대구 우 → 단양 우	험산의 子 칠선이 改貫
	1684년	여을어리-4-4	주호	험산	대구 우		
④	1732년	여어리-2-2	주호	만선	단양 우	대구 우 → 단양 우	험산의 子 만선이 改貫
	1684년	여을어리-4-4	주호	험산	대구 우		
⑤	1732년	여어리-2-3	주호	언봉	단양 우	대구 우 → 단양 우	잔자미의 子 언봉이 改貫. 父 잔자미도 1732년 단양 우씨로 개관(⑦의 사례)
	1684년	여을어리-4-5	주호	잔자미	대구 우		
⑥	1732년	여어리-6-5	주호	삼룡	단양 우	대구 우 → 단양 우	어둔금의 子 삼룡이 改貫
	1705년	여어리-11-1	주호	어둔금	대구 우		
⑦	1732년	여어리-8-1	주호	잔자미	단양 우	대구 우 → 단양 우	험석의 子 잔자미 改貫
	1684년	여을어리-5-2	주호	험석	대구 우		
⑧	1732년	여어리-8-5	주호	만세	단양 우	대구 우 → 단양 우	험산의 子 만세
	1684년	여을어리-4-4	주호	험산	대구 우		
⑨	1732년	여어리-9-2	주호	정남	단양 우	대구 우 → 단양 우	득룡의 子 정남이 改貫
	1684년	여을어리-4-1	주호	득룡	대구 우		
⑩	1732년	여어리-9-4	주호	소사	단양 우	대구 우 → 단양 우	맛만의 女 소사가 改貫
	1684년	여을어리-3-5	주호	맛만	대구 우		
⑪	1732년	여어리-11-3	주호	돌립	단양 우	대구 우 → 단양 우	잔자미의 孫子 돌립이 改貫
	1684년	여을어리-4-5	주호	잔자미	대구 우		
⑫	1732년	여어리-12-2	주호	득삼	단양 우	대구 우 → 단양 우	칠생의 子 득삼이 改貫
	1684년	여을어리-4-1	자	칠생	대구 우		

의 단양 우씨호의 주호 또는 주호의 父, 祖가 이전 식년에서 모두 대구 우씨를 칭하였는데, 18세기 전반 무렵 단양 우씨로 개관하였던 것이다. 18세기 전반 무렵 해북촌의 대구 우씨가 단양 우씨로 개관한 이후 19세기 후반까지 해북촌의 모든 호적대장에는 대구 우씨가 기재되지 않았다.

단양 우씨의 경우에서 보여지는 개관현상은 조선후기에 활발하게 이루어졌던 것으로 여겨진다. 개관은 姓은 그대로 둔 채 本貫만을 바꾸는 것을 말한다. 16세기 이후 문벌의식이 고조되면서 名祖·顯祖를 받들지 못한 僻貫들은 명문거족에 동화되기 위하여 본관을 바꾸는 改貫·冒貫 행위가 이루어지면서 재래 성관의 대대적인 통폐합이 이루어졌다. 17세기 이후 양반사회에서 稀姓·僻姓과 僻貫을 멸시하는 관념이 만연되어 가면서 개관은 지속적으로 이루어졌다.[9] 이와 같이 개관은 기본적으로 당시 사회의 성관에 대한 우열관념에서 비롯된 것이었다. 따라서 개관을 통해 새롭게 얻었던 성관은 대개 해당 지역의 유력 성관이었던 것으로 보인다.

해북촌의 대구 우씨가 개관을 통해 획득한 단양 우씨도 역시 대구부의 유력 성관이었다. 麗末鮮初의 정치적 격동기에 중앙정계에서 배제되어 경상도로 낙향한 단양 우씨는 임진왜란을 계기로 청년 의병장인 禹拜善의 활약을 통해 대구부에서 크게 성장하였다. 단양 우씨는 대구부의 월촌지역(月背坊과 租岩坊을 아우르는 지역)을 중심으로 동성마을을 형성하고 그 族勢를 확대함으로써 대구부의 대표적인 유력 성관으로 부상하였다.[10] 그런데 해북촌의 단양 우씨는 이들과는 혈연적 연관성이

---

9) 李樹健, 「朝鮮後期 姓貫意識과 編譜體制의 변화」, 『九谷黃種東教授 停年紀念史學論叢』, 1994.

10) 주매, 「조선후기 호적을 통해 본 계보와 사회적 네트워크 : 17, 18세기 大邱月村 지역

없었으며, 개관을 통해 단양 우씨를 칭하고 있었다.[11] 그렇다면 해북촌 단양 우씨가 개관하기 이전의 성관이었던 대구 우씨는 언제부터 이 지역에 거주하고 있었을까. 〈표 3〉을 보자.

〈표 3〉 1684~1705년 해북촌 대구 우씨의 거주촌락

연도 　里名	여(을)어리	평평리	합계
1684년	7		7
1690년	11		11
1696년	12		12
1705년	14	1	15

〈표 3〉은 1684, 1690, 1696, 1705년 해북촌의 대구 우씨가 거주한 마을을 검토한 것이다. 그 결과, 대부분의 대구 우씨는 여(을)어리에 거주하였음을 확인할 수 있다. 1705년 평평리에 거주한 대구 우씨 1호를 제외한 해북촌의 모든 대구 우씨가 여(을)어리에 거주하였던 것이다. 1720년의 호적대장에는 대구 우씨가 전혀 기재되지 않았는데, 이는 앞에서 언급한 바와 같이 대구 우씨가 주로 거주하였던 여(을)어리가 누락되었기 때문인 것으로 보인다. 이 때문에 통계에서는 1720년을 제외하였다. 이를 통해 볼 때, 1732년에 처음 해북촌에 나타난 단양 우씨는 새롭게 이주한 성관이 아니라 17세기 후반에 이미 해북촌에 거주하였던 대구 우씨의 자손이었다.

丹陽 禹氏 가계 형제 간 사회, 경제위상의 분화」, 『대동문화연구』 83, 성균관대학교 대동문화연구원, 2013, 90~92면.

11) 주매, 앞의 논문, 2013에 제시된 가계도와 비교한 결과 해북촌의 단양우씨는 월촌지역의 단양 우씨와 혈연적 연관성이 없었음을 확인하였다.

이상의〈표 1〉,〈표 2〉,〈표 3〉을 종합해 보면, 해북촌의 대구 우씨는 1684년부터 여(을)어리를 중심으로 거주하였다. 이들은 10여호 내외의 戶數를 유지하면서 1705년까지 지속적으로 여(을)어리에 거주하였다. 그런데 1732년부터 19세기 후반까지 대구 우씨는 해북촌의 호적대장에 전혀 기재되지 않았는데, 이는 1706년~1732년 사이의 어느 시점에 대구 우씨가 단양 우씨로 개관했기 때문이다. 이에 따라 1732년에 작성된 해북촌의 호적대장에는 단양 우씨가 기재되기 시작하였고, 이들은 여전히 여(을)어리에서 계속 거주하였다. 그런데 1747~1768년 사이에 해북촌의 里편제가 상당히 바뀌었고, 그 과정에서 단양 우씨가 거주했던 여(을)어리가 광리로 바뀌었다. 마을의 명칭은 바뀌었지만 단양 우씨는 그들이 정착했던 마을에서 지속적으로 거주하였으며, 19세기 중반 무렵인 1858년에는 28호까지 수적인 확대를 이루게 되었다. 이를 통해 볼 때, 수적인 측면에서는 19세기 중반 무렵 해북촌 광리에 단양 우씨의 동성마을이 형성되었던 것으로 여겨진다.

3. 인적 구성의 확대와 他 姓貫의 배제과정

해북촌의 단양 우씨는 해북촌 여(을)어리 또는 광리에서 17세기 후반부터 지속적으로 거주하였으며, 대략 200여년 후인 19세기 중반 무렵 수적인 측면에서 동성마을을 형성할 수 있는 요건을 갖춘 사실을 확인하였다.

그런데 광리를 중심으로 한 단양 우씨 동성마을의 형성시기와 과정을 좀 더 명확하게 이해하기 위해서 단양 우씨 구성원의 수적 확대 뿐만 아니라 타 성관과의 관계를 검토할 필요가 있다. 즉, 동성마을의 형성여부를 분별하기 위해서는 인적 구성원의 확대 뿐 만 아니라 마을내

타 성관과의 관계에서 주도적 위치를 차지해 가는 과정에 대한 검토가 필요한 것이다. 이러한 문제들을 검토하기 위해 먼저 해북촌 광리에 거주한 주요 성관을 살펴본 것이〈표 4〉이다.

〈표 4〉 해북촌 광리 주요 성관의 戶數 추이

연도 \ 성관별 戶數	단양 우	경주 최	김해 김	경주 김	경주 이	안동 권	밀양 박	진주 강	전체 戶數
1768년	15	10	16	4	4	1	3	1	66
1774년	13	6	14	4	3	1	4		62
1789년	11	7	12	4	1	2	3		50
1792년	12	7	9	3	1	2	3		49
1795년	12	7	8	4	1	2	3		50
1801년	14	5	12	3		2	2		58
1804년	17	2	10	5		2	3		59
1825년	18	6	8	5		3	3	3	67
1837년	17	6	5	4		10		3	72
1846년	21	10	5		1	6		3	75
1858년	28	8	4	4	2	8	2	1	78
1861년	32	9	7			8	1		81
1867년	25	11	4	5		8	1		74
1870년	25	10	3	6	1	9	1		74

〈표 4〉는 단양 우씨가 동성마을을 형성한 광리에 거주했던 주요 성관의 戶數 추이를 집계한 것이다. 검토 시기는 광리가 호적대장에 기재되기 시작한 1768~1870년까지를 대상으로 선정하였다. 앞에서 언급하였듯이, 1768년 이전 단양 우씨가 거주했던 여(을)어리가 광리로 바뀌었지만, 광리가 여(을)어리의 명칭만이 바뀐 마을인지 또는 여(을)어리 이외에 또다른 마을이 통합된 것인지는 분명하지 않다. 따라서 이후의 통계

에서는 광리가 처음 호적대장에 기재된 1768년 이후의 기록을 분석하고 자 한다. 광리에는〈표 4〉에서 살펴본 주요 성관 이외에도 다른 성관들도 거주하였다. 그러나 이들 기타 성관의 호수는 1~2호 정도로 매우 소수의 호만이 기재되었다. 또한 호적대장의 기록상으로는 기타 성관들은 광리에서 사라지는 경우가 많았다. 따라서〈표 4〉는 광리에서 비교적 많은 호수가 기재되었고, 지속적으로 거주했던 주요 성관들을 대상으로 작성된 것이다.

〈표 4〉는 단양 우씨가 광리에서 인적 구성원을 확대하여 타 성관들을 압도해 간 과정을 잘 보여준다. 1768년 광리의 단양 우씨호는 15호였다. 당시 광리의 총 호수가 66호였던 것에 비추어 볼 때, 이미 광리에서 단양 우씨의 비중이 컸음을 알 수 있다. 그러나 김해 김씨의 호수는 16호로 단양 우씨보다 많았으며, 경주 최씨 역시 10호가 기재되어 적지 않은 비중을 차지하였다. 따라서 이 때의 광리는 단양 우씨를 비롯하여 김해 김, 경주 최씨가 마을에서 비슷한 비중을 차지하였던 것으로 보인다. 이러한 추세는 18세기 후반까지 지속되었다.

단양 우씨가 근소한 차이로나마 가장 많은 비중을 차지한 때는 19세기에 들어서였다. 1801년의 호적대장에 기재된 단양 우씨호는 14호였다. 그런데 이 때에도 김해 김씨호는 12호가 기재되어 광리에서 여전히 단양 우씨와 비슷한 비중을 차지했음을 볼 수 있다. 이에 비해 경주 최씨호는 5호로 상대적으로 축소되었다. 단양 우씨가 인적 구성의 측면에서 다른 성관을 압도한 시기는 19세기 중반 무렵으로 보인다. 1858년 광리의 총 호수는 78호이며, 단양 우씨호는 28호였다. 전체 호수의 40%에 가까운 비중을 차지한 셈이다. 또한 18세기 중반 이래 광리의 주요 성관이었던 김해 김씨호는 1858년 당시 4호만이 기재되었으며, 또 다른 주요 성관이었던 경주 최씨호는 8호가 기재되었다. 3개의 성관이 수적인 측면에서 비슷한 비중을 보였던 18세기 중반과 비교하면 단양 우씨 구성원의 증가를 확연하게 볼 수 있다. 그런데 1858년에는 이전 시기에는 별다른 비중을 갖지 못했던 안동 권씨호 8호가 기재되었음을 확인할 수 있다. 그러나 안동 권씨 역시 이후에도 지속적으로 인적 구성원이 확대되지 않았다.

이와 같이 단양 우씨는 18세기 중반 이래 지속적으로 인적 구성원을 확대하였고, 19세기 중반 무렵에는 다른 성관을 압도하였다. 이에 비해 김해 김, 경주 최씨 등 광리의 또 다른 주요 성관들은 단양 우씨처럼 지속적으로 인적 구성원이 확대하지 못한 채 증감을 거듭하였음을 볼 수 있다. 즉, 광리에서 인적구성원의 측면 뿐 아니라 지속적인 거주라는 측면에서도 단양 우씨를 능가하는 성관은 발견되지 않는다. 그 밖에 기타 성관들은 19세기 중반 이후 광리에서 완전히 사라지는 양상도 확인할 수 있다.

18세기 중반 이후부터 꾸준히 인적인 확대를 이루었던 단양 우씨는 19세기 중반에 이르러서는 마을의 40%에 가까운 비중을 차지함으로써 마을의 주도권을 가질 수 있었던 것으로 여겨진다. 1870년 이후에 작성된 호적대장이 현존하지 않기 때문에 직접적으로 확인하기는 어렵지만 단양 우씨의 주도권은 19세기 후반~20세기 전반에도 이어졌을 것으로 보인다. 왜냐하면 1930년대 조선총독부의 조사에서 해북촌에 단양 우씨의 동성마을이 존재하는 것으로 조사되었는데, 이 조사에는 구체적인 里名은 기재되지 않았지만 해북촌 안에 광리 이외에 단양 우씨의 거주지가 없었기 때문에 이 마을은 광리였던 것으로 보인다.[12]

광리의 단양 우씨가 동성마을을 형성해 가는 과정은 다른 동성마을

---

12) 善生永助, 『朝鮮の聚落』後篇, 조선총독부, 1933, 524면.

과 크게 다르지 않아 보인다. 즉, 異姓이 雜居하던 마을에서 특정 성관이 인적 구성원의 측면에서 여타 성관들을 압도함으로써 마을의 주도권을 잡고, 여타 성관들을 배제해 가는 과정은 다른 동성마을과 크게 다르지 않았다. 그런데 광리의 단양 우씨는 조선후기의 전형적인 양반이 아니었으며, 그들의 동성마을이 된 광리에서는 양반을 찾아 보기 어렵다. 즉, 단양 우씨에 의해 광리에 형성된 동성마을은 일반적인 양반마을이 아닌 평민 동성마을이었을 가능성이 크다. 이러한 사실은〈표 5〉를 통해 확인할 수 있다.

〈표 5〉 광리의 계층분포

계층 \ 연도	상층호	중층호	하층호	職役無記	缺落	합계 (전체 호수)
1768년	1	59		6		66
1774년	1	60		1		62
1789년	4	45		1		50
1792년	4	43		2		49
1795년	5	45				50
1801년	6	49			3	58
1804년	9	50				59
1825년	15	49		3		67
1837년	39	32		1		72
1846년	49	24		2		75
1858년	68	9		1		78
1861년	71	8		2		81
1867년	67	3		4		74
1870년	64	1		9		74

〈표 5〉는 1768~1870년까지의 광리의 계층분포를 분석하기 위해 호적대장에 기재된 主戶의 職役을 상, 중, 하층으로 구분한 것이다.[13] 이를 통해 다음과 같은 세 가지 특징적인 사실을 확인할 수 있다. 첫째, 18세기 중·후반 광리에는 上層戶가 거의 거주하지 않았다는 점이다. 1768년 광리는 총 66호로 구성되었는데, 이 중 상층호는 단 1호에 불과하다. 주호직역이 기록되지 않은 6호를 제외한 나머지 59호는 모두 中層戶로 분류된다. 유일한 상층호는 幼學 孫孝宗이 주호인 호로써(6통 5호) 손효종은 일직 손씨이다. 1774년의 유일한 상층호도 역시 손효종이 주호인 호이다. 그러나 1789년부터 손효종을 비롯한 일직 손씨는 광리에 전혀 기재되지 않았다. 1792년의 상층호는 인천 채, 월성 최, 벽진 이, 경주 최씨의 호가 각각 1호씩 총 4호가 있다. 그러나 이들도 이후 식년에 작성된 호적대장에 기재되지 않아 지속적으로 광리에 거주하지는 않았던 것으로 보인다. 이와 같이 극소수의 상층호를 제외한 나머지 호들은 모두 중층호로 분류된다. 이러한 사실에 비추어 볼 때, 18세기 중·후반 광리는 대부분 평민들이 거주한 전형적인 민촌이었다.

둘째, 광리에는 下層戶 즉, 奴婢戶가 전혀 기재되지 않았다. 이는 1768~1870년까지 현존하는 14개 식년의 호적대장에서 공통적으로 나

---

13) 계층 구분의 기준은 김경란, 『조선후기 '단성현호적대장'의 여성파악실태 연구』, 고려대학교 박사학위논문, 2003, 142면〈표 2〉를 참조·보완하여 다음과 같이 설정하였다.
- 상층: 前現職 관직자, 幼學, 진사·생원·출신, 원종공신, 통덕랑, 동몽, 급제 및 氏호칭 여성
- 중층: 가선대부, 통정대부, 절충장군, 전력부위, 충순위·충익위·충의의·충찬위 등 諸衛, 업유, 업무, 교생, 원생, 납속, 군관, 선무군관, 수첩군관, 양군관, 한량, 별무사, 별장, 향리(호장·기관·공생 등), 중앙 군아문 및 지방 영진소속·읍소속 군역자,역리, 역보, 武學, 양인, 잡색장인, 사령, 일수, 향청소리·소동·서원 및 姓·召史호칭 여성
- 하층: 공사천 노비, 고공, 사노겸역자

타났던 사실이다. 노비호가 전혀 없다는 것은 이 마을에 양반이 없다는 사실을 반증해 주는 것이다. 왜냐하면 전형적인 양반마을에는 양반의 생활을 보조하기 위한 노비호가 다수 존재하기 때문이다. 이러한 사실 역시 광리가 민촌이었음을 확인시켜 준다.

셋째, 거의 대다수가 중층이었던 광리의 계층 구성은 19세기 이후 변화되기 시작하였다. 19세기 전반에도 여전히 중층호가 대다수를 차지했지만 점차 상층호가 증가하기 시작하였고, 1837년을 기점으로 상층호의 비중이 중층호를 다소 상회하기 시작하였다. 또한 1858년 이후에는 상층호가 중층호의 비중을 압도하기 시작했음을 볼 수 있다.

이러한 계층상승은 어떤 성관에 의해 주도되었을까? 그리고 이러한 계층상승은 단양 우씨의 동성마을 형성과 어떤 관련성이 있을까? 이러한 문제의 해명을 위해 작성한 것이 〈표 6〉과 〈그림 1〉이다. 먼저 〈표 6〉을 보자.

앞의〈표 4〉에서 18세기 중반 이래 광리에서 가장 많은 인원이 거주했던 대표적 성관은 단양 우, 경주 최, 김해 김씨였음을 확인하였다. 〈표 6〉은 광리의 대표적 성관이었던 단양 우, 경주 최, 김해 김씨 등 3개 성관의 계층분포를 집계한 것이다.〈표 5〉와 마찬가지로 3개 성관을 가진 주호의 직역을 상, 중, 하층으로 구분하여 계층분포를 검토하였다.〈표 6〉을 보면, 1768, 1774년에는 3개 성관 모두 상층호가 전혀 없었다. 3개 성관 중에서 가장 먼저 상층직역자가 주호로 등재된 성관은 경주 최씨였다. 1789년에 경주 최씨호는 7호가 기재되었는데, 이 중 1호가 상층호였으며 나머지 6호는 여전히 중층호였다. 1792, 1795년에도 여전히 경주 최씨호 중에서 1호만이 상층호로 분류된다.

그런데 19세기에 들어 단양 우씨의 경우에도 상층호가 기재되기 시작했음을 볼 수 있다. 1801년 단양 우씨호는 총 14호로서 이 중에서 상

〈표 6〉 광리 거주 주요성관의 계층분포

연도	성관	상층호	중층호	하층호	職役無記	성관별 합계	전체 호수
1768년	단양 우		12		3	15	66
	경주 최		10			10	
	김해 김		16			16	
1774년	단양 우		13			13	62
	경주 최		8		1	9	
	김해 김		14			14	
1789년	단양 우		11			11	50
	경주 최	1	6			7	
	김해 김		12			12	
1792년	단양 우		12			12	49
	경주 최	1	5		1	7	
	김해 김		9			9	
1795년	단양 우		12			12	50
	경주 최	1	6			7	
	김해 김		8			8	
1801년	단양 우	2	12			14	58
	경주 최	1	4			5	
	김해 김		12			12	
1804년	단양 우	4	13			17	59
	경주 최	1	1			2	
	김해 김	1	9			10	
1825년	단양 우	10	8			18	67
	경주 최	4	2			6	
	김해 김		8			8	
1837년	단양 우	11	6			17	72
	경주 최	5	1			6	
	김해 김	2	2		1	5	
1846년	단양 우	20			1	21	75
	경주 최	10				10	
	김해 김	3	2			5	
1858년	단양 우	28				28	78
	경주 최	7	1			8	
	김해 김	2	2			4	
1861년	단양 우	31			1	32	81
	경주 최	7	1			9	
	김해 김	4	3			7	
1867년	단양 우	23			2	25	74
	경주 최	8	1		2	11	
	김해 김	3	1			4	
1870년	단양 우	23			2	25	74
	경주 최	9			1	10	
	김해 김	1	1		1	3	

층호는 2호였다. 단양우씨호의 주호가 직역상승을 하는 추세는 이후에도 점차 증가하였고, 1846년에는 단양 우씨 21호 중 주호의 직역이 기재되지 않은 1호를 제외한 나머지 20호가 모두 상층호였다. 이에 비해 경주 최, 김해 김씨 주호의 직역상승은 그 증가세가 단양 우씨에 비해 작을 뿐 아니라 이들 2개 성관은 호수 또한 대폭 줄어들었다. 이러한 사실은 단양 우씨의 경우 직역상승의 추세가 다른 성관에 비해 컸음을 보여준다. 앞의〈표 5〉에서 볼 수 있듯이, 1846년 광리에는 여전히 적지 않은 중층호가 있었다. 1846년 광리의 총호수는 75호였으며, 이 중에서 24호가 중층호였다. 이러한 사실과 단양 우씨의 직역상승 결과를 비교해 볼 때, 단양 우씨의 상층직역으로의 상승이 경주 최, 김해 김씨 뿐 만 아니라 마을내의 다른 성관들보다 훨씬 앞섰음을 확인시켜 준다. 이러한 단양 우씨의 직역상승 추세는〈그림 1〉을 통해 좀 더 구체적으로 확인할 수 있다.

〈그림 1〉은 앞의〈표 6〉에 제시된 단양 우씨호의 계층분포를 백분율(%)로 환산하여 그래프화한 것이다. 상층호와 중층호의 비율은 백분율(%)로 표시하였다. 全 시기동안 하층호는 전혀 기재되지 않았으며, 주호직역이 기록되지 않은 소수의 호들이 있다. 따라서 하층호와 주호직역이 기재되지 않은 호는 백분율(%)을 표기하지 않았다.〈그림 1〉을 보면, 소수의 職役無記戶가 기재된 1768년을 제외한 나머지 18세기 후반 호적대장에는 단양 우씨호의 주호직역이 중층직역자인 경우가 100%였다. 이 때 단양 우씨호의 주호는 匠人 및 일반 軍役者가 대부분이었다. 단양 우씨로 개관하기 전인 1684년 대구 우씨호의 주호직역이 모두 匠人 또는 甕匠으로 기재되었던 것과 비교해 볼 때, 100여년이 지난 뒤에도 단양 우씨의 직역은 큰 변화가 없었음을 알 수 있다.

〈그림 1〉 광리 단양 우씨의 계층변화의 추이

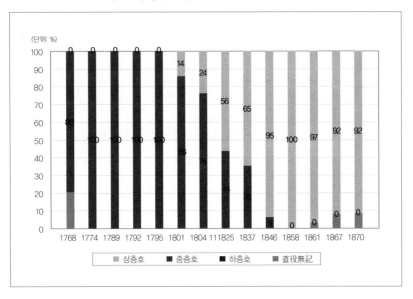

그런데 19세기에 들어 단양 우씨호의 직역분포가 변화하기 시작하였다. 1825년의 그래프를 보면 상층호 56%, 중층호 44%로 상층호가 중층호의 비율을 앞지르기 시작하였다. 광리에 단양 우씨의 동성마을이 형성되었을 것으로 여겨지는 1858년의 그래프에는 단양우씨호의 주호직역이 상층직역으로 상승한 비율이 100%였음을 볼 수 있다. 이러한 변화는 광리 안의 다른 성관 뿐 아니라 대구부의 다른 지역의 직역상승세를 상회하는 것이었다.

직역상승을 통해 사회적 위상을 높이려는 단양 우씨의 의도는 결과적으로 동성마을을 형성할 수 있었던 하나의 요건이 되었을 것이다. 단양 우씨는 인적 구성원의 확대를 비롯하여 직역상승의 측면에서도 다른 성관을 압도하였고, 그 결과 단양 우씨가 타성관을 배제하고 주도적 위치를 차지했던 것으로 여겨진다.

이상과 같이 19세기 중반 무렵 해북촌 광리에는 단양 우씨의 동성마을이 형성되었던 것으로 보인다. 광리는 본래 상층양반이 거의 거주하지 않았고, 여러 성관을 가진 평민들이 거주한 전형적인 민촌이었다. 광리는 상대적으로 양반의 영향력이 적었던 마을이었던 것이다. 마을의 규모 역시 18세기 중반~19세기 후반까지 50~80호 정도를 유지한 작은 마을이었다. 이러한 광리의 특성은 평민층인 단양 우씨가 이곳에 동성마을을 형성하기에 용이한 조건으로 작용했을 것이다. 단양 우씨는 오랜 시간의 世居를 통해 인적 구성원을 확대하고, 양반층이 영향력이 적었던 마을에서 마을내의 다른 평민들보다 앞서 직역상승을 이룸으로써 마을의 주도권을 차지했던 것으로 보인다. 단양 우씨의 동성마을의 형성과정에서 확인할 수 있었던 이러한 특징은 평민 동성마을의 형성요건을 잘 보여주는 것으로 여겨진다.

4. 同姓마을 구성원의 혈연적 연관성과 혼인관계

동성마을에 대한 개념규정과 이를 분류하는 기준은 다양하지만, 거의 대부분의 연구자들이 공통적으로 제시한 기준은 인적 구성의 문제이다. 특정 姓貫이 마을 내에서 타 성관에 비해 수적 우위를 점하는 것은 마을 내에서 지배적인 영향력을 행사하기 위해 갖추어야 할 가장 기본적인 요건이었던 것으로 이해되고 있다. 또한 동성마을의 구성원들 사이에는 혈연적 연관성이 밀접한 것으로 보았다. 물론 마을의 운영에 지배적인 영향력을 행사하기 위해서는 인적 구성의 우위 뿐만 아니라 族的인 기반하에서 다양한 문중활동이 이루어져야 하지만 일정한 수준 이상의 血緣的 集居는 동성마을을 형성하기 위한 필수적인 요건이었다.

또한 양반 동성마을의 경우 구성원 사이에 혈연적 연관성이 밀접했다는 특성을 갖고 있었다. 즉, 특정 성관내에서도 단일한 계보 또는 계파별로 집거했던 것으로 이해되고 있다. 그런데 평민 동성마을은 구성원들이 단일 계파로 이루어지지 않았거나 혈연적 연관성이 없는 경우가 많았을 것으로 추정되며, 이러한 사실은 양반 동성마을과 평민 동성마을의 가장 큰 차이로 인식되는 경향이 강하다. 그렇다면 광리에 집거한 단양 우씨들의 혈연적 연관성은 어떠했을까? 이 문제의 해명을 위해 광리 단양 우씨의 혈연관계에 대해 검토해 보았다. 〈표 7〉을 보자.

〈표 7〉은 단양 우씨가 광리에서 동성마을을 형성한 시점으로 여겨지는 1858년을 기준으로 작성된 것이다. 1858년 광리의 단양 우씨호는 총 28호였다. 단양 우씨호의 주호 28명을 기준으로 1684~1846년까지 약 160년 사이의 호적대장에 기재된 祖先의 계보관계를 추적하여〈표 7〉을 작성하였다. 그 결과 1858년 광리에 거주하는 단양 우씨는 모두 단일한 계보를 가진 혈족관계였음을 확인하였다. 광리 단양 우씨의 혈연관계를 구체적으로 살펴보면, 이들은 모두 1684년 해북촌 여을어리 4통 3호의 주호인 禹忠立의 자손들이었다. 우충립은 직역이 甕匠으로 기재되어 있었고, 1684년에는 단양 우씨로의 改貫하기 이전이었기 때문에 성관이 대구 우씨였다.[14]

1858년 광리에 거주했던 단양 우씨호의 주호는 우충립의 6~9대손이었으며, 6,7대손이 주류를 이루었다. 이들은 모두 우충립의 두 아들인 우득룡과 우잔자미의 자손들로써 특히 우득룡의 자손이 대다수를 차지하였다. 28명의 주호 중에서 7통 4호의 주호 희선과 11통 4호의 주호 병선만이 우잔자미의 자손이었고, 나머지 26호의 주호는 모두 우충립의 아들인 우득룡의 자손들이었다.

---

14)『慶尙道大丘府戶籍大帳』解北村 汝乙於里 四統 三戶, 1684年.

統-戶	主戶 이름	계보(父~)	공통 祖先	공통 祖先 과의 관계
1-1	상박	흥휴-재성-명식-예도-덕상-칠성-득룡-충립	충립	8代孫
1-3	노홍	만흥-명룡-예도-덕상-칠성-득룡-충립	충립	7代孫
1-5	진형	기룡-봉세-덕인-칠성-득룡-충립	충립	6代孫
2-3	영문	명현-예서-덕숭-칠성-득룡-충립	충립	6代孫
3-1	진문	명현-예서-덕숭-칠성-득룡-충립	충립	6代孫
3-3	만업	명룡-예도-덕상-칠성-득룡-충립	충립	6代孫
4-1	하석	진옥-명천-예도-덕상-칠성-득룡-충립	충립	7代孫
4-3	계성	만국-명룡-예도-덕상-칠성-득룡-충립	충립	7代孫
4-4	계홍	복주-명수-예도-덕상-칠성-득룡-충립	충립	7代孫
5-1	효문	명관-예서-덕숭-칠성-득룡-충립	충립	6代孫
5-3	인석	삼성-명재-예도-덕상-칠성-득룡-충립	충립	7代孫
6-1	진민	기룡-봉세-덕인-칠성-득룡-충립	충립	6代孫
6-2	계순	경윤-재인-명식-예도-덕상-칠성-득룡-충립	충립	7代孫
6-5	창률	흥규-일성-명재-예도-덕상-칠성-득룡-충립	충립	7代孫
7-2	만석	재홍-명식-예도-덕상-칠성-득룡-충립	충립	7代孫
7-4	희선	성백-수원-태상-언봉-잔자미-충립	충립	6代孫
8-1	영진	재홍-명식-예도-덕상-칠성-득룡-충립	충립	7代孫
8-4	영석	삼성-명재-예도-덕상-칠성-득룡-충립	충립	7代孫
8-5	흥록	재선-명식-예도-덕상-칠성-득룡-충립	충립	7代孫
9-1	규준	흥팔-두성-명재-예도-덕상-칠성-득룡-충립	충립	8代孫
9-2	상률	원규-일성-명재-예도-덕상-칠성-득룡-충립	충립	8代孫
9-4	흥억	두성-명재-예도-덕상-칠성-득룡-충립	충립	7代孫
11-4	병선	순선-윤삼-태상-언봉-잔자미-충립	충립	6代孫
12-4	회경	양철-만제-재홍-명식-예도-덕상-칠성-득룡-충립	충립	9代孫
13-4	재문	백선-명수-예도-덕상-칠성-득룡-충립	충립	7代孫
14-2	정술	일순-복선-명수-예도-덕상-칠성-득룡-충립	충립	8代孫
14-5	대규	맹철-일순-복선-명수-예도-덕상-칠성-득룡-충립	충립	9代孫
14-8	기홍	복주-명수-예도-덕상-칠성-득룡-충립	충립	7代孫

또한 1858년 광리에 거주한 단양 우씨를 기준으로 볼 때, 이들은 대부분 우예도의 3, 4대손이었다. 즉, 우예도는 1858년 광리에 거주하는 단양 우씨의 曾祖 또는 高祖인 경우가 많다. 이는 1858년 광리 단양우씨가 가까운 촌수이내의 혈연관계를 갖고 있었음을 의미한다. 우예도는 광리 단양 우씨 공통의 祖先인 우충립의 4대손이다.

이와 같이 광리의 단양 우씨는 공통의 祖先에서 비롯된 단일한 계보를 가진 사람들이었다. 이러한 사실은 평민 동성마을내의 구성원들은 혈연적 연관성이 없거나 또는 여러 계보에서 비롯되었다는 기존의 이해와는 상충된다. 광리의 단양 우씨는 오랜 기간에 걸친 世居로 혈연적 연관성을 유지하고 있었던 것으로 보인다. 아직 본격적인 연구 성과가 많지 않기 때문에 평민 동성마을 구성원의 혈연적 연관성에 대해서 단언하기는 어렵다. 단, 평민 동성마을은 형성과정에 따라 그 내부적 구성원리가 달랐을 가능성이 있다.[15]

한편, 조선시대 양반들은 그들의 家格을 유지하기 위해 사회적인 지위가 동일하거나 혹은 상위의 가문과 통혼 관계를 형성하고자 했다. 경상도 단성현의 유력 성관이었던 안동 권씨의 사례를 보면, 이들은 17세기 후반 동성마을을 형성한 이후 인근의 유력성관이나 가문과 중첩된 혼인관계를 맺었다. 단성현 안동 권씨의 배우자는 16개 성관에 집중되었고, 이들 16개 성관의 배우자가 차지하는 비중이 세대별로 50% 수준을 상회하였던 것으로 보고되었다.[16] 단성현의 상산 김씨의 통혼 양상

---

15) 이러한 문제는 평민 동성마을에 대한 사례연구가 좀 더 축적된 이후 그 일반적 경향을 확인할 수 있을 것으로 생각된다.

16) 권내현, 「조선후기 동성촌락 구성원의 통혼 양상–단성현 신등면 안동권씨 사례」, 『한국사연구』 132, 한국사연구회, 2006, 111~114면.

도 안동 권씨와 유사한 경향을 보이고 있었다.[17] 이와 같이 양반 동성마을의 특성 중의 하나가 유력성관이나 가문과 중첩적으로 통혼권을 형성했다는 점이었다. 그런데 평민층이었던 광리의 단양 우씨의 통혼 양상은 양반 동성마을과는 다소 차이가 있었던 것으로 보인다. 광리의 단양 우씨의 혼인관계는 다음의〈표 8〉을 통해 확인할 수 있다.

〈표 8〉은 1768~1870년 광리 단양 우씨호의 주호부부를 대상으로 단양 우씨의 배우자 성관을 집계한 것이다. 1768~1870년 사이에 작성된 14개 식년의 단양우씨호를 합하면 총 260호가 기재되어 있다. 이 중에서 여러 식년에 걸쳐 중복기재된 호와 주호의 배우자기록이 없는 호 등을 제외하고, 주호의 배우자 성관을 직접 확인할 수 있는 호는 총 114호이다.

이들 114호의 주호 배우자성관을 검토해 보면, 광리 단양 우씨는 46개 성관과 혼인관계를 맺었음을 확인할 수 있다. 무성층과 혼인한 사례도 2건이 발견된다.〈표 8〉을 통해 볼 때, 광리 단양 우씨와 가장 많은 혼인관계를 맺은 성관은 김해 김씨였다. 김해 김씨와 혼인을 한 사례는 모두 24건에 달한다. 월성 최씨와의 혼인관계는 6건, 월성 이씨와의 혼인 관계가 5건이었으며 그 이외의 성관과의 혼인관계는 100여년 동안 1~3건에 지나지 않음을 볼 수 있다. 따라서 광리 단양 우씨는 김해 김씨를 제외하고는 특별히 중첩된 혼인관계를 맺지 않았음을 알 수 있다.

단양 우씨와 가장 많은 혼인관계를 맺은 김해 김씨는 대구부의 大姓 중 하나였다.[18] 그런데 김해 김씨는 수적으로는 대구부에서 가장 많은

---

17) 이성임, 「조선 후기 동성촌락 구성원의 혼인관계−단성현 법물야면 商山金氏 사례를 중심으로−」,『한국사학보』32, 고려사학회, 2008, 257~258면.

18) 김경란, 「조선후기 도시 지역의 姓貫 변동 −大丘府 西上面을 중심으로」,『대동문화연

〈표 8〉 광리 단양 우씨의 배우자 성관

배우자 성관	수치	배우자 성관	수치
감천 황	1	월성 이	5
경주 김	2	월성 최	6
경주 박	1	은진 송	2
경주 유	2	인동 장	3
경주 이	1	일주 유	2
경주 최	4	제주 고	1
김녕 김	3	진주 강	1
김해 김	24	창녕 조	2
나주 추	4	창원 황	2
남평 문	1	청송 남	1
달성 배	1	청주 고	1
달성 서	1	청주 양	2
대구 배	3	청주 한	1
동래 정	2	초계 변	2
밀양 손	3	초계 하	1
밀양 박	3	추계 추	2
벽진 이	1	파평 윤	3
안동 김	1	하빈 이	1
연안 임	1	하양 허	2
연일 정	2	함안 조	2
영양 남	1	해주 오	3
영천 이	1	회덕 송	1
완산 이	2	無姓層	2
월성 박	1	합계	114

구』 71, 성균관대학교 대동문화연구원, 2010, 79면 〈표 3〉 참조.

비율을 차지한 성관이었지만, 사회적 위상의 측면에서 볼 때 대구부의 유력 성관은 아니었던 것으로 보인다. 18세기 이후 급격한 有姓化 현상이 진행되는 과정에서 대구부의 無姓層들이 획득한 대표적 성관이 김해 김씨이기도 하였다.

광리 단양 우씨와 혼인한 김해 김씨의 가계기록을 추적해 보면, 대다수가 일반 군역자 등의 중층 직역자들이었다. 따라서 광리의 단양 우씨들이 특별한 의도를 갖고 김해 김씨와 중첩된 혼인관계를 형성한 것은 아니었던 것으로 보인다. 즉, 광리 단양 우씨의 혼인관계를 통해서는 여타 양반 동성마을처럼 혼인을 통해 사회적 지위를 확보하려는 양상을 확인하기는 어렵다.

그런데 광리 단양 우씨의 혼인관계에서 한 가지 남은 문제는 통혼의 지역적 범위에 관한 것이다. 양반 동성마을의 경우 특정 성관과의 중첩된 통혼은 인근에 유력 가문이 존재하거나 그들의 동성마을이 형성되어 있었기 때문이었다. 앞에서 소개한 경상도 단성현의 안동 권씨의 사례를 보면, 안동 권씨 여성 배우자의 26.7%가 같은 단성현 관내 출신이었으며, 단성관내에서는 같은 면이나 인접한 면 출신의 배우자가 많았다. 특히 면내에서도 같은 촌락 출신의 인물과 혼인한 경우가 전체 13건 중 9건이나 되었다. 이는 인근에 유력가문이 존재하거나 그들의 동성마을이 발달하고 있었기 때문에 가능한 것이었다.[19] 이러한 양반 마을에 비해 광리 단양 우씨의 배우자의 출신촌락은 특정 마을에 집중되어 있지 않았다. 〈표 9〉는 이러한 양상을 잘 보여준다.

〈표 9〉는 앞의〈표 8〉과 마찬가지로 1768~1870년 사이의 호적대장에

---

19) 19) 권내현, 앞의 논문, 2006, 118면.

<표 9> 광리 단양 우씨 배우자의 출신촌락

출신촌락	해북촌								해북촌내 미확인
	광리	능성리	미대리	백안리	인산리	중산리	진정리	평리	
수치	4	5	1	5	2	4	3	4	86
	28								
비율(%)	25%								75%
합계	114								

기록된 광리 단양 우씨호의 주호부부를 대상으로 단양 우씨 배우자의 출신촌락을 집계한 것이다. 통혼의 지역 분포를 밝히는 것은 쉽지 않다. 족보에는 배우자의 출신 지역이 기록되지 않았기 때문에 통혼권의 지역 분포를 확인할 수 있는 자료는 호적대장이 유일하다. 배우자의 四祖기록을 토대로 호적대장에 기재된 출신지역을 확인하는 방법을 통해 통혼권의 지역 분포를 확인할 수 있다. 그런데 해북촌 거주자가 아닌 경우에는 배우자의 출신 촌락을 찾기 어렵고, 호적대장에 누락된 사람이 다수 있는 것을 감안하면 호적대장을 통해 통혼권의 지역적 범위를 복원하는 것은 일정한 한계가 있다. 하지만 통혼권의 지역적 분포의 경향성은 확인할 수 있을 것이다.

〈표 9〉에서는 단양 우씨 배우자의 출신 촌락이 해북촌 내부의 마을에서 확인되는 사례와 해북촌의 호적대장에서 확인되지 않아 해북촌 외부마을이었을 가능성이 큰 사례로 구분하였다.〈표 9〉를 통해 보면, 해북촌 출신 배우자와 혼인을 한 비율은 25%, 해북촌 외부출신 배우자와 혼인을 비율은 75%로 나타난다. 그런데 광리 단양 우씨의 배우자 출신촌락은 특정한 마을에 집중되지 않았음을 볼 수 있다. 100여년 동안 해북촌 내부의 마을 중 단양 우씨가 가장 많은 혼인을 한 곳은 능성리와 백안리로 각각 5건

에 불과하다. 이 중 능성리 출신의 배우자 성관을 보면, 밀양 박씨 1건, 경주 김씨1건(이상 1768년), 김해 김씨 1건(이상 1789년), 김녕 김씨 1건, 달성 서씨 1건(이상 1861년)이다. 이 5건의 혼인관계는 배우자가 모두 능성리 출신이었지만 특정성관에 집중되지 않았던 것이다. 이러한 사실은 단양 우씨 배우자는 전혀 특정 촌락내의 특정 성관에 집중되지 않았다는 점을 확인시켜 준다. 양반 동성마을의 통혼이 동성마을 등의 특정 촌락에 거주하는 몇몇 성관에 집중되었던 것과는 대비되는 사실이다.

이상과 같이 광리 단양 우씨는 공통의 祖先에서 비롯된 단일한 계보를 가진 사람들이었다. 광리의 단양 우씨는 오랜 기간에 걸친 世居로 혈연적 연관성을 유지하였고, 이를 바탕으로 동성마을을 형성할 수 있었던 것으로 여겨진다. 그런데 양반 동성마을의 구성원들이 인근의 유력성관이나 대표적 동성마을의 구성원과 혼인을 함으로써 사회적 지위를 적극적으로 유지하려 했던 것과 달리 광리 단양 우씨들은 혼인을 통한 사회적 지위 상승을 도모하지는 않았던 것으로 보인다. 이는 광리의 단양 우씨가 평민층이었기 때문에 쉽게 도모할 수 있는 일이 아니었을 것이다.

광리 단양 우씨의 사례에서 볼 수 있었듯이, 19세기 이후 동성마을의 형성주체는 양반 뿐 아니라 평민층으로까지 분화되었다. 평민 동성마을은 광리 단양 우씨의 경우처럼 구성원들 사이에 밀접한 혈연적 연관성을 가진 마을도 있었다. 이러한 평민 동성마을의 형성은 조선후기 친족질서 전반에 나타났던 일반민의 상층지향성이 주요한 원인 중 하나로 여겨진다. 그러나 평민 동성마을은 동일 성관의 血緣的 集居라는 측면에서 외형적으로 양반 동성마을과 유사하였지만, 그 내부적인 구성은 다른 측면들이 있었음을 확인할 수 있었다. 또한 동성마을의 유지, 강화를 위해서는 族的인 기반을 강화하는 여러 門中활동이 수반되어야 한다. 그러나 평민 동성마을이 족적결합을 위한 구체적 활동을 했는지의 여부를 호적대장을 통해서 확인할 수는 없다. 그런데 광리 단양 우씨의 동성마을이 1930년대까지 유지, 확대되었던 사실에 비추어볼 때, 평민 동성마을에서도 이러한 족적 활동이 있었을 가능성을 배제할 수 없다. 族契의 新設이나 族譜의 創刊 등이 오히려 19세기 말~20세기 초에 활발하였다는 점은 이러한 가능성을 유추할 수 있게 한다. 이에 대해서는 별도의 연구가 있어야 할 것으로 보인다.

5. 맺음말

『경상도대구부호적대장』의 기록에 의하면, 대구부의 동성마을은 주로 18세기 후반~19세기 중반에 본격적으로 형성되기 시작했으며, 19세기 후반 내지 20세기에 형성된 마을도 적지 않았다. 그리고 여기에는 평민 동성마을로 규정할 수 있는 마을들이 포함되었는데, 그 대표적인 사례가 해북촌 광리의 단양 우씨 동성마을이다. 해북촌 광리에 형성된 단양 우씨 동성마을의 형성과정에서 나타난 여러 특징들을 정리하면 다음과 같다.

해북촌의 호적대장에 단양 우씨가 처음 기재되었던 것은 1732년 여(을)어리였다. 그런데 단양 우씨는 이 때 새롭게 해북촌에 정착한 것은 아니었다. 1732년 해북촌 여(을)어리에 거주했던 단양 우씨호의 구성원은 이전 식년에서 모두 대구 우씨를 칭하였는데, 18세기 전반 무렵 단양 우씨로 개관하였던 것이다. 이후 1747~1768년 사이에 해북촌의 里편제가 상당히 바뀌었고, 그 과정에서 단양 우씨가 거주했던 여(을)어리가 광리로 바뀌었다. 마을의 명칭은 바뀌었지만 단양 우씨는 그들이 정착했던 마을에서 지속적으로 거주하였으며, 19세기 중반 무렵인 1858년에는 28호까지 그 수적 확대를 이루게 되었다. 이를 통해 볼 때, 수적인 측면에서는 19세기 중반 무렵 광리에 단양 우씨의 동성마을이 형성되었던 것으로 보인다.

광리의 단양 우씨가 동성마을을 형성해 가는 과정은 다른 동성마을과 크게 다르지 않아 보인다. 즉, 異姓이 雜居하던 마을에서 특정 성관이 인적 구성원의 측면에서 여타 성관들을 압도함으로써 마을의 주도권을 잡고, 여타 성관들을 배제해 가는 과정은 다른 동성마을과 크게 다르지 않다. 그런데 광리의 단양 우씨는 조선후기의 전형적인 양반이 아니었으며, 그들의 동성마을이 된 광리에서는 양반을 찾아 보기 어렵다. 광리는 본래 상층양반이 거의 거주하지 않았고, 여러 성관을 가진 평민들이 거주한 전형적인 민촌이었던 것이다. 마을의 규모 역시 18세기 중반~19세기 후반까지 50~80호 정도를 유지한 작은 마을이었다.

중층직역자가 대다수였던 단양 우씨는 19세기 이후 마을 내의 다른 성관들에 앞서 상층직역으로 상승하였다. 직역상승을 통해 사회적 위상을 높이려는 단양 우씨의 의도는 결과적으로 동성마을을 형성할 수 있었던 하나의 요건이 되었을 것이다. 단양 우씨는 오랜 시간의 世居를 통해 인적 구성원을 확대하였고, 양반층이 영향력이 적었던 마을에서 여타 성관보다 앞서 직역상승을 이룸으로써 마을의 주도권을 가질 수 있었던 것이다. 단양 우씨의 동성마을의 형성과정에서 확인할 수 있었던 이러한 특징은 평민 동성마을의 형성요건을 잘 보여주는 것으로 여겨진다.

한편, 광리의 단양 우씨는 공통의 祖先에서 비롯된 단일한 계보를 가진 사람들이었다. 이러한 사실은 평민 동성마을내의 구성원들은 혈연적 연관성이 없거나 또는 여러 계보에서 비롯되었다는 기존의 이해와는 상충된다. 광리의 단양 우씨는 오랜 기간에 걸친 世居로 혈연적 연관성을 유지하고 있었던 것으로 보인다. 아직 본격적인 연구 성과가 많지 않기 때문에 평민 동성마을 구성원의 혈연적 연관성에 대해서 단언하기는 어렵지만, 형성과정에 따라 그 내부적 구성원리가 달랐을 가능성이 있다.

양반 동성마을은 유력성관이나 가문과 중첩적으로 통혼권을 형성했던 것으로 알려져 있다. 그런데 평민층이었던 광리 단양 우씨의 통혼양상은 일반적인 양반 동성마을과는 다소 차이가 있었다. 즉, 양반 동성마을처럼 특정 성관과 중첩된 혼인관계를 맺지 않았으며, 혼인을 통해 사회적 지위를 확보하려는 양상을 확인하기는 어렵다. 또한 단양 우씨의 배우자의 출신촌락 역시 특정 마을에 집중되어 있지 않았다. 평민 동성마을의 통혼양상은 양반마을의 그것과 확연하게 차이가 있었던 것이다.

광리 단양 우씨의 사례에서 볼 수 있었듯이, 19세기 이후 동성마을의 형성주체는 양반 뿐 아니라 평민층으로까지 분화되었다. 평민 동성마을은 광리 단양 우씨의 경우처럼 구성원들 사이에 밀접한 혈연적 연관성을 가진 마을도 있었다. 이러한 평민 동성마을의 형성은 조선후기 친족질서 전반에 나타났던 일반민의 상층지향성이 주요한 원인 중 하나로 여겨진다. 그러나 평민 동성마을은 동일 성관의 혈연적 집거라는 측면에서 외형적으로 양반 동성마을과 유사하였지만, 그 내부적인 구성은 다른 측면들이 있었음을 확인할 수 있었다.

또한 동성마을의 유지, 강화를 위해서는 족적인 기반을 강화하는 여러 문중활동이 수반되어야 한다. 그러나 평민 동성마을이 족적결합을 위한 구체적 활동을 했는지의 여부를 호적대장을 통해서 확인할 수는 없다. 그런데 광리 단양 우씨의 동성마을이 1930년대까지 유지, 확대되었던 사실에 비추어볼 때, 평민 동성마을에서도 이러한 족적 활동이 있었을 가능성을 배제할 수 없다. 族契의 결성이나 族譜의 발간 등 평민 동성마을내의 족적기반 강화를 위한 활동이 어떻게 전개되었는지의 문제는 평민 동성마을의 성격을 이해하기 위해 주요한 연구과제이다. 이는 향후의 연구로 돌린다.

[원문출처: 『사학연구』 128, 2017]

산 자와 죽은 자의 기재
: 戶籍과 族譜에 대한 역사인구학의 관점

손병규

1. 머리말

조선왕조는 치안과 징수 등, 통치 및 재정운영을 목적으로 살아있는 현 거주민을 '戶'와 '口'로 파악하였다. 조선왕조의 호적은 호구를 대상으로 하는 '軍役'과 '徭役'의 징발과 그것을 빌미로 하는 현물징수를 위한 기본대장으로 활용되어 왔다. 조선왕조 재정운영시스템은 국가재정 수입이 토지세 징수로 일원화하는 경향 가운데에서도 노동력 동원을 다른 한 축으로 삼고 있었다. 호적은 왕조말기에 이르기까지 끊임없이 작성되었는데, 지역단위 '戶口總數'의 할당과 호구의 편제에 기초한 징수·징발이 특히 지방재정 운영상의 현실적인 필요성에 의거했기 때문이다.[1]

---

1) 송양섭, 「조선후기 신분·직역 연구와 '직역체제'의 인식」, 『朝鮮時代史學報』 34, 朝鮮時代史學會, 2005, 127~157면; 권내현, 「조선 후기 호적, 호구의 성격과 새로운 쟁점」, 『韓國史研究』 135, 韓國史研究會, 2006, 279~303면; 심재우, 「조선후기 사회변동과 호적대장 연구의 과제」, 『역사와 현실』 62, 한국역사연구회, 2006, 223~246면; 재정자료로서의 호적의 의미에 대해서는 단성호적연구팀, 『단성호적대장연구』, 대동문

한국의 족보는 일찍부터 '부계혈연집단의 결집을 위한 물적 근거의 하나'로 인식되었으며, 이후의 일반론으로 받아들여져 왔다.[2] 머나먼 과거의 선조로부터 후대로 이어지고 방계로 확대되는 계보를 그리면서 '부계혈연적' 정통성을 공유하고 증명할 것을 목적으로 편찬되었다고 여겨졌다. 그러나 족보에 기재된 많은 사람들이 매우 광범위하게 흩어져 거주하거나 평생 서로 인지하지 못하는 경우가 많다는 사실에 직면하게 된다. 족보에 '부계혈연집단'의 결집을 증명할 만큼 기재된 사람들 사이의 유대관계를 느끼기 어려운 것이다. 이것은 첫째로 족보 편찬의 다른 보다 근본적인 목적이 있지 않을까 하는 의문, 둘째로 오히려 유대관계의 느슨함이 족보편찬의 의지을 자극했을지도 모른다는 생각에 주의를 기울이게 한다. 무엇보다 주목해야 하는 점은 족보가 후손들에 의해서 이미 오래전에 죽은 선조들을 기억하는 방법으로 편찬된다는 사실이다. 기억 속에 남기고 싶은 대로 인물정보가 기재되거나 아예 잊혀지는 선조도 있을 것이다.[3]

조선왕조 호적과 족보의 자료적 특성에 대해서는 많은 연구가 진행되어왔다. 여기서는 그러한 연구에서 한걸음 더 나아가 자료 작성의 필요성과 계기를 기재 인물의 신분, 즉 사회적 위상으로부터 살펴봄으로써 자료적 특성을 재고해보고자 한다. 다음으로 '역사인구학'이라는 방

<hr>

화연구원, 2004; 손병규, 「호적대장의 재정사적 의의」, 『史林』 16, 수선사학회, 2001a, 285~313면 참조.

2) 김경란, 「조선후기 가족제도 연구의 현황과 과제」, 『조선후기사 연구의 현황과 과제(姜萬吉教授停年紀念)』, 창작과 비평, 2000, 376~406면.

3) 손병규, 「족보의 인구기재 범위 – 1926년경에 작성된 합천이씨의 세 파보를 중심으로 –」, 『古文書研究』 28, 韓國古文書學會, 2006a, 265~298면; 「인구사적 측면에서 본 호적과 족보의 자료적 성격」, 『大東文化研究』 제46집, 성균관대학교 대동문화연구원, 2004, 79~110면.

법론의 관점에서 호적과 족보에 기재된 인물정보를 연구에 활용하는 방안과 더불어 그러한 관점에서 시도된 몇 가지의 분석을 소개하고자 한다. 끝으로 역사인구학의 관점에서 '현존하는 가족'의 현상과 그 변화 —life course—를 추적한 연구를 소개함과 더불어 '가족사' 연구에 대한 몇 가지 방안을 제시하고자 한다.

호적장부상의 호구 파악방법은 첫째, 법제로 가족을 설정하여 개별 호별로 호 대표자와 구성원들의 가족관계 및 인적 사항을 일일이 기록하는 '戸籍'을 몇 년마다 한번 씩 정기적으로 작성하는 것이다. 둘째로, 일정한 행정구획을 설정하고 호마다 구성원과 國役의 통계적 파악을 나열하거나, 해당구역 전체 호구수를 집계하는 '戸口簿'를 작성하는 것이다.[4] 정부는 이러한 일률적인 인신 파악에 근거하여 집권적인 통치를 수행하고자 했다. 전자는 성명, 성별, 나이, 가족관계 등, 인구학적 요소가 기록되며, 후자는 일종의 인구통계라 할 수 있다. 또한 족보의 계보에는 世代別 인물의 출몰 시기와 자녀 및 배우자에 대한 기록을 기재하고 있다. 부부와 자식으로 구성되는 '인구학적 가족'을 재구성하여 인구 분석을 시도할 수 있다.

역사인구학은 근대적인 총인구조사(census)가 행해지기 이전 단계의 인구현상과 변동을 연구하는 학문이다. 프랑스는 제2차세계대전 후에 독일에 패전한 인구학적인 원인을 출산력이 저하하여 전쟁을 치룰 연령대가 감소한 것에서 찾았다. 이에 국립인구학연구소(INED)는 프랑스의 장기적인 출산력 변화에 대한 분석을 하나의 과제로 했으며, 여기에 루이 앙리(Louis Henry, 1911~1991)가 인구조사 자료에 대신하는 과거의 인

---

4) 손병규, 『호적: 1606~1923, 호구기록으로 본 조선의 문화사』, 휴머니스트, 2007, 26~53면.

구자료를 찾아 인구학 분석에 돌입했다. 이후의 연구자들은 맬서스의 인구억제 이론의 타당성을 수용하고 나아가 그것을 넘어서는 문제인식을 지속적으로 제시해왔다.[5]

역사인구학은 분과학문의 틀에서는 엄연히 사회과학 연구방법론이다. 역사인구학 연구방법은 사회경제사적 관점에서 인구통계자료의 표면적 관찰에 그치던 당시의 인구사 연구를 비판하고, 인구변동의 보다 근본적인 원리를 발견할 수 있다는 학술사적 발전을 기치로 대두되었다.[6] 그러나 그로부터 발견되는 인구변동의 핵심적인 요소는 정보의 전달과 언어나 문화의 공유 등과 같은 사회문화사적 요인임이 밝혀졌다. 현재 역사인구학은 사회경제사를 위시한 역사학적 연구와 분리되어 진행되지 않는다. 마찬가지로 사회경제사 연구에 역사인구학 분석방법이 활용되고 있으며, 그것을 호적과 족보 자료에 시도해보고자 하는 것이다.

2. 호적과 족보에 기재된 인물의 신분 정보

1) 戶籍의 신분 정보

중국 고대 호적에는 개개인에게 국가 '공공업무수행'으로서의 官職과 軍役으로 대표되는 '職役'이 기재되었다.[7] 군역은 농민을 유사시에 병

5) J. DENNIS WILLIGAN, KATHERINE A. LYNCH, *"Sources and Methods of Historical Demography"* Academic Press, New York, 1982; 速水 融, 『歷史人口學の世界』, 岩波書店, 1997.

6) Wrigley, Edward A. and Roger S. Schofield, *"The Population History of England, 1541~1871"*. London, Cambridge university press, 1989. pp.1~12.

7) 윤재석, 「진한대 호구부와 그 운영」, 권오중 외, 『낙랑군 호구부 연구』, 동북아역사재

사로 동원하거나 정기적인 경계의 임무로서 번을 세우는 것을 말한다. 그런데 중국 唐代 이후에 빈번한 전쟁에 대응하기 위해 전문군인을 양성하는 한편, 농민은 농사에 전념하여 생산성을 높이는 대신에 군인양성 비용을 토지세로 납부토록 했다. 이러한 '兵農分離' 정책으로 이후의 왕조에서는 호적상에 농민을 파악할 때에 신분제와 함께 이 직역 기재도 사라지게 되었다. 반면 고려와 조선은 朝貢體制에 편입되어 冊封國으로서 '兵農一致'의 軍役 제도를 고수함으로써 신분과 직역이 여전히 호적에 기재되었다.[8] 신분 및 국역체계에 의거한 호구파악방법이 견지된 것이다.

'호구'는 가족과 그 구성원을 이르는 말인데, 통치 및 재정 정책의 의도에 따라 편제되었다. 호적의 '元戶'는 혈연가족의 家長을 '主戶'로 하여 奴婢, 雇工, 保人 등의 종속적 인물들이 개인 자격으로 등재되는 '家父長的 家'를 전형으로 했다—호는 家長이 혈연 가족들의 '父'이면서 종속적 인물들의 '父와 같은 자'로 존재하는 소위 고대적인 '家父長'의 가족을 상정한다—.[9] 그런데 실제로는 주호의 혈연가족 이외에 친인척이나 종속적 인물들이 개별 가족으로 존재하거나, 호적에 기재되지는 않지만 원호 산하에 '夾戶'로 존재하는 가족들이 있었다.[10] 호적상의 '戶'는 이러한 여러 가족들을 망라하여 하나의 '家'로 간주한 결과라고

---

8) 李榮薰, 「朝鮮前期・明代の戶籍についての比較史的検討」, 『東アジア専制国家と社会・経済—比較史の観点から—』, 東京 青木書店, 1993, 147~184면.

9) 瀨地山 角, 『東アジアの家父長制——ジェンダーの比較社会学』, 勁草書房, 1996; 吉田浤一, 「中國家父長制論批判序說」, 『中國専制國家社會統合—中國史像再構成Ⅱ』, 中國史研究會編, 文理閣, 1990, 55~115면.

10) 李榮薰, 「6장. 彦陽戶籍을 통해 본 主戶—夾戶關係와 戶政의 運營狀況」, 『朝鮮後期社會經濟史』, 한길사, 1988; 「朝鮮時代의 主戶—夾戶關係 再論」, 『古文書研究』 25, 한국고문서학회, 2004, 1~32면.

할 수 있다. 국가는 신분 및 국역체계에 의거한 가족 사이의 권력관계
—지배예속관계—를 전제로, 주호가 호단위로 여러 가족들을 관리보호
하는 관계를 용인함으로써 모든 인민을 왕권하에 장악하고자 한 것이
다.

그런데 조선왕조의 良賤 신분은 '兩班'이라는 고려왕조의 귀족적 신
분을 부정하면서 체계화되었다는 점을 놓쳐서는 안 된다. 고려왕조에
서는 '수조권적 분여' 등으로 신분적 우대조치가 병행되던 '직역'이 조선
왕조에서는 국가 공공업무수행의 의무로 인식되었다. '兩班田' '人吏位
田' '軍人田' '閑良田' 등, 개인에게 주어지던 토지징수권은 조선전기를
통하여 모두 소멸했다.[11] 지배적 계층에 대한 신분제도적 보장이 사라
지고 모든 良人에게 동일한 호적기재양식을 적용했다. 조선왕조 초기
인 15세기에 민간 족보가 작성되기 시작한 것도 지배적 계층으로 유지
되기를 원하는 자들이 왕조교체로 인한 신분제 변화에 대응한 현상이
다. 법제적으로 보장되지 않지만 사회적으로 상층계급인 조선적 '양반'
이 형성된 것이다.[12]

호적 자료가 지역의 장부형태로 현존하는 것은 17세기 이후의 '戶籍
大帳'이다. 관직 경임자를 비롯하여 '幼學'이라는 직역명을 기재하는 자
들이 18세기 이후의 호적대장에 증가하기 시작했다. '유학'은 본래 科擧
를 준비하는 자라는 의미로 당분간 군역부과를 연기할 수 있어 '양반'들
이 호적에 사용하고 있었다. 그런데 19세기 후반의 호적대장에는 등재

---

11) 宮島博史, 「第二章. 李朝時代における收租權的土地支配の展開過程」, 『朝鮮土地調
査事業史の硏究』, 東京大學東洋文化硏究所報告, 1990, 121~176면.

12) 손병규, 「호적대장의 직역기재 양상과 의미」, 『역사와 현실』 40, 한국역사연구회,
2001b, 2~31면.

호의 과반을 훌쩍 넘는 호의 대표자가 이런 직역명을 사용하게 된다.[13] '양반' 계층이 그만큼 증가했다기보다는 '양반지향적'인 경향이 강해진 결과라 할 수 있다. 조선왕조에는 신분제가 존재하되 이동이 가능한 신분의 유동성이 신분상승 욕구를 자극했다.

하층민이 세대를 넘어 '유학'을 호적에 기재할 수 있게 된 데에는 재정운영상의 지역별 총액제가 끼친 영향도 배제할 수 없다. 18세기 중엽의 재정정책으로 토지세가 지역별 토지면적 총액에 견주어 징수되고─比總制─, 군역 징발도 군현별, 역종별 정액에 맞추어 징발, 징수되었다.[14] 중앙정부는 주민을 지역별 '호구총수'로 파악하는 데에 그치고 군현내 호구운영은 지방관청에 맡겨졌다. 호적상의 직역명 기재는 지방의 통치, 재정운영상의 이해관계를 둘러싼 주민과의 합의에 기초하여 이루어질 문제였다. 18~19세기를 통해 전국적인 호구총수는 거의 변화하지 않고 일정 수준으로 유지되었다.

대한제국기에 작성된 '光武戶籍'은 조선왕조의 호적과 달리 '一戶一口'도 누락 없이 등재할 것이 기대되었다. 그러나 기왕의 지방 자체의 호구운영을 중앙으로 집권화하는 시도는 실패했다. 전국규모 호구총수는 조선왕조시의 그것에 훨씬 못 미치는 수준으로 보고되었다.[15] 광무 호적은 '職役' 체계에 따른 군역징수에 대신해서 '戶稅'를 호마다 일률

13) 심재우, 「조선후기 단성현 법물야면 유학호의 분포와 성격」, 『역사와 현실』 41, 한국역사연구회, 2001, 32~65면.
송양섭, 「19세기 幼學戶의 구조와 성격 ─『丹城戶籍大帳』을 중심으로─」, 『大東文化研究』 47, 大東文化研究院, 2004, 119~162면.

14) 손병규·송양섭 편, 『통계로 보는 조선후기 국가경제; 18~19세기 재정자료의 기초적 분석』, 성균관대학교출판부, 2013에 수록된 논문들 참조. 손병규, 「조선후기 比摠制的 재정체계의 형성과 그 정치성」, 『역사와 현실』 81, 한국역사연구회, 2011, 177~250면.

15) 손병규, 「대한제국기의 호적정책 ─丹城 培養里와 濟州 德修里의 사례─」, 『大東文化研究』 49, 성균관대 대동문화연구원, 2005, 197~238면.

적으로 징수하고자 했다. 단지 '士農工商'과 같은 오래된 신분개념을 호주 1인에게 적용하여 '四民'이 황제권력 하에 평등하게 파악된다는 관념을 주장할 뿐이었다.[16] 그러나 주민들은 호수의 증가로 인해 호세를 국고수입으로 증대시키고자 하는 중앙정부의 의도에 응하지 않았던 것이다.

전국적인 호구수가 급격한 증가를 보이는 것은 일본 식민지당국에 의해서 '民籍'이 조사되기 시작하는 1909년 이후다. 일본은 중세에 중단했던 호적조사를 '明治維新' 직후에 부활시켰다. '민적'은 이때의 '明治戸籍' 기재양식에 준하여 1923년에 '호적법'이 공표되기까지 '本籍地主義' 호적으로 전환되는 과정에서 작성되었다.[17] 혈연적인 가족을 법제화하여 주거이동에 관계없이 출신지 중심으로 파악하는 것으로, 조선인을 장악하는 식민정책의 일환이었다고 여겨진다. 1925년에 국세조사라는 이름으로 근대적인 센서스가 시행되기 시작했지만 식민지의 호적작성 방법은 해방이후 최근의 '戸主制' 폐지에 이르기까지 지속되었다.

2) 족보 편찬의 계기와 신분내 혼인

중국 고대 귀족사회에서의 족보는 국가가 관리 임명과 승진 등의 업무상 귀족 신분의 정통성을 확인하기 위해 필요했다. 귀족제가 사라지고 과거를 통해 관리를 임명하게 된 宋代에 민간 족보가 편찬되기 시작했다. 歐陽脩와 蘇洵이 부계남성의 직계 및 방계 계보가 그것으로 이

---

16) 손병규, 「1900년대 [光武戸籍]의 '士'와 [民籍]의 '兩班' 기재」, 『대동문화연구』 81, 대동문화연구원, 2013, 101~129면.

17) 손병규, 「한말·일제초 제주 하모리의 호구파악; 광무호적과 민적부의 비교 분석」, 『대동문화연구』 54, 대동문화연구원, 2006b, 1~39면.

후 '宗族'이라는 부계혈연집단의 결집을 위한 족보의 표본이 되었다.[18]

고려와 조선왕조에는 족보에 앞서 호적에서 계보기록을 찾을 수 있다. 호의 주호 부부에게는 각각 '四祖—父・祖・曾祖・外祖—'라는 네 명의 선조들을 기록했다. 족보와 같이 특정 선조로부터 후대로 내려오는 계보가 아니라 자신으로부터 선조로 거슬러 올라가는 계보다. 호적이 작성되는 시기의 등재자가 어떠한 신분인가를 선조로부터 확인하기 위한 기록이다. 신분이란 출생과 더불어 주어지는 것으로 부모의 신분에 의해 규정되므로 호적상에 부모 양쪽의 신분적 정통성을 기재토록 한 것이다. 그런데 고려말에서 조선초기에 걸쳐 사조의 사조에 이르기까지 많은 친가 및 외가의 선조들을 기록하여 귀족으로서의 '양반' 신분임을 주장하는 경향이 나타났다.[19] 귀족제의 불안정화와 그 소멸에 대응하여 호적상에 자신의 가족이 신분적 정통성을 이었다는 사실을 경쟁적으로 드러내고자 했던 것으로 여겨진다.

그러나 1470년대에 편찬된 『經國大典』의 '戶口式'에는 관직자만이 아닌 모든 양인에게 '사조' 기재가 개방되고 노비에게도 부모를 기재하게 했다. 고려시대의 호적에는 토지징수권을 받을 수 있는 신분인가를 확인하기 위해, 그리고 귀족으로의 '양반' 신분이 부정되는 조선왕조에는 양천 신분의 구별을 위해 '사조'를 기록하게 했다. 조선왕조 초기의 족보는 신분의 정통성에 대한 국가 제도적 변화에 조응하여 민간 차원에서 그것을 확인하고자 한 것이다.

한국에서 현존하는 가장 오래된 민간 족보는 15세기에 편찬된 것이다. 그런데 계보도가 존재하는 1476년의 『안동권씨족보(安東權氏族譜; 成

---

18) 井上 徹, 「中國の近世譜」, 『系譜が語る世界史』, 靑木書店, 2002, 121~147면.

19) 손병규, 「13~16세기 호적과 족보의 계보형태와 그 특성」, 『대동문화연구』 71, 대동문화연구원, 2010, 7~41면.

化譜)』는 아들에서 아들로 이어지는 부계남성의 직계 계보만이 아니라 딸, 즉 사위와 외손으로 이어지는 부계여성의 계보도 병기되고 있다. 조선왕조에 들어 兩班을 귀족으로 하는 고려왕조의 신분제가 파기되면서 중앙관료를 역임했던 자나 그 가족들이 선조들의 신분내 혼인을 증명하기 위한 계보가 '족보'의 형태로 작성되기 시작했던 것이다. 따라서 이 족보에는 부계계보의 주축이 되는 안동권씨 일족은 소수에 그치고 많은 다른 성씨의 가족들이 대거 등재되어 있다. 이들의 부계 및 모계 선조 가운데 자신으로부터 안동권씨와 혼인한 선조로 이어지는 계보를 제공함으로써 안동권씨의 거대한 '혼인네트워크'를 형성한 것이다.[20] 이 족보에는 한 아버지의 자식들이 아들, 사위 구분 없이 태어난 순서대로 기재된다.

조선전기의 족보에 비교해 볼 때, 조선후기의 족보는 딸에서 딸로 여러 세대에 걸쳐 연결되기도 했던 부계여성의 계보가 사위 단대나 외손 세대에서 그치는 것이 일반적이다. 또한 이 사위들은 남성형제의 뒤에 한꺼번에 기재된다. 부계남성을 중심으로 하는 계보로 전환된 것이다. 그러나 이러한 계보형태의 전환을 '宗法秩序'가 강화된 결과라고 단정하기에 앞서 부계남성의 배우자가 새롭게 등장한다는 점에 주목할 필요가 있다.[21] 조선전기부터 민간 족보가 작성되었으나 후손 몇 대에 지나지 않아 족보에 실릴 인물이 증폭하여 여러 성씨를 포함하는 하나의 계보로 족보를 만들기 어려워진다. 따라서 각 성씨별로 부계남성의 가계를 작성하도록 하고, 대신에 딸은 사위의 정보를, 배우자는 장인의

---

20) 이상국, 「『安東權氏成化譜』에 나타난 13~15세기 관료재생산과 혈연관계」, 『대동문화연구』81, 성균관대학교 대동문화연구원, 2013, 41~68면.

21) 宮嶋博史, 「東洋文化研究所所蔵の朝鮮半島族譜資料について」, 『明日の東洋学』7, 東京大学東洋文化研究所附属東洋学研究情報センター報, 2002.

인적 사항을 기재하여 다른 성씨의 가계와 맺은 혼인관계를 표시했다. 각 성씨의 족보에서 통혼의 신분적 정당성을 증명함으로써 증폭하는 '혼인네트워크' 정보를 공유하고자 했던 것이다.

조선시대에 출생신분을 결정짓는 요인은 일차적으로 생모의 신분이며, 부친의 신분은 부차적이었다. 양반의 족보에는 첩이나 庶孼이 등재되지 않거나 등재되어도 신분표시를 하는 것이 일반적이다. 부계혈연집단의 결집은 정실부인이 낳은 嫡子女 자손에 한정해서 배타적으로 이루어진 셈이다. 각 족보는 부계남성의 신분적 정통성을 혼인관계로부터 확인하고 다른 가문에게 공개함으로써 동일 계층내의 통혼이 계속되기를 기대했다. 동일 모친을 갖는 형제는 형제간 사회경제적 상황에 격차가 있더라도 동일한 신분을 갖는 것으로 여겨졌다. 족보는 몰락해가는 양반일지라도 양반 가족 사이의 통혼이 견지될 수 있도록 하는 신분증명서의 역할을 했다.

한편, 18세기 이후에 족보편찬이 양반 사이에서 유행하기 시작하는 데에는 신분제의 유동성으로 인한 '양반지향적 성향'이 영향을 주었다. 호적상에 '유학'등의 '직역'을 사용하면서 양반이 사용하던 호적기재 방식을 쫓아가는 자들이 19세기에도 급격히 증가하고 있었음은 이미 서술한 바와 같다. 국초에 신분을 법제적으로 규제할 때 민간 족보가 발생한 것과 마찬가지로 호적 기재가 더 이상 신분 규정의 역할을 하지 못한다고 여길 때 민간 족보의 편찬이 활발해졌던 것이다.[22]

19세기 사회변동의 격화와 더불어 그에 대한 위기의식이 동족적 결합의 관념을 자극하여 19세기말 이후 족보편찬이 더욱 활발해졌다. 20세기에 들어서는 인쇄물 가운데 족보가 최고의 건수를 차지할 정도로

---

22) 손병규, 앞의 논문, 2006a.

족보편찬의 붐이 일었다. 이때에는 동성동본의 모든 계파를 망라하는 大同譜의 편찬만이 아니라 이에 대응하여 신분적 정통성을 일부 계파 내에서 배타적으로 인정하고자 하는 派譜의 편찬도 활발했다.[23] 족보편 찬을 자극한 또 다른 이유는 거주의 이동에도 있었다. 부계남성 후손들 이 대대로 살아오던 마을을 떠나 새로운 거주지에 후손들이 정착하면 서 신분적 정통성이 약화되는 것을 우려하여 부계친족 사이의 연계성 을 제고하고자 했다.[24] 조선시대의 신분제가 소멸했지만, 사회적 인식 으로의 '양반'은 견지되었던 것이다.

3. 연구방법으로서의 인구와 가족

1) 역사인구학 연구를 위한 가족재구성

서구에서 제시된 역사인구학 연구의 주된 자료는 '敎區臺帳(혹은 교구 부책, parish registers)'이다. 근대적 인구조사는 18세기에 북유럽에서 시작 되었으나 유럽전반에는 19세기에 실시되었다. 그 이전의 인구자료인 교 구대장은 영국은 16세기 이후에, 프랑스는 17세기 중엽부터 현존한다. 거기에는 교회의 행사, 즉 세례, 혼례, 장례 등의 기록에서 얻어지는 출 생, 결혼, 사망과 같은 개인 일생의 주요한 인구학적 이벤트가 확인된 다. 세례에는 누가 언제 출생했다든가 세례명이 무엇이고 그 부모는 교 구민 누구인가 하는 정보가 기록되었다. 혼례에는 누구와 누구가 결혼

---

23) 손병규, 「20세기 전반의 족보편찬 붐이 말하는 것」, 『사림』 47, 수선사학회, 2014a, 155~180면.

24) 손병규, 「20세기 초 한국의 族譜 편찬과 '同族集團' 구상」, 『대동문화연구』 91, 대동문 화연구원, 2015, 65~92면.

했으며 각각의 나이나 부모만이 아니라 어느 교구 출신인가도 적혔다. 이러한 기록은 프랑스에서 동일 교구에 200~300년에 이르도록 지속된 경우도 있다. 루이 앙리는 이 기록들을 카드로 일일이 정리하여 출생, 결혼, 사망의 정보를 개인별로 모을 뿐 아니라 가족을 재구성(혹은 복원)하여 조직적으로 인구학적 연구방법을 적용하는 방안을 제시했다.[25]

가족재구성이란 근대적인 인구조사의 결과로 추계되는 인구통계에 대신해서 그 이전의 인구자료를 대상으로 인구변동을 분석하기 위한 방법을 말한다. 개별 인간의 출생과 사망을 인구분석에 직접적으로 사용할 뿐 아니라 인구변동에 영향을 끼치는 결혼 및 출산 정보를 이용한다. 일생의 인구학적 사건의 정보를 모아 부부와 모든 자식으로 구성되는 가족을 복원하고 그 가족관계로부터 인구학적 지표를 도출한다. 가족재구성은 과거의 인구변동을 분석하는 역사인구학 연구의 가장 중요한 수단이다.

한 인간이 출생, 성장하고 결혼하여 자식을 출산하고 종산하며, 그 자식들이 죽을 때까지 수십 년에 걸쳐 가족관계에 따른 인구학적 이력이 가족재구성표(FRF; Family Reconstitution Form)에 정리된다. 한 부부 하나의 결혼을 단위로 작성되는 한 장의 가족카드에는 부부와 관련해서 혼인시기와 각각의 혼인연령, 여성의 사별 및 이혼의 시기와 재혼시기, 여성의 결혼기간 등이 기록된다. 그 밑으로 엄마의 출산연령대별 자녀의 수와 그 통계가 적히고, 자녀마다 출생순서대로 엄마의 출산연령 및 출산간격, 자식의 성별, 출생시기, 사망시기, 수명, 혼인시기 등이 기록된다. 즉 가족 관계로부터 자식이 출생, 사망, 혼인할 때의 부모의 연

---

25) J. DENNIS WILLIGAN, KATHERINE A. LYNCH, 앞의 책, 1982; 速水 融, 앞의 책, 1997.

령, 부모의 재혼과 사망, 자식의 수명, 자식의 결혼연령 등등, 부부의 인구학적 행동을 중심으로 하는 인구변동을 추적할 수 있다. 이로서 근대적 인구조사 이전의 사회에 대한 상세한 인구학상의 지표를 얻을 수 있게 되었다.[26]

가족을 재구성하는 역사인구학 연구방법은 이제 유럽 전역에 걸친 교구자료에 대해 적용되고 있다. 일본의 역사인구학을 창시한 하야미 아끼라(速水融)는 기독교인 색출을 명분으로 작성된 슈몬아라타메초(宗門改帳; SAC. 宗門人別改帳이라고도 함)을 이용하여 가족재구성을 시도했다. 슈몬아라타메초는 가(家)의 대표자와 가족구성원들의 이름, 나이, 가족관계, 그리고 각자가 속해있는 불교종파와 사찰을 매년 조사한 자료다. 여기서 호적처럼 지속적으로 조사되는 주민형태의 자료라 하더라도 가족을 재구성하기 위해서는 수십 년에 걸친 조사 자료의 기록을 모아서 가족카드를 작성할 필요가 있다. 여기에서 루이 앙리가 작성했던 것과 같은 가족재구성표를 만들어 부부마다 그들의 인구학적 행동을 추적할 수 있다.[27]

동아시아에서 가족을 재구성할 수 있는 대표적인 자료에는 戶籍과 族譜가 있다. 중국과 한국의 호적은 일본의 슈몬아라타메초와 같이 정기적으로 조사되는 주민등록형태의 자료이다.[28] 호적에서 완전가족(完全家族; 처의 전 가임기간을 통틀어 출산한 자식들을 포함하는 가족)을 재구성하기 위해서는 슈몬아라타메초의 경우와 같이 수십 년간의 조사 자료로

---

26) J. DENNIS WILLIGAN, KATHERINE A. LYNCH, 위의 책, 1982; 速水 融, 앞의 책, 1997.

27) 速水 融, 앞의 책, 1997.

28) 定宜庄 · 郭松義 · 李中淸 · 康文林, 『遼東移民中的旗人社會; 歷史文獻 · 人口統計 與田野調査』, 上海社會科學院出版社, 2004.

부터 정보를 모으는 작업이 필요하다. 이에 반해 족보는 죽은 자들의 인적사항을 기록하는 것이므로 배우자 및 자식들로 구성되는 가족이 이미 구성되어 있어 자료로부터 그대로 가족재구성표를 작성할 수 있다.

그러나 호적과 족보의 인구기록에서 인구학적 지표를 획득하는 데에 주의해야 할 점이 있다. 호적은 軍役이나 戶役과 같은 국가 징수와 관련하여 조사과정에서 많은 戶口가 누락된다.[29] 유소년층 인구가 그다지 등재되지 않거나 사회경제적으로 열악한 가족이 누락될 확률이 커서 현실의 인구규모를 추정하는 데에 어려움이 있다. 정기적으로 조사되기 때문에 다음 조사가 이루어지기 전에 사망한 아이는 조사대상에 포함되지도 못한다. 그것은 슈몬아라타메초의 경우도 마찬가지인데 그나마 매년 조사되므로 호적이 3년 간격으로 조사되는 데에 비해 누락의 정도는 훨씬 덜하다. 호적 기록에서 가족재구성 작업을 완료해도 어려서 죽은 아이들이 대거 결여되어 있으므로 '유아사망률'이나 '출산력', '출산간격' 등을 추정하기 어렵다. 족보도 주로 혼인할 때까지 살아남은 자들을 기록하는 경향이 있으므로 호적과 유사한 인구기록의 결함이 있다. 또한 족보에는 이미 죽은 선조들이 후손들에 의해서 기재된다. 족보를 편찬하는 후손들의 직계선조가 아닌 경우에는 기록에서 사라질 가능성도 높다.

반면에 호적이나 슈몬아라타메초와 같은 주민등록형태의 자료는 서

---

29) 19세기 호적의 작위적인 호구편제가 자료적인 결함으로 지적되기도 하지만, 호적에 등재된 자들이 호구에 근거한 부세부담을 지고 있으므로 호적작성의 제도적 목적은 달성되었다고 할 수 있다. 실제의 가족과 인구에 대한 자료적 결함이라 한다면 조선왕조 호적이 필요에 따라 편제되는 것이라는 점에서 어느 시기나 그러하다. 19세기가 되기 전에도 호구편제라는 점에서의 질적인 차이는 없다는 것이다. 19세기 호적이 '형해화'되었다는 표현에는 바라보는 각도의 '제한'이 전제될 필요가 있다.

구의 교구대장 자료에서 볼 수 없는 정보를 제공한다. 이런 자료에는 개인차원에서 양자 入養과 罷養, 일시적인 거주이동과 그 이유를, 그리고 가족차원에서는 조사당시의 동거여부나 가족규모와 같은 世帶 상황, 가족의 라이프코스와 계승여부 등을 파악할 수 있다. 자료에 따라서는 관직이나 군역 등의 '職役'과 직업, 宗派나 재산의 정도를 알 수 있는 정보도 얻을 수 있어 인구변동의 계층적 분석도 가능하다. 가족재구성에 필요한 정보 이외에도 의도하지 않은 우연한 인구정보가 인구학적 지표를 도출하는 데에 도움이 된다.

2) 역사인구학 연구방법론 적용의 사례들

호적과 족보에 기재된 인물로부터 부모와 자식으로 구성되는 인구학적 '가족'을 재구성하고 그로부터 출산력, 사망율, 혼인율 등의 인구학적 지수의 측정이 시도될 수 있다. 그러나 이미 언급했듯이 이 자료들에는 치명적인 인구 기록의 결함이 있다. 그것은 호적이나 족보에 기재될 때까지 살아남은 자들에 한해서 관찰할 수밖에 없다는 점, 정부의 호구정책이나 그 대응방법으로 기재된 '의도성'이 무작위적인 '렌덤 random' 샘플을 대상으로 하는 통계학적 분석을 방해한다는 점이다. 호적과 족보가 갖는 이러한 결함을 넘어서서 역사인구학적인 방법론을 적용하기 위한 방안은 첫째로 의도성에서 벗어난 우연한 기록을 발견하는 것, 둘째로 의도성에 의해 도출된 불합리한 통계—관찰되는 통계—를 제거하기 위해 여러 다른 변수를 대입하여 합리적인 통계로 수정하거나 가장 적합한 인구학적 모델에 준하여 분석하는 것, 셋째로 인구학적 분석방법에 의한 통계 지수를 제시하지는 못하더라도 그러한 분석방법의 의도를 반영하여 상대적인 경향성을 도출하는 것이다. 마지막 방법은 사회과학적인 연구방법이라기보다는 역사학적인 관찰 방법이다.

그러한 방법으로 관찰된 몇 가지 역사인구학적 분석결과를 소개하면 다음과 같다. 우선 출산력—15~45세의 가임여성 수에 대한 출생아 수의 대비율ratio— 계산에 대신해서 혼인연령과 초산연령 및 종산연령을 살펴볼 수 있다. 18~19세기에 거쳐 호적상의 호구총수는 거의 변화가 없지만, 현실적으로는 지속적으로 증가했을 것으로 보인다. 17세기 초까지 양란을 치르면서 사망으로 인한 인구감소가 예상되나 일시적인 전쟁과 기근은 그로부터 회복하는 데에 그리 오랜 시간이 걸리지 않는다. 20세기초의 급증하는 호구수는 최대의 인구파악이 가능해졌음을 알릴 뿐이다. 단지 인구증가의 압박 가운데 농업소경영을 유지하기에 적합한 인구수준을 넘어서지 않는 정도의 인구억제는 존재했을 것으로 예상된다. 그것을 출산력 억제의 측면에서 관찰해보자는 것이다.

호적과 족보에는 여성이 처음으로 결혼한 시기에 대해 기재하는 양식이 없다. 호적에 간혹 여성의 호구출입상황으로 '出嫁'라는 우연한 기록을 발견할 수 있을 뿐이다. 지난 식년의 호적으로부터 3년 사이에 이 여성이 혼인한 사실을 알 수 있는 이 기록을 모아 평균적 초혼연령을 계산하면 지역에 따라 다르지만 18~19세기에 17.5~19세 정도이다.[30]

---

30) 김건태, 「18세기 초혼과 재혼의 사회사 -단성호적을 중심으로-」, 『역사와 현실』 51, 한국역사연구회, 2004, 195~224면; Kuen-tae Kim, Differing Patterns of Marriage between the City and Villages in the 18th Century Korea: the Case of Taegu Area. History of the Family 14(1), 2009, pp.69~87; 「18~19세기 제주도 여성의 결혼과 출산」, 『大東文化硏究』65, 대동문화연구원, 2009, 311~349면.
   단성의 경우 여성의 초혼연령은 20세기초에 17.4세로 18세기의 그것과 거의 같다(손병규, 「식민지 시대 除籍簿의 인구정보 - 경상도 산청군 신등면 제적부의 자료적 성격 -」, 『史林』30, 首善史學會, 2008a, 173~200면). 시기적인 차이보다 지역적인 차이가 두드러진다.

이 수치는 당시 중국과 유사하나, 유럽에 비해 낮은 편이다.[31] '晩婚'은 여성의 가임기간을 축소시켜 출산력을 떨어뜨리나, '早婚'은 반대로 출산력을 상승시킨다. 중국과 한국은 多産多死의 후진적인 출산경향을 나타내는 것으로 평가받기 쉬운 것이다.

그러나 결혼을 빨리 한다고 해서 아이를 빨리 낳는 것은 아니다. 초혼연령보다 첫째 아이를 낳은 '초산연령'이 출산력 정도를 측정하는 더욱 유효한 방법이 될 것이다. 다만 호적과 족보에는 태어난 모든 자식들이 기재되는 것은 아니기 때문에 자료에 살아남아 기재된 가장 나이 많은 아이가 바로 첫째 아이라고 단정하기는 어렵다. 여기에 살아남은 아이의 수, 사회적 위상 등등의 변수를 고려하여 인구학적 원리와 수식으로부터 초산연령을 추산할 수 있다. 그리하여 연구의 한 사례는 평균적으로 초혼으로부터 3.5세 정도 뒤에나 아이를 낳기 시작하는 것으로 계산된다.[32] 초혼이 빠르더라도 출산력을 억제할 수 있는 방안이 시도되고 있었음을 짐작할 수 있다. 초산연령이 늦은 현상은 중국의 경우도 유사하다.

조선왕조 사회는 유동적인 신분제를 특징으로 한다. 또한 조선왕조의 호적과 족보에는 지배적 계층이 기재되며 그들을 비롯한 모든 계층

---

31) 제임스리 · 왕평 저(손병규 · 김경호 역), 『인류 사분의 일; 맬서스의 신화와 중국의 현실, 1700~2000』, 성균관대학교출판부, 2012, 110~111면. 지역에 따라 다르나 1774~1840년간의 遼寧戶籍에서 분석한 결과는 평균 18.3세였다. 일본의 경우는 키토 히로시 저, 최혜주 · 손병규 역, 『인구로 보는 일본역사』, 어문학사, 2007에서 확인된다.

32) Son, Byung-giu, and Sangkuk Lee. The Effect of Social Status on Women's Age at First Childbirth in the Late Seventeenth-to Early Eighteenth-Century Korea. *The History of the Family* 15(4), 2010. pp.430~442. 20세기초 단성의 여성 초혼연령은 17.4세, 초산연령은 21.7세로 계산된다. 제주의 경우는 여성 초혼연령이 19.0세인데 초산연령은 23.2세이다(김건태, 앞의 논문, 2009; Kim and Park, *Ibid*, 2009).

의 존재를 확인할 수 있어 비교 관찰이 가능하다. 혼인 및 출산과 관련해서 살펴보면 상층일수록 초혼연령이 다른 계층의 그것보다 빠름을 발견한다. 초산연령도 마찬가지로 상층일수록 빠르다. 유럽의 귀족이 만혼으로 출산력 저하에 기여하는 것과는 다르다고 할 수 있다. 조선왕조의 경우는 하층일수록 혼인하여 가정을 꾸릴만큼 경제력이 넉넉지 못하고 혼인을 해도 젊은 부인이 출산보다 가계를 유지하기 위한 노동에 종사해야 하는 현실이 추측된다. 조선후기의 전반적인 궁핍 상황을 짐작케 한다.

그러나 가임기간이 끝나기 전에 더 이상 아이를 낳지 않는 경향도 상층 여성에게 발견된다. 인구학적으로 정확한 연령지수를 제시하기는 어려우나 단순히 빠른가 늦는가의 상대적인 경향성을 비교하면 상층 여성이 초산과 終産=斷産 모두 빠른 것으로 나타난다. 하층일수록 아이를 늦게 낳기 시작하지만 그 뒤로 아이를 낳을 수 있을 때까지 출산하는 경향이 있다는 것이다.[33] 조선후기의 부부에게 아이는 적어도 걱정, 많아도 걱정이다. 가계를 이을 자식이 없을까 많은 아이들을 낳고자 하지만 아이가 많으면 양육할 경제력이 따라주지 못하거나 다음 세대의 상속분이 충분히 확보되지 않는다. 상층의 인구억제는 높은 경제력에 기초하여 사회적 위상을 유지하려는 의지와 무관하지 않아 보인다.

반대로 직접적으로 농업생산에 종사하는 하층일수록 노동력의 확보를 종용받는다. 여기에는 인구증가에도 불구하고 식량 생산이 인구압박을 견뎌낼 수 있을 정도로 노동생산성이 높게 유지될 수 있는 농업경

---

33) 손병규, 「18·19세기 단성호적 가족복원을 통한 혼인·출산의 계층성 분석」, 『한국문화』 67, 서울대 규장각한국학연구원, 2014b, 35-59면.

영 환경이 전제되었을 것으로 여겨진다. "아이는 제 먹을 것을 가지고 태어난다"는 것이 보편적인 인식이었을지도 모른다. 높은 인구압력으로 인하여 생활이 전반적으로 궁핍했을 것이지만, 그것을 극복할 수 있을 정도의 발전된 농업경영기술이 존재했을 가능성도 있다. 또한 공동체적 상호부조 시스템이나 국가적인 구휼시스템이 작동하는가의 여부도 고려될 수 있다.

한편 출산과 관련하여 18~19세기를 통한 중하층의 양반지향적 성향이 전반적인 인구억제의 가능성을 생각게 한다. 가임기간을 남겨둔 젊은 과부의 改嫁는 상층 가족의 사회적 위상을 떨어뜨리는 행위로 금기시되어왔지만, 중하층 여성도 점차 재혼을 꺼리는 경향이 확산되었을 것으로 여겨진다. 가족 노동력의 양적 증대에도 효율성을 극대화를 위한 한계치가 있었을 것이다. 여기서도 단순히 가계의 궁핍만으로 설명할 수 없는 사회경제적 환경이 고려되어야 할 것이다.

인구의 급격한 증가를 인위적으로 억제하려는 현상은 피임이 일반화되지 않은 동아시아사회에서 '영아살해' '여아살해'의 현상으로 나타기도 한다.[34] 궁핍한 일상생활로부터 벗어나기 위해 인구재생산 자체를 근절하는 공동체내부의 합의, 그 반복을 통한 사회문화적인 제도화의 결과이다. 살해라는 행위자체가 결코 도덕적이지는 않으나 피임에 실패하고 낙태가 산모의 생명에 위협이 되는 환경을 생각하면 당시로서는 합리적인 선택이라 이해할 수도 있다. 그런데 조선왕조의 경우에는 부모공양을 위해 아이를 매장한다거나 '고려장'이라는 오래된 '전설'이 존재하는 만큼 사회윤리화 과정에서 금지되어야 할 흔하지 않은 일이다. 조선전기부터 흉년에 양육이 어려워서 아이를 방기하는 현상이 보

---

34) 제임스리 · 왕펑, 앞의 책, 2012, 80~88면; 速水 融, 앞의 책, 1997.

고되나 국가차원에서 收養을 장려하고 오히려 혼인을 장려하는 정책이 제시되었다. 조선후기에는 그러한 정책이 강조되기보다 사망을 억제하는 구휼시스템의 작동여부가 큰 논란거리가 되고 있다.[35]

족보에는 출생 및 사망연도나 享年을 기록하고, 선조 제사일을 기억하기 위해 忌日을 기록하는 경우가 많다. 정확하게 사망력 지수를 제시할 정도는 아니나 수명, 사망의 계절성이 추적되고 있으며, 시기와 지역에 따라 그 변동양상이 다양하다는 점을 밝히는 정도의 연구수준에 있다.[36] 가령 조선후기 사망의 계절성은 그래프상 늦은 겨울이나 초봄에 높은 사망률 피크를 보인다. 사망률변동은 사계절의 심한 기온변동이라는 자연환경이 그 요인으로 거론될 수 있다. 인구학적 해석에는 날이 풀리면서 방심한 때문이라 이해할 수도 있으며, 급작스런 추위를 이기지 못할 정도로 주거환경이나 영양상태가 충분치 못한 상황을 상정할 수도 있다.

그런데 19세기에는 그것에 더해 초여름의 사망력 피크가 발견되기 시작하고 계절적 격차가 줄어드는 현상을 발견하게 된다. 덥고 습한 기후에 전염병이나 소화기계통의 질병이 유행하는 것이 원인일 가능성이 높은데 전반적으로 사망이 계절의 변화에 영향을 적게 받는다는 것이다. 이에 대한 이해도 춘궁기를 넘기지 못하는 영양결핍, 면역력 감소, 사망률을 억제하는 구휼시스템의 미작동 등이 거론될 수 있는 한편, 온

---

35) 文勇植, 「朝鮮後期 賑政과 還穀 運營의 硏究」, 高麗大學校 大學院 史學科 博士學位論文, 2000.
　　송찬섭, 「朝鮮後期 還穀制改革硏究」, 서울대학교출판부, 2002.

36) 미야지마 히로시, 「사망의 계절적 분포와 그 시기적 변화」, 안병직·이영훈 편저 「맛질의 농민들」, 일조각, 2001, 363~389면; Byung-giu Son and Sangkuk Lee, Long-Term Patterns of Seasonality of Mortality in Korea form the Seventeenth to the Twentieth Century, *Journal of Family History* 37(3), 2012, pp.270~283.

돌사용의 확대와 같이 추위를 견디는 주거환경의 개선이나 오히려 영양가 높은 새로운 음식물의 섭취에서 그 원인을 찾을 수도 있다.[37]

호적과 족보의 인물 기재를 근거로 하는 역사인구학 연구는 인구학적 요소의 다양한 현상을 제시하는 데에 그치지 않는다. 인구억제의 노력과 그러한 인구현상을 초래하는 사회경제적이고 문화적인 요인과 환경을 밝힐 필요가 있다. 다양한 관점에서 여러 다른 관련자료의 탐색이 요구되고 있는 것이다.

4. 가족사의 재인식

1) 역사인구학으로부터의 가족사

인구변동에 대한 맬서스의 명제는 인구억제와 사회경제의 관계에 기초하여 제시되었다. 인구는 기하급수적으로 증가하여 산술급수적인 식량의 증가 추세를 능가할 때에는 기아로부터 기인하는 인구의 억제를 초래한다는 것이 그것이다. 이렇게 기아, 영양실조, 전염병, 전쟁, 살해 등으로 죽는 것을 인구의 '적극적인 억제(positive check)'라고 한다. 그에 반해 피임이나 낙태—예방적인지 아닌지에 대해서는 이론이 있지만— 등으로 출생을 미리 차단하는 것을 인구의 '예방적 억제(preventive check)'라 하고 죽이거나 죽도록 방기하는 것이 아니라는 점에서 '도덕적 억제'라고도 한다. 후대의 역사인구학 연구자들은 인위적인 인구조절 가운데 후자의 예방적 억제가 일찍부터 선진적인 인구억제 방법으로 평가

---

37) Byung-giu Son and Sangkuk Lee, *Ibid,* 2012.

한다.[38]

동아시아의 역사인구학 연구는 다양한 인구현상을 발굴함과 동시에 동아시아사회도 서구의 인구학적 선진지역에 버금가는 인구억제 노력이 진행되어 왔음을 밝히는 데에 주력해왔다. 인구증가로 인한 압력이 파멸을 초래하는 '맬서스의 함정'을 넘어설 가능성이 존재했음을 증명하고자 한 것이다.[39] 그것은 또한 출생에서 사망에 이르는 一生의 라이프코스life-course에 한해서 관찰될 수 있는 것은 아니다. 가족의 계승전략을 비롯한 사회조직의 결성과 유지 작전이나 국가의 정책이 인구변동에 끼치는 영향력, 혹은 그에 대한 기대감이 특정지역의 인구현상과 사회운영시스템을 특징짓는다.

출생, 사망, 이동과 같은 기본적인 인구변동 요소를 탐구하기 위해 재구성되는 인구학적 '가족'이 아니라 사회조직화의 최소 집단으로 '현존하는 가족—정확히 世帶로 구분된다—'도 역사인구학의 주요한 연구대상이다.[40] 역사인구학은 본래 사회경제사의 한 방법으로 인구증감의 표면적인 통계에만 의거하던 인구사 연구에 대해 비판하고 인구학적 원리에 입각한 인구현상의 본질적 연구를 요구하면서 창출되었다. 마찬가지로 가족사에 대해서도 가족규모의 평균적 산출과 그 통계의 시계열적 변화와 같은 표면적인 관찰이 아니라 가족에 대한 인구학적 접근을 요구한다. 어느 한 시기의 현존하는 가족은 가족 구성원의 인구학적 변동과 선택에 의하여 생성에서 소멸, 혹은 계승되는 자체의 라이프

---

38) 速水 融, 앞의 책, 1997.

39) 제임스리 · 왕펑 저, 손병규 · 김경호 역, 앞의 책, 2012.

40) Eugene A. Hammel, 「世帶構造とは何か?」, 速水 融 編, 『歷史人口學と家族史』, 藤原書店, 2003.

코스를 갖는다는 관점이 그것이다.[41]

가족형태의 변화를 예로 든다면, 혼인과 출산으로 부부와 자식으로 구성되는 '단혼소가족'이 생성되고 한 아이의 혼인으로 부모자식간에 두 개의 부부가 존재하는 '직계가족'으로 전환되며, 다른 형제가 혼인하여 분가하지 않으면 '복합가족'으로 확대되거나 부모의 사망으로 각각 분가하여 개별적으로 '단혼소가족'을 창시하게 된다. 그 과정에서 부모의 사망이나 이혼 및 재혼이 가족형태의 변수가 됨은 물론이지만, 아이의 출산과 결혼의 여부나 시기에 대한 선택, 斷産과 立後 결정 등이 가족의 라이프코스에 결정적인 변동요인이 된다.

어느 한 시기에 존재하는 여러 가족형태는 가족의 라이프코스 가운데 일시적인 한 과정에 지나지 않지만, 가족형태에 따른 비중과 그 변화는 가족구성의 일반적인 경향을 엿보게 한다. 호적에는 일부지역—제주지역—을 제외하고 혈연가족의 호구성을 가능한 한 일률적인 단혼소가족으로 편제되는 것을 원칙으로 한다.[42] 가령 장자가 혼인하면 부모호로부터 독립하여 별도의 호를 세우는 것이 원칙이므로 호적 자료 그대로라면 소가족이 일반적인 가족형태로 집계되기 쉽다. 부자가 같은 동리에 거주하는 경우에는 하나의 가족으로 계산하고 부모—특히 父—가 사망하여 상속이 종료된 이후에 형제가 별도의 호를 구성할 때에는 분가한 것으로 간주하여 가족형태를 재구성할 수 있다. 그 결과, 단혼가족은 17세기말에 7~80%에서 이후 점차 감소하여 19세기중엽에

---

41) 速水 融, 「人口・家族構造と經濟發展－日本近代化の基層」, 『歷史人口學硏究; 新しい近世日本像』, 藤原書店, 2009, 560~590면.
42) 정진영, 「조선후기 호적대장 '호'의 편제 양상; 제주 대정현 하모슬피 호적중초 (1843~1907)의 분석」, 『역사와 현실』 45, 한국역사연구회, 2002; 김건태, 「호적대장에 등재된 호구의 성격」, 『韓國史硏究』132, 韓國史硏究會, 2006, 137~177면.

겨우 과반수를 넘는 비율을 보인다. 오히려 복합가족의 형태가 17세기 말에 10% 이하에서 19세기중엽에 30%로 증가하는 현상을 볼 수 있다.[43] 후기로 갈수록 가족의 규모를 확대시키고자 하는 움직임이 커져갔던 것이다.

가족의 라이프코스라는 관점은 世帶 사이(inter-generation)의 연속성으로 가족형태의 변화를 관찰하는 데에 그치지 않는다. 祖父에서 孫子까지 3대에 이르는(multi-generation) 영향력을 고찰하는 방법이 개발되고 있다. 조선의 호적과 족보에 적용한다면, 신분이나 職役의 연속성만이 아니라 科宦과 같은 사회적 위상의 획득에 끼치는 영향력을 확인할 수 있다. 본인이 출세하는 데에 부친만이 아니라 조부, 혹은 장인, 외조부, 형제의 어느 쪽으로부터 강하게 작용하는가를 분석함으로써 개인의 출세와 가족관계와의 상관성을 관찰할 수 있을 것이다.[44] 조부를 포함하고 또한 그것을 넘어서서 확대된 가족을 결성하거나, 혼인네트워크의 상호 유대관계를 긴밀화하고자 하는 욕구가 이로부터 자극받았을 수도 있다.

호적상의 호의 대표자인 '主戶'는 호를 대표하여 국가 공공업무 수행을 위한 징수 및 징발의 대상이 되며 구휼의 대상이 되기도 한다. 女性 主戶도 그 양쪽의 대상으로 존재하여 여성에 대한 국가적 규정성을 확인시킨다.[45] 국가의 입장에서는 가능한 한 홀아비나 과부의 호가 구휼

---

43) 손병규, 「조선후기 상속과 가족형태의 변화 – 丹城縣에 거주하는 安東權氏 가계의 호적 및 족보 기록으로부터 –」, 『大東文化硏究』 61, 大東文化硏究院, 2008b, 376~404면.

44) 한상우, 「朝鮮後期 兩班層의 親族 네트워크」, 성균관대 동아시아학과 박사논문, 2015.

45) 김경란, 「조선후기 호적대장의 여성호칭 규정과 성격 –『단성호적』을 중심으로–」, 『역사와 현실』 48, 한국역사연구회, 2003, 191~220면; 「朝鮮後期 丹城縣戶籍大帳의 女

의 대상으로만 존재하는 것을 꺼리지만, 이에 대해 여성이 갖는 가장으로서의 사회적 역할이 강하게 작용하는 측면도 읽을 수 있다. 그런데 역사인구학의 관점에서 여성가장은 가족의 라이프코스에 있어 단절의 위기에 처한 취약한 존재로 인식된다. 가장으로 연장자 남성이 존재하지 않고 죽은 남편에 대신해서 자식이 장성하여 가장이 될 때까지 과도적인 역할에 지나지 않는다고 보는 것이다.[46]

하지만 근대 동유럽의 경우에 여성가장의 가족이 처한 위기적 상황은 도시부에 한정되는 듯하다. 대가족이 많은 농촌부에서 여성가장의 역할을 달리 평가될 수 있기 때문이다.[47] 가족의 라이프코스를 좀 더 장기에 걸쳐 관찰하면 농촌부에서 확대가족 가운데 여성가장을 경험한 가족이 높은 비율로 존재함을 볼 수 있다. 여성가장은 단절을 극복하고 안정적인 확대가족으로 성공하는 데에 긍정적으로 평가되는 것이다. 또한 가족 가운데 노인의 존재를 관찰하는 연구는 노인봉양에 대해 확대가족의 안정성이 갖는 역할을 평가하기도 한다.

호적에서 가족의 연속성을 여러 대에 걸쳐 추적할 때에는 신분변동에 대한 또 다른 측면을 고려하게 된다. 18세기 이후 기존의 양반계층이 사회경제적으로 하락하는 한편, 호적으로부터 19세기 '양반지향적'인 경향이 급속히 진행됨을 짐작할 수 있다. 그런데 19세기후반에 호적상에 상층신분의 형태로 기재된 많은 사람들의 선조들을 추적하면, 각

性把握實態 研究』, 高麗大 博士論文, 2003.

46) 오구치 유지로(大口勇次郎), 「農村における女性相續人」, 『女性のいる近世』, 勁草書房, 1995, 35~73면.

47) 오스트리아 비엔나에서 개최된 2014년도 유럽사회사학회(ESSHC)의 '확대가족' 및 '여성가장' 세션, T-1-FAM09: Similarities and Differences between Joint Family Societies, T-3-FAM01a: Female Heads of Household and Sources for Finding Them 참조.

자 '출신'이 다르다는 사실이 드러난다.[48] 먼 조상이 신분적으로 결함이 있을 때, 그 후손들이 호적상에 신분상승을 꾀한다고 하더라도 오래토록 살아온 지역공동체에서 상승된 신분으로 인식하지 않을 수 있다. 신분변동의 사회적 현실에 대해 재고를 요한다.

2) 가족의 연대와 그 확대

조선후기의 호적과 족보에서 여성의 재혼에 대해서는 그리 분명한 정보를 제공하지 않지만 남성의 재혼에 대한 정보는 상대적으로 풍부하다. 상층 남성의 正婚은 동일 계층의 '通婚圈' 내에서 일부일처의 혼인으로 이루어져 喪妻한 뒤에나 재혼이 가능하나 초혼 여성과 재혼하는 것이 원칙이다.[49] 그러나 하층 여성과의 妾婚이 현실적인 重婚으로 허락되었는데, 그 庶孼 자식들의 신분은 모친의 신분을 계승하므로 가족구성원의 신분적 동질성을 확보하기는 어렵다. 부계중심으로 적서를 포함하여 가족을 설정할 것인지, 신분과 재산상속의 차등성을 고려하여 모자중심으로 가족을 분할, 설정할 것인지, 관점에 따라 달라지겠지만, 그렇지 않아도 유동적인 신분제적 변수가 조선시대 가족의 특징적인 상황을 말해준다.

상층 남성의 가계를 추적해보면 정혼에서의 남성재혼율이 17세기말~18세기전반에 고조되었다가 점차 낮아져 19세기 후반에 급감하는 현

48) 김건태, 「조선후기 호구정책과 문중형성의 관계 – 제주도 대정현 하모리 사례 –」, 『한국문화』 67, 서울대학교 규장각한국학연구원, 2014, 3~33면.

49) 김건태, 앞의 논문, 2004; Kuen-tae Kim, Eighteenth Century Korean Marriage Customs: The Tansŏng Census Registers, *CONTINUITY AND CHANGE* 20-2, CAMBRIDGE UNIVERSITY PRESS, 2005, pp.193~209.

상을 보인다. 주목되는 것은 남성재혼율의 저하경향과 반비례해서 양자율이 높아지는 현상이다.[50] 남편은 처 사후의 재빠른 재혼으로 적자를 충분히 얻으려던 노력에 대신해서 부계친족 가운데 系子를 얻어 그로 하여금 가계를 계승하도록 입후시키는 전략을 선호하기 시작했던 것이다. 여기에는 양반 가족의 경제규모가 축소하는 경향이 영향을 준 것으로 여겨진다.

양반 남성은 적자를 얻어도 그 자식의 사망에 대비해서 더 많은 적자를 확보하기 위해 정실이 사망하면 재빠르게 재혼했다. 그러나 자식이 많으면 그만큼 자식에게 상속되는 재산도 줄어들어 사회적 위상을 유지하기 어려운 지경에 이를 것이다. 몇몇 성공적인 가계를 제외하고 양반 가족의 경제적 위상이 일반적으로 하향평준화될 것은 주지의 사실이다. 여기에 장자우대상속을 강화하여 장남 가계만이라도 양반의 체통을 이을 수 있는 경제력을 보장하려 했다. 차자이하 나머지 자식들은 혼인을 하여 독립된 가족을 영위할 수 있으면 되었다. 형의 사회적 위상이 자신들의 그것과 동일시될 수 있기 때문이다. 경제적 위상이 낮아지더라도 동일한 사회적 위상의 집안과 혼인관계를 맺을 수 있으며 경제적 위상이 높고 사회적 위상이 낮은 집안과의 혼인도 감수할 수 있다. 이렇게 사회적 위상과 경제적 위상이 괴리되어 있으나 사회적 위상을 우선시하는 인식은 신분제의 유동성에 기인한다.

그러나 재산분할의 심화를 감수하고라도 시도한 재혼은 적자수의 증가를 초래하지 못했다. 18세기전반~19세기전반에는 남성의 재혼으로 적자를 확보할 수 있는 효과에 의문을 낳기에 충분할 정도로, 살아남은

---

50) Son, Byung-giu. The Effects of Man's Remarriage and Adoption on Family Succession in the 17th to the 19th Century Rural Korea. *Sungkyun Journal of East Asian Studies* 10(1), 2010. pp.9~31.

적자가 평균 2명 이하로 떨어졌다.[51] 이에 적자를 얻지 못하더라도 친척으로부터 계자를 선정하여 가계를 잇도록 결정한 가족과 자신의 자식으로 하여금 가계가 끊어져 재산이 공중분해될 처지에 있는 친척의 재산을 '系子'로서 단독상속 받게 하려는 가족 사이에 가족계승전략상의 합의가 이루어졌다. 후자의 가족의 경우는 자식 가운데 한 명이 계자로 나가고 남은 자식들에게 재산상속상의 분할분을 늘리는 일이기도 했다. 가계경영을 둘러싼 이러한 가족간의 연대는 부계남성 계보를 기준으로 하는 族契, 門中 조직의 형성 과정에서 이루어진 가족의 연대 의식이 배경이 되었을 것이다.

이미 언급했듯이 19세기말~20세기전반기에 나타나는 족보편찬 붐은 인구이동의 현실이 하나의 이유였다.[52] 지역공동체 내부에서 소농생산의 안정화를 위한 협동과 상호부조, 지역에 할당된 부세부담과 노역동원에 대응하기 위한 납세조직의 형성에 여러 가지 방법으로 가족의 연대가 시도되고 있었을 것이다. 지역공동체내의 가족의 연대가 불안정하거나 연대 과정에서 우위를 점하기 위한 방법으로 각지에 흩어져 거주하는 가족들은 부계남성 중심의 종법질서로 이념화된 친족집단의 결성에 동참했을 것이다.

부계남성의 계보에 의거하는 가족들을 모두 '一家'로 여기는 '同姓同本' 인식은 빨라야 19세기후반 이후에 일반화된 독특한 것이다. 중국에서 '本貫'이란 거주를 함께하는 곳의 지명으로 현실적인 동족집단의 지리적 범주를 지칭하지만, 조선왕조의 경우는 점차 자신의 거주지와 다른 부계선조의 출생지를 가리키는 것이 되었다. 부계혈연의 연원적 발

---

51) Son, Byung-giu. *Ibid*, 2010.

52) 손병규 앞의 논문, 2015.

상으로부터 생겨난 '世居地' '出身地'의 개념이나 식민지시대에 현거주지에 한정된 '同族部落'의 인식이나, 살아있는 자들이 죽은 자들을 매개로 관념됨 사회조직에 지나지 않음을 느낀다. 소농경영을 안정화시키기 위해서든, 자본 및 노동을 교환하는 협동체제를 위해서든, 사회보장적 유대관계를 긴밀히 하기 위해서든, 가족 연대의 다양한 필요성과 방법이 그 구체적인 내용이 될 것이다. 또한 이러한 인구와 가족에 대한 분석을 통해 최근에 이르기까지 한국사회의 장기지속적인 관찰도 가능할 것 같다.

호적과 족보에서 동일 가족을 추적하여 가족들의 거주이동 현황과 지역을 넘어서는 가족의 연대, 그 사이의 상관성을 관찰하는 것은 가족사 연구를 풍부하게 할 것이다. 또한 그것은 부계혈연집단의 결성과 혼인네트워크의 유대관계에 대한 현황에 접근할 수 있게 한다. 그것와 관련하여 가족사 연구에 활용할 수 있는 또 하나의 자료정보는 족보에 기재된 죽은 자들의 묘지이다. 묘지의 위치는 식민지 초기의 '묘지화장규칙' 선포를 전후로 변화하는 현상을 볼 수 있는데, 그것은 선조로부터의 가족 계승관계, 현거주, 동족집단 결성 기도등과 밀접한 관련이 있는 듯하다.[53]

5. 맺음말

관심을 갖는 문제인식에 따라 사료로부터 사실이 달리 보이거나 새롭게 발견되기도 한다. 한편으로 다각적인 문제인식으로 바라본다 하

---

53) 한상우, 「죽은 자의 공간을 통해 본 전통과 근대」, 성균관대 동아시아학술원 학술회의 '탈근대론 이후—식민성과 중첩된 시간들—' 발표논문, 2016년 8월 19일

더라도 그것이 사료가 갖는 특성에 제약된다는 사실을 염두에 두어야 한다. 호적은 국가주도로 현재 거주하는 주민이 등록되는 자료이며, 족보는 후손들의 주도하에 그들까지 이르는 선조들의 계보가 기재되는 자료이다. 호적과 족보 모두 개인의 인적사항과 가족관계를 기록하므로 인구와 가족에 관한 분석이 가능한데, 각각 작성되는 의도에 따라 자료적 특성을 달리 한다. 그로 인해 기록은 인구와 가족의 실체를 있는 그대로 드러내지는 않는다.

역사인구학은 근대분과학문의 사회과학 분야 연구로 표면적인 현상만을 대상으로 하는 인구사 연구를 비판하면서 출현했다. 그러나 인구변동의 주된 요인은 가령 인구억제 방법의 정보교환 속도가 신속할 수 있는 배경, 즉 경제생활과 언어의 동질성이나 종교적, 사회적 공감대 등, 사회경제사적이고 사회문화사적인 것에 있음을 발견한다. 인구학적 요소들의 지표를 제시하는 데에 머무를 수 없는 연구현실을 알 수 있다. 반대로 인구사 및 사회경제사 연구는 자료의 표면적인 관찰에 그치지 않고 실체에 접근하기 위한 연구방법을 수용함과 더불어 자료자체의 성격으로부터 추적되는 역사적 사실에 더욱 주목할 필요가 있다.

[원문출처: 『조선시대사학보』 79, 2016]

한국의 인구변천과 혼인출산율 변화
: 자녀의 생존과 출산간격 조절을 중심으로

계봉오, 박희진

1. 머리말

인구변천(Demographic transition)은 재생산 체계의 근본적인 전환을 의미하는데, 이러한 전환은 근대사회로의 이행을 가능하게 해주었다. 이는 고사망/고출산 체제에서 저사망/저출산으로의 이행이 산업화 및 도시화를 위한 기초를 제공해주었기 때문이다. 인구변천이 없었다면, 산업화를 위해서 필수적인 자녀 교육에 대한 투자는 매우 어렵거나 불가능했을 것이다. 또한 도시 지역의 사망력 하락이 없었다면 도시 지속적인 발전은 가능하지 않았을 것이다(Dyson, 2010). 따라서, 인구학적인 연구들은, 인구변천의 원인과 결과를 살펴보기 위해서 다양한 이론적 논의들을 발전시켜 왔고 (Davis, 1963; Dyson, 2010; Kirk, 1996; Mason 1997; Notestein, 1945), 역사적인 자료들을 활용해서 광범위한 경험적인 연구들을 진행해 왔으며 (Chesnasis, 1992; Coale & Watkins, 1986), 이 주제를 연구하기에 적합한 통계적인 방법들을 개발해 왔다 (Coale & Trussell, 1974).

이 연구는 20세기 중반의 한국 인구등록 자료를 활용해서 한국 인구변천의 한 측면인 혼인출산력 하락(marital fertility decline)을 살펴본다. 특히 이 연구는 영아사망(infant mortality), 유아사망 (child mortality), 출산 간격 (birth spacing)이라는 출산력 변천과 관련된 세 가지 쟁점에 초점을 맞춘다. 이 쟁점들은 그 동안 많은 연구들에서 다뤄왔는데, 최근 연구들은 다양한 역사적 맥락에서 수집된 개인 수준의 종단 자료를 활용해서 관련된 가설들을 검증하고 있다(Alter, Oris, & Tyurin, 2007; Reher & Sanz-Gimeno, 2007). 그러나, 이 주제와 관련해서 한국자료를 사용한 연구는 아직까지 드문 실정이며, 이 연구는 이러한 공백을 메우고자 한다. 현재 한국의 출산율은 매우 낮은 수준인데, 이러한 낮은 출산율에는 역사적인 맥락이 존재한다. 따라서, 이 연구는 한국의 인구변천뿐만 아니라 현재의 저출산을 이해하는 데에도 도움을 줄 것으로 기대한다. 논문은 다음과 같은 순서로 구성되어 있다. 첫째, 자녀의 생존과 출산의 관계에 대한 기존 연구를 검토한다. 이를 통해서 경험적인 분석에서 검증하고자 하는 개념적, 방법론적 쟁점이 무엇인지를 확인한다. 둘째, 출산력 변천에 중요한 함의를 지니고 있는 남성에 의한 가계계승을 중시하는 한국의 문화적 상황을 논의한다. 셋째, 이러한 이론적 논의와 역사적 배경을 기반을 둔 가설을 제시한다. 넷째, 자료와 통계 방법을 기술하고, 분석결과를 제시한다. 마지막으로 분석결과를 요약하고 그 함의를 논의한다.

2. 출산력 변천: 영아 사망, 유아 사망, 출산간격

고전적 인구변천이론은 인구학적 행위가 역사적으로 어떻게 변화했는지를 기술한다. 그 핵심은 사망력 하락이 출산력 하락의 필요 조건이었다는 것이다. 출산력은 사망력 하락 이후 시차를 두고 하락했는데,

이 기간 동안 인구가 빠른 속도로 증가했다. 사망력 하락이 없는 출산력 하락은 인간 종의 생존을 위협하기 때문에, 영유아 사망력의 하락 혹은 그 하락에 대한 인식은 가족 규모를 줄이는 인센티브가 생길 수 있는 전제조건이다. 맬서스적 관점에서 보면, 가족 규모의 증가는 자녀에 대한 수요에 낮춘다(맬서스, 2016). 자녀의 생존 가능성이 증가하면, 원하는 수의 생존 자녀를 확보하기 위해 필요한 자녀수가 줄어든다. 사망력 하락은 사회경제적 발전, 공중보건과 위생의 개선, 예방접종 등 의학적 개입에 의해서 하락했다. 이러한 변화들이 사망력 하락으로 이어졌으며, 이는 다시 출산율 하락으로 연결되었다(Dyson, 2010; Mason, 1997). 특히, 영유아 사망의 하락은 출산율 하락에 결정적으로 중요했다. 자녀들이 성인까지 생존할 가능성이 높아졌다는 것을 인식함에 따라 여성 혹은 부부는 추가적으로 자녀를 출산할 필요가 줄어들었는데, 이러한 인식의 변화에 따라 출산율이 하락했다(Cleland & Wilson, 1987).

자녀의 생존율 향상이 출산율 하락의 중요한 조건으로 여겨졌기 때문에, 이 주제와 관련된 연구는 상당히 축적되어 있다. 예를 들어, Chesnais (1992)는 67개국의 자료를 활용해서 다양한 역사적 맥락에서 자녀의 생존과 출산의 관계를 연구했다. 그런데, 경험적인 증거들은 확정적이지 않다. 첫째, 프린스턴대학의 유럽 출산력 프로젝트(Princeton European Fertility Project)의 결과는 고전적 인구변천이론와 다소 어긋나는 증거를 제시하고 있다. 독일, 벨기에, 이탈리아, 포르투갈 등 여러 국가들에서 출산율 하락이 사망력 하락에 선행했다(Knodel, 1986; van de Walle 1986).[1] 그런데, 보다 최근의 연구들은 고전적 인구변천이론을 지지하는

---

1) 이와 관련된 보다 상세한 논의는 레어의 연구(Reher 1999: 10, 28)를 참고하시오. 고전적 인구변천이론에 부합하는 패턴을 보여주는 국가들이 존재하기는 하지만, 레어는 이들 증거가 확실한 결론에 도달하기에는 부족하다고 평가하고 있다.

증거들을 제시하고 있다. 스페인의 경우, 생존자녀수가 추가 자녀 출산을 가능성을 낮추고 출산간격을 늘렸던 것으로 나타나고 있으며(Reher & Sanz-Gimeno, 2007). 벨기에에서도 자녀의 생존이 출산 간격을 증가시키는 것으로 나타났다 (Alter et al., 2007). 유사한 패턴이 독일에서도 발견되었다 (Knodel, 1986). 현대 개발도상국에 대한 연구 역시 유사한 결론에 도달하고 있다 (Montgomery & Cohen, 1998; Preston, 1978). 이러한 논의에서 한 가지 흥미있는 대조를 확인할 수 있다. 집합자료(aggregate level data)를 활용한 연구들은(예를 들어 프린스턴 유럽 출산력 프로젝트) 영유아 사망력 하락이 출산력 하락의 선행조건이라는 증거를 발견하지 못했다. 반면, 개인수준의 종단자료(individual level longitudinal data)를 활용한 연구들은 자녀의 생존이 추가적인 자녀 출산에 부정적 영향을 친다는 것을 보여주었는데, 이는 고전적 인구변천이론과 일치하는 것이다. 집합자료를 활용한 연구들은 그 자체로 과거 출산력 변화 추이를 보여준다는 강점이 있지만, 개인수준의 종단자료를 활용한 연구는 출산력 변천과 관련된 가설을 검증하기 위한 보다 풍부한 정보를 제공해 준다. 기존의 한국연구들은 대부분 집합자료를 활용했으며(김두섭, 1993; Kwon, 1977) 개인수준의 종단자료를 활용한 연구는 존재하지 않는다. 이 연구는 자녀의 생존이 한국의 출산력 하락에 미친 영향을 개인수준의 종단자료를 활용해서 분석하며 이 결과를 집합자료를 활용한 기존 연구와 비교한다.

자녀의 생존이 출산에 영향을 미치는 이유는 세 가지 측면에서 검토할 수 있다. 첫째, 모유수유 중이던 영아의 사망과 이에 따른 모유수유 중단은 출산을 증가시킬 것이다. 따라서, 영아의 생존율 향상은 바로 이러한 생리학적(physiological) 이유로 출산율을 감소시킬 것이다. 둘째, '대체출산(replacement birth)' 또한 감소할 것이다. '대체출산'이라는 개념은 부부 혹은 가족이 원하는 자녀 수를 마음 속에 가지고 있다는 가정에 근거하고 있다. 이를 가정하면, 영아나 유아가 사망한 부부는 추가적인 자녀를 출산하고자 하는 강한 유인을 갖는다. 자녀의 생존율이 개선되면, '대체출산'은 점차 감소할 것이고, 이는 출산율 하락으로 연결될 것이다. 셋째, 자녀의 생존과 출산의 관계는 자녀의 생존율이 향상되고 출산통제(birth control)가 더 용이해짐으로 강화될 것이다. 출산통제가 용이하지 않은 상황에서는 자녀가 일정 연령까지 성장한 부부들도 비록 그들이 출산을 중단하고 싶어도 출산통제를 실행하지 못할 수 있기 때문에, 그들의 출산율이 자녀가 사망한 부부들과 비슷할 가능성이 존재한다. 한편 출산통제가 용이해짐에 따라 이 두 집단의 차이는 보다 명확하게 드러날 것이다. 요약하면, 자녀의 생존율이 향상되면서 다음과 같은 변화를 기대할 수 있다. 1) 부부가 이전보다 더 적은 수의 자녀를 출산해도 자신들의 재생산 목적(reproductive goals)을 달성할 수 있기 때문에 출산율이 하락할 것이며, 2) 출산통제가 보다 용이해짐에 따라 자녀의 생존과 출산의 관계가 보다 강화될 것이다.

이러한 예상을 경험적으로 검증하기 위해서 다음 두 가지 문제를 고려해야 한다. 첫째, 영아사망(infant mortality)과 유아사망(child mortality)을 구분하는 것이 중요하다(Reher, 1999). 영아사망은 1세 이전의 사망을, 유아사망은 1-4세의 사망을 의미하는데, 앞서 논의한 세 가지 메커니즘들 중에서 모유수유 중단은 영아 사망에만 유효하다. 예를 들어 4세 자녀의 사망은 모유수유 중단을 통해서 출산에 영향을 미치지 않는다. 따라서, 생리학적 관점에서 보면 영아사망의 하락이 유아사망보다 출산력 하락에 더 큰 영향을 미친다. 또한, 영아사망과 출산력의 관계는 유아사망과 출산력의 관계와는 다를 가능성이 높다. 위에 제시한 논의들에 따르면, 믿을만한 피임수단이 광범위하게 사용됨에 따라 자녀의 생존과 출산력의 관계는 강화되는데, 이는 영아사망보다는 유아사망과 관련된다. 〈표 1〉에 도식적으로 제시했듯이, 영아사망이 출산력에 미치는 영향은 출산변천 동안 변하지 않는다. 영아사망력이 하락하기 전에도 영아가 생존한 부부들은 모유수유를 통해서 어느 정도 (비자발적) 피임을 실천했다고 할 수 있다. 물론, 모유수유로 인한 일시적 불임(infertility)은 의도적인 출산통제(deliberate fertility control)이 아니라 자연출산력의 한 부분이다(Bongaart, 1978). 그럼에도 불구하고, 모유수유로 인한 (일시적) 불임은 영아가 생존한 부부들의 출산율을 감소시킨다. 따라서, 영아사망과 출산력의 관계는 영아사망 하락을 전후해서 크게 변화하지 않았다고 할 수 있다. 이와 대조적으로 유아가 생존한 부부들에게는 상당한 변화가 일어났다고 할 수 있다. 믿을만한 피임수단이 확산됨에 따라 부부들은 자신들이 원하는 수의 자녀를 갖기 위해서 보다 효과적인 피임수단에 의존할 수 있게 되었다. 이러한 변화로 인해서 자녀가 생존한 부부들과 그렇지 않은 부부들의 자녀수의 차이가 증가하게 되었다. 따라서, 유아사망과 영아사망이 출산력에 미치는 영향은 다르다고 할 수 있는데, 이는 이 연구가 살펴보는 중요한 주제이다.

〈표 1〉 영유아 사망이 출산에 미치는 영향력의 변화

단계	영아		유아	
	사망	생존	사망	생존
출산변천 이전	모유수유 중단	모유수유 계속	출산통제 없음	비효율적 출산통제
출산변천 이후	모유수유 중단	모유수유 계속	출산통제 없음	효율적 출산통제
출산에 미치는 영향	큰 변화없음		강화	

둘째, 출산중단(stopping)과 간격조절(spacing)의 구별이 중요하다(Alter et al., 2007; Reher, 1999; Reher & Sanz-Gimeno, 2007). 자녀들이 보다 많이 생

존함에 따라 부부들은 자신들이 원하는 수의 자녀를 갖기 위해서 그보다 많은 자녀를 낳아야 할 필요가 작아진다. 출산력 변천 초기에는 이러한 변화가 보다 이른 시기의 출산중단으로 연결된다. 출산간격을 늘리는 것은 이 단계에서는 좋은 선택지가 아닌데, 이는 자녀의 영유아사망을 경험하지 않은 부부들 역시 자신의 자녀들이 어른이 될 때까지 생존할지 확신할 수 없었기 때문이다. 재생산 기간의 후반부에 가서는 이 부부들이 자신들이 원하는 수의 자녀를 갖고 있을 가능성이 높은데, 이들은 예전 세대보다 출산을 일찍 중단할 가능성이 높다. 따라서, 자녀수에 따른 출산통제(parity-specific fertility control) 패턴의 등장했다(Coale & Trussell, 1974). 이러한 자녀수에 따른 출산통제는 출산력이 하락하는 과정에서도 지속되는데, 이와 더불어 출산간격 증가(increasing birth spacing)이라는 새로운 형태의 출산통제가 나타난다. 자녀가 생존할 것이라는 충분한 확신이 들 때, 부모들은 출산간격을 더 넓힐 것이다. 원하는 자녀를 다 갖지 않은 상태에서도 출산간격을 의도적으로 늘리는 행동이 나타날 수 있는데, 이는 터울을 늘리는 것이 어머니 및 자녀에게 유익하기 때문이다. 이를 고려할 때, 자녀수에 따른 출산통제가 계속 사용되면서 이와 동시에 출산간격을 넓히는 것이 출산통제의 방법으로 보다 광범위하게 받아들여질 것이라고 예상할 수 있다.

3. 한국의 상황

〈표 2〉는 한국의 인구지표 추이를 보여주고 있다.[2] 이 수치들을 통해

---

[2] 〈표 2〉에 제시된 영아사망률과 유아사망률은 두 가지 다른 시계열 자료에서 가져온 것이다. 권태환(1977)은 1925–60년 기간의 추정치를, 김남일((1987)은 1955–80년 기간의 추정치를 제공하고 있다. 따라서, 1955–60년 기간에는 두 가지 추정치가 존재한다.

〈표 2〉 조출생률, 조사망률, 합계출산률, 영아 및 유아사망률 변화추이

연도	조출생률	조사망률	합계출산율	영아사망률		유아사망률	
				남아	여아	남아	여아
1910-15	38	34	-	-	-	-	-
1915-20	40	32	-	-	-	-	-
1920-25	42	30	-	-	-	-	-
1925-30	45	26	6.2	215	184	40	39
1930-35	44	24	6.1	192	165	35	34
1935-40	44	23	6.2	190	152	35	32
1940-45	42	23	6.1	167	135	30	28
1945-50	42	23	6.0	146	119	26	24
1950-55	40	33	5.6	127*	105*	22*	21*
1955-60**	45	16	6.3	110	92	18	18
				74	66	9	10
1960-65	42	15	6.0	67	60	9	9
1965-70	32	13	4.6	60	53	5	5
1970-75	30	10	4.2	47	42	4	4
1975-80	24	7	3.0	43	38	3	4

합계출산율을 제외하고는 단위는 1,000

* 한국전쟁의 영향이 없는 정상적인 상태를 가정
**1955-60: 영유아사망률에 대한 두 가지 추정치 제공.
　위에 제시된 것은 Kwon(1977), 아래에 제시된 것은 김남일(1987)
　조출생률, 조사망률, 합계출산율: 김두섭(1993)
　영아 및 유아사망률: 1925-60은 Kwon (1977)의 추정치, 1955-80년은 김남일(1987)의 추정치를 제시함.

서 한국 인구변천의 기본적인 패턴을 이해할 수 있다. 첫째, 조사망률 (crude death rate)는 20세기 초반부터 하락했다. 또한, 모든 사망력 지표들

김남일의 추정치는 권태환의 추정치보다 매우 낮다. 필자들이 두 추정치 중 어떤 것이 더 믿을 만한지 판단할 수 없기 때문에 두 가지 추정치 모두를 제시한다. 단, 두 추정치 모두 영아사망률과 유아사망률이 지속적으로 하락하고 있음을 보여주고 있다.

은 한국전쟁이 있었던 1950-55년을 제외하고는 단선적으로 하락했다.[3] 이와는 대조적으로 조출생률(crude birth rate)와 합계출산율(total fertility rate)로 측정한 출산율은 1960년대 후반 이후에 하락했다. 집합 자료(aggregate data)에 근거한 출산율 하락의 이러한 지체는(김두섭, 2002: Kye 2012) 고전적인 인구변천이론의 예상과 대체적으로 일치한다. 이 연구는 이러한 패턴이 언양면 인구등록자료라는 개인수준의 종단자료를 통해서도 관찰되는지를 검증하고자 한다.

한국의 출산력 변천을 이해하기 위해서는 한국사회의 중요한 특징인 아들선호의 함의를 이해하는 것은 중요한데, 이는 출산율 변천 이후에도 여전히 관찰되는 현상이다(Kye, 2014). 아들선호는 대부분 동아시아 국가의 공통적인 특징인데, 이는 가계 계승이 아들을 통해서 이루어지기 때문이다. 선행연구들은 생존자녀들의 성비 구성이 자녀 출산에 중요한 영향을 미친다는 것을 보여주었다(Choe & Kim, 1998; Kye, 2014). 즉, 아들이 없는 여성이 아들이 있는 여성보다 자녀를 출산할 가능성이 높았다. 강한 아들선호는 자녀의 생존이 출산에 미치는 영향을 살펴볼 때 중요한 함의를 갖는다. 아들을 잃은 여성은 딸을 잃은 여성보다 추가적인 자녀를 더 원할 가능성이 높은데, 이는 남성 후손을 더 많이 원하기 때문이다. 결과적으로, 아들의 사망과 출산의 관계가 딸의 사망과 출산의 관계보다 더 강할 가능성이 높다. 중국, 일본 그리고 몇몇 유럽 국가들에서 생존자녀의 성비 구성과 추가 자녀 출산 확률의 관계를 분석한 연구는 동아시아와 유럽 국가들 간에 유의미한 차이가 존재하지 않음을 보여주었는데(Derosa & Tsuya 2010), 이 연구는 이 쟁점을 한국자료를

---

3) 권태환은 한국전쟁의 영향력이 없다는 가정 하에서 사망률을 평활한(smoothing) 추정치를 제시했기 때문에 단선적인 추세를 보여주고 있다(Kwon, 1977).

활용해서 검증하도록 한다.

4. 가설

위에 제시된 논의들을 근거로 몇 가지 가설들을 제시할 수 있다. 고전적인 인구변천이론은 자녀의 생존이 출산력 하락에 미치는 영향을 강조한다. 인구변천 이전에 사람들은 자녀의 사망에 대비해서 자신들이 원하는 것보다 더 많은 자녀를 출산했다. 이러한 행위(hoarding)는 자녀의 생존가능성이 높아짐에 따라 점차 줄어들었다. 이는 각 출생코호트 간에 존재하는 영아 및 유아사망률의 차이를 통제한 이후에는 이들 간에 존재하는 출산율 차이가 줄어들 것임을 시사한다. 또한 위에 제시한 논의는 영아사망의 영향력이 유아사망의 영향력보다 크다는 것을 시사한다. 따라서, 다음과 같은 가설을 제시할 수 있다.

가설 1: 영아 및 유아사망률을 통제한 이후에는 출생코호트 간의 출산율 차이가 현격히 줄어들 것이다.

가설 2: 영아사망률 하락에 따른 출산율 하락이 유아사망률 하락에 따른 것보다 클 것이다.

이 연구는 자녀의 사망과 출산율의 관계가 어떻게 변화했는지 또한 살펴본다. 통계적으로 보면, 이는 출생코호트와 자녀사망의 상호작용항과 관련되는 문제이다. 위에서 논의했듯이, 고전적인 인구변천이론에 따르면 상호작용 효과가 증가했을 것이다. 믿을 만한 피임방법이 확산됨에 따라 자녀의 생존과 출산의 관계가 강화될 것이기 때문이다. 그렇지만, 영아사망과 유아사망의 함의는 다를 것이다. 〈표 1〉에서 제시한 것과 같이 유아사망과 출산의 관계가 영아사망과 출산의 관계보다 더 많이 변화했을 것으로 예상할 수 있다.

> 가설 3: 자녀의 생존과 출산의 관계는 믿을 만한 피임방법의 확산에 따라 점차 강화되었을 것이다.
> 가설 4: 믿을 만한 피임방법의 확산에 따라 유아사망과 출산의 관계가 영아사망과 출산의 관계보다 더 많이 변화했을 것이다.

선행연구들은 출산중단이 출산통제의 주된 방법으로 등장했으며, 이후에 자녀의 생존에 대한 불확실성이 감소함에 따라 출산간격 조절이 점차 중요해졌다고 지적하고 있다. 이러한 설명에 근거해서 다음과 같은 가설을 제시할 수 있다.

> 가설 5: 출산변천 초기에는 출산 중단 현상이 나타났으며, 추후에 출산간격 조절이 확산되었을 것이다.

마지막으로 가계 계승에 있어서 아들이 갖는 중요성에 대한 논의에 기반해서 아들의 사망이 딸의 사망보다 출산에 더 중요한 영향을 미쳤을 것이라고 예상할 수 있다. 또한, 현대 한국사회에서도 여전히 강한 아들선호가 지속되고 있다는 사실을 고려할 때, 이러한 성별 차이에는 큰 변화가 없었을 것으로 예상할 수 있다.

> 가설 6: 아들의 사망이 딸의 사망보다 출산에 더 큰 영향을 미쳤을 것이다.
> 가설 7: 이러한 차이는 최근 출생코호트에서도 변함없이 관찰될 것이다.

5. 자료: 언양면 가족가구 등록 자료

자료의 부족은 과거의 인구행동을 연구하는 데 있어서 중요한 장애물이다. 이는 동아시아 국가를 연구할 때 더욱 두드러지는 문제이다. 이 연구는 20세기 중반 한국 농촌지역의 인구행동에 대한 자세한 정보를 제공해 주는 고유한 자료를 활용한다. 언양면 민적자료는 가족가구 등록자료(family household registers)라고 할 수 있는데, 이 자료는 1920-1977년 기간동안의 한국 남동부 농촌지역인 언양면 등록인구의 인구행동에 대한 풍부한 정보를 제공해준다. 민적자료와 관련된 간략한 역사적인 배경은 다음과 같다.

인구등록자료는 전근대 한국사회에서도 이미 존재했다. 전근대 한국사회의 인구등록체계는 세 단계에 걸쳐 변모했다고 할 수 있다. 조선왕조 기간 동안 (1392-1910) 인구등록체계인 호적은 3년마다 거주인구를 파악했다. 그 포괄범위는 불완전했는데, 조선왕조 동안 호적은 전체인구의 40% 정도만을 파악했던 것으로 알려져 있다(권태환과 신용하, 1977). 이는 호적이 과세목적(손병규, 2005)이나 왕실의 위엄을 보여주기 위한 의식적(ritual) 도구로 활용되었기 때문(서호철, 2007)으로 지적되고 있다. 그럼에도 불구하고, 조선시대 호적은 그 기본적인 형태가 현대적인 센서스와 비슷하다. 단, 호적의 기본적인 목적 자체가 전체인구를 계수하는 것 자체에 있지 않았기 때문에, 자료의 질이 충분히 높다고 할 수는 없다. 조선왕조는 1876년 개항 이후의 대내외적인 도전에 대응하기 위해서 1897년 광범위한 개혁을 단행했는데(광무개혁), 이 때 호적제도에 큰 변화가 생겼다. 호적이 매년 실시되게 되었고, 포괄범위가 확대되었으며, 가옥 센서스(housing census) 또한 시행하기 시작했다. 인구통제를 보다 확실하게 하기 위해서 이러한 개혁이 단행되었다(이승일, 2005). 이러한 시도가 만족할만큼 성공적이지는 않았지만, 새로운 호적제도의 실행으로 인구에 대한 파악이 상당히 개선되었다.

전통적인 호적과 광무연간에 개혁된 호적(광무호적)은 본질적으로 일종의 가구기반 센서스(household-based census)라고 할 수 있다. 비록 포괄범위가 불완전했지만, 호적은 전체인구를 계수하려고 시도했다. 원칙적으로, 가족가구원뿐만 아니라 비가족 가구원도 전통적인 호적과 광무호적에서 기록되었다. 이런 의미에서 조선시대 호적은 비록 자료의 질은 낮지만, 현대적인 센서스의 중요한 특징을 공유하고 있다.

또 하나의 중요한 변화가 1909년, 즉 일본이 조선을 강점하기 1년 전에 발생했다. 통감부는 민적 체계를 도입했다. 새로운 인구등록 체계는 조선시대 호적과는 근본적으로 다른 원칙에 기반하고 있었다. 첫째, 새로운 시스템은 가구 거주인구(household population)가 아니라 등록인구(registered population)에 기반을 두었다. 물론, 새로운 시스템의 구축은 인구를 계수하는 데에서 시작했다. 그렇지만, 일단 초기 등록이 이루어진 이후에 민적 자료는 개인들(주로 가족가구주)의 출산, 사망, 결혼, 이혼, 이주 신고에 의해서 업데이트되었다. 둘째, 새로운 시스템은 비가족가구원을 가구원에서 제외했다. 가족 및 친족 내에서 개인의 지위변화가 새로운 시스템이 기록하는 핵심적인 정보였다(이승일, 2005). 그렇기 때문에, 새로운 시스템은 가구등록(household registers)가 아니라 가족 등록(family registers)라 할 수 있다. 셋째, 새로운 시스템 하에서 등록된 주소지는 실거주지가 아닐 수 있다. 조선시대 호적의 경우에는 등록된 주소는 실거주지와 일치하게끔 되어 있었다. 이러한 원칙은 광무호적에서는 가옥 센서스의 시행으로 인해서 더욱 강화되었다(이승일, 2005). 이와 대조적으로, 새로운 시스템 하에서 기록된 주소지는 단순히 법적인(de jure) 등록주소였다. 이러한 의미에서 새로운 인구등록 시스템은 가구에 기반하지 않았다. 원칙적으로 새로운 시스템 상의 하나의 '가족가구

(family household)'는 실제로 다른 가구에 거주하는 가족구성원들로 이루어질 수 있으며, 이런 의미에서 새로운 시스템은 가구등록이 아니라 가족등록 시스템이라고 할 수 있다. 새로운 시스템은 일본의 가족등록 시스템에 기반을 둔 것으로 식민지 정부가 한국인을 보다 효율적으로 통제하기 위해서 도입한 것이라고 할 수 있다. 인구등록 시스템의 이러한 변화는 한국의 가족생활에 중요한 영향을 미쳤는데, 이에 대한 구체적인 내용은 이 연구의 범위를 넘어서는 것이다.

이 연구는 새로운 인구등록 시스템 하에서 생산된 자료를 활용하는데, 자료 이용과 관련해서 몇 가지 사항에 대한 설명을 제시할 필요가 있다. 첫째, 이 연구는 제적부 자료를 사용한다. 일반적으로 가족 중 남성 연장자가 가족가구의 가구주로 등록되었다. 이 가구주의 가족들은 가구원으로 등록되었는데, 가구주와의 관계 또한 기록되었다. 가구주가 사망하거나 다른 지역으로 등록지를 옮길 경우(주로 먼지역으로 영구적으로 이동한 경우에 해당함), 가족의 등록기록이 제적된다(Son & Lee, 2013). 이 연구는 기본적으로 이렇게 생산된 제적부 자료를 활용한다. 제적부는 출산, 사망, 결혼, 이혼 및 개별 가족구성원의 유입 및 유출에 관한 정보를 포함하고 있다. 제적은 주로 가구주의 사망에 의해서 발생했다. 제적이 없다면 이와 같은 인구학적 정보를 사용할 수 없는데, 이는 중요한 선택편이(selection bias)를 야기한다. 그런데, 제적되지 않은 자료, 즉 제재부 자료는 1975-77년에 취합되었다. 따라서, 제적에 따른 선택편이 문제는 이 연구에서는 존재하지 않는다. 통계적인 용어를 사용하면, 우리가 사용하는 자료는 제적과 관련된 사건이 발생한 시점 혹은 제재부가 취합되는 시점(1975-77년)에 우측절단되었다(right-censored)고 할 수 있다. 둘째, 새로운 가족등록 시스템은 1920년대 초반이 되어서야 제대로 운영된 것으로 알려져 있다. 한국인들은 일본식의 새로운 가족등록 시스템에 익숙하지 않았으며, 결과적으로 자료의 질은 1920년 이전에 매우 낮았던 것으로 알려져 있다. 따라서, 이 연구는 1920년 이후에 기록된 자료만을 활용한다. 셋째, 우리가 사용하는 자료는 실거주 인구(de facto population)가 아니라 법적 등록 인구(de jure population)에 대한 정보이다. 연구지역은 한국의 남동부에 위치한 언양면이라는 농촌 지역인데, 분석대상은 언양면의 실거주자가 아니라 주거지역과 상관없이 언양면 가족등록 자료에 기록된 사람들이다. 넷째, 이 연구에서 유입과 유출의 개념은 실제적인 물리적 주소가 아니라 등록주소와 관련된다. 즉, 유입 및 유출 기록은 실제적인 거주지 이동과는 관련이 없을 수 있다. 다섯째로 등록자료는 흥미롭게도 출생과 사망이 일어난 실제 주소를 기록하고 있다. 이 정보는 실제적인 인구이동을 분석하는 데 제한적이지만 유용한 정보인데, 이와 관련된 분석은 추후 연구 과제로 남겨놓기로 한다.

총 65,154개의 개인수준의 기록이 남아 있다. 한 개인이 여러 개의 기록을 가질 수 있는데, 이는 이 사람이 여러 명의 가구주와 서로 다른 시점에서 연결되어 있는 경우이다. 총 47,632개의 중복되지 않는 개인에 대한 정보가 존재한다. 분석 대상은 1895년에서 1960년 사이에 태어나서 언양면에 등록에 남성과 결혼한 적이 있는 여성이다. 본인의 출생연도, 남편의 이름, 유입과 유출 시기에 대한 기록에 결측값이 있는 여성은 분석에서 제외했다. 최종적으로 4,560명의 여성이 분석대상으로 포함되었다. 언양면 이외 지역에 등록된 남성과 결혼 여성은 분석에서 제외되었는데, 이는 이들의 출산력에 대한 정보를 파악할 수 없기 때문이며, 이러한 제외로 인해서 사례수가 현격히 줄어들었다. 출생코호트를 제한한 것 또한 사례수 감소의 이유이며, 남편의 이름이나 관련 사건이 발생한 시기에 대한 정보가 없는 사례 역시 분석에서 제외했다.

매칭된 자녀의 출생연도는 자녀수와 출산 시기를 확정하는 데 사용되었다. 출생기록과 관련해서 1세 이전에 사망한 영아의 경우에는 등록되지 않았을 가능성이 존재하는데, 이러한 과소보고가 어느 정도 되는지 확정할 수 있는 방법은 존재하지 않는다. 따라서, 이 연구에서 제시하는 결과는 유배우 출산율을 어느 정도 과소추정한다고 할 수 있다.

6. 방법론

이 연구는 출생코호트 간 차이에 주목하면서 다음과 같은 분석을 실시했다. 여성들은 다음과 같은 조건을 만족시키는 시점부터 분석대상에 포함된다; 1) 15세 이후 언양면 등록 남성과 결혼한 시점 혹은 2) 남편이 언양면 이외의 지역에서 언양면으로 등록지를 옮긴 시점. 한편 여성들은 본인의 사망, 남편의 사망, 이혼, 언양면 이외로 등록지를 옮긴 경우 분석대상에서 제외된다. 다시 말해서, 이 연구는 언양면에 등록된 남성과 혼인 중인 여성의 출산력을 분석한다. 첫째, 이 연구는 코울과 트러슬의 혼인출산력 모형(Coale-Trussell parametric marital fertility model, 이하 CT 모델)(Coale & Trussell, 1974)을 사용한다. 이 모형은 출산력 변천 이전의 혼인출산의 연령패턴을 분석하는데 유용하다. 특히 출산순위에 따른 출산통제에 대한 직접적인 정보가 없는 경우에 많이 활용된다. CT 모형은 M과 m이라는 두 가지 모수를 추정한다. M은 자연출산력(natural fertility) 수준을 나타내고, m은 출산순위에 따른 출산통제 정도를 나타낸다. M과 m이 출생 코호트간에 어떻게 변화하는지를 살펴봄으로써 혼인출산율 패턴이 언양면이라는 농촌 마을에서 어떻게 변화했는지를 살펴본다. CT 모형은 다음 식으로 나타낼 수 있다(Coale & Trussell, 1974, p. 187;

Wachter, 2014):

$$\ln \frac{r(x)}{n(x)} = \ln(M) + m \cdot \nu(x) \cdots\cdots\cdots\cdots\cdots\cdots\cdots\cdots\cdots\cdots\cdots\cdots\cdots\cdots (1)$$

(r(x)는 연령별 혼인출산율을 의미하고, n(x)는 자연출산 하에서 혼인출산율을 나타내며, ν(x)는 출산제한의 영향력을 나타내는 가중치이다. M은 자연출산율의 수준을 나타내고, m은 출산제한의 정도를 나타낸다).

둘째, 출산율이 출생코호트, 영아사망 및 유아사망에 의해서 어떻게 영향을 받았는지를 포아송 회귀분석(Poisson Regression)을 사용해서 살펴본다. 위에서 제시한 가설들을 검증하기 위해서 출생코호트와 영아 및 유아 사망과의 상호작용항을 포함한 모형을 추정한다. 우측절단되는 연령이 출생코호트마다 다르기 때문에 혼인기간을 통제한 포아송 회귀모형을 추정한다. 이러한 모형의 적용으로 인해서 분석결과 해석을 다소 조심스럽게 해야 하는데, 이와 관련한 내용은 분석결과를 제시하면서 보다 자세히 논의한다. 마지막으로서 콕스 비례적 위험 모형 (Cox proportional hazards model)을 사용해서 출산간격과 다른 변수들 (출생코호트, 영아 사망, 유아 사망)의 관계를 분석한다.

7. 분석결과

1) 기술통계 분석

〈표 3〉은 기술통계를 보여주고 있다. 이를 통해 몇 가지 특징을 확인할 수 있다. 첫째, 출생코호트에 따라 진입연령(age at entry)이 다르게 나타나고 있다. 진입연령은 결혼 뿐만 아니라 유입에 의해서도 결정되지

만, 대부분의 경우에 진입연령은 초혼연령과 일치하는데, 그 추세는 비단선적이다. 1920년대에 태어난 여성들은 그보다 먼저 태어난 여성들보다 진입연령이 낮은데, 이후 출생코호트에서는 진입연령이 다시 높아졌다. 둘째, 이탈연령(age at exit)은 마지막 출생코호트(1940-60)에서 가장 낮게 나타난다. 이는 제재부 기록이 1975-77년에 우측절단되었기 때문인데, 이 시기에 마지막 출생코호트 여성들은 대부분 49세보다 젊었기 때문이다. 이는 높은 진입연령과 함께 마지막 출생코호트의 출산위험 노출기간(exposure)가 이전 코호트보다 현저히 짧은 원인이다. 셋째, 출생아수는 1920년 출생코호트까지 안정적으로 유지되다가 이후에 감소했다. 그렇지만, 이러한 수치는 조심스럽게 해석해야 한다. 이는 영아사망으로 인해서 출생아수가 과소보고되었을 가능성이 높기 때문이다. 넷째, 영아사망이나 유아사망을 경험한 여성의 비중이 지속적으로 감소하고 있다. 1895-1909년에 태어난 여성의 39%은 적어도 1명 이상의 자녀를 1세가 되기 전에 잃은 반면에 마지막 출생코호트 여성의 경우 이 수치가 1%에 불과하다. 인구변천이론에 따르면, 영아사망의 지속적인 하락은 자녀에 대한 수요를 줄여서 출산변천을 추동한다. 또한, 영유아 사망에 의한 출생 과소보고으로 인해서 출산율 하락 속도가 다소 과소평가된다고 할 수 있는데, 이는 영유아 사망으로 인한 출산율의 과소추정이 이전 코호트에서 더 두드러질 것이기 때문이다.

〈그림 1〉은 출생코호트별 연령별 혼인출산율을 보여주고 있다. 출생코호트별로 흥미있는 차이를 발견할 수 있다. 보다 젊은 두 출생코호트(1930-39년생, 1940-60년생)의 20대 출산율이 이전 코호트보다 높게 나타나고 있다. 이들의 출산율은 20대 초중반에 가장 높은 수준에 도달했다가 이후에는 이전 출생코호트들보다 빠른 속도로 감소했다. 이러한 패턴은 가장 어린 출생코호트(1940-60년생)에서 보다 두드러지게 나타난

<표 3> 기술통계치

	1895-1909		1910-19		1920-29		1930-1939		1940-60		전체	
	평균	표준편차	평균	표준편차	평균	표준편차	평균	표준편차	평균	표준편차	평균	표준편차
출생아수	4.8	2.7	5.1	2.6	4.5	2.4	3.5	1.8	2.5	1.3	4.1	2.4
노출기간	21.7	9.7	23.3	9.4	23.2	9.2	16.1	6.7	8.2	4.2	18.4	9.9
진입연령	19.3	3.8	19.5	3.2	18.5	3.4	21.9	3.7	22.8	2.6	20.5	3.8
이탈연령	41.0	9.6	42.8	9.1	41.7	8.8	38.1	6.0	30.9	4.3	38.8	8.8
1세미만 자녀사망 경험 비율	0.39	–	0.31	–	0.18	–	0.04	–	0.01	–	0.18	–
5세미만 자녀사망 경험 비율	0.51	–	0.47	–	0.29	–	0.09	–	0.03	–	0.27	–
사례수	846		848		916		1,074		876		4,560	

<그림 1> 연령별 혼인출산율(출생코호트별)

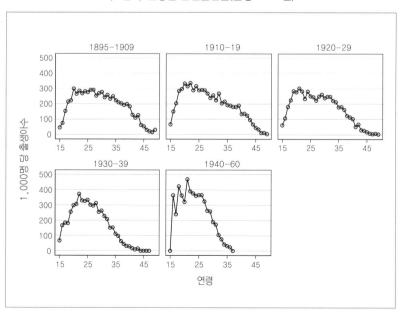

다. 이러한 패턴은 이들 젊은 출생코호트들이 이전 출생코호트와는 달리 특정한 수의 자녀를 가진 이후에는 피임을 광범위하게 사용했으며, 그 결과 출산율이 하락했음을 강하게 시사한다. 이는 분명히 인구변천 초기의 출산중단 행위와 연결되며, 이는 아래에 제시하는 CT 모형을 통해서 보다 엄밀하게 살펴볼 수 있다.

2) CT 모형

〈표 4〉는 CT 모형의 결과를 보여준다. M은 자연출산율 수준을 나타나고, m은 출산통제 정도를 보여준다. CT 모형의 모형적합도는 나쁘지 않은 수준이다. 평균적으로, CT 모형은 출생아수를 1.5% 정도 과대추정하는 것으로 나타났다. 〈그림 2〉는 CT 모형의 잔차(residuals)를 출생코호트별로 보여준다. 오차는 최근 코호트로 올수록 증가하는 경향이다. 두 가지 가능성이 존재한다. 첫째, 오차의 증가는 최근 출생코호트들은 자연출산력을 따르지 않았다는 것을 보여주는 증거일 수 있다. 특히 마지막 코호트에 해당하는 이들의 경우에는 재생산기간의 상당 기간이 한국에서 가족계획정책이 시행된 이후에 해당한다. CT 모형은 자연출산력을 따르는 집단의 출산력을 살펴보는 모형이기 때문에, 이 모형은 마지막 코호트의 출산력을 설명하는 데 적합하지 않을 수 있다. 둘째, 이는 우측절단이라는 자료의 문제와 관련될 수 있다. 마지막 출생코호트의 여성 중 상당수는 출산을 완결하지 않았으며, 40대의 출산율 정보가 존재하지 않거나 매우 부족하다. 이러한 자료의 한계가 낮은 모형적합도의 원인일 수 있다.

M은 일반적으로 1보다 작은 값을 가지며, m은 0과 2 사이의 값을 갖는다. M이 1에 가까운 값을 갖는다면 그 사회가 자연출산력의 최대수준

<표 4> Coale–Trussel 모형 모수추정치

출생코호트	지표	
	M	m
1895–1909	0.543	−0.351
1910–19	0.632	−0.088
1920–29	0.631	0.316
1930–39	0.829	1.078
1940–60	0.952	1.473

M: 자연출산력 수준
m: 출산통제 정도

<그림 2> 출산율의 관측값과 CT 모형의 예측값의 차이(출생코호트별)

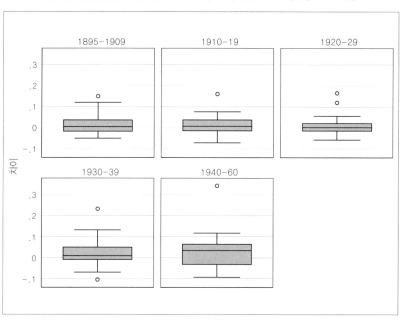

에 근접해 있다고 할 수 있다. m이 0에 가까운 값을 가지면 이는 출생

아 수에 따른 출생통제가 부재함을 의마한다(Watcher, 2014). 흥미롭게도

<표 4>에 제시된 결과는 두 지표가 같은 방향으로 변화하고 있음을 보

여준다. 즉, M과 m 모두 최근 출생코호트로 올수록 증가하고 있는데, 이는 자연출산력 수준과 출산통제 모두 최근 출생코호트로 올수록 증가하고 있음을 의미한다. 자연출산력의 증가는 영양상태 및 사회경제적 조건의 개선과 관련이 있다. 또한, 출생아수에 따른 출산통제의 강화는 유배우여성들이 특정 자녀수를 출산한 이후에는 보다 적극적으로 피임을 실행했음을 보여준다. m은 1920년대 출생 여성들부터 양의 값을 갖고 있는데, 이는 출산통제가 1920년대생들부터 본격적으로 시작되었음을 보여준다. 한국의 가족계획사업이 1960년대에 도입되었는데, 이는 이 여성들의 가임기 후반부에 해당한다. 당시 가족계획사업은 두 명 혹은 그 이상의 자녀를 가진 여성들에 초점을 맞추었기 때문에(배은경, 2012), 1920년대생부터 출생아수에 따른 출산통제가 시작되었다는 것은 충분히 납득할만한 결과라고 할 수 있다. 〈그림 1〉에 지시된 결과와 더불어, CT 모형을 적용한 분석결과는 출생아수에 따른 출산통제가 마지막 두 출생코호트부터 광범위하게 실행되었음을 보여준다. 이는 가설 5와 일치하는 결과이며, 출산중단이 출산변천의 초기 단계에서 매우 중요했음을 보여준다. m 값의 끊임없는 증가는 출생아수에 따른 출산통제가 지속적으로 강화되었음을 보여준다.

3) 출생아수 분석: 포아송 회귀분석

〈표 5〉는 포아송 회귀분석 결과를 제시하고 있다. 이 분석에서 출생코호트별로 노출기간이 다르기 때문에 노출기간 변수를 그 회귀계수를 1로 미리 정하여 독립변수로 사용했다. 따라서, 분석결과는 전체적인 출산율(overall fertility)을 출생코호트별로 비교한 것과 같다. 모형 1은 통제변수 없이 전체적인 출산율을 비교한 결과를 보여준다. 1920년대생까

〈표 5〉 포아송 회귀분석 결과

변수	모형 1			모형 2			모형 3		
	b	s.e.	exp(b)	b	s.e.	exp(b)	b	s.e.	exp(b)
코호트(1895-1909 기준)									
1910-19	-0.019	0.022	0.981	-0.001	0.022	0.999	0.025	0.032	1.026
1920-29	-0.127	0.022	0.880	-0.045	0.023	0.956	-0.012	0.030	0.988
1930-39	-0.021	0.023	0.979	0.114	0.024	1.121	0.141	0.029	1.151
1940-60	0.312	0.026	1.367	0.463	0.028	1.589	0.488	0.032	1.629
영아사망				0.222	0.018	1.249	0.271	0.031	1.311
유아사망				0.215	0.019	1.239	0.215	0.034	1.240
상호작용									
(1895-1909)* 영아사망									
(1910-19)* 영아사망							-0.040	0.044	0.960
(1920-29)* 영아사망							-0.107	0.049	0.899
(1930-39)* 영아사망							-0.098	0.080	0.907
(1940-60)* 영아사망							-0.180	0.149	0.835
상호작용									
(1895-1909)* 유아사망									
(1910-19)* 유아사망							-0.020	0.047	0.981
(1920-29)* 유아사망							0.015	0.054	1.015
(1930-39)* 유아사망							-0.013	0.072	0.987
(1940-60)* 유아사망							0.061	0.143	1.062
상수항	-1.500	0.016	-	-1.660	0.019	-	-1.684	0.024	-

사례수=4,560. 노출(exposure)을 사용해서 사건발생률을 추정함.

지는 전체적인 출산율이 하락했으며, 그 이후에는 상승했다. 이는 최근 출생코호트의 자료가 출산율이 높은 젊은 연령에서 우측절단된 것과 관련이 있다. 따라서, 이 분석결과를 사용해서 전체적인 출산율 변화를 이해할 수는 없다. 이 분석의 주된 관심은 전체적인 출산율 변화가 아니라 영유아 사망과 출산율이 어떻게 연결되어 있으며 그 관계가 어떻게 변화했는지를 살펴보는 것이다. 모형 2는 영아사망과 유아사망을 추가한 분석결과를 결과를 보여준다. 예상한대로 영유아사망은 출산을 높인다. 영아나 유아의 사망을 경험한 여성의 출산율이 그렇지 않은 여성보다 25% 높게 나타나고 있다. 이는 상당히 큰 차이이다. 또한, 영유아사망을 통제한 이후에 출생코호트 차이가 보다 커지고 있다. 이는 영유아의 생존이 향상되지 않았다면 최근 출생코호트의 출산율이 관찰된 것보다 높았을 수 있다는 것을 의미한다. 이는 가설 1과 일치하는 결과이다: 자녀 생존의 향상은 출산율 하락과 연결된다. 한편, 영아사망만을 통제한 모형과 유아사망만을 통제한 모형을 모형 1의 결과를 비교해 보았는데, 두 비교에서 특별한 차이를 발견할 수는 없었다 (분석결과는 제시하지 않음). 이러한 결과는 가설 2와는 일치하지 않는다: 영아사망의 하락이 유아사망의 하락보다 출산율 하락에서 더 중요하다. 따라서, 한국의 출산력 변천 동안 영아사망과 유아사망이 미친 영향이 다르다는 증거는 발견할 수 없다.

모형3은 코호트와 자녀 생존의 상호작용항을 포함한 분석결과를 보여준다. 영아사망과 출생코호트의 상호작용항은 점차 더 큰 음의 값을 갖고 있다. 한편 유아사망과 출생코호트의 상호작용항에서는 특별한 추세를 확인할 수 없으며, 그 크기 또한 매우 작다. 전체적으로 보면, 상호작용들은 통계적으로 유의미하지 않다. 카이제곱 통계치의 유의값은 각각 0.20과 0.95이다. 이는 자녀의 생존과 출산의 관계에 출생코호트별 차이가 존재하지 않다는 것을 보여준다. 이는 이 둘의 관계가 점차 강화되었을 거라는 가설 3을 지지하지 않는 결과이다. 이 결과는 서로 상쇄하는 힘이 존재함을 시사한다. 그 중 하나는 출산과 사망의 지속적 하락이다. 일단 출산력이 하락하고 적은 자녀를 갖는 것이 사회적 규범으로 자리 잡은 이후에는 자녀의 사망이 출산에 영향을 덜 미쳤을 수 있다. 한편, 이는 자녀 생존이 향상된 결과일 수도 있는데, 점점 더 적은 부부들이 자녀의 사망을 경험하면서 이러한 사건이 재생산 행위에 미치는 영향이 줄어들었을 수 있다.

대안적으로 이는 자료의 문제와 관련될 수 있다. 첫째, 1940-60년에 태어난 가장 젊은 출생코호트 876명 중에서 단 3%만이 5세 이전에 한 자녀 이상이 사망했기 때문에 영유아사망의 효과를 추정하기에는 사례 수가 부족하다. 따라서, 제시된 분석결과는 확정적인 결론에 도달할만큼 신뢰할만한 정보를 제공하지 못하고 있다고 할 수 있다. 둘째, 최근 출생코호트의 우측절단 또한 분석결과에 영향을 미쳤을 가능성이 있다. 물론 우측절단이 분석결과에 어떤 영향을 미쳤는지 확정적으로 말하기는 어렵지만, 우측절단으로 인한 문제가 심각할 가능성은 높지 않다. 산모의 연령과 태아 건강간의 부정적인 상관관계를 고려할 때, 최근 출생 코호트 중 영유아 사망을 경험했을 여성의 비중은 이들이 재생산 기간이 끝날 때까지 관측되었다면 보다 높게 나타났을 것이다. 한편, 이 경우에 이들의 전체적인 출산율은 보다 낮았을 것인데, 이는 이들이 출산율이 낮아지는 연령 이후에는 관찰되지 않았기 때문이다. 이러한 사실을 고려할 때, 최근 출생코호트의 우측절단은 자녀의 사망 및 출산이 과소추정된 원인이라고 할 수 있다. 우측절단이 자녀의 사망과 출산에 같은 방향에 편이(bias)를 가져오고 있기 때문에 우측절단으로 인한 회귀계수 추정의 편이는 그리 크지 않을 것이다. 셋째, 사망한 자녀의 미등록이 결과에 영향을 미쳤을 가능성이 있다. 영아사망이 예전에 더 많았기 때문에 영아사망뿐만 아니라 출산 또한 예전 출생코호트에서 좀 더 많이 과소추정되었을 것이다. 또한, 이들의 출산간격 또한 보다 많이 과대추정되었을 것이다. 이러한 문제가 어떻게 영유아 사망과 출산의 관계에 영향을 미쳤는지를 확정하기는 어렵지만, 영유아 사망으로 인한 출생 미등록에 없었다고 하더라도 결과가 크게 변화했을 가능성은 낮다. 결과적으로 한국의 출산변천에서 자녀의 생존과 출산율의 관계가 강화된 증거는 발견할 수 없다. 따라서, 분석결과는 자녀의 생존과 출산율의 관계가 강화되었을 것이라는 가설 4를 지지하지 않는다.

4) 출산간격 분석: 콕스 비례적 위험 모델 결과

〈표 6〉은 출생코호트와 출산순위별 출산간격 분석결과를 보여준다. 명확한 패턴이 나타난다. 첫째, 낮은 출산순위(첫째 및 둘째) 출산간격은 최근 코호트로 올수록 짧아지고 있다. 예를 들어, 가장 젊은 출생코호트의 첫째아 출산 가능성(hazard)은 가장 나이 많은 코호트보다 두 배 이상 높다. 비슷한 추세가 둘째아 출산 가능성에서도 발견되는데, 출생코호트 간 차이는 다소 작다. 최근 출생코호트의 늦은 혼인시기가 이러한 패턴이 나타나는 하나의 원인이다. 실제로 이와 같은 코호트 간 변화의 예외는 1920년대생인데, 이들의 유입연령(대체로 초혼연령)은 분석대상이 되고 있는 코호트들 중 가장 어리다. 선행연구들 역시 초혼에서 초산으로의 이행과 관련해서 같은 패턴을 보여주고 있다(계봉오/김영미, 2014; Kye, 2014). 〈그림 1〉에서 살펴본 것과 같이 혼인출산율은 20대 초중반에 가장 높다. 예전 출생코호트들은 결혼을 일찍 했기 때문에 그들이 아주

어릴 때 첫째아나 둘째아 출산에 노출되었고, 이것이 이들의 출산위험을 낮추었다. 대안적으로 이러한 결과는 최근 출생 코호트의 의도적인 출산간격 조절의 결과일 수 있다. 믿을만한 피임법이 광범위하게 사용가능해지고 자녀의 생존가능성이 높아짐에 따라 여성 혹은 부부들은 그들의 재생산 목표를 보다 의식적으로 결정하고 이러한 목표를 보다 효과적으로 달성할 수 있게 되었다. 첫째아 및 둘째아 출산간격의 단축은 아마도 이러한 전략의 결과일 수 있다. 둘째, 높은 출산순위(셋째아 이상)의 경우 최근 코호트에 올수록 출산간격이 늘어나고 있다. 1920년대에 태어난 여성들은 이전에 태어난 여성보다 셋째아 출산에 걸리는 기간이 현격히 늘어났으며, 이후에 출생한 여성들은 1920년대생들과 비슷한 패턴을 보여준다. 넷째아 및 그 이상의 출생의 경우에는 최근 출생코호트로 올수록 출산위험이 점차 줄어들고 있다. 최근으로 올수록 첫째아와 둘째아는 보다 빨리 출산하고 셋째아 이상은 보다 천천히 출산하는 경향을 확인할 수 있다. 이는 실제적인 재생산 기간이 점차 압축되고 있음을 보여준다. 이러한 패턴은 출산간격 조절이 출산중단을 대체한다는 가설 5을 부분적으로 지지하는 결과이다. 최근 출생 코호트의 보다 짧은 출산간격은 표면적으로는 가설 5와 상충된다. 그렇지만, 이러한 패턴은 변화된 재생산 전략을 반영한다: 젊었을 때의 집중적인 출산과 빠른 출산중단의 결합. 이러한 패턴은 사실 가설 5를 지지하는 증거라고도 할 수 있다. 필자들은 두번째 해석이 보다 합리적이라고 판단하는데, 이는 출산중단만이 지속적으로 출산통제 방식으로 작동했다면 첫째 및 둘째 출산 가능성에서도 출생코호트 간 차이가 발견되지 않아야 하기 때문이다. 따라서, 이러한 패턴은 출산율이 하락함에 따라 출산간격 조절 패턴이 변화했고 보다 중요해졌음을 보여준다.

〈표 6〉 출산간격 분석, 출생코호트 및 출산순위별 위험도비(hazard ratios)

변수	위험도비Hazard ratios				
	첫째아	둘째아	셋째아	넷째아	다섯째+
코호트 (1895-1909 기준)					
1910-19	1.339	1.181	*0.953*	*1.021*	0.871
1920-29	*1.059*	*1.015*	0.856	0.878	0.791
1930-39	1.500	1.102	0.801	0.626	0.403
1940-60	2.389	1.276	0.863	0.492	0.333
사례수	4,669	4,589	3,813	3,071	6,416

* 통계적으로 유의미하지 않는 차이는 이탤릭체로 표시(p〉0.05).

끝으로, 〈표 7〉은 아들과 딸의 영아사망이 다음 자녀 출산에 어떤 영향을 미치는지를 보여준다. 모든 모형에서 출산순위는 통제되었다. 유아사망과 다음 자녀 출산의 관계는 평가하기 어려운데, 이는 유아사망이 다음 자녀 출산 이후에도 발생하기 때문이다. 따라서, 이 분석은 영아사망과 다음 자녀 출산의 관계에만 초점을 맞춘다. 분석결과는 가설 6과 가설 7을 명확하게 지지하는 근거를 제시해주지는 않는다. 모형 2에서 볼 수 있는 것과 같이, 아들의 사망과 딸의 사망이 다음 자녀 출산에 미치는 영향은 다르지 않다. 자녀를 잃은 여성의 출산위험은 그 자녀의 성별과 상관없이 그렇지 않은 여성보다 40% 정도 높은 것으로 나타났다. 다시 말해서, 죽은 자녀의 성별은 다음 자녀 출산에 큰 영향을 미치지 않았다. 그렇지만, 사망자녀의 성별과 출생코호트의 상호작용항은 흥미있는 패턴을 보여준다. 아들의 사망과 출산위험의 관계는 출생코호트 간에 통계적으로 유의미하게 변화하지 않았다. 그렇지만, 추정치 자체는 그 관계가 점차 강화되고 있음을 시사한다. 아들이 1세 이전에 사망하면, 출산위험이 첫번째 코호트에서는 49% 증가하지만, 마

<표 7> 콕스 위험도 모형 분석결과

변수	모형 1			모형 2			모형 3		
	b	s.e.	exp(b)	b	s.e.	exp(b)	b	s.e.	exp(b)
코호트 (1895-1909 기준)									
1910-19	0.061	0.022	1.063	0.067	0.022	1.070	0.076	0.023	1.078
1920-29	-0.083	0.022	0.920	-0.071	0.022	0.932	-0.054	0.023	0.947
1930-39	-0.152	0.023	0.859	-0.127	0.023	0.880	-0.118	0.024	0.888
1940-60	0.034	0.028	1.035	0.062	0.028	1.064	0.068	0.028	1.071
출산순위 (첫째아 기준)									
둘째아	-0.710	0.026	0.492	-0.734	0.026	0.480	-0.733	0.026	0.481
셋째아	-0.752	0.030	0.471	-0.778	0.031	0.459	-0.779	0.031	0.459
넷째아	-0.740	0.035	0.477	-0.768	0.035	0.464	-0.770	0.035	0.463
다섯째아 이상	-0.590	0.035	0.555	-0.608	0.035	0.544	-0.613	0.035	0.542
아들 사망				0.359	0.049	1.432	0.399	0.073	1.490
딸 사망				0.343	0.052	1.409	0.509	0.081	1.664
상호작용									
(1910-19)*아들 사망							-0.097	0.109	0.908
(1920-29)*아들 사망							-0.096	0.146	0.908
(1930-39)*아들 사망							0.244	0.236	1.276
(1940-60)*아들 사망							0.439	0.506	1.551
(1910-19)*딸 사망							-0.080	0.121	0.923
(1920-29)*딸 사망							-0.482	0.140	0.617
(1930-39)*딸 사망							-0.681	0.300	0.506
(1940-60)*딸 사망							0.261	0.417	1.298

사례수(사람)=4,669, 사례수(지속기간) =22,558

지막 코호트에서는 130% 증가하는 것으로 나타났다. 이는 아들의 사망이 출산변천이 진행되면서 점차 중요해졌음을 보여준다. 전체적인 출산력이 하락함에 따라 부부들이 아들을 통한 가계승계를 보장하게 위해서 아들의 사망에 보다 민감하게 반응했음을 알 수 있다. 그렇지만, 추정치가 자체의 신뢰도가 높지 않기 때문에 확증적인 결론에 도달할 수는 없다. 이와 대조적으로 딸의 사망과 출산위험의 관계는 유의미하게 변화했으며, 그 변화방향은 반직관적이다. 1920년대 및 1930년대에 태어난 출생코호트의 경우에는 딸의 사망은 다음 자녀 출산에 영향을 미치지 않았다. 이를 아들 사망에 대한 결과와 비교해보면 사람들이 죽은 자녀의 성별에 점차 더 민감하게 반응했다는 결론에 도달할 수 있다. 이전 출생코호트의 경우에는 자녀의 사망이 보다 빠른 다음 자녀 출산으로 연결된 반면에, 최근 코호트들의 행동은 죽은 자녀의 성별에 따라 다르게 나타났기 때문이다. 1920년대 및 1930년대 출생코호트들에게 아들의 사망은 다음 자녀 출산에 중요한 영향을 미친 반면, 딸의 사망은 그렇지 않은 것이다. 이는 한국의 출산변천 동안 지속적으로 강한 영향을 미쳤던 아들 선호의 힘을 다시 한 번 보여준다 (Kye, 2014). 계봉오의 연구에 따르면(Kye, 2014), 아들이 한 명 이상 있는 여성의 출산율 하락이 출산에 대한 아들선호의 영향을 잘 보여준다. 다시 말해서, 아들이 한 명 이상 있었던 여성들의 출생아수가 그렇지 않은 여성들의 출생아수보다 훨씬 많이 하락했는데, 이에 따라 두 집단의 출생아수 차이는 증가했다. 〈표 7〉에 제시된 패턴은 이러한 설명과 일치한다. 즉, 아들이 생존한 여성들의 출산율 하락이 한국 출산력 하락의 중요한 원인이었다는 것이다. 코호트 변화가 통계적으로 유의미하지 않기 때문에 확증적인 결론에 도달할 수는 없지만, 이와 같은 패턴은 가설 6과 가설 7을 지지하는 증거라고 할 수 있다.

8. 요약 및 논의

이 연구는 인구등록자료를 활용하여 농촌마을인 언양면에 등록된 여성들의 혼인출산율 변화를 살펴보았다. 자료 분석은 자녀의 생존과 출산간격 조절이 출산변천에 미친 함의에 초점을 맞췄으며, 결과는 다음과 같이 요약할 수 있다. 첫째, 자녀생존의 향상은 혼인출산율 하락의 중요한 원인이었다(가설 1). 혼인출산율의 하락은 영유아 사망의 하락이 없었다면 훨씬 더디었을 것이다. 둘째, 분석결과는 인구변천이론에 바탕을 둔 몇 가지 가설을 부분적으로 지지한다. 영아사망과 유아사망이 혼인출산력에 미치는 영향에는 큰 차이가 없었으며(가설 2), 자녀의 생존과 혼인출산율의 관계는 변화하지 않았다(가설 3과 가설 4). 반면에, 출산간격조절이 점차 중요해졌으며(가설 5), 아들의 사망과 딸의 사망이 다음 자녀 출산에 미치는 영향은 최근 출산 코호트로 올수록 달라졌다.

전체적으로 보면, 분석결과는 인구변천이론을 부분적으로 지지하는 증거를 제공해준다고 할 수 있다. 집합자료를 활용한 연구들(김두섭, 1993; Kwon 1977)과 마찬가지로, 이 연구는 자녀생존의 향상이 한국의 출산력변천의 중요한 원인이며 출산간격 조절이 출산력변천 동안 중요해졌음을 보여주고 있다. 또한, 아들선호가 한국의 출산력변천 과정에서 여전히 중요했음을 사망한 자녀의 성별에 따라 출산간격이 달라짐을 통해서 확인할 수 있었다. 그렇지만, 최근 개인수준의 종단자료를 활용한 유럽의 역사인구학적 연구들이 보여주었던 것과 같은(예: Reher & Sanz-Gimeno, 2007)영아사망과 유아사망이 출산에 미치는 영향이 다르다는 증거나 자녀생존과 출산율의 관계가 변화했다는 증거는 발견할 수 없다. 물론 영아사망이나 유아사망이 최근 코호트에서는 매우 드문 현상이 되었기 때문에 분석자료가 이러한 가설을 검증하기에 부적합할 수 있는 가능성 또한 존재한다. 따라서, 현 상태에서 한국의 패턴이 유럽의 패턴과 다른지에 대해서 확증적으로 말할 수는 없을 것 같다. 또한, 변화하는 출산간격 조절은 혼인출산력 자체의 변화가 아니라 혼인연령의 상승의 결과일 가능성 또한 존재한다. 이렇듯 해결하지 못한 쟁점들이 존재함에도 불구하고, 이 연구는 개인수준 종단자료를 활용하여 고전적 인구변천이론의 핵심적인 가설들을 검증했다는 점에서 한국의 출산력 변천을 이해하는 기여한다고 할 수 있다.

최근 들어, 전근대 사회의 개인수준 종단자료를 활용한 연구들이 증가하고 있으며, 이 연구 또한 이러한 연구의 한 부분이라고 할 수 있다. 특히, 유라시아 인구 및 가족사 연구(Eurasian Population Family History Project, EAP)는 최신의 통계기법 및 개인수준의 자료를 활용해서 맬서스주의적 이론을 검증해오고 있다(Bengtsson et al., 2004; Lundh et al., 2014; Tsuya et al., 2010). 이 연구들은 전통적인 동서양의 구분(East-West dichotomy)가 어느 정도 과장되었으며 경제적 상황에 대한 인구학적 반응(demographic responses)은 사회마다 이질적이라는 것을 보여주었다. 사회경제적 지위는 유럽과 아시아 모두에서 경제적 상황에 대한 인구학적 반응을 중재하는 것으로 나타났다. 다시 말해서, 장기적 혹은 단기적 경제적 상황에 대한 인구적 반응은 사회경제적 지위에 따라 다르게 나타났다. 한국은 기존의 EAP 연구에 포함되지는 않았지만, 몇몇 한국 연구들은 EAP의 기본적인 주제를 다루고 있다. 예를 들어, 김건태와 박현준의 연구는(Kim & Park, 2009) 식민지 시기 제주도의 토지소유와 출산간격의 관계를 분석했는데, 필자들은 현재 언양지역에서 이와 비슷한 연구를 진행하기 위한 자료를 수집하고 있다. 이러한 시도들은 인구변천 기간 동안의 사회경제적 지위에 따른 차별출산력에 대한 이해를 풍부하게 해줄 것이다. 현재 동아시아의 출산력은 산업화된 국가들 중에서 가장 낮은 수준이며, 서구사회보다 빠른 속도로 고령화되고 있다. 역사적 유산은 이렇듯 독특한 패턴을 설명하기 위해서 반드시 필요한 요소이지만 최근까지 자료의 부족으로 이러한 연구가 활발히 진행되지 못했다. 자료 연계를 통한 추후 연구는 이러한 한계를 극복하는 데 기여할 것이다.

참고문헌

계봉오/김영미. (2014). 〈이행의 계곡에서 무슨 일이 벌어지나?: 여성의 고용과 출산에 관한 성평등적 접근"〉. 《한국여성학》 31(3): 1-30.

권태환/신용하 (1977). 〈조선왕조시대 인구추정에 관한 일시론〉. 〈동아문화〉 14: 289 - 330.

김남일 (1987). 〈사망률 변동추이와 전망〉. 한국보건인구연구원(편) 《한국의 인구문제와 대책》. pp. 69-94. 한국인구보건연구원.

김두섭. (1993). 〈한반도의 인구변천, 1910-1990: 남북한의 비교〉. 《통일문제 연구》 5(4): 202-235.

김두섭. (2002). 인구의 성장과 변천. 김두섭/박상태/은기수(공편). 한국의 인구. pp.49-80. 통계청.

맬서스, 토마스. (2016). (이서행 역) 《인구론》 동서문화사

배은경. (2012) 《현대 한국의 인간 재생산》. 시간여행사.

서호철. (2007). 〈조선 후기의 인구와 통치 - 《일성록》 '헌민수'자료의 검토〉. 《사회와 역사》 74, 215 - 250.

손병규. (2005). 〈대한제국기의 호구정책 - 단성 배양리와 제주 수덕리의 사례〉. 《대동문화연구》 49: 197 - 237.

이승일. (2005). 〈조선총독부의 조선인 등록 제도 연구 - 1910년대 민적과 거주등록부의 등록단위의 변화를 중심으로〉. 《사회와 역사》 67: 6-40.

Alter, G., Oris, M., & Tyurin, K. (2007). The shape of a fertility transition: An analysis of birth intervals in Eastern Belgium. Paper presented to Population Association of America Annual Meeting, March 29-31, 2007.

Bengtsson, T., Campbell, C., & Lee, J. et al. (2004). *Life Under Pressure: Mortality and Living Standards in Europe and Asia, 1700-1900*. Cambridge, MA: MIT Press.

Bongaarts, J. (1978). A framework for analyzing the proximate determinants of fertility. *Population and Development Review* 4(1): 105–132.

Chesnais, J.-C. (1992). *The Demographic Transition: Stages, Patterns, and Economic Implications.* New York: Oxford University Press.

Choe, M. K. & Kim, S. (1998). Son Preference and Family Building during Fertility Transition: Implications on Child Survival. *Korea Journal of Population Studies* 21(1): 184–228.

Cleland, J. & Wilson, C. (1987). Demand theories of the fertility transition: An iconoclastic view. *Population Studies* 41(1): 5–30.

Coale, A. J. & Watkins, S. C. (1986). (eds). *The Decline of Fertility in Europe: the Revised Proceedings of a Conference on the Princeton European Fertility Project.* New Jersey: Princeton University Press.

Coale, A. J., & Trussell, T. J. (1974). Model fertility schedules: Variations in the age structure of childbearing in human populations. *Population Index* 40(2): 185 – 285.

Davis, K. (1963). The theory of change and response in modern demographic history. *Population Index* 29(4): 345 – 366.

Derosas, R. & Tsuya, N. (2010). Child control as a reproductive strategy. pp.129–155. In Tsuya, N et al. *Prudence and Pressure: Reproduction and Human Agency in Europe and Asia, 1700–1900.* Cambridge, MA: MIT Press.

Dyson, T. (2010). *Population and Development: The Demographic Transition.* New York: Zed Books.

Kim, K. (2005). Eighteenth–century Korean marriage customs: The Tansong census registers. *Continuity and Change* 20(2): 193–209.

Kim, K., & Park, H. (2009). Landholding and fertility in Korea: 1914 – 1925. *Journal of Family History* 34: 275 – 291.

Kim, K., & Park, H., & Jo, H. (2013). Tracking individuals and households: longitudinal features of Danseong household register data. *The History of the Family* 18(4): 378–397.

Kirk, D. (1996). *Demographic transition theory.* Population Studies 50(3): 367–387.

Knodel, J. (1986). Demographic transitions in German villages. In Coale, A. J. & Watkins, S. C. (1986). (eds). *The Decline of Fertility in Europe: the Revised Proceedings of a Conference on the Princeton European Fertility*

Project. pp.337−389. New Jersey: Princeton University Press.

Kwon, T. (1977). *Demography in Korea.* Seoul: Seoul National University Press.

Kye, B. (2012). Cohort effects or period effects? Fertility decline in South Korea in the twentieth century. *Population Research and Policy Review* 31(3): 387−415.

Kye, B. (2014). Son preference and fertility transition in Korea. *The Journal of Population Association of Korea* 37(3): 107−141.

Lundh, C., Kurosu, S. et al. (2014). *Similarity in Difference: Marriage in Europe and Asia, 1700−1900.* Cambridge, MA: MIT Press.

Mason, K. O. (1997). Explaining fertility transitions. Demography 34(4): 443−454.

Cohen, B. & Montgomery, M. (1998). (eds). From *Deaths to Birth: Mortality Decline and Reproductive Change.* Washington: National Academy Press

Notestein, F. W. (1945). Population—The long view. In T. W. Schultz (Ed.), *Food for the World.* pp.36−57. Chicago: University of Chicago Press.

Preston, S. (1978). (eds). *The Effects of Infant and Child Mortality on Fertility.* New York: Academic Press.

Reher, D. (1999). Back to the basics: Mortality and fertility interactions during the demographic transition. *Continuity and Change* 14: 9−31.

Reher, D. & Sanz−Gimeno, A. (2007). Rethinking Historical Reproductive Change: Insights from longitudinal data for a Spanish town. *Population and Development Review* 33 (4): 703−727

Son, B & Lee, S. (2013). Rural migration in Korea: A transition to the modern era. *The History of the Family* 18(4): 422−433.

Tsuya, N. et al. (2010). *Prudence and Pressure: Reproduction and Human Agency in Europe and Asia,* 1700−1900. Cambridge, MA: MIT Press.

van de Walle, F. (1986). Infant mortality and the European demographic transition. In Coale, A. J. & Watkins, S. C. (1986). (eds). *The Decline of Fertility in Europe: the Revised Proceedings of a Conference on the Princeton European Fertility Project.* pp.201−233. New Jersey: Princeton University Press.

Wachter, K. (2014). *Essential Demographic Methods.* Cambridge, MA: Harvard University Press.

[원문출처: 『History of the Family』 21−4, 2016]

대동문화연구총서 31

조선왕조 호적, 새로운 연구방법론을 위하여

초판 1쇄 인쇄 2020년 5월 8일
초판 1쇄 발행 2020년 5월 15일

지은이 손병규 외
편집인 안대회
대동문화연구원 TEL. 02)760-1275~6

펴낸이 신동렬
펴낸곳 성균관대학교 출판부

등록 1975년 5월 21일 제1975-9호
주소 03063 서울특별시 종로구 성균관로 25-2
대표전화 02)760-1253~4
팩스밀리 02)762-7452
홈페이지 press.skku.edu

ISBN 979-11-5550-408-6 94080
979-11-7986-275-1 (세트)

* 잘못된 책은 구입한 곳에서 교환해 드립니다.